JUDITH VIORST

Mut zur Schwäche

Der Weg zur inneren Balance

Aus dem Amerikanischen
von Jörg Heinemann

W0061558

WILHELM HEYNE VERLAG
MÜNCHEN

Die Originalausgabe erschien unter dem Titel
Imperfect Control
bei Simon & Schuster, New York

Umwelthinweis:
Dieses Buch wurde auf chlor- und säurefreiem Papier gedruckt.

Copyright © 1998 by Judith Viorst
Copyright © 1998 der deutschen Ausgabe
by Wilhelm Heyne Verlag GmbH & Co. KG, München
Satz: Leingärtner, Nabburg
Druck und Bindung: Wiener Verlag, Himberg
Printed in Austria

ISBN 3-453-14749-9

Kitty Gillman
zum Gedenken

Inhalt

Einleitung

Kontrolle: Fähigkeit, etwas fertigzubringen, zu lösen, zu beherrschen,
Macht auszuüben, zu regulieren, zu beeinflussen, zu drosseln,
zu unterdrücken oder zu beschränken.

Das Wort Kontrolle weckt heftige Gefühle in uns, ist es uns doch so vertraut! Macht, Herrschaft, Beherrschung, Einfluß, mit einem Wort: Kontrolle – wie vieldeutig ist dieser Begriff. Geht es dabei doch um unsere lebenslange Auseinandersetzung mit Macht und Hilflosigkeit, mit Freiheit und Beschränkung, mit aktivem Tun und Hinnahme. Die Frage lautet: Wer ist an der Spitze? Handeln wir aktiv und bekommen das, was wir wollen; oder geben wir uns bloß damit zufrieden, was wir abbekommen? Kontrolle klingt schroff und unpoetisch. Doch wir wollen und brauchen sie, wir ergreifen und fürchten sie, wir verlieren sie und geben sie auf. Im Bewußtsein unseres Selbst und unseres Platzes in der Welt, in der Art, wie wir uns selbst definieren, in unseren persönlichen und beruflichen Beziehungen geht es ständig – ob bewußt oder unbewußt, ob positiv oder negativ – um Kontrolle.

Sie sind vielleicht der Meinung, Kontrolle sei grundsätzlich negativ. Ich möchte Sie davon überzeugen, daß dem nicht so ist. Glauben Sie, die Beschäftigung mit diesem Thema hätte keine Bedeutung dafür, wie Sie leben und wer Sie sind? Ich behaupte, daß Kontrolle für Sie genauso wichtig ist wie für mich. Wenn wir zum Beispiel keinen Schritt mehr weiterkönnen und dennoch weitergehen; wenn wir durch tägliches Üben etwas Neues lernen; wenn wir uns von rasender Wut oder auch Leidenschaft hinreißen lassen; oder unsere Diät abbrechen und uns auf etwas Süßes stürzen; wenn wir behaupten, einfach nicht anders zu können; uns über etwas Getanes ärgern oder es bedauern, es aber trotzdem wieder tun; wenn wir schließlich unsere Nächsten und Liebsten zwingen, etwas genau so wie wir selbst zu machen – stets üben wir Kontrolle aus, geben sie auf oder mißbrauchen sie, obwohl wir es manchmal gar nicht merken oder es nur anders nennen.

Wir werden ständig mit verschiedenen Formen von Kontrolle konfrontiert. Gelingt es uns, das eigene Schicksal zu meistern oder werden wir von unseren Genen bestimmt? Können wir eigene Fertigkeiten entwickeln, auf ein Ziel hinarbeiten, etwas Begonnenes auch zu Ende führen? Wie steht's um die Beherrschung unserer Sexualität? Kommen wir im Leben allein zurecht? Schaffen wir es, bestimmten moralischen Ansprüchen zu genügen; machen wir uns gegebenenfalls selbst für ein Mißlingen verantwortlich? Was bedeutet Kontrolle in unserer Ehe? In unserem Berufsleben? Im Verhältnis zu unseren erwachsenen Kindern – wir müssen ihnen doch schließlich sagen, wie sie ihr Leben zu leben haben, oder?

Manchmal wollen oder müssen wir Kontrolle abgeben, zum Beispiel bei einem Unglück oder wenn wir sterben. Aber ganz egal, ob wir Kontrolle schätzen oder fürchten, ob wir sie rasch ergreifen oder versuchen, ihr auszuweichen – die meisten unter uns wollen ein gewisses Maß an Einfluß und Kontrolle, manchmal auch absolute Macht: über uns selbst, über andere Menschen und über Ereignisse, die uns betreffen.

Wie wir uns gegenüber Kontrolle und Macht verhalten, äußert sich in unserer kindlichen Wahrnehmung eigener Kompetenz und Machtlosigkeit oder auch in unseren jugendlichen Machtkämpfen. Diese Gefühle zeigen sich beispielsweise auch darin, wo, mit wem und wie oft wir mit jemandem ins Bett gehen. Oder auch, mit wieviel schmerzlicher Trauer und welchen unerledigten Vorhaben wir in unserer Todesstunde konfrontiert werden. Unser Glaube, inwieweit wir unser Leben aktiv beeinflussen können, entscheidet darüber, ob uns kleine oder große Mißerfolge beziehungsweise Verlusterfahrungen niedergeschlagen machen, wie schnell wir aufgeben oder wie lange wir durchzuhalten versuchen. Wollen wir unseren Willen durchsetzen, so heißen unsere Machtstrategien: Einschüchterung, Beschuldigung, Verhandeln, Erzeugen von Schuldgefühlen, Überreden, Schmeicheln und Wiederholung – bis hin zum Nörgeln. Kontrolle preiszugeben kann eine bittere Niederlage bedeuten, zur Konfrontation mit harten Fakten oder auch zum willigen, ja eifrigen Sichfügen führen.

Wer sich mit Kontrolle und Macht auseinandersetzt, findet möglicherweise eine Erklärung dafür, warum zum Beispiel die scheinbar so »hilflose« Kathy in ihrer Ehe in Wirklichkeit »die Hosen anhat«; warum Tom einen Job nach dem anderen verliert oder die terminbesessene Vicky immer exakt um 19.00 Uhr zu Abend essen muß; und warum manche Verbrecher darauf beharren, daß das, was sie getan haben, nicht ihr Fehler war, obwohl sie es getan haben und auch wußten, daß es ein Fehler war. Wenn wir darüber nachdenken, lassen sich die Gründe offenlegen, warum wir in einer hoffnungslosen Beziehung ausharren; wie ein Hilfsangebot zu einem Machtinstrument werden kann; warum Durchhalten nicht immer eine Tugend ist und ab wann wir genüßlich sagen dürfen: »Dafür bin ich nicht verantwortlich!«

In mancher Hinsicht haben Kontrolle und Macht die gleiche Bedeutung. Ich werde deshalb beide Begriffe zuweilen gleichbedeutend verwenden. Gleichzeitig möchte ich immer wieder betonen, daß, während die meisten von uns sich bemühen, ihre Lebensumstände so zu gestalten, daß sie ihre persönlichen Ziele auch erreichen, die Kontrolle über uns selbst, über andere und über das, was mit uns geschieht, fast immer höchst unvollkommen ausfällt.

Bei der Arbeit an diesem Buch habe ich mich auf Forschungsbeiträge von Biowissenschaftlern, Sozialwissenschaftlern, Psychoanalytikern, Philosophen und anderen Menschen gestützt, die – unmittelbar und zuweilen sehr indirekt – die vielfältigen Aspekte von Kontrolle untersucht haben. (Die vollständigen Quellenangaben und Anmerkungen zum Text finden Sie ab Seite 293.) Darüber hinaus habe ich auf öffentlich zugängliche Umfragen und Forschungsberichte zurückgegriffen, auf persönliche Fallstudien (unter Verwendung von Pseudonymen) wie auch auf die poetischen Wahrheiten literarischer Prosawerke und von Gedichten. Ferner habe ich Gespräche mit Kindern und Eltern geführt, mit Ehemännern, Ehefrauen und Verliebten, mit Opfern und Überlebenden, mit Angestellten und Vorgesetzten. Hierbei habe ich mich vor allem auf Menschen beschränkt, deren Platz in der Gesellschaft beziehungsweise Wirtschaft ihnen auch Möglichkeiten zur Ausübung von Macht und Kontrolle einräumt. Und, nicht zu vergessen, ich habe selbst die eine oder andere persönliche Erfahrung – aus Vergangenheit und Gegenwart – beigesteuert.

Bitte erwarten Sie kein Buch à la »Zehn Schritte zur Verbesserung Ihrer Selbstbeherrschung« oder »Wie Sie Ihren Ehepartner folgsam machen«. Nach Rezepten müssen Sie bitte woanders suchen. Ich möchte lediglich überzeugend demonstrieren, daß uns die Art und Weise, wie wir mit Macht und Kontrolle umgehen, bereichern oder schwächen und unsere Beziehungen im Guten wie im Schlechten prägen kann. Ich versuche zu vermitteln, warum bestimmte Erfahrungen, die einem sonst unter anderen Namen geläufig sind, durchaus mit den Begriffen Kontrolle oder Macht umschrieben werden können. Ich möchte, daß Sie erkennen – wie ich es selbst, manchmal mit Schaudern und Seufzen, gelernt habe –, wann in einer Situation das beanspruchte Maß an Kontrolle zu stark oder zu schwach ist. Ich bin überzeugt, daß uns diese Erkenntnis, diese genauere Selbstwahrnehmung zu freieren und besseren Entscheidungen befähigt.

Ich bin der Ansicht, daß uns bewußtes, wissentliches, zielgerichtetes Handeln wirklich dabei hilft, und ich glaube darüber hinaus, daß konstruktiver Wandel dann einsetzt, wenn wir fähig sind zu sagen: »Verflixt, nun ist mir das doch schon wieder passiert!« oder »Das mach' ich jetzt aber«. Wenn wir verstehen, wie unser Leben von den unterschiedlichsten Aspekten von Kontrolle durchdrungen ist, dann können wir schließlich ein ausgeglicheneres Verhältnis von Macht und Hingabe und damit eine bessere, wenn auch immer noch unvollkommene Kontrolle erreichen.

JUDITH VIORST
Washington, D.C.

1   Wie frei sind wir?

Die Menschheit kann nicht einfach von ihrer eigenen Biologie
abgetrennt werden, aber sie ist auch nicht an sie zu ketten.

Die Gene sind es nicht

Angesichts der vielen inneren und äußeren Kräfte, die unsere
Pläne und Träume einfach wegwischen, scheint es unsinnig, von
Kontrolle zu sprechen. Reale oder auch psychische Erdbeben,
Schneestürme, Seuchen und Krieg können unsere ehrlichsten
und dringlichsten Absichten aushöhlen. Doch meist verhalten
wir uns so, als könnten wir tatsächlich unser eigenes Schicksal
meistern, als stünden wir auf festem Boden, als könnten wir
jeden Morgen einfach so aufstehen und ins Leben hinaustreten,
um unsere Bedürfnisse, Entscheidungen, Handlungen anzuge-
hen und unseren Willen durchzusetzen. Die meisten Menschen
tun doch so, als verfügten sie wirklich über ein ausreichendes
Maß an Kontrolle.

Dabei erkennen wir selbstverständlich an, daß wir zum Bei-
spiel gegenüber Naturkatastrophen oder angesichts »Gottes
Wille« machtlos sind, selbst wenn wir uns vor einer solch tiefen
Verwundbarkeit zu schützen suchen, indem wir uns eben fern
von sturmumtosten Küsten oder Erdbebenzonen niederlassen.
Wir sind auch bereit zuzugeben, keinen Einfluß auf die vielen
Zufälle des Lebens zu haben. Obwohl wir vielleicht doch ein
Risiko vermindern wollen, beispielsweise von einem Psychopathen abgeknallt zu werden, indem wir uns tunlichst von unsicheren Stadtteilen fernhalten. Wir gestehen auch noch zu, daß
Kindheitserlebnisse jenseits unserer Einflußmöglichkeiten liegen und uns die Kraft geben oder nehmen können zu lieben, zu
vertrauen, zu hoffen, Selbstachtung zu haben oder uns um
andere zu kümmern. Ja, wir räumen sogar ein, daß wir nicht mit
Sicherheit gegen Zahnfleischentzündung oder Krebs gefeit sind,
obwohl wir unser Leben lang gewissenhaft Zahnseide benutzen
oder Antioxidantien einnehmen. Aber trotz Krebs, Zahnfleisch-

entzündung, Psychopathen, Gottes Wille, unzulänglicher Eltern und sozialer Ungleichheiten glauben wir zutiefst an unsere Freiheit, ein Ziel erreichen zu können. Wir glauben daran, auch wirklich derjenige zu sein, der wir sein wollen. Wir sind völlig von der Vorstellung eines unbegrenzt anpassungsfähigen, formbaren Selbst eingenommen; eines Selbst, dem Schicksal oder Bestimmung fremd sind. Wir glauben ganz fest an persönliche Kontrolle.

So kommt dann zum Beispiel das Versprechen zustande, diese oder jene Arbeit in genau drei Wochen zu schaffen oder bis Mai bestimmt drei Kilo abzunehmen. Und so stellen wir voller Hingabe unsere Tagesordnung auf: »Das werde ich heute alles machen!« – felsenfest davon überzeugt, am Abend fast alle Punkte auch wirklich abgearbeitet zu haben! Und unsere größeren Vorhaben – ich will doch Französisch lernen; mehr Sport treiben; schweigen lernen, wenn ich eigentlich unbedingt etwas sagen will, aber nicht sagen sollte –, die glauben wir ebenfalls verwirklichen zu können, auch wenn wir es bisher noch nicht geschafft haben. In der Kindheit lernen wir doch alle: »Wo ein Wille ist, da ist auch ein Weg!« Deshalb fassen wir alle Jahre wieder unsere guten Neujahrsvorsätze und bleiben weiterhin davon überzeugt (oft ungeachtet erdrückender Beweise des Gegenteils), daß wir es schon irgendwie hinkriegen; daß wir wirklich dieser oder jener sein können und alles unter Kontrolle haben. Selbst wenn wir dann hinter den gesteckten Zielen zurückbleiben, verlieren wir immer noch nicht den Glauben an unsere Fähigkeit, uns mittels Willenskraft, Einsicht und ehrlichem Bemühen ändern und bessern zu können – oder selbstverständlich auch mit Hilfe jener Bücher und Seminare, die uns lehren wollen: Wie halte ich meinen Zorn, meinen Alkoholkonsum, meinen Streß, meine Ängste im Zaum oder wie bleibe ich im Zeitrahmen? Wie halte ich mein Gewicht, wie kaufe ich planmäßig ein? Wie überwinde ich meine Schüchternheit; meine Angst vorm Fliegen, vor körperlicher Nähe, vor der Abhängigkeit von anderen? Wie bekomme ich ein gutes Gedächtnis, eine nette Frau, einen netten Mann, ein großes Vermögen, meinen Seelenfrieden? Wie steigere ich meine sexuelle Lust, Intelligenz, wie arbeite ich an meiner Persönlichkeit und meinen Bauchmuskeln? Kurz: »Wie gewinne ich an Einfluß und Macht und habe alles im Griff?«

Doch was verstehen wir eigentlich unter Kontrolle angesichts von Forschungsergebnissen, denen zufolge unsere Gene bei allen Eigenschaften von Schüchternheit bis Korpulenz überall mitmischen? Was bedeutet Kontrolle wirklich, wenn doch getrennt aufgewachsene, eineiige Zwillinge geradezu unheimlich ähnliche Persönlichkeitsmerkmale und Verhaltensweisen an den Tag legen und seriöse Wissenschaftler von der Entdeckung eines »Glücks-Gens«, »Neurose-Gens«, »Neugier-Gens« sprechen, ja sogar von einem »Gute-Mutter-Gen«? Was also bedeutet Kontrolle, wenn der Apfel hartnäckig stets unweit vom Stamm fällt, wie weit wir ihn auch immer werfen?

Dodie ist sich ganz sicher, richtig gehandelt zu haben, als sie ihr Kind zur Adoption freigibt. Sie will für ihn ein geordnetes Leben. Und das kann es für den Kleinen nicht geben, solange Dodie immer noch mit Benjy zusammenlebt, diesem sogenannten Freigeist. Er hatte sie gewarnt, er werde sein Leben nicht von einem Baby durcheinanderbringen lassen. Drei Jahre später ist Benjy tot, ein heruntergekommener Junkie, immer auf der Suche nach dem nächsten Schuß in einer dunklen Seitenstraße. Schließlich durchfährt Dodie die bittere Erkenntnis, die falsche Entscheidung getroffen zu haben. Und 25 Jahre danach hört sie am Telefon plötzlich diese merkwürdig vertraute Stimme, die da sagt, er sei ihr Sohn und wolle sie sehen. Dodie, ledig, kinderlos und einsam, glaubt eine Zeitlang an die zweite Chance. Denn ihr wiedergefundener Sohn ließ einen Traum wahrwerden! Sie ist so stolz: Wie gut er doch aussieht, genauso wie sein Vater, der dem jungen Marlon Brando doch so ähnelte! Und er ist wie sein Vater – rauschgiftsüchtig. Sechs Monate später stirbt er an einer Überdosis…

Können wir eine solche Geschichte verstehen? Muß sie aus genetischer Sicht erklärt werden? Wenn ja, soll das heißen, daß wir durch unsere Gene zu einem bestimmten Verhalten getrieben werden? Wie frei sind wir dann eigentlich?

Die Verhaltensgenetik hat den uralten Streit Anlagen gegen Umwelt wiederbelebt, bei dem es im Kern um die Frage von Macht und Kontrolle geht. Wenn uns Gene tatsächlich fett, niedergeschlagen, aggressiv, süchtig, dumm oder froh machen sollten, so müßten wir allerdings anders über die Freiheit zu wählen und die Fähigkeit, uns zu ändern, über freien Willen und persönliche Verantwortung sprechen. Es wäre verlockend, wenn wir uns angesichts unserer Schwächen und Niederlagen mit dem Gedanken trösten könnten, wir seien ja gar nicht Schuld und könnten nicht verantwortlich gemacht werden, denn schließlich wären dann unser dicker Bauch und unser scheußliches Verhalten gar kein Ausdruck unserer Charakterschwächen, sondern unserer DNS! Einige werden sich deshalb in einer Art von genetischem Opferstatus einrichten und sich als willenlose Spielbälle in der Hand unkontrollierbarer Kräfte sehen. Doch die meisten unter uns sträuben sich gegen die Vorstellung, auf unsere Gene reduziert und Gefangene unserer Biologie zu sein, und die meisten bestehen weiterhin auf ihrem freien Willen.

Wie heißt es doch so schön:

»Ich bin der Herr meines Schicksals, der Steuermann meiner Seele.« Oder: »Jeder ist seines Glückes Schmied.« Oder auch: »Die Schuld, mein Brutus, liegt nicht in den Sternen, / Nur in uns selber, daß wir Knechte sind.« Und schließlich noch: »Du und ich sind frei, auch du und ich zu sein!«

Nein, nicht ganz! Denn solche Freiheitsbekundungen werden von der Familien-, der Adoptions- und der Zwillingsforschung in Frage gestellt, insbesondere von den umfangreichen Arbeiten über eineiige, getrennt aufgewachsene Zwillinge. Da sie die gleichen Gene besitzen, sich ihr soziales Umfeld jedoch schon in einem frühen Stadium unterscheidet, lassen sich durch diese eineiigen Zwillinge Erkenntnisse über genetische Einflüsse auf das Verhalten gewinnen. Lange Zeit dachte man, daß eineiige Zwillinge ähnliche Verhaltensweisen zeigten, weil sie gemeinsam aufwuchsen. Wie schrieb doch ein Psychologe 1981: »Gene und Drüsenfunktionen sind offensichtlich wichtig, doch soziales Lernen hat gleichfalls eine große Bedeutung. Man denke nur an die enormen Unterschiede, die man in der Persönlichkeit von Zwillingen mit gleicher Erbmasse vorfände, würden diese getrennt in zwei verschiedenen Familien aufwachsen.« Natürlich klingt das logisch – nur, es ist falsch! Denn grundlegende Forschungsarbeiten zeigen uns, daß sich eineiige Zwillinge, die getrennt aufwachsen, in vielen Persönlichkeitsmerkmalen, in ihrer sexuellen Orientierung und bezüglich ihres Intelligenzquotienten auffallend ähneln. Selbst Charakteristika wie Traditionsbewußtsein oder Zufriedenheit in der Arbeit werden demnach von Erbanlagen beeinflußt. Und bei persönlichen Ticks denken wir an jenes Beispiel der Zwillinge, die sich erstmals als Erwachsene treffen: Sie tragen beide je sieben Ringe, lesen beide stets Zeitschriften von hinten nach vorn, trinken beide ihren Kaffee

16

schwarz, ohne Zucker und kalt. Welche Folgen haben nun derart frappante Ähnlichkeiten für unsere Konzepte von Freiheit und Kontrolle?

Die Genforschung trägt zur Erklärung solcher Ähnlichkeiten bei eineiigen, getrennt aufgewachsenen Zwillingen bei. Sie hilft auch, die tiefgreifenden Unterschiede von Geschwistern, die keine Zwillinge sind und im selben Haushalt aufwachsen, zu verstehen. Diese Unterschiede können aus dem Zusammenspiel von Anlage und Umwelt erwachsen, aus dem Einfluß der Erbanlagen auf den kindlichen Erfahrungsraum. Das heißt, daß wir zu einem gewissen Grad von unserer Erbmasse aktiv dazu angetrieben werden, die spezifische Umgebung, in der wir leben, »hervorzubringen, auszuwählen, gezielt zu suchen oder zu schaffen«.

Da betritt ein kleiner Junge das Wohnzimmer mit einem Buch, einem Puzzlespiel und einem Pack Spielkarten in Händen. Er setzt das Puzzle komplett zusammen, baut danach ein Kartenhaus und verkriecht sich zuletzt ganz behaglich hinter seinem Buch. Sein Bruder hingegen stellt im selben Wohnzimmer einen Stuhl auf den Couchtisch, stapelt einige Kissen auf den Stuhl, benutzt diese improvisierte Leiter, um auf den Kaminsims zu klettern und springt von dort hinunter. Der eine hat sich ein kuscheliges Refugium geschaffen, der andere eine Gefahrenzone. Angetrieben von ihrer jeweils spezifischen Erbmasse, so scheint es, hat jeder für sich einen eigenen Erlebnisraum aufgebaut.

Jenes Zusammenspiel von Anlage und Umwelt zeigt sich auch in der Art und Weise, wie wir als Kinder unsere Eltern »rumkriegen«, uns auf eine bestimmte Art und Weise zu behandeln. Dieses elterliche Verhalten kann sich hochgradig von dem Verhalten gegenüber unseren Brüdern oder Schwestern unterscheiden. Wenn wir eher ein Kuscheltyp sind, bekommen wir von unseren Eltern wohl auch mehr Umarmungen und Küsse ab als beispielsweise unsere kühlere, distanziertere Schwester. Und wenn wir eher der Dickkopf sind, bringen wir unsere Eltern zu einem heftigeren Erziehungsverhalten, als sie es je unseren weniger streitfreudigen Geschwistern gegenüber an den Tag legen werden. So sah meine jüngere Schwester in unserem Vater immer einen Softie. Wenn er sie schimpfte, hörte er immer sofort auf, sobald sich ihre großen blauen Augen mit Tränen füllten. Ich hingegen empfand ihn als einen geradezu tyrannischen Mann, denn seit frühester Kindheit reagierte ich auf sein Schimpfen mit vorgestrecktem Kinn und den herausfordernden Worten: »Los, schlag mich nur! Aber ich hab' trotzdem recht!« Aufgrund unterschiedlicher Erbanlagen können Geschwister, die keine Zwillinge sind, dieselbe Familie durchaus sehr unterschiedlich erleben. Sie wachsen gemeinsam im selben Haus mit denselben Eltern auf – und doch werden sie faktisch in verschiedenen Haushalten und mit verschiedenen Eltern groß in einem ganz unterschiedlich erlebten häuslichen Milieu, der sogenannten ungeteilten Umwelt. Umgekehrt kann diese Erkenntnis dazu beitragen, die Ähnlichkeiten von getrennt aufwachsenden, eineiigen Zwillingen zu verstehen. Deren identische Erbmasse läßt diese Zwillinge vielleicht ähnliche Erfahrungsräume hervorbringen, auswählen oder gezielt suchen, einschließlich einer ähnlichen Behandlung durch Eltern, selbst wenn sie mit verschiedenen Eltern aufwachsen.

Auch die Ergebnisse der Temperamentforschung zwingen uns, über genetische Einflüsse nachzudenken. Denn wir werden nicht als unbeschriebenes Blatt ohne Eigenschaften geboren, sondern mit bestimmten Temperamentsanlagen. Nach dem Entwicklungspsychologen Jerome Kagan von der Harvard Universität werden rund 20 Prozent der Menschen mit einer so erregbaren Physiologie geboren, daß alles Unbekannte oder Ungewohnte als Bedrohung wahrgenommen wird. Rund 40 Prozent kommen demgegenüber mit einer weit weniger erregbaren Physiologie auf die Welt, sind deshalb gleichsam von Natur aus weniger furchtsam und entspannter. Ein Teil der hochempfindlichen Menschen wird laut Kagan ein »gehemmtes« Temperament entwickeln und auf neue Erfahrungen mit Vorsicht oder Zurückhaltung, mit Sorge oder Vermeidungsverhalten reagieren. Ein Teil der weniger erregbaren Kinder wird hingegen ein »ungehemmtes« Temperament ausbilden, das auch mit Unvorhergesehenem und mit Risiken gut zurechtkommt und ohne Furcht auf Unbekanntes reagiert. Derart unterschiedliches Verhalten gegenüber neuen Situationen und Menschen kann ein ganzes Leben lang auf unsere Stimmungen und unser Verhalten abfärben. Es macht aus einigen Dichter, Albert Einsteins, Scheue, Trottel oder auch Menschen, die bei schönem Wetter immer einen Schirm dabeihaben; vielleicht aber auch Fallschirmspringer, Herrscher des Universums oder Soziopathen. Die »Gehemmten« neigen zu Handlungen, mit denen sie Neues und Unvorhergesehenes im Leben kontrollieren und eingrenzen. Die »Ungehemmten« werfen sich hingegen nur allzu gern in die verschiedensten Situationen, in denen sie wahrscheinlich auf unkalkulierbare Risiken stoßen. Die Temperamentforschung hat in Vergangenheit wie Gegenwart immer wieder diese beiden Typen beschrieben, mögen sie auch verschieden benannt worden sein. Hippokrates spricht von Melancholikern und Sanguinikern, C. G. Jung von Introvertierten und Extravertierten. Eltern und Lehrer nennen sie heute einfach schüchtern und gesellig, angespannt und unbeschwert, zaghaft und mutig. Das soll keineswegs heißen, daß es nicht ebenso viele Temperamente gäbe wie Eissorten, sondern nur, daß »Gehemmte« und »Ungehemmte« die bekanntesten und am ausführlichsten untersuchten Temperamentstypen sind.

Selbstverständlich sind nur wenige Menschen reine Verkörperungen dieser Typen. Die meisten besitzen Mischcharaktere, sind zum Beispiel ängstlich-aggressiv oder zurückhaltend-umgänglich. Doch viele von Ihnen werden schon Menschen getroffen haben, die auf Anhieb Kagans Typisierung entsprachen. Und viele können wohl auch sich selbst oder ihre Partner und Kinder in etwa dem überwiegend gehemmten beziehungsweise ungehemmten Typ zuordnen.

Mein jüngster Sohn Alexander beispielsweise kam als kühner furchtloser Abenteurer auf die Welt. Er probierte alles aus und griff nach allem, was sich in seiner Reichweite befand. Er kletterte sogar während wir schliefen aus seinem Bettchen und krabbelte unter Gefahren durchs Haus. Sein verwegener Geist, der uns jahrelang in die Notaufnahme führte, trieb ihn dazu, Terpentin zu trinken, von Tischen zu springen, von Bäumen oder aus Kanus zu purzeln, barfuß über Glasscherben zu laufen. Er machte ausgesprochen gern Zwischenräume ausfindig, in die er mit seiner Hand oder seinem Kopf hineinpaßte, aus denen er dann aber nicht mehr herauskam. Und er stellte einen Hocker auf das Klettergerüst, »damit es höher wird«. Ich drängte ihn dann immer, sich hinzusetzen und erst mal zu verschnaufen. Doch er wollte nie verschnaufen. Denn über einem vier Meter tiefen Abgrund nur an den Händen zu hängen macht doch so viel mehr Spaß! Wenn ich heute auf seine Kindheit voller gebrochener Knochen, ausgeschlagener Zähne, Gehirnerschütterungen, Verbrennungen und genähter Wunden zurückblicke, dann frage ich mich, wie er – und ich – dieses nervenaufreibende Temperament überlebt haben, mit dem er offensichtlich geboren wurde. Alexander ist heute erwachsen. Er läuft Minitriathlons, fährt Mountainbike (aber stets mit Helm). Beim jährlichen Footballspiel an Erntedank, früher immer verletzungsträchtig, spielt er Gottseidank nicht mehr als Stürmer. Nachdem er einige harte Lektionen hat lernen müssen, findet er jetzt den Kitzel auch ohne törichte Risiken. Doch obwohl er nun – meistens jedenfalls – schaut, bevor er springt und obwohl er – bis auf eine kürzliche Ausnahme – nicht mehr in der Notaufnahme landet, ist er nach wie vor in seinem Temperament derselbe begeisterte Abenteurer, der er schon als Baby war.

Neueste Studien über Alkoholismus, Manisch-Depressive Psychose, Drogensucht, Zwangsneurosen und Schizophrenie bestätigen ebenfalls genetische Einflüsse, wenn auch diese Einflüsse bei bestimmten Leiden vermutlich stärker sind als bei anderen. So scheinen beispielsweise bei Schizophrenie in erheblichem Maß genetische Ursachen vorzuliegen, eine Erkenntnis, die für viele schuldbeladene Mütter eine riesige Erleichterung bedeutet. Und wenn wir auch immer noch viel über das heftig diskutierte »Fettleibigkeits-Gen« zu lernen haben, so lindert es doch immerhin die Schuldgefühle all derer, die die immer gleichen 30 Pfund abnehmen und wieder zunehmen, abnehmen und wieder zunehmen.

Auch die Suche nach einem Zusammenhang zwischen Genen und Kriminalität hat eindrucksvolle Ergebnisse erbracht. So ergab beispielsweise eine dänische Studie, daß in Kopenhagen und Umkreis 22 Prozent der Söhne von kriminellen Vätern wiederum kriminell wurden. Bei kriminellen Adoptivvätern, das heißt nichtbiologischen Vätern, lag der Anteil der wiederum kriminell gewordenen Adoptivsöhne bei nur 11,5 Prozent. Das Ergebnis – ein fast doppelt so hoher Kriminalitätsanteil bei biologischen Vater-Sohn-Paaren – scheint auf irgendeinen Zusammenhang zwischen den Erbanlagen eines Menschen und seiner Kriminalitätsanfälligkeit hinzudeuten.

Andere Studien haben einen Zusammenhang zwischen niedrigem Anteil von Serotonin, einem der chemischen Botenstoffe im Gehirn und verschiedenen Formen kriminellen Verhaltens erbracht: Ein niedriger Serotoningehalt geht einher mit geringem Selbstwertgefühl, aggressiver Impulsivität und Gewalttätigkeit.

Ferner hat eine niederländisch- amerikanische Forschungsgruppe gesteigertes Aggressionsverhalten mit einer bestimmten Genmutation in Verbindung gebracht. Vor rund drei Jahren entdeckte man nämlich, daß männliche Mäuse, denen ein Gen zur Produktion von Stickstoffoxid fehlte, zu »Monstermäusen« wurden, die normale männliche Mäuse angriffen, jagten, töteten und weibliche Mäuse zu »exzessiven und übersteigerten« Kopulationsphasen zwangen. Stickstoffoxid, so spekulierten die Wissenschaftler, könnte im Gehirn eine Art chemische »Bremse« für sexuelle und andere Aggressionen sein, deren Fehlen die Kleinsäuger zu bösartigen, mörderischen und vergewaltigenden Kleinsäugern macht. »Was hier vorliegen könnte«, erklärte ein Mitglied dieser Forschungsgruppe an der Johns-Hopkins-Universität in Baltimore, »ist ein Beispiel schweren ›kriminellen‹ Verhaltens, das sich durch einen einzigen genetischen Defekt erklären ließe.«

Vielleicht tragen auch wir Menschen Gene in uns, die zu krimineller Gewalt beitragen. Vielleicht – vielleicht auch nicht – besitzen wir Gene, die uns ängstlich oder furchtlos oder manisch-depressiv oder dick machen. Doch selbst wenn wir genetische Einflüsse unterstellen, wollen wir schwerlich glauben, Menschen ließen sich auf ihre Biochemie reduzieren. Sowohl die soziale Umwelt als auch die Natur haben Einfluß auf uns. Da gibt es unser Umfeld, unser biologisches Erbe – und auch noch unsere Erfahrungen, die, wie es ein Wissenschaftler formuliert hat, »unsere genetische Konstitution umwerfen können«.

Für den weitaus größten Teil unseres Lebens liegt es auf der Hand, daß sich Natur und soziale Umwelt wechselseitig beeinflussen und bedingen. Beide sind kaum je nur ein Entweder-Oder. Sie sind in der Tat sogar derart ineinander verwoben, daß es aussichtslos wäre, sie voneinander trennen zu wollen. Leidenschaftlicher Streit mag nun zwar darüber ausbrechen, worauf denn dann das Schwergewicht zu legen sei: Sind wir eher Produkte unserer Anlagen oder unserer sozialen Umwelt? Nach heutigem Verständnis sind wir zweifellos von beidem beeinflußt. »So wie es keinen Organismus ohne Umwelt gibt«, schreiben die Autoren des Buches *Die Gene sind es nicht*, »existiert auch keine Umwelt ohne Organismus. Weder Organismus noch Umwelt sind geschlossene Systeme, jedes ist für das andere offen.« Es stimmt, daß unsere Augenfarbe zu 100 Prozent genetisch festgelegt ist und nicht – außer mit Hilfe von Kontaktlinsen – durch

Umweltfaktoren verändert werden kann. Es trifft gleichfalls zu, daß bestimmte Krankheiten durch bestimmte Gene verursacht werden. Im amerikanischen Medizinjargon heißt das *OGOD* (one gene, one disorder: ein Gen, eine Krankheit). Doch schon unsere Körpergröße ist nur zu zirka 90 Prozent genetisch festgelegt, die restlichen 10 Prozent bestimmt die Ernährung, also unsere Umwelt.

Was unsere Verhaltensweisen betrifft, stellte das Zentrum für Zwillings- und Adoptionsforschung in Minnesota fest, daß Erbanlagen – einer bestimmten Population, nicht eines einzelnen Individuums – nur für rund die Hälfte der Gesamtvarianz im Persönlichkeitsspektrum bestimmend sind, während soziale Umwelteinflüsse für die andere Hälfte den Ausschlag geben. Also übt die Umwelt doch Einfluß aus, liegt unser Schicksal nicht allein in unseren Genen! Obwohl uns unsere Anlagen einen Stempel aufdrücken, legen sie nur unseren Ausgangspunkt fest, nicht jedoch den ganzen Menschen, zu dem wir uns schließlich entwickeln. Denn bei der Geburt haben wir kein definitives Temperament. Wir treten nur einfach mit gewissen Neigungen an, Tendenzen, die durch später gesammelte Erfahrungen verstärkt oder aber abgeschwächt werden. Diese Erfahrungen erst haben zur Folge, daß sich bestimmte Tendenzen zu einem Temperament verdichten. Und sie spielen eine entscheidende Rolle in der Art und Weise, wie sich ein bestimmtes Temperament ausdrückt.

So könnten sich vielleicht diejenigen, die ein »ungehemmtes« furchtloses Temperament haben, zum Beispiel bei Regelverletzungen weniger schuldig und unsicher fühlen. Denn da sie grundsätzlich weniger Angst haben, ist bei ihnen auch die Furcht vor Bestrafung, die andere zurückhaltender sein läßt, reduziert. So könnten furchtlose Menschen in einer bestimmten häuslichen Umgebung, in der Regelverletzungen bestraft und korrigiert werden, diejenigen Führungseigenschaften entfalten, die beispielsweise eine politische Karriere fördern. Eine andere Umgebung, in der aggressives Verhalten üblich ist und hingenommen wird, mag sich in Menschen mit dem gleichen Temperament jene verantwortungslose Asozialität entwickeln, die sie letztendlich zu Gewohnheitsverbrechern machen kann. »Der Psychopath und der Held sind Sprossen desselben Astes«, so der Psychologe David Lykken, der auf dem Gebiet der Temperamentforschung arbeitet. Der Unterschied hängt ihm zufolge mit unseren Erfahrungen zusammen.

22

Gehören Sie zu den »gehemmten« Temperamenten, haben Sie schnell Schuldgefühle, sind rasch furchtsam? Dann kämpfen Sie vielleicht mit »einem natürlichen Drang«, niedergeschlagen zu sein oder unbedingt ein Kämpfertyp sein zu wollen. Ist beispielsweise unsere Mutter selbst überängstlich und überbehütet, so wird sie unsere eigene Furcht und Ängstlichkeit und damit unser negatives Spannungs- und Streßniveau noch verstärken. Doch zeigen uns Forschungsergebnisse, daß »gehemmte« Kinder liebevoll umsorgender Mütter »lernen (können), gut zu sich selbst zu sein und in einer Streßsituation gewissermaßen inneren Abstand zu halten (...), so daß wir schließlich die Streßreaktion gar nicht mehr wahrnehmen können«. Demnach hat das Umfeld Einfluß. Wir sind nicht die Sklaven unserer Gene – meistens jedenfalls nicht!

Doch da gibt es die Geschichte von Amy und Beth, den eineiigen Zwillingen, die schon kurz nach ihrer Geburt adoptiert werden und in zwei verschiedenen Haushalten aufwachsen. Mit einem Jahr zeigen sich bei beiden Mädchen erste Schwierigkeiten. Bereits im Alter von zehn Jahren haben sich bei beiden ernste Probleme aufgestaut: u. a. Hypochondrie, Angst vor Dunkelheit und dem Alleinsein. Hinzu kommen Lernschwierigkeiten, Probleme mit Gleichaltrigen, eine geringe soziale Integration, erhebliche Unreife sowie eine beunruhigende »Art von Oberflächlichkeit«. Wäre jedes Mädchen allein ohne ihre Schwester untersucht worden, hätten ihre Ärzte vermutlich gefolgert, die Probleme seien das Ergebnis der sozialen Umwelt. Eventuell wären sie noch weiter gegangen und hätten folgende klinische Spekulation als Erklärung angeboten:

Wäre Beth lediglich von den Haupteigenschaften in Amys Familie geprägt worden: der fordernden Mutter, dem starken Vater, dem erfolgreichen Bruder, der Wertschätzung akademischer Leistungen – oder hätte umgekehrt Amy doch bloß unter dem Einfluß der wesentlichen Charakteristika in Beths Familie gestanden: einer überaus umsorgenden Mutter, eines ebenso liebevollen Vaters, des weniger erfolgreichen Bruders, einer geringen Bedeutung schulischer und akademischer Leistung –, wieviel besser wäre es dann beiden jeweils ergangen!

Das alles hat vielleicht sehr überzeugend geklungen. Jedoch zeigten beide Zwillinge die gleichen Problemkomplexe, die folglich als genetisch bedingt anzusehen wären. Es liegt auf der Hand, daß das Familienumfeld, daß zwei derart verschiedene Lebensverhältnisse nicht immer die genetische Veranlagung überwinden können. Der Psychologe Kagan unterstützt diese Ansicht. Ihm zufolge kann selbst das förderlichste Umfeld in bestimmten Fällen nichts gegen die genetischen Einflüsse ausrichten. Er hat mit Bedauern beobachtet, daß einige wenige Kinder des »gehemmten« Typs wahrscheinlich lebenslang unter schrecklichsten Angstanfällen leiden werden, egal, wie umsorgt und geliebt sie aufwachsen mögen. Obwohl laut Kagan im Hinblick auf das Temperament »die Macht der Gene vorhanden, wenn auch begrenzt« ist, scheint er uns gleichfalls sagen zu wollen, daß diese Macht der Gene in bestimmten Phasen unbestreitbar ist.

Stephen würde dem vermutlich beipflichten. Er geht das zweite Jahr aufs College und hat gerade seiner Mutter gestanden, daß er schwul ist. Er versucht geduldig, ihren Fragen zu folgen: »Ich meine, soll das heißen, daß du gerade irgendeine Phase durchmachst? Oder hast du dich dazu entschieden? Bist du uns, oder vielleicht mir, böse? Versuchst du etwa… nun, wie soll ich das ausdrücken, gegen unsere Lebensweise zu rebellieren? Du möchtest wohl unbürgerlich oder sowas ähnliches sein?« Stephen antwortet seiner Mutter: »Himmel-Herrgott nochmal: Ob ich mich dazu entschieden habe?! Ich glaube nicht, daß sich irgend jemand in dieser Gesellschaft zu so etwas entscheiden würde. Ich habe das nicht geplant. Ich bin nicht irgendwann morgens aufgewacht und hab' mir gedacht: Also, das wäre doch jetzt wirklich mal interessant, schwul zu sein!«

Das Konzept der sexuellen Präferenz, das einen frei wählbaren Lebensstil nahelegt, ist in den letzten Jahren mehr und mehr durch den treffenderen Begriff »sexuelle Orientierung« abgelöst worden. Denn es läßt sich schwerlich von Wahlfreiheit sprechen, wenn sexuelle Orientierung bei Männern dermaßen hartnäckig und unwandelbar zu sein scheint. Neueste Forschungen haben die Vermutung erhärtet, daß die Biologie wesentlich mitbestimmt, ob die sexuelle Orientierung letztlich hetero- oder homosexuell ist. Einer Studie zufolge waren bei männlichen eineiigen Zwillingen, bei denen ein Bruder bekanntermaßen homo-

24

sexuell war, auch 52 Prozent der Zwillingsbrüder homosexuell. Demgegenüber betrug der Anteil bei zweieiigen homosexuellen Zwillingsbrüdern nur 22 Prozent und bei biologisch nicht verwandten Adoptivbrüdern wiederum nur 11 Prozent. Die Theorie besagt, daß eineiige Zwillinge mit den gleichen Genen sehr häufig die gleiche sexuelle Orientierung haben müßten, wenn Homosexualität in erheblichem Umfang genetisch beeinflußt wäre. Die Häufigkeit müßte folglich bei zweieiigen Zwillingen geringer sein und bei biologisch nicht verwandten Brüdern nochmals geringer. Und exakt das zeigte die Studie. Eine andere Forschungsarbeit über mögliche biologische Ursachen der Homosexualität befaßte sich mit hirnanatomischen Untersuchungen. Dabei fand man heraus, daß der den Geschlechtstrieb steuernde Teil des Gehirns – der Hypothalamus beziehungsweise die Hirnanhangdrüse des Zwischenhirns – bei homosexuellen Männern wesentlich kleiner ist als bei heterosexuellen. Damit stellte sich die Frage, ob dieser doch beträchtliche Größenunterschied eine Bedeutung für homosexuelle Orientierung haben könnte. Eine jüngere, vieldiskutierte Arbeit des Genetikers Dean Hamer über die DNS homosexueller Brüder erbrachte sehr starke Indizien für die Existenz eines sogenannten »Homosexualitäts-Gens«. Es besteht die Wahrscheinlichkeit, daß eine homosexuelle Tendenz über das X-Chromosom der Mutter auf den Sohn übertragen werden kann. (An dieser Stelle sollte ich darauf hinweisen, daß Ausdrücke wie »Homosexualitäts-Gen«, »Glücks-Gen« oder auch »Fettleibigkeits-Gen« so griffig wie ungenau sind. In dem Maß, wie menschliches Verhalten genetisch beeinflußt wird, ist es polygenetisch, also von vielen verschiedenen Genen mitbestimmt. Insofern wäre Hamers »Homosexualitäts-Gen«, falls es denn existiert, höchstwahrscheinlich nur eine von vielen genetischen Ursachen für Homosexualität.)

Ein Vater, der seine beiden homosexuellen Söhne aus seiner religiösen Überzeugung heraus verstoßen hatte, konnte sie erst wieder in den Kreis der Familie aufnehmen, nachdem er von Hamers »Homosexualitäts-Gen« gelesen hatte. Nun konnte er ihnen »vergeben«, da sie sich ihre Homosexualität ja schließlich nicht ausgesucht hatten. Doch viele Wissenschaftler einschließlich Hamer sind der Überzeugung, daß auch Umweltfaktoren die Entstehung von Homosexualität beeinflussen können, daß auch hier in komplizierter und vielfältiger Weise Anlagen und soziale Umwelt einander bedingen. Demnach könnten an einem

Ende des statistischen Spektrums Homosexuelle zu finden sein, deren Orientierung überwiegend genetisch beeinflußt ist, während die am anderen Ende fast ausschließlich aus ihrer persönlichen Geschichte heraus homosexuell wurden. Wir sollten uns jedoch vor Augen halten – wie es jener Vater mit seinen beiden homosexuellen Söhnen auch tun sollte –, daß selbst diejenigen, deren Orientierung überwiegend Produkt der sozialen Umwelt und weniger der Anlagen ist, immer noch über eine gewisse Entscheidungsfreiheit bezüglich ihrer Wunschorientierung verfügen und damit ein gewisses Vermögen besitzen, sich zu ändern. Und dennoch müssen wir uns klarmachen, daß die soziale Umwelt wie auch die Anlagen dem Einfluß unseres Willens manchmal unumstößliche Grenzen setzen.

Wir dürfen in der Tat in unserem ganzen Verhalten – nicht nur bei der sexuellen Orientierung – die von der sozialen Umwelt gesetzten Schranken nicht außer acht lassen. Und wir müssen verstehen lernen, daß einige lebenswichtige Ereignisse fast ebenso entscheidend sein können wie die Gene, die unsere Augenfarbe bestimmen. Solche Begebenheiten können tatsächlich unsere Biologie verändern und unsere Hirnströme neu verknüpfen. Unsere Umwelt kann genauso wie unsere Anlagen außerordentlich mächtig sein. Sie kann uns, wie wir im folgenden Kapitel sehen werden, ein Gefühl dafür verleihen, wer wir sind und was wir tun können. Sie stattet uns – wenn wir Glück haben – mit dem richtigen Grundstoff für unsere Entwicklung aus. Doch wenn wir nicht so glücklich davonkommen, kann uns die soziale Umwelt tiefgreifend schädigen, und manchmal läßt sich der Schaden nicht wieder gutmachen. Zuweilen können Lebenserfahrungen, unser soziales Umfeld, das Milieu unsere Seele unauslöschlich und für immer brandmarken. Es wäre in der Tat grob vereinfachend, anzunehmen, daß unsere Anlagen die unveränderbare und die soziale Umwelt die veränderbare Seite von uns seien. Als sei diese Umwelt der von uns kontrollierbare Teil unseres Selbst. Denn ein zweijähriges Mädchen beispielsweise kann sich nicht dagegen schützen, geschlagen oder vergewaltigt oder in eine Kammer gesperrt zu werden. Ein Dreijähriger kann nicht verhindern, die Person zu verlieren, die er am meisten liebt und braucht. Solche frühen Kindheitserfahrungen liegen außerhalb unserer Kontrolle und können unsere zukünftige Gefühlswelt mit der Durchschlagskraft einer DNS-Information treffen.

26

Unsere soziale Umwelt übt also Macht aus. Wenn auch nicht jeder, der als Kind Höllenqualen durchlitten hat, notwendigerweise irreparabel gezeichnet sein muß, so können doch extreme Vernachlässigung oder Brutalität sehr wohl Ursachen bleibender seelischer Schäden sein. Selbst wenn nicht jedes Kind, das seine Eltern früh verloren hat, diesen Tod lebenslang als Katastrophe empfinden muß, sind doch für einige Kinder alle zukünftigen Beziehungen zu Menschen durch diesen Verlust geprägt. Obwohl wir uns traumatische Erfahrungen vor allem als regelrechte Dramen vorstellen – ein prügelnder Vater, ein psychotischer Zusammenbruch der Mutter oder auch »Citizen Kane«, der im gleichnamigen Film als Kind seinen geliebten »Rosebud«-Schlitten zurücklassen muß –, so können uns schon wesentlich weniger drastische Erfahrungen für das ganze Leben zeichnen und Störungen verursachen, die eine Therapie vielleicht noch mindern, aber nicht mehr wirklich heilen kann.

Das soziale Umfeld kann demnach eine sehr große Macht ausüben. Freud schreibt, wir könnten uns ändern, indem wir uns das Unbewußte bewußt machen, uns über die Konflikte, Ängste und Bedürfnisse klar werden, die uns dazu bringen, so zu handeln, wie wir handeln. Die großen Veränderungen, die Psychoanalyse und Psychotherapie bewirkt haben, zeigen die Richtigkeit dieser Annahmen – doch sie sind nicht immer richtig. Denn zuweilen gelingt es uns zwar, mit unseren Problemen besser umzugehen, doch bleiben sie – leider – trotzdem noch vorhanden. Ich selbst könnte zum Beispiel eine hervorragende Analyse derjenigen frühkindlichen Ereignisse liefern, die mich dazu antreiben, nicht nur immer pünktlich, sondern stets sogar vor der Zeit irgendwo zu sein. Einer meiner Freunde könnte genauso brillant jene frühen Erfahrungen erläutern, die ihn veranlassen, ja sogar zwingen, 75 bis 80 Stunden die Woche zu arbeiten. Aufgrund hart erkämpfter Einsicht schimpfe ich heute meinen Mann nicht mehr (oder sagen wir lieber: kaum noch!), wenn wir mal wieder wegen seines schwächeren Gefühls für Pünktlichkeit zehn Sekunden zu spät sind. Und der oben erwähnte Freund ist heute aufgrund seiner Einsicht in der Lage – zumindest bei dringenden Familienangelegenheiten –, das Arbeitspensum zurückzufahren. Ja, wir beide können uns nun dank unseres Verständnisses dafür, warum wir genau das machen, was wir da machen, viel besser verhalten als früher. Doch das Gefühl von ehedem bleibt unverändert da: ein panisches Pochen in unserer Brust (wenn ich zu spät komme, er weniger arbeitet), das unsere Kind-heitsängste zurückbringt, die nicht verschwunden waren und wohl auch nie verschwinden werden. Trotz all unserer Anstren-gungen scheint eben nicht alles machbar.

Es gibt beispielsweise Menschen, die ihr ganzes Leben lang der Überzeugung sind, höchst unzulänglich zu sein, nicht das Kind gewesen zu sein, das sich ihre Mutter gewünscht hatte. Sie leiden an einem Gefühl des Ungenügens, das durch spätere Erfahrungen nicht mehr abgebaut werden kann. Der Psychoana-lytiker Michael Balint hat in diesem Zusammenhang das Kon-zept der »Grundstörung« entwickelt. Es hilft uns sehr, einige die-ser Männer und Frauen zu verstehen, die an Fehlerfahrungen in ihrem frühen sozialen Umfeld leiden und die »einen bleibenden Defekt (...) zur Folge haben, der sich der Möglichkeit einer Heil-analyse entzieht«.

Es können Lebensereignisse eintreten, die uns unauslöschlich prägen. Diese Überzeugung hat auch ihre extremen Vertreter, jene Umweltdeterministen nämlich, die den Einfluß der Erbanla-gen ignorieren oder mit dem Argument abtun, wir Menschen würden »als weißes Blatt geboren, auf dem die Erfahrung unbe-schränkt schreiben kann«. Diese Auffassung läßt keine Wahlfrei-heit zu, sondern sieht uns im Gegenteil »geradezu als (...) Skla-ven der sozialen Umwelt« an. Das mündet in einem Verständnis von Leben, das wir nicht selbst gestalten können, in dem wir keine Verantwortung übernehmen und an dem wir folglich auch nicht schuld sind. Wie die Anhänger einer biologistischen Deter-mination vertreten diese Umweltdeterministen eine fatalistische Weltsicht: Wie jene uns einzig als Gefangene unserer Gene sehen, sehen uns diese als Gefangene unserer Kindheit. Beide Weltsich-ten wollen uns weismachen, wir wären Gefangene, ferngesteuert durch Umstände, die wir nicht beeinflussen können.

Fremdbestimmt? Unbeeinflußbar? Wie steht es dann um die menschliche Freiheit, um den freien Willen?

Charles Darwin vertrat die Auffassung, daß sowohl unsere Erb-anlagen als auch unsere Umwelt all unsere Gefühle, unser Den-ken und Handeln beeinflussen. Er gesteht in einem seiner Notiz-bücher, daß »an der Existenz des freien Willens gezweifelt wird«. Wenn das so sei, folgert er, stünde uns weder Lob noch Tadel zu, egal, was wir auch täten. Zwei Schulen der Psychoanalyse teilen diesen pessimistischen Standpunkt. Die eine besagt, daß, egal was wir machen oder denken, alles strikt durch vorher Geschehenes bestimmt sei. Die andere stellt fest, daß wir vor allem durch unsere instinktiven Bedürfnisse und unbewußten Impulse angetrieben würden. Beide Konzepte argumentieren für den Determinismus und beide vertreten die Überzeugung, daß jeder Glaube an einen freien Willen bloße Illusion sei.

Allerdings gibt es auch Philosophen, die von einem »weichen« Determinismus und einem Verständnis von Freiheit reden, das sich mit einem deterministischen Menschenbild verträgt. Der Psychoanalytiker Robert Waelder beispielsweise schreibt, unsere Zukunft sei nicht vorherbestimmt, die uns prägenden Kräfte seien nur verschiedene »Arten von Druck« und kein unabänderliches Schicksal. Und der Analytiker David Rapaport definiert Freiheit als »die Hinnahme der Beschränkungen des Gesetzes« und erklärt, innerhalb dieser Grenzen könnten wir frei entscheiden.

Auch wenn wir überzeugt sind, daß wir unser Leben aktiv beeinflussen können, müssen wir uns wohl mit diesen Grenzen abfinden. Doch es scheint durchaus sinnvoll, darauf zu bestehen, daß wir alle – abgesehen von Kindern und schwer geisteskranken Menschen – ungeachtet negativer Gene oder einer schlimmen Kindheit für unsere Handlungen verantwortlich gemacht werden sollten. Und wir sollten dann ebenfalls darauf bestehen, daß Menschen für ihr Handeln verantwortlich gemacht werden, auch wenn es ihnen durch jene verschiedenen »Arten von Druck«, wie etwa Mißbrauch im Kindesalter oder genetischer Anlage zu Impulsivität, erschwert wird, sich richtig oder gut zu verhalten. Es mag uns zwar erlaubt sein, die schlechten Karten, die uns das Leben zugespielt hat, irgendwie gut zu finden. Wir könnten durchaus fragen: »Hättest du denn mit diesen Karten hier besser gespielt?« Und doch scheint es sinnvoll und wertvoll, daran festzuhalten: Wir tragen Verantwortung für Entscheidungen, die wir selbst aus freien Stücken getroffen haben.

In seinen Ausführungen zur sogenannten »Doktrin der Notwendigkeit« bemerkt der Philosoph und Nationalökonom John Stuart Mill, daß der menschliche »Charakter durch die Umstände geprägt wird; (...) doch sein eigener Wunsch nach dessen Gestaltung in einer besonderen Weise ist eben genau einer dieser Umstände«. Weiter schreibt Mill, daß wir, sollten wir tatsächlich diesen Wunsch zur Bildung und Änderung unseres Charakters haben, »wissen sollten, daß diese Arbeit nicht so unumkehrbar ist, als daß sie nicht nochmals veränderbar wäre«.

Nicht immer können wir die Natur oder die soziale Umwelt ändern, die womöglich tiefe Depressionen, Panikanfälle oder Wutausbrüche verursachen. Wir können nicht immer die in uns aufsteigenden Gefühle im Zaum halten. Aber zwischen unseren Gefühlen und Handlungen steht unsere Willenskraft, die uns die Wahl läßt, auf welche Art und Weise wir diese Gefühle ausdrücken. Zwischen unseren Gefühlen und Handlungen steht demnach unsere Kraft, frei zu sein und Einfluß zu nehmen.

»Das Selbst ist nicht wie etwas in Stein Gemeißeltes«, schreibt Alice Flett Downing und erinnert damit an den Beginn ihrer eigenen Verwandlung. Mit neunzehn Jahren, erzählt sie, »war ich dabei, eine bestimmte Person zu werden. Und da änderte ich mich ...« Die Verwandlung begann eines Sommermorgens, als sie im Haus ihrer Eltern früh erwachte. Sie »schaute auf die Zimmerdecke, wo dieser lange, gebogene Riß war, der wie der krumme Rücken eines alten Weibes aussah. (...) Dieser Riß existierte, solange ich denken kann. Es war das erste, was ich morgens erblickte, und das letzte, bevor ich einschlief – diese bedrohliche Inschrift in Gips, die grauenvoll über mir thronte. Nicht, daß ich mich vor ihrem hexenartigem Umriß gefürchtet hätte ... Nein, was mich an dem Deckenriß mit Grauen erfüllte, war seine Beständigkeit; daß er immer da war, dazu bestimmt, mich stets zu begleiten, ein Teil von mir zu sein.« Obwohl sie nie dergleichen zuvor getan hat, holt Alice eine Leiter aus dem Erdgeschoß, einen Spachtel aus der Küche und aus dem Gartenhäuschen eine Packung Gips. Sie rührt den Gips an und streicht anschließend den Deckenriß aus. Nachdem der Gips getrocknet ist, schmirgelt sie die Stellen ab. Im Verlauf des Tages streicht sie die gesamte Decke neu und macht unmittelbar vor der Schlafenszeit einen zweiten Anstrich. Dann legt sie sich in der Dunkelheit hin, benommen von Glück. »An einem einzigen Tag«, erzählt sie, »habe ich mein Leben geändert; mein Leben war also veränderbar. Dieser simple Lehrsatz verlangte nicht nach Auslegung. Nein, er schoß mit aller Kraft in meinen Blutkreislauf. Ich konnte sein Pulsieren und Wallen spüren. Er durchleuchtete meine Venen, als wären sie aus Glas. Am Morgen noch war ich mit dem Gefühl von Enge und erdrückender Unausweichlichkeit erwacht. Und nun schlief ich im Sturm meines freien Willens ein.«

Sir Isaiah Berlin, der kürzlich verstorbene Sozialphilosoph und Politiktheoretiker, vertrat die Auffassung, daß, sollte unser Glaube an die Freiheit illusionär sein, es sich um eine »notwendige Illusion« handeln müsse. Wirkliche Menschen in der wirklichen Welt verhalten sich seiner Beobachtung nach nicht so, als fehlte ihnen der freie Wille. Und der Analytiker Ernst Lewy fügt in einer Paraphrase von Voltaires berühmter Bemerkung über Gott hinzu: »Würden freier Wille und Verantwortlichkeit nicht existieren, müßten sie erfunden werden.« Ob nun Illusion oder nicht, wir müssen so handeln – und erwarten, auch danach beurteilt zu werden –, als hätten wir tatsächlich die Macht, freie Entscheidungen zu treffen. Selbst wenn wir eingestehen, daß unsere Kontrolle höchst unzureichend ist, müssen wir doch Verantwortung übernehmen. Auch wenn wir nicht so anpassungsfähig und wandelbar sein sollten, wie wir erhofft hatten; selbst wenn etwas geringeres als der Himmel unsere Grenze markiert; und ungeachtet der Möglichkeit, daß wir nicht völlig unserer Geschichte und unserem biologischen Erbe entrinnen können – wir müssen so leben, als wären wir tatsächlich frei!

2 Der Reiz von Kontrolle und Macht

Es gibt wohl kaum einen Bereich herausragender Leistungen des menschlichen Charakters, der nicht entschieden abstoßend auf die unverbildeten Gefühle der menschlichen Natur wirkt.

John Stuart Mill

Alle diese sogenannten menschlichen Eigenschaften entspringen der Möglichkeit, sein triebhaftes Ich zu kontrollieren.

Selma Fraiberg

Um so leben zu können, als wären wir wirklich frei, müssen wir zunächst lernen, unsere »unverbildeten Gefühle« zu entwickeln. Wir müssen unseren Willen zwischen unsere Wünsche und unsere Handlungen setzen. Doch man braucht schon eine Zeitlang, um den anfangs so abwegig wirkenden Standpunkt zu akzeptieren, Selbstkontrolle könnte der Königsweg zur Freiheit sein. Ein Weg, der uns befähigt, nicht nur zivilisiert, sondern auch kompetent zu sein, um uns selbst – und die Welt – zu beherrschen.

Die zweieinhalbjährige Jannie trommelt mit einem Löffel auf ihrem Kinderstuhl herum und fordert hartnäckig und mit schriller Stimme ihren Nachtisch ein. Ihre vom Lärm geplagte Mutter geht in den Keller hinunter zum Eisschrank, um der Kleinen etwas Eis zu holen und ruft gereizt: »Oh, Jannie, hab' doch ein bißchen Geduld!« Als Jannies Mutter nach oben zurückkommt, findet sie ihr Töchterchen in krampfartigem Zustand vor: Ihr Kopf ist hochrot, ihr Körper völlig erstarrt, die kleinen Fäuste sind geballt und sie hat einen stieren Blick. Sie scheint nicht zu atmen. Die Mutter läßt das Eis fallen, schreit »Jannie, was ist los!« und läuft zu ihrer Tochter. Woraufhin die Kleine ihre Fäustchen öffnet, wieder zu atmen beginnt und erwidert: »Ich hab' Geduld!«

Die Kinderpsychologin Selma Fraiberg erzählt diese Geschichte, um uns zu zeigen, wie extrem schwierig es für Kleinkinder sein kann, unmittelbar drängende Wünsche niederzuringen. Sie vermittelt uns ein plastisches Bild von den inneren Kämpfen, die wir in unseren frühen Kindheitsjahren ausfechten, wenn wir lernen, mit unseren Impulsen zurechtzukommen, sie zu beherrschen, zu bezwingen, zu ordnen, zu beeinflussen, einzudämmen – wenn wir also langsam lernen, Selbstbeherrschung zu erlangen.

Geduld ist schwer erlernbar. Wie mühsam ist es doch einzusehen, daß wir nicht jederzeit alles bekommen können, was wir wollen. Und wie schwer ist es zu lernen, etwas zu entbehren, uns selbst etwas vorzuenthalten oder einen drängenden Wunsch zurückzustellen. Auch wenn die meisten mit dem Älterwerden zunehmend Selbstbeherrschung erlangen, so betreten wir diese Welt doch mit dem Streben nach Befriedigung. Die sorgenden, mächtigen Erwachsenen um uns herum schränken leider nicht nur viel zu schnell unsere Vergnügungen ein, sondern erwarten auch noch von uns, daß wir uns in Selbstbeherrschung üben: Wir sollen zu schreien aufhören, obwohl wir doch unbedingt jetzt sofort den Nachtisch brauchen! Wir sollen aufhören, unsere Geschlechtsteile zu berühren. Wir sollen der Lust entsagen, Finger in Steckdosen zu stecken oder dem erregenden Gefühl, die Füllung unseres Teddybären herauszuziehen; oder dem Bedürfnis, uns wann und wo wir auch wollen zu erleichtern! Dabei macht es doch soviel Spaß, unserer neugeborenen Schwester so richtig in den Oberarm zu kneifen! Doch die Großen, die das Sagen haben, stehen uns da im Weg. Die Schranken, die sie uns setzen und die wir uns selbst setzen sollen, lassen uns erstmals den Reiz von Kontrolle und Macht kosten.

Vor etwa 200 Jahren empfahl ein deutscher Pädagoge namens Sulzer Eltern, sie sollten ihre Kinder »gleich anfangs durch ernstliches Schelten und durch die Rute« zur Raison bringen. Er warnte davor, daß sich »Eigensinn« und »Bosheit« im ersten Lebensjahr entwickeln, sobald Kinder etwas sehen

> das sie gern haben möchten; sie können es aber nicht bekommen, sie erbosen sich darüber, schreien und schlagen um sich. Oder man gibt ihnen etwas, das ihnen nicht ansteht; sie schmeißen es weg und fangen an zu schreien. (...) Sobald sich also diese Fehler bei einem Kinde äußern, so ist es hohe Zeit, dem Übel zu

wehren, damit es nicht durch die Gewohnheit hartnäckiger und die Kinder ganz verdorben werden.

Im zweiten und dritten Lebensjahr müssen die Eltern laut Sulzer bei ihren Kindern »einen genaue(n) Gehorsam« erzeugen, was, wie er zugibt, schwierig zu erreichen sein könnte. Denn es »ist ganz natürlich, daß die Seele ihren Willen haben will.« Nichtsdestoweniger bemerkte er:

> Diese ersten Jahre haben unter andern auch den Vorteil, daß man da Gewalt und Zwang brauchen kann. (...) Kann man da den Kindern den Willen benehmen, so erinnern sie sich hernach niemals mehr, daß sie einen Willen gehabt haben (...). Man muß also gleich anfangs (...) ihnen sowohl durch Worte als durch die Tat zeigen, daß sie sich dem Willen der Eltern unterwerfen müssen.

Wenn auch heutzutage »Zwang« und »die Rute« von Fachleuten der Kindererziehung nicht mehr empfohlen werden, bleibt Gewalt gegen Kinder alltäglich, wie uns die Schlagzeilen regelmäßig beweisen. Zum Alltag gehören auch andere Formen des Machtmißbrauchs, die zwar nicht eigentlich Gewalt darstellen, doch ebenso auf Zwang aus sind und Kinder einschüchtern, demütigen oder manipulieren, um sie gehorsam zu machen. Es bleibt jedoch die Tatsache, daß selbst die liebevollsten Eltern sich gegen Ende unseres ersten Lebensjahres unserem Willen entgegenzustellen beginnen. Statt sich wie bisher vor allem unserer Hege und Pflege zu widmen, entdecken sie plötzlich dieses entnervende Interesse an Disziplinierung! Wenn unsere Eltern einsichtsvoll genug sind, verstehen sie, daß unsere Fähigkeit zur Selbstbeherrschung zunächst einmal unzureichend und unzuverlässig ist. Wenn wir gute Eltern haben, holen sie sich ihre Erziehungsratschläge zum Thema Disziplin nicht von Herrn Sulzer, sondern von Selma Fraiberg:

> Soweit wie möglich befriedigen wir alle Bedürfnisse des Säuglings, weil er von seinen Trieben völlig abhängig ist und diese noch nicht kontrollieren kann. Wenn die körperlichen und geistigen Fähigkeiten des Kindes reifen, kann es seine Bedürfnisse immer mehr selbst regeln und seine Impulse kontrollieren. Offenbart sich

allmählich seine Bereitschaft zur Selbstkontrolle, so erwarten wir mehr von ihm und ändern dementsprechend unsere Methoden.

Und nun beginnen unsere Eltern, uns ihre Maßstäbe von Gut und Böse, von Richtig und Falsch aufzuerlegen. Jetzt finden wir uns in einem Haufen von Anweisungen aus »Tu dieses!« oder »Mach' jenes!« wieder. Unsere Scham und unser »Schuldgefühl« bei Mißachtung der Verbote sowie unser Stolz, wenn wir den Geboten gefolgt sind, helfen die Fundamente unseres späteren Über-Ichs beziehungsweise unseres Gewissens zu legen.

Gewissen umschreibt man auch als die Einpflanzung unserer Eltern in unser Denken und Fühlen, als Internalisierung beziehungsweise Verinnerlichung von deren Moralvorstellungen und Idealen. Gewissen nennt man diejenige Kraft, die uns abhält, Falsches zu tun, selbst wenn niemand unser Tun mitbekäme. Nach der klassischen Psychoanalyse entwickelt sich das Gewissen im Alter von fünf bis sechs Jahren. Erst wenn wir eine Grenze aus Furcht vor unseren inneren Richtern ziehen können, wären wir demzufolge zu Schuldgefühlen fähig. Doch wesentlich früher existiert bereits etwas in uns, das sehr nach Schuldgefühlen aussieht, auch wenn wir uns zu diesem Zeitpunkt vielleicht nur schuldig fühlen, wenn wir erwischt werden. Neueste Studien weisen darauf hin, daß diese elterlichen Gebote und Verbote ab unserem zweiten Lebensjahr verinnerlicht und ein Teil unseres Selbst werden.

Ein eineinhalbjähriges Mädchen sitzt vor einem Videogerät und sagt »Nein, nein, nein!« vor sich hin, berührt das Gerät dabei aber nicht. Ein anderes Mädchen starrt auf verbotene Gegenstände auf einem Tisch, greift auch in deren Richtung, geht dann aber mit einem stolzen Lächeln daran vorbei, weil es nichts genommen hat. In beiden Fällen sind Erwachsene im Raum. Aber die zweieinhalbjährige Julia ist ganz allein, hin- und hergerissen zwischen dem heftigem Verlangen, mit einer Schale voller Eier zu spielen und dem klaren Bewußtsein, daß das verboten ist. Schließlich findet unsere Julia eine wirklich raffinierte Lösung des Konflikts zwischen ihren Wünschen und Mamas Vorschriften. Sie läßt die Eier eines nach dem anderen auf den Boden fallen und schimpft bei jedem zerbrochenen Ei mit sich selbst: »Nein-nein-nein!« sagt sie laut, »Darffs das nich tun!«

Es zeigt sich ganz offensichtlich, daß ein Erwachsener gebraucht wird, um diesen kleinen Damen beizubringen, eben nicht das zu tun, was sie doch so gern machen möchten. Es ist klar, daß die Regeln nicht wirklich ihre eigenen sind. Doch nach und nach werden sie mit jeweils unterschiedlichen Beimischungen von Liebe und Furcht lernen, so wie wir einst auch, diese Verhaltensregeln zu ihren eigenen zu machen. Schließlich werden sie auch ohne äußere Autoritäten über jene innere Kontrollfähigkeit verfügen, welche die mächtige Kraft des Gewissens kennzeichnet.

Unser Gewissen setzt die Maßstäbe und Grenzen, die nunmehr zu unseren eigenen geworden sind, indem wir uns schuldig fühlen, wenn wir etwas Falsches getan haben. Denn tatsächlich vermeiden wir etwas vor allem deswegen, um uns diesen Jammer von Schuldgefühlen zu ersparen. Mit anderen Worten: Wir beherrschen uns selbst. Wir zügeln den Drang, zu ergreifen, was wir besitzen wollen und zu töten, was wir hassen, indem wir ihn unterdrücken und aus unserem Bewußtsein verdrängen. Oder wir suchen eine Ersatzbefriedigung. Und zuweilen benutzen wir die sogenannte Reaktionsbildung: Wir verbergen dann einen nicht so schönen Impuls und behaupten, den exakt gegenteiligen Impuls zu verspüren, auch wenn – wie im folgenden Gedicht – der eigentliche Wunsch gar nicht so gut verborgen wurde:

Ich liebe, liebe, liebe mein neues Schwesterchen so sehr.
Nie würde ich es an einen hungrigen Bären verfüttern.
Und nie (nein! nein! nein!)
Würde ich's im Schnee aussetzen
und dann dort ungewollt vergessen.

Ich würde es nie die Toilette hinunterspülen wollen.
Ich möchte nie, daß es auf sein kleines Köpfchen fällt.
Ich frage mich nur, ob wir uns beim nächsten Mal,
sollte es zufällig von einer Klippe stürzen,
nicht lieber einen Hund anschaffen könnten.

Unterdrückung, Ersatzhandlungen, Reaktionsbildung und andere Taktiken hüten uns vor schlechtem Verhalten, vor Verhaltensweisen, die andere – oder auch uns selbst – schädigen. Unsere natürliche Impulsivität, unser »hemmungsloses Streben nach sofortigem Genuß« wird gedämpft, indem wir lernen, wie man wartet. Denn wir sind nur dann zur Selbstbeherrschung fähig, wenn wir auch die Erfüllung eines Wunsches aufschieben und etwas Geduld haben können. Insofern ernüchtert mich der Blick in den Spiegel der Hotellobby, kurz nachdem ich mit dem Angestellten an der Rezeption gesprochen habe. Ich realisiere, daß mein rotangelaufenes Gesicht, die verkrampfte Körperhaltung, die geballten Fäuste, der starre Blick und der angehaltene Atem nicht etwa Anzeichen eines Krampfes sind, sondern von der einfachen Tatsache herrühren, daß mein Zimmer erst ab vier Uhr beziehbar ist. Wie ernüchternd ist es doch, feststellen zu müssen, daß Selbstbeherrschung in jeder Altersstufe schwierig sein kann.

Es ist in der Tat nicht nur ernüchternd, sondern geradezu bedrückend, festzustellen, wie schwer Selbstbeherrschung fallen kann. Doch Kontrolle und Macht bedeuten nicht nur »Nein! Nein!, Nein!« und »Das sollst du nicht!« oder »Das darfst du nicht!«. Kontrolle ist nicht nur mit Einschränkung gleichzusetzen, sondern kann auch Beherrschung bedeuten. Kontrolle bedeutet wirksames Handeln und die erhebende Leistung, eine selbstbeherrschte Person zu werden, die auch auf ihr soziales Umfeld gezielt Einfluß zu nehmen vermag. Ab dem Augenblick unserer Geburt greifen wir aktiv in unser Umfeld ein, mit dem, was wir tun und mit dem, was wir nicht hinnehmen: Wir schließen die Augen, wenn das Licht zu hell ist; wir bewegen sie, um ein faszinierendes Objekt zu verfolgen; wir drehen unseren Kopf von einer Lärmquelle weg. Unsere erste Aufgabe im Leben besteht darin, unseren Bewegungsapparat und unser vegetatives Nervensystem wenigstens ein klein bißchen zu steuern, damit wir freier werden und uns sofort den »Ohs« und »Ahs« der Person zuwenden können, die uns da gerade liebkost. Durch das aufkeimende Vermögen, diesem Menschen zu antworten und ihm Reaktionen zu entlocken, um sogleich darauf zu reagieren, lernen wir, wie befriedigend es ist, unsere Gefühlsumwelt zu beeinflussen.

»Manchmal möcht' ich geschunkelt, gekitzelt, gestreichelt oder gewiegt werden oder mein Bäuerchen machen können ...«, sagt der winzig kleine Held eines bezaubernden Kinderbuchs von Amy Schwartz. Und »dann wieder möcht' ich in meiner Trage, meinem Wagen, meinem Schaukelsitz oder meinem Tragetuch (...) sitzen.« Und »manchmal will ich nur ganz ungestört (...) spielen.« Wir lernen schnell, solche Wünsche anzumelden.

Dieser Lernprozeß setzt mit unseren frühen Erfahrungen im Umgang mit unserer Mutter ein, wenn Mutter und Kind in einem immer nuancierteren Austausch des Gebens und Nehmens eine erfüllte, synchronisierte Beziehung zueinander aufbauen. Halten und Wiegen, Stillen und Trösten, Ermutigen und Versorgen – unsere Mutter paßt sich unseren Rhythmen und Bedürfnissen an. Und wir signalisieren ihr mit unserem Brabbeln, Lächeln und anderen Anzeichen wohliger Zufriedenheit, daß sie das gut macht. Natürlich achten unsere Mütter – die meisten jedenfalls – sehr aufmerksam darauf, unsere Signale aufzunehmen und einfühlsam darauf zu reagieren. Diese Einstimmung auf uns intensiviert sich, denn sie lieben uns mit der Zeit immer inniger, wie auch das folgende Lied *Das erste Baby* beschreibt:

Ich hatte nicht erwartet,
Jemandem so nah zu sein,
Den ich gerade erst kennengelernt habe.
Kann das Liebe auf den ersten Blick sein?
Ganz bestimmt! Ganz bestimmt!

Ich war so sicher,
Ich würde dem Zauber deines
Brabbelns und Schreiens widerstehen können.
Doch wer ist hier närrisch vor Liebe?
Ich bin es, ich.

Du bist ein Muster süßer Vollkommenheit:
Von deinem wuscheligen Kopf
Bis hin zu den Zehen wie Rosenknospen.
Meine Liebe zu dir ist wie ein Aufruhr,
der mein Herz erfüllt und wächst und wächst.

Ich hätte nie gedacht,
Daß ich so willenlos werden könnte
Bei deinem zahnlosen Lächeln
Und reizenden Krähen.

Auch hätte ich nicht vermutet,
Daß du jeden Raum füllen kannst
Mit deinen sechseinhalb jungenhaften Pfund.
Was für ein Glück! Was für ein Glück!
Soviel Glück!

Obwohl ich immer wußte,
Daß ich mich um dich kümmern würde;
Obwohl ich davon träumte,
Dich eines Tages zu halten,
Bin ich doch völlig überwältigt von den Gefühlen,
Die mich hinwegtragen.

Da unsere Mütter – die meisten jedenfalls – von solchen
Gefühlen davongetragen werden, reagieren sie umgehend auf
unsere kleinsten Signale. Aber auch unseren Vätern – oftmals
ebenso verrückt vor Liebe – können wir beibringen, unsere
Bedürfnisse zu erkennen, auf unsere Baby-Körpersprache mit
größtem Einfühlungsvermögen zu reagieren. Nach dem Psychoanalytiker Stanley Cath wissen wir schon ab einem sehr frühen
Alter, wie wir uns verständlich machen können, denn wir verfügen bereits über ein vielfältiges Verhaltensrepertoire, um eine
»kompetente liebevolle Hege und Pflege nicht nur von weiblichen, sondern auch von männlichen Erwachsenen zu bekommen«.

Wenn wir schließlich die erhoffte Hingabe unserer Eltern wei-
testgehend bekommen, so entwickeln nicht nur sie, sondern wir
gemeinsam ein subtiles Gefühl persönlicher Wirksamkeit – ein
Gefühl, daß wir in der Lage sind, Dinge geschehen lassen zu
können. Somit wird unser frühestes Gefühl, etwas zu beherrschen, durch eine körperliche Zufriedenheit erfahrbar, die wir
selbst mit herbeiführen konnten. Das ist die Zufriedenheit, die
uns, längst bevor wir denken oder diese Gedanken in Worte fassen können, sagt: »Ich bin ein winziges Baby, ich weiß, wie ich
alles bekommen kann.«

»Menschenkinder«, so der Psychologe Martin Seligman,
»beginnen ihr Leben hilfloser als jedes andere Lebewesen. Im
Laufe der folgenden zehn bis zwanzig Jahre erwirbt ein Teil der
Menschen das Gefühl, ihre Umgebung aktiv beeinflussen zu
können, andere erwerben das tiefe Gefühl von Hilflosigkeit.« Zu
welcher Seite wir schließlich selbst gehören werden, hängt nach
Seligman von unserer persönlichen Geschichte ab und davon,
wie frühzeitig, wie oft und wie intensiv wir unsere Ohnmacht
oder unsere Macht erfahren. Er stellt darüber hinaus fest, daß
mütterliche Vernachlässigung, also eine fehlende stabile Präsenz
der Mutter, eine Hauptursache für früh einsetzende, intensive
und wiederkehrende Ohnmachtsgefühle darstellt. Denn ohne

eine solche mütterliche Präsenz gibt es keinen wirklichen Austausch im Geben und Nehmen, keinen echten Synchronismus.
Es ist dann niemand Verläßliches da, der auf unser Schreien,
Lächeln, unsere Gesten und Bewegungen reagiert; jemand, der
uns das Gefühl gibt, unsere Handlungen seien von Bedeutung
und wir könnten ein Geschehen beeinflussen. Seligman ist überzeugt, daß ein Kind, wenn es eine häufig abwesende oder nicht
einfühlsame Mutter hat, nicht nur unter Liebesentzug leidet,
sondern auch an »einem besonders kritischen Mangel an Kontrolle und Macht.«

Manchmal scheitert diese Harmonie, weil unsere Eltern
unsere individuelle, einzigartige Natur mit etwas belasten, das
Selma Fraiberg »Geister des Kinderzimmers« nennt: Schatten
früherer Beziehungen, die zwischen unseren Eltern und uns stehen. Gewöhnlich werden wir von unseren Eltern in gewissem
Umfang mit positiven Qualitäten ausgestattet, also Eigenschaften, die sie wertschätzen und belohnen und die – bewußt oder
unbewußt – an liebgewonnene frühere Gefühlswerte gebunden
sind. Doch zuweilen wird uns von unseren Eltern etwas mitge-
geben, das unserer eigenen Natur drastisch zuwiderläuft oder in
verschiedenerlei Hinsicht negativ und zerstörerisch ist.

Wir werden dann beispielsweise als tyrannisch angesehen
(weil der Bruder unserer Mutter sie herumkommandiert hat)
oder als vorbelastet (denn ein Onkel ist an Krebs gestorben) oder
auch als egoistisch und voreingenommen (weil die Mutter unserer Mutter egoistisch und voreingenommen war). Oder auch als
zornig und böse, weil unsere Mutter den »Geist« ihres eigenen
früheren Selbst als »schreckliches kleines Mädchen« auf uns pro-
jiziert. Wenn wir als Kleinkinder zu derartigen »Geistern«
gemacht werden, bekommen wir die von diesen »Geistern« akti-
vierten Gefühle ab: den Groll (»Er glaubt wohl, ich sei sein
Sklave.«), die Ängste (»Er wird verhungern, wenn er nicht ißt.«)
oder die Gefühle von Ablehnung (»Sie schaut, als würde sie mich
umbringen wollen.«). Wenn also unsere Annäherungsversuche,
Stimmungen und unsere Hilferufe ständig unbeantwortet bleiben oder mißverstanden werden, leiden wir später ganz erheblich an mangelnder Selbstbeherrschung.

So gibt es Babies wie Monika, die mit einem Magenfehler
geboren wurde. Ihre Mutter ist zu deprimiert, um Monikas
Bedürfnissen gerechtwerden zu können, und sie kann, wie Winifred Gallagher in ihrem ausgezeichneten Buch *I.D.* schreibt,

»keine Brücke schlagen (…) zwischen dem Bestreben, etwas zu bekommen, und der Befriedigung, es auch erhalten zu haben«. Als Kind sucht Monika nach Aufmerksamkeit, doch selbst ihr Schreien um Hilfe bleibt ungehört. Das lehrt sie sehr früh, daß all ihr Bemühen, zu bekommen, was sie will und braucht, scheitern muß. Da sie nicht gelernt hat, daß Beharrlichkeit zum Ziel führt, kennt sie das Gefühl eigener Macht nicht, was sich in ihrem späteren Leben in »einer gewissen Trägheit (ausdrückt). (…) Statt ihre Lebensumstände zu gestalten«, schreibt Gallagher, »wurde sie oftmals von ihnen fortgetragen.« Auch Monika leidet an einem entscheidenden Mangel an Kontrolle und Macht.

Ohne eine einfühlsame Mutter nehmen wir schließlich an, aktives Handeln sei bedeutungslos, Ereignisse könnten nicht beeinflußt werden, wir seien hilflos. Ohne eine einfühlsame Mutter kann in dieser Beziehung keine Kompetenz aufgebaut werden. Derartig entmutigende Erlebnisse stehen in scharfem Kontrast zu Erfahrungen in einer synchronisierten Beziehung, in der wir ein Gefühl eigener Macht entfalten können, dieses »Ich-bekomme-was-ich-brauche«-Gefühl und eine vertrauensvolle Erwartung von Behagen und Wohlgefühl.

Dieses Vertrauen, das »Urvertrauen«, von dem der Analytiker Erik Erikson in seinem Klassiker *Kindheit und Gesellschaft* schreibt, umfaßt sowohl Vertrauen in unsere Mutter wie auch die innere Gewißheit, »daß man sich selbst (…) trauen kann«. Erikson bindet Urvertrauen an Hoffnung; und Hoffnung wiederum an zwei Arten von Glaubensgewißheiten, die uns bei unserem Handeln in der Welt vorantreiben: Die eine ist der Glaube »an die Freundlichkeit der universellen Mächte«, die andere der »Glaube (…) an die Güte der eigenen Bestrebungen«.

Bereits in unserem zweiten Lebensmonat freuen wir uns darüber, daß wir unsere soziale Umwelt in bestimmter Weise bereits ganz erheblich und für uns auch wahrnehmbar beeinflussen können. In einem Experiment mit drei Gruppen achtwöchiger Babys bekam jedes Kind ein spezielles Luftkissen, bei dem durch den Druck des Köpfchens ein Stromkreis geschlossen wurde. Bei einer Gruppe, nennen wir sie Gruppe A, drehte sich ein Mobile aus bunten Bällen jeweils eine Sekunde lang über jedem einzelnen Kinderbett, wann immer das Kissen gedrückt wurde. Bei Gruppe B drehte sich das Mobile ebenfalls, allerdings unabhängig von der Handlung des Kindes. Gruppe C hatte statt eines

Mobiles eine unbewegliche Konstruktion über dem Bett hängen und erlebte weder Bewegung noch Einflußmöglichkeit. Die Babys aus Gruppe A lernten, daß sie die Bewegung des Mobiles beeinflussen konnten und zeigten ihr Wissen, indem sie das Kopfkissen nun sehr viel häufiger niederdrückten. Die anderen taten das nicht. Die Kinder in Gruppe A waren darüber hinaus nach drei, vier Tagen des Experimentierens die einzigen, die ohne Ausnahme lächelten und zufrieden brabbelten. Unsere Umgebung zu beeinflussen macht eben Freude. Daher streben wir im Laufe unseres ersten Lebensjahres immer zielgerichteter und mit beeindruckender Willenskraft nach wachsendem Einfluß und größerer Macht.

Das ist nicht immer einfach. Schauen wir uns zum Beispiel das Baby an, das sich gerade mit seinen Händchen und Knien aufzustützen versucht. Es kommt hoch und fällt wieder, kommt abermals hoch und fällt erneut, mehrmals hintereinander. Nach dieser Anstrengung läßt sich der arme Kleine auf den Boden sinken, nuckelt trostsuchend am Däumchen und sammelt neue Kräfte. Dann versucht er es erneut – und nach sage und schreibe 35 Minuten hat er es geschafft!

Viele Psychologen, die einen solchen frühkindlichen Eifer, etwas beherrschen zu wollen, und dann diese immense Befriedigung durch das Erfolgserlebnis registrieren, sind überzeugt, es mit einem Drang – oder Instinkt oder auch Motivation – zu tun zu haben, der grundlegend für die menschliche Natur ist. Die Wissenschaftler verwenden dabei verschiedene Begriffe: »Neugierverhalten«, »Handlungsdrang«, »Manipulationstrieb«, »Beherrschungsinstinkt«, »Beherrschungswille«, »Überlegenheitsstreben«, »Funktionslust« oder auch »Kompetenzdrang«, ein Begriff des Entwicklungspsychologen Robert White. Er schreibt, daß dieser Kompetenzdrang »zielgerichtet, selektiv und anhaltend ist« und daß »er ein angeborenes Bedürfnis nach Austausch mit der Umgebung befriedigt«. Was ist das Ziel dieses Austauschs? White zufolge ist unser Ziel, unsere Belohnung, ein Gefühl: Einfluß zu haben, »ein Gefühl von Macht«, ein Gefühl, das in seinen Worten »das Thema Beherrschung, Macht oder Kontrolle« umfaßt. Es beinhaltet gleichfalls Stolz und Freude darüber, daß wir etwas schaffen können und es auch geschafft haben.

Wenn ich an die Freude meiner eigenen drei kleinen Söhne angesichts ihrer – für sie – bemerkenswerten Leistungen zurückdenke, sehe ich heute noch ihr verschmitztes Lächeln und ihre leuchtenden Augen, erinnere ich mich, wie sie in ihren Eroberungen und Triumphen schwelgten. Fast hätte ich hören können, was sie mir sagen wollten, hätten sie schon sprechen können: »Schau, ich stoß' diese beiden Klötzchen zusammen. Ich bin doch klasse, oder!«; »Ich hab' gerade begriffen, wie ich die Stufen hier hochklettern kann. Bin ich nicht ein Genie?!«; »Ich stecke den Ball hier in die Schachtel und laß' ihn wieder rausfallen. Ich steck' ihn wieder rein und laß' ihn wieder rausfallen. Oh, wie wunderbar bin ich doch!«

Der Psychoanalytiker Ives Hendrick schreibt, daß der »Instinkt zu beherrschen« in seinem Ziel hedonistisch sei und »Primärfreuden« hervorrufe, indem er »das Individuum befähigt, seine Umwelt zu beherrschen und zu ändern«. Der Psychiater Andras Angyal ergänzt, daß das menschliche Leben »ein Prozeß der Selbst-Ausdehnung« sei, durch den der Mensch »mehr und mehr (und immer mehr) Bereiche seiner Umwelt assimiliert (und) seine Umgebung verändert, um sie stärker unter Kontrolle zu bringen«. Dieser in der Kindheit einsetzende Prozeß der Selbst-Erweiterung führt uns zu einem aktiven, stetigen Lernen. Er lehrt uns mit unserem Rasselschütteln und unseren »Guck-Guck-Spielen«, mit unseren Entdeckungsreisen und unserer Freude, etwas verursacht zu haben, die planvolle Beherrschung unserer Umgebung. »So hilflos (ein Kind) scheinen mag, bis es zu laufen beginnt«, schreibt White, »es hat zu diesem Zeitpunkt bereits erhebliche Fortschritte im Erreichen von Kompetenz gemacht.«

Das kann man wohl sagen! Gegen Ende unseres ersten Lebensjahres haben wir gelernt, Gegenstände zu ergreifen, fallenzulassen, zu werfen, mit ihnen umzugehen; zu sitzen, zu stehen und zu krabbeln und vielleicht haben wir schon mit dem Laufen begonnen. Unsere Macht, etwas geschehen zu lassen, ist gewachsen und wächst zu unserer größten Befriedigung weiter. Unser Bedürfnis, die Umgebung zu erforschen und die verlockenden Dinge dort zu untersuchen, ist zuweilen fast so wichtig wie Essen, und häufig drängt es uns zu gefährlichen und schlimm endenden Manövern. Die erforderlichen Einschränkungen (um unser Leben, das Haus oder die Nerven unserer Mutter zu schonen) werden mit aller verfügbaren Empörung aufgenommen. Und früher oder später sind wir dann auf und davon, stehen auf unseren eigenen Beinchen, wir kleinen Herrscher des Universums! In den folgenden Lebensmonaten erforschen wir unsere Welt, üben und verfeinern unsere Fertigkeiten. Dabei sind wir unempfindlich gegen die Schlaglöcher auf unserem Weg zur Macht. Die Schrammen und Püffe, das Stolpern und Hinfallen, unsere Rückschläge und Frustrationen können uns nicht entmutigen, können uns nicht zurückhalten, wenn wir nun alles und jedes ziehen, erklimmen, tragen, schleifen, fallenlassen oder quetschen. Berauscht vom seligen Glauben an unsere magische Omnipotenz verfallen wir der Illusion, die enorme Macht unserer Mutter würde von uns geteilt, diese – unsere – Macht gäbe uns die uneingeschränkte Verfügungsgewalt über unseren Körper und die Welt. Das Ende dieser Illusion konfrontiert uns mit einigen schwer verdaulichen Tatsachen. Es wird das heraufbeschwören, was wir »Annäherungskrise« nennen.

Diese Krise tritt zwischen dem 16. und dem 24. Lebensmonat ein. Wir werden uns in dieser Zeitspanne des Getrenntseins von unserer Mutter bewußt und stoßen auf die beängstigende Tatsache, wesentlich weniger mächtig und viel verletzbarer zu sein, als wir uns bisher vorgestellt hatten. Wir sind durch das Gefühl, allein in einer großen weiten Welt zu stehen, beunruhigt, und doch wollen wir genau diese entdecken. Und so sind wir äußerst bemüht, den Wunsch nach Mamas Rockschößen mit unserem Drang zum Selbermachen und zur Autonomie zu vereinbaren. Zur Konfliktlösung brauchen wir jetzt einen optimalen Abstand zu unserer Mutter, nicht zu nah und nicht zu fern, der es – unbeeinträchtigt von Gefühlen der Ohnmacht und Hoffnungslosigkeit – zuläßt, unsere Erkundungstouren fortzusetzen.

Laut Erikson müssen wir den Konflikt zwischen unserer Sehnsucht nach Autonomie und überzogenen, ja vernichtenden Gefühlen der Scham und des Zweifels, die aus einem »Gefühl verlorener Selbstkontrolle und fremder Oberherrschaft« erwachsen, lösen. Doch wir brauchen diese »Fremdüberwachung« seitens unserer Eltern, um nicht etwa in einen Abgrund zu stürzen. Wir brauchen sie, wenn wir uns ängstigen oder nicht mehr weiterwissen. Wenn jedoch alle unsere Unternehmungen mit »Stop!«, »Paß auf!« oder »Vorsicht!« bedacht werden, so könnten unsere unersättliche Neugier und das Vertrauen in unsere Kompetenz unterdrückt werden. Wenn hingegen alles gutgeht, dann werden unsere Eltern uns halten und liebevoll umsorgen und gleichzeitig loslassen und uns auch uns selbst überlassen. Falls alles gutläuft, sind wir im Alter von zwei Jahren begierig, immer neue Bereiche unseres Universums zielgerichtet beherrschen zu lernen.

Im Alter von zwei Jahren erwerben wir auch ein herrliches neues Instrument zur aktiven Einflußnahme auf uns selbst und unsere soziale Umwelt. Dieses Werkzeug ist die Sprache, die Wörter zur Benennung der uns umgebenden Objekte und die Wörter, mit denen wir ausdrücken, was wir wollen und wie wir uns fühlen.

Die Benennung von Objekten – »Mama«, »Keks«, »Decke« – stellt für sich schon eine Form der Beherrschung dar, den Besitz von Teilen unserer Welt mittels Sprache. Und wenn wir mit Hilfe dieser Sprache auf einmal unsere Mutter herbeizitieren können, die uns dann einen Keks gibt oder unsere Decke findet, so platzen wir förmlich vor Machtgefühl. Selma Fraiberg berichtet in diesem Zusammenhang von den Selbstgesprächen eines Mädchens vor dem Einschlafen. Es zählt – allein in der Dunkelheit – die Namen von Menschen und Gegenständen auf, um so die wirklichen Menschen und Objekte zu ersetzen und damit seine Ängste abzubauen und eine Art Kontrolle der Umgebung herzustellen. Eine Version dieses Selbstgesprächs finden wir im Bilderbuch *Goodnight Moon,* in dem ein schläfriges Kaninchen den besonderen Gegenständen seines Universums eine gute Nacht wünscht:

Gute Nacht, Zimmer
Gute Nacht, Mond …
Gute Nacht, Bären
Gute Nacht, Stühle …
Gute Nacht, Uhren
Und gute Nacht, Socken …

Dank dieser aufgesagten Namen hat das Kaninchen beim Einschlafen die beruhigende Gewißheit, seine Welt kontrollieren zu können. Ebenso wird es den Jungen und Mädchen ergehen, die diese Geschichte hören. Wenn sie dann am nächsten Morgen aufwachen, verhilft ihnen ihr Sprachvermögen erneut zur Ausübung von Kontrolle.

»Baby Beluga!« fordert meine Enkelin Miranda, und ihre Mama stellt den Kassettenrecorder an und spielt das Stück. »Oma Judy tanzen!« verlangt Miranda, und ich springe vom Stuhl auf und beginne, im Zimmer herumzuhopsen. »Papa, umarme mich!« ruft Miranda, und ihr Vater unterbricht seine Beschäftigung, um sie fest an sich zu drücken. »Opa, mach' doch mal ein Mädchen!« – und mein Mann, also Mirandas Großvater, den ich noch nie in seinem ganzen Leben ein Bild habe malen sehen, beginnt doch allen Ernstes mit einem orangefarbenen Stift zu malen. Und vier Erwachsene folgen hier den Aufforderungen eines 22 Monate alten Mädchens, eines Kleinkindes, das von der schieren Macht seiner Worte angetrieben wird.

Da sitzt der zweieinhalbjährige Jake mit seiner Großmutter und sieht sich wieder einmal das Video von *Schneewittchen* an. Er kennt den Schreckensmoment genau, wenn sich die eifersüchtige, mörderische Stiefmutter unter Geschnattere und spitzen Schreien, mit blubbernden Zaubertränken und Totenschädeln in eine abscheuliche, schwarzbemäntelte Hexe verwandelt. Und mit der allerersten Ankündigung dieser schaurigen Schreckensszene fordert Jake seine Großmutter sofort ängstlich und lautstark auf: »Schnell weiter, schnell weiter!« Schon bald danach jedoch bekommt die Stiefmutter-Hexe ihre wohlverdiente Strafe und stürzt über einen Abgrund in den Tod – ein grell-pompöses Strafgericht mit Gewitter, kreisenden Bussarden und allem Drumherum. Jake fließt nur so über vor Dankbarkeit für dieses vollkommen gerechte Verderbnis. Und er gebraucht wiederum die Sprache, um erneut das zu bekommen, was er jetzt braucht. Er wendet sich umgehend an die Großmutter und gibt eine weitere Anweisung: «Nochmal!»

Die amerikanische Lyrikerin Louise Gluck thematisiert diese kindliche Entdeckung der Macht von Worten in dem kleinen, zärtlichen Gedicht *Das Geschenk*:

> Herr, vielleicht erkennst DU mich nicht wieder,
> da ich für jemand anderen spreche.
> Ich habe einen Sohn. Er ist
> so klein, so unwissend.
> Er steht gern an der Fliegengittertür und ruft:
> Wauwau, Wauwau, er tritt
> ein in die Sprache, und manchmal
> hält ein Hund inne und kommt näher
> Auf dem Fußweg, wohl
> zufällig. Kann der wohl glauben,
> das sei gar kein Zufall? …

Die Fähigkeit zu sprechen verleiht uns das Gefühl, unsere Außenwelt »im Griff« zu haben. Sie beschert uns darüber hinaus gewissermaßen Einfluß auf unsere Gefühle, indem wir in Worte fassen können, was wir vorher – bevor wir überhaupt wußten, was Wörter sind – nur direkt handelnd ausdrücken konnten.

»Heute ist ein schrecklicher, fürchterlicher und ganz übler Tag«, verkündet uns Alexander, der diese Botschaft sonst üblicherweise durch wildes Umsichschlagen ausgedrückt hat. »Solche Tiere machen mir angst«, sagt Lindsay, deren Worte die schrillen Schreie ersetzen, durch die sie für gewöhnlich den Leuten ihre Ängste mitteilte. Und wenn uns Cody erklärt, er sei »traurig und wütend«, weil sein bester Freund Drew »heute auf der Schaukel am Spielplatz böse zu mir war«, so hat er damit eine Ausdrucksmöglichkeit gefunden, die aber nicht bedeutet, daß Cody nun seinerseits dem jüngeren Bruder Böses tun muß. Die eigenen Gefühle in Worte kleiden zu können, verleiht ein enormes Maß an Selbstbeherrschung. Ein direktes Ausagieren von Gefühlen würde uns nur zu oft in große Schwierigkeiten bringen; in Schwierigkeiten, vor denen uns die Sprache bewahren kann, indem sie uns in einer bestimmten Situation Bedenkzeit gibt, um nochmals hinzuschauen, nachzudenken und erst dann loszulegen. Natürlich stellen unsere ersten Sprachversuche zur Selbstzügelung kaum mehr als Beschwörungsformeln dar. Und nicht immer handelt es sich dabei, wie uns die Eier zerdeppernde Julia zeigte, um erfolgreiche Beschwörungen von Verwarnungen unserer Eltern: »Achtung!«, »Stop!« oder »Nein!«… Doch nach und nach werden diese Verbotsausdrücke verinnerlicht und damit wirksamer. Und schließlich hilft uns die Sprache bei der Bildung unseres Gewissens.

Die Sprache, die wir im Alter von etwa zwei Jahren benutzen, ist voller Verben (»wollen«, »essen«, »bekommen« oder »gehen«) und Possessivpronomen (»mein«, »mir« oder »meines«). Wir sehen uns selbst als Schauspieler in unseren eigenen Dramen. In unserem dritten Lebensjahr festigt sich unser Ich-Gefühl, unser individuelles »Ich«. Wir gewinnen ein stabileres inneres Bild unserer Mutter, das auch dann bleibt, wenn sie nicht leibhaftig anwesend ist. Es hilft uns auch in ihrer Abwesenheit, uns sicher zu fühlen. Mit drei, vier, fünf Jahren fühlen wir uns hinreichend gefestigt, um unseren Angelegenheiten auch in größerer Entfernung von ihr für längere Zeit nachzugehen.

Wenn wir uns so unseren Aktivitäten hingeben, müssen wir Erikson zufolge mit einer weiteren Krise fertigwerden, nämlich mit dem Konflikt von »Initiative gegen Schuldgefühl«. Wir wollen jetzt ganz heftig unsere wachsenden geistigen und körperlichen Stärken einsetzen. Wir möchten Aufgaben übernehmen, deren Lösung planen und angehen. Doch zuweilen begegnen unsere Eltern diesen Unternehmungen mit harscher Rüge, die all unsere Risikofreude und allen Wagemut außer Kraft setzt. Manchmal verwickeln uns unsere Ziele in Zwangs- und Aggressionshandlungen, die uns mit Schuldgefühlen belasten. Ab und zu sind diese Gefühle so stark, unser schlechtes Gewissen so grausam, primitiv und kompromißlos, daß wir uns nach Erikson »bis zur Selbstvernichtung« überstrapazieren und einschnüren. Es kommt jetzt darauf an, daß wir uns verläßliche Maßstäbe für moralisches Empfinden aneignen, ohne jedoch gleichzeitig unser Bemühen scheitern zu lassen, vorsätzlich und zielgerichtet zu handeln und Initiative zu ergreifen. Entscheidend ist also, die Fähigkeit für Schuldgefühle zu entwickeln, aber dennoch nicht unser lustbetontes Streben nach Beherrschung zu verlieren.

Damit wir unser moralisches Empfindungsvermögen entfalten können, müssen wir unsere Impulse beherrschen lernen. Gleiches gilt für jenes erwähnte Streben nach Überlegenheit, denn erzielte Leistungen gleich welcher Art verlangen auch die Fähigkeit, die unmittelbare Befriedigung eines Wunsches hintanzustellen. Hier denken wir zum Beispiel an den von dem Psychologen Daniel Goleman in seinem Bestseller *Emotionale Intelligenz* beschriebenen »Marshmallow-Test«, den er einen »Mikrokosmos des ewigen Kampfes zwischen Impuls und Zurückhaltung, Es und Ich, Begehren und Selbstbeherrschung, Gratifikation und Aufschub« nennt.

Bei diesem Test wird Vierjährigen folgendes angeboten: Sie dürfen, wenn sie wollen, sofort einen Marshmallow essen. Halten sie sich jedoch bis zur Rückkehr des Testleiters zurück, dürfen sie zwei essen. Wie nicht anders zu erwarten, nahmen sich einige Kinder die Süßigkeit fast unmittelbar nachdem der Testleiter den Raum verlassen hatte, während andere tapfer der Versuchung widerstanden. Sie hielten die 15 bis 20 Minuten bis zu dessen Rückkehr aus und gewannen damit den wohlverdienten Preis von zwei Marshmallows.

In der Adoleszenz wurden später dieselben Probanden erneut verglichen. Diejenigen, die damals zwei Marshmallows erhalten hatten, waren selbstsicherer, kompetenter, bestimmender, verläßlicher und – im Umgang mit Schwierigkeiten – ausdauernder geworden als ihre Altersgenossen, die damals sofort nach der Süßigkeit gegriffen hatten. Hinzu kamen eine größere Lernbereitschaft, bessere Konzentrationsfähigkeit, höhere Punktezahlen beim Einstufungstest fürs College und schließlich eine nach wie vor stärkere Selbstdisziplin sowie eine höhere Bereitschaft, Belohnungen aufzuschieben.

Der »Marshmallow-Test« fragt die unterschiedlichsten Fähigkeiten ab: soziale, emotionale, geistige – stets mit Blick auf die Belohnung und den Widerstand gegen den ersten Impuls. Der Test legt nahe, daß, wenn wir mit vier Jahren unserem leidenschaftlichen Verlangen nach Marshmallows gewissermaßen einen Riegel vorschieben können, wir ziemlich gute Voraussetzungen mitbringen, den Preis dafür zu gewinnen, nämlich selbstgesteckte Ziele und damit Selbstbeherrschung zu erlangen.

Bereits mit Beginn der Grundschule haben wir Kinder mit dem höheren »Marshmallow-Potential« eine ganze Menge geschafft. In nur fünf Jahren haben wir uns eindrucksvolle Fertigkeiten erarbeitet. Wir schaffen es, auf unseren eigenen Beinen dorthin zu gehen, wo wir hinwollen. Wir können sagen, was wir sagen möchten. Wir können unseren Harndrang zurückhalten, bis wir die Toilette erreichen. Wir haben ein Gewissen entwickelt, dessen Maßstäben wir zu genügen und dessen Regeln wir zu folgen versuchen. Und nicht zuletzt sind wir realistischer geworden bezüglich unserer tatsächlich vorhandenen beziehungsweise nicht vorhandenen Kräfte. Wir kennen jetzt auch die zwei Bedeutungen von Macht und Kontrolle: Selbstbeherrschung (bei verzögerter oder verweigerter Belohnung) und Kompetenz (die Belohnung durch das Gefühl, etwas bewirken und bestimmen zu können). Und nicht zuletzt haben wir verstanden, daß Selbstbeherrschung (nicht in die Hosen zu machen) und sogenannte Überlegenheit (der Gebrauch des Töpfchens) sich oftmals als Paketlösung erweisen.

Dieser Lernprozeß ist natürlich nicht immer glatt verlaufen. Denn mit dem einmal erworbenen Geschmack von Macht müssen wir nun eine ganze Reihe kleiner und großer Kriege um Macht und Einfluß austragen. Wir kämpfen zahlreiche »Kindgegen-Erwachsene«-Gefechte, in denen wir – mit Jammern, Tränen, Wutanfällen, mit offenem oder verstecktem Widerstand und natürlich mit sämtlichen Arten und Unterarten von »NEIN!« – gegen die elterlichen Schranken vorgehen. Mit acht, neun Monaten bereits haben wir den »Ich-will-aber-ganz-alleine-Kampf« gefochten: also rein mit dem Essen in den Mund, und damit auch auf unseren Schoß oder auf den Boden. Wie haben wir doch gekämpft, wenn sie unsere Windeln gewechselt, nach unserem Lätzchen geschnappt haben! Und erst die Gefechte, wenn wir auf und davon wollten, dorthin, wo die Post abzugehen schien – wie haben wir da vielleicht an den Gitterstäben unseres Gefängnisses gerüttelt, das sie unseren Laufstall nannten! Als wir erst einmal Laufen gelernt hatten, rangen wir bald darum, wie schnell man rennen und wie hoch man klettern durfte und wo die Grenze lag zwischen Sicherheit und Ersticken. Wir sind in diese verlustreichen Kämpfe gezogen, wo wir etwas Verbotenes nochmals machten, dreimal widersprachen und – noch vorlauter – viermal versuchten, doch noch unseren Willen durchzusetzen und damit unseren Eltern jede Menge Unannehmlichkeiten zu bereiten. Wir kannten uns aus in psychologischer Kriegsführung.

Nick, fünf Jahre alt, weigert sich, die Jacke anzuziehen, die er nach dem Willen seiner Mutter tragen soll. Es ist kalt draußen, sagt sie ihm. Nein, warm, erwidert er. Sie argumentiert, er will nicht. Sie schmeichelt, er will immer noch nicht. Sie droht, aber es ist nichts zu machen. Jetzt befielt sie, doch Nick hält halsstarrig seine Stellung. Und nach einigen weiteren Minuten völlig ergebnisloser Verhandlungen erleidet Nicks Mutter – ich nenne keinen Namen, aber ihre Initialen sind J. V. – eine totale Niederlage. »Manchmal«, schreit sie ihren Fünfjährigen an und schlägt auf den Küchentisch, »also manchmal glaube ich, daß du streitest, nur um zu streiten.« Nick erwidert nichts. »Manchmal«, fährt sie mit noch lauterer Stimme fort, »glaube ich, daß du rumstreitest, um auszuprobieren, wann ich wirklich platze!« Nick hat immer noch nichts zu sagen. »Manchmal« – sie schreit jetzt mit maximaler Lautstärke und hämmert auf den Tisch – »glaube ich, ärgerst und ärgerst und ärgerst du mich, nur damit ich zu dieser rasenden Furie hier werde!« Da huscht ein ganz leichtes, triumphierendes Lächeln über Nicks Lippen. Er schaut seine Mutter an und entgegnet ruhig: »Manchmal.«

Ein anderes Beispiel von einem solchen Triumph des Kindes über die Mutter erzählte mir Megan, die Schwester des Siegers, und beschreibt, wie »meine Mutter so wütend wurde, daß sie den Teller vom Tisch fegte und die Kartoffeln nur so rumflogen«. Daraufhin erklärt sie, warum ihre Mutter so etwas getan hat. »Na ja, sie fordert meinen Bruder auf, daß er die Kartoffeln essen soll, und Mike erwidert: ›Später.‹ Daraufhin sagt sie noch einmal, er solle die Kartoffeln essen, aber Mike erwidert nur: ›Bald.‹ Da sagt sie ihm nochmals, er soll die Kartoffeln essen und Mike entgegnet: ›Ja, gleich.‹ Und auf einmal teilt er ihr mit: ›Die soll ich essen? Die sind doch kalt!‹«

Wir setzen alle uns verfügbaren Waffen ein, wir kämpfen darum, Herr über unseren Körper und unsere Seele zu sein. Wir streiten für unser Vergnügen und für unsere Macht. Wir bekämpfen die Übergriffe der Zivilisation. Und unsere Eltern schießen zurück – mit ihrer überlegenen Stärke, ihrem Strafarsenal, ihrem Verhandlungsgeschick, ihren Wutanfällen. Oftmals sind ihre Machteingriffe unmißverständlich, ein Klaps auf die Hand, ein »Hör' sofort auf!«. Doch zuweilen üben sie ihre Macht auf subtilere Weise aus. Sie bestehen zum Beispiel darauf, daß wir gar nicht wirklich fühlen, was wir fühlen (»Aber natürlich liebst du dein Schwesterchen!«); sie behaupten, wir wollen eigentlich überhaupt nicht, was wir wollen (»In Wirklichkeit willst du doch lieber Möhren als Süßigkeiten haben!«). Oder sie überzeugen uns mit einem Seitenblick, einem Achselzucken, einem Seufzer, daß ihre Wünsche tatsächlich doch auch unsere seien. In solchen Situationen wissen wir nicht genau, was wir fühlen, wollen und wissen, insbesondere wenn wir Eltern haben, die – ohne ihn je gelesen zu haben – den Anweisungen Jean-Jacques Rousseaus folgen, wonach Erwachsene einen »Zögling (...) immer im Glauben« lassen sollten, »er sei der Meister, seid es aber in Wirklichkeit selbst.« Rousseau fährt fort:

> Es gibt keine vollkommenere Unterwerfung als die, der man den Schein der Freiheit zugesteht. So bezwingt man sogar seinen Willen. Ist das arme Kind, das nichts weiß, nichts kann und erkennt, euch nicht vollkommen ausgeliefert? Verfügt ihr nicht über alles in seiner Umgebung, was auf es Bezug hat? (...) Seine Arbeiten, seine Spiele, sein Vergnügen und sein Kummer – liegt

nicht alles in euren Händen, ohne daß es davon weiß? Zweifellos darf es tun, was es will, aber es darf nur das wollen, von dem ihr wünscht, daß es es will.

Einige unter uns werden wohl Mütter haben, die in ihrer Mutter-rolle die Machtstellung gefunden haben, die sie im sonstigen Leben ganz entbehren und mit der sie jetzt ihre ganze Selbstach-tung über Wasser halten – als »die Mutter, die immer alles besser weiß; die weiß, was man zu machen hat und wie; die weiß, was recht und gut und wertvoll ist…« Eine solche Mutter, abhängig und schwach in all ihren übrigen Beziehungen, blüht in dieser omnipotenten Aufpasserrolle auf, in einer Rolle allerdings, die auf unserer immerwährenden Machtlosigkeit und Unzuläng-lichkeit beruht. Doch da gibt es eine Schwierigkeit. Neben ihrem Bedürfnis, uns auf Dauer machtlos und in Unzulänglichkeit zu halten, besteht auch noch das gegenteilige Bedürfnis: nämlich daß wir sie stolz zu machen haben und ihr ein immerwährendes Überlegenheitsgefühl vermitteln müssen, indem wir zu einer Art Wunderkind heranwachsen. Ihre Doppelbindungsbotschaft lautet: »Sei für mich erfolgreich, aber bitte scheitere für mich!«, und diese Botschaft kann uns hin- und herreißen zwischen Scheitern und Erfolg. Sie kann uns wütend und niedergeschla-gen machen, weil wir derart gelähmt sind und absolut abhängig von ihr bleiben.

Daraus kann man Lehren ziehen und wir werden sie aus unseren kindlichen Erfahrungen im Umgang mit Macht und Kontrolle ziehen. Diese Erfahrungen werden von dem geprägt, was uns widerfährt und wie wir darauf reagieren. Sie werden darüber hinaus bestimmt durch das Maß, wie jene Kindheitserfahrungen die weiteren Erfahrungen unseres Lebens abmildern oder ver-stärken. Doch wenn wir Lehren daraus ziehen, so können scheinbar gleiche Ereignisse für verschiedene Menschen etwas ganz unterschiedliches bedeuten. Vielleicht haben wir Eltern, die grundsätzlich jede Äußerung von Zorn als inakzeptabel anse-hen, was uns dermaßen angst macht, überhaupt feindselige Gefühle aufkommen zu lassen, ja, sie auch nur zuzugeben, daß wir uns zurücknehmen, uns schlicht »ausblenden«, unser Ge-fühlsspektrum verringern, einfach weniger lebensstark werden. Oder aber wir geraten, wenn die vergrabenen Gefühle ausbre-chen, urplötzlich außer Kontrolle oder werden manchmal sogar gewalttätig, wenn unsere Eltern uns nie gelehrt haben, Wut in den Griff zu bekommen und uns zusammenzureißen.

Wenn die Meinungen von Eltern auch darüber auseinandergehen, ob nun Wut sofort bestraft oder »herausgelassen« werden solle, stimmen doch alle darin überein, daß letztendlich bestimmte Körperfunktionen beherrscht werden müssen. Zu lernen, wie man ein Töpfchen benutzt – die Unterordnung der gebieterischen körperlichen Bedürfnisse unter die Forderungen der Welt –, kann eine noch größere Herausforderung sein, als Geduld zu erlernen.

»Darf ich heute bitte Pampers anziehen?« fragt ein gerade auf die Toilette umgewöhnter Dreijähriger. »Ich muß mich mal entspannen.« Die Kontrolle über Blase und Verdauung setzt einen bestimmten Entwicklungsstand unseres zentralen Nervensystems voraus wie auch ein Interesse unsererseits, sauber und trocken zu bleiben. Das ist ein Prozeß, der am besten funktioniert, wenn wir dazu auch bereit sind. Probleme treten allerdings dann auf, wenn unsere Eltern zu früh Eigenkontrolle von uns verlangen oder hart gegen unsere noch unzulängliche Selbstdisziplin »durchgreifen« und uns in ängstliche Erwartung versetzen, beschämt oder bestraft zu werden, sollte uns ein »Unfall« passieren. Solche Befürchtungen können sich in einer übermäßig regulierten Lebenshaltung niederschlagen, die darauf abzielt, die Risiken des Unerwarteten abzuwehren. Umgekehrt könnte man Charlie Browns Spielkamerad Pigpen und seine schmutzigen und unordentlichen erwachsenen Ebenbilder teilweise als Produkte einer standhaften Auflehnung gegen übertriebene Hygienevorschriften bezeichnen.

Es gibt übrigens Mütter, die die Kontrolle über die Ausscheidungsfunktionen ihrer Kinder nie völlig abgeben. Ein Mann berichtete mir, daß, während er Soldat war, jeder Brief seiner Mutter die brennende Hoffnung zum Ausdruck brachte, daß er doch wohl »ganz sauber« sei. Ein anderer 45jähriger Mann wollte zu einer langen Autoreise mit seiner Mutter aufbrechen und wurde von folgender Frage verblüfft, als er gerade ins Auto einsteigen wollte: »Willst du nicht lieber noch mal Pippi machen, bevor wir losfahren?« Derart krasse Zudringlichkeiten prägen sicherlich unsere Gefühle bezüglich Kontrolle und Macht. Eine zudringliche Mutter tut all das für uns, was wir wollen oder machen sollten. Sie stürzt herein, um jeden unserer Atemzüge und jede Handlung zu überwachen, um uns den Mund abzuwischen, zu waschen oder zu warnen. Sie schnellt herbei, um unser Schloß aus Bauklötzchen abzustützen, bevor es zusammenfällt. Sie vollendet den Satz, bevor unsere Wörter aus dem Mund sind. Sie rauscht heran, um uns zu helfen, zu korrigieren und zu beschützen. Sie schwebt pausenlos und dermaßen übereifrig über uns, daß sie unsere Überzeugung untergräbt, es alleine schaffen zu können. Unfähig, loszulassen oder ihre Macht über uns aufzugeben, besteht sie darauf, all unsere vielfältigen Erfahrungen zu überwachen. Vielleicht lernen wir daraus, solche Akte der Unabhängigkeit seien fatal und unsere Sicherheit läge in der Hand anderer. Oder aber wir neigen dann dazu, uns der Gefahr aus einem Bedürfnis des »Jetzt-zeig-ich-ihr's-aber!« heraus zu nähern. Vielleicht folgern wir auch daraus, Kontrolle und Überwachung bedeuteten tatsächlich Fürsorge, und seien nur andere Worte für »Ich liebe dich!« Möglicherweise kommen wir sogar zu dem Schluß, daß, sollten wir irgend jemand je wieder zu nah an uns heranlassen, er oder sie dann versuchen würde, uns zu beherrschen.

Eine Frau um die 30 erinnert sich: »Meine Mutter sagte mir immer ›Ich kenn' dich doch besser als du selbst!‹ Sie nahm wohl an, damit wäre es ganz in Ordnung, wenn sie mein Leben organisierte. Aber ich möchte keinen Mann haben, überhaupt niemanden, der mich so genau kennt oder auch nur dächte, er würde mich so genau kennen. Es war schon schwer genug, mich von meiner Mutter zu befreien.«

Wenn unsere kindlichen Machterfahrungen nicht nur von Zudringlichkeiten bestimmt, sondern wirklich demütigend oder schmerzlich waren, werden wir vielleicht die Gewohnheit annehmen, uns zu fügen und diejenigen, die das Sagen haben, wohlwollend zu stimmen, um uns vor weiterem Schaden zu bewahren. Oder wir lehnen statt dessen unser ängstliches, hilfloses Selbst ab und wälzen das auf andere ab, was uns einst selbst aufgebürdet worden ist. Dann übernehmen wir eine Taktik, die uns als »Identifikation mit dem Aggressor« geläufig ist. Vielleicht werden wir für den Rest unserer Tage versuchen, unsere ehemalige Machtlosigkeit ungeschehen zu machen und die Attribute der Macht zu erwerben – ein hohes Amt, Berühmtheit, Reichtum und alles Schöne, das wir für Geld kaufen können. Oder wir verleugnen unsere Machtlosigkeit und unseren Bedarf an Hilfe mit einer angeberischen Grandiosität nach dem Motto: »Ich bin der Größte!« oder durch ein heimliches Phantasieleben à la »Clark Kent wird Superman«. Und schließlich können wir bei jedem, der uns Hilfe anbietet oder uns an eine solche Diskrepanz erinnert, versuchen, dessen Macht zu untergraben, wie der folgende Therapieklient, den die Psychologin Althea Horner zitiert:

> Ich mag es überhaupt nicht, bedürftig zu sein. Damit ist doch der Schmerz programmiert! Es macht mich wütend, Ihr Mitgefühl nötig zu haben – diese Demütigung, diese Machtlosigkeit. Ich möchte in der Lage sein, Sie zu retten, Sie (...) dazu zu bringen, mich nötig zu haben. Auf diese Weise werde ich mich mächtig fühlen.

In nichttherapeutischen Beziehungen kann uns dieser Widerstand gegen gefühlsmäßige Abhängigkeit dazu veranlassen, diejenigen anzugreifen, auf die wir angewiesen sind, indem wir sie kritisieren, schlechtmachen oder versuchen, ihren Einfluß auf uns zu verringern oder zu zerstören. Solche Hilfe wertzuschätzen und anzunehmen wird dann mit einer Kapitulation gegenüber einer feindseligen Macht gleichgesetzt.

Als Erwachsene legen wir dann unter Umständen mit den Menschen um uns herum – am eindeutigsten mit unseren Kindern – jene Verhaltensmuster von Kontrolle und Macht wieder auf, die sich in unserer eigenen Kindheit niedergeschlagen haben. Vielleicht rennen wir auch wie verrückt in die entgegengesetzte Richtung. Wenn unsere Eltern uns beispielsweise mit harter Hand erzogen haben, so kann es sein, daß wir ein Kind ohne Schranken oder Grenzen großziehen. Wir eilen zu ihm hin, wann immer es schreit, ersparen ihm jeden Kummer und erfüllen ihm auf der Stelle jeden Wunsch. Und während wir annehmen, wir würden der strikten Autorität unserer Vergangenheit entrinnen, kann es sein, daß wir gerade – unbewußt – dabei sind, sie zu wiederholen. Wir finden uns erneut unter einer autoritären Herrschaft, nur diesmal ist die uns beherrschende Person unser eigenes forderndes, tyrannisches Kind.

Trotz der Risiken einer allzu freizügigen Erziehung könnten wir, die wir als Kinder übermäßig strikter Kontrolle unterworfen waren, fest entschlossen sein, unsere eigenen Kinder nicht zu beherrschen. »In ihrer berechtigten Reaktion gegen (...) den

Zwang und die Tyrannei, die Schelte und Einschüchterungen und Strafen, die sie in ihrer Kindheit hatte ertragen müssen«, schreibt der Dramatiker George Bernard Shaw über seine Mutter, »war sie zu einer negativen Einstellung gekommen und ließ (…) die häusliche Anarchie so weit gehen, wie sie nach der Natur der Dinge nur gehen kann.« Er bemerkt, daß dieses ehemals unterdrückte kleine Mädchen, das zur Frau heranwuchs, »weder einem Kind, einem Tier, einer Blume noch überhaupt irgendeinem Wesen gegenüber zu einer Unfreundlichkeit imstande war …« Shaw folgert sodann: »Ich wurde so schlecht erzogen, weil meine Mutter so gut erzogen worden war …«

Ich vermag nicht zu beurteilen, ob Shaw – obwohl ein Genie – von der »häuslichen Anarchie« seiner Mutter geschädigt worden ist. Doch es besteht heute die einhellige Meinung in der Entwicklungspsychologie von Kindern, daß zu geringe elterliche Kontrolle ebenso schlecht ist wie zu starke. Auch in den Befragungen, die ich einmal mit Jungen und Mädchen im Vorschulalter durchgeführt habe, stimmten fast sämtliche Kinder dem Expertenbefund zu. Tatsächlich gab es nur ein Kind, das bei der Frage nach der Definition einer »guten Mama« der Meinung war, eine gute Mutter solle keine Beschränkungen auferlegen. Alle anderen räumten ein, daß eine gute Mutter gewisse Regeln aufstellen müsse: »Die brauchst du«, sagte Peter, »da draußen ist es gefährlich.« »Autos könnten dich überfahren«, erklärte Lily, »und Streichhölzer könnten dich verbrennen und ein Tiger könnte auf deinem Rücken stehen und deine Haare abbeißen.«
Welche Regel könnte nun eine gute Mutter vorsehen, damit die Tiger Lilies Haar nicht abbeißen? »Sie stellt eine Regel auf, nicht in ihren Käfig im Zoo zu springen.« Die Kinder akzeptieren gleichfalls die Tatsache, daß gute Mütter auch Schlafenszeitregeln erstellen, »sonst bist du am nächsten Tag miesepetrig und überdreht und kratzbürstig.« Auch wenn sie von der Freiheit träumten, »hundert Eis und mehr, wenn ich will« zu schlecken, erklärten sie ebenso, eine »gute Mama wird schon wissen«, daß das keine gute Idee ist und »dich wahrscheinlich nicht lassen«.
Die Fachleute haben plausibler klingende Erklärungen, um begreiflich zu machen, warum es für Kinder nachteilig ist, wenn sie ohne hinreichende elterliche Aufsicht aufwachsen. Zu geringe Kontrolle ist schlecht, weil wir, einmal von Zorn und Aggressivität überwältigt, jemanden brauchen, der anhält, was

wir selbst nicht anhalten können. Wir benötigen eine gewisse Rückversicherung von außen, daß unsere ursprünglichen Ausreißergefühle nicht das Haus einstürzen lassen und zur totalen Vernichtung führen. Eine zu geringe Beaufsichtigung ist deshalb nachteilig, weil wir, gerade auf dem Sprung, unser Universum zu ordnen und zu meistern, davor geschützt werden müssen, zu weit zu gehen. Wir brauchen die Sicherheit, etwas versuchen und anstreben zu können, ohne so heftig auf die Nase zu fallen, daß wir nie wieder auf die Beine kommen könnten. Die Kontrolle ist zu gering, wenn unsere Eltern – falls nötig – nicht einschreiten, um uns zurückzuhalten und zu retten. Sie fällt auch dann zu schwach aus, wenn unsere Eltern nicht darauf bestehen, daß wir uns selbst disziplinieren.

Sollten wir mit sechs, sieben oder acht Jahren immer noch herumschreien, Wutanfälle haben, andere beschimpfen oder schlagen dürfen, um zu bekommen, was wir wollen oder um unsere Frustration loszuwerden, weil wir mal wieder etwas nicht erreicht haben, dann sind wir nach Selma Fraiberg wahrscheinlich nicht allein ein abscheulich ungezogenes Kind, sondern ein Kind »mit einer verzögerten intellektuellen Entwicklung«. Sie bemerkt weiter, daß, falls uns erlaubt würde, Gefühle mit derart primitiven Mitteln auszudrücken, »weniger Anreiz (besteht), sich geistig weiterzuentwickeln – in Richtung auf vernünftiges Denken, auf die Anwendung schöpferischer Phantasie und das Sublimieren.«

Wir müssen jedoch bereits in einem früheren Lebensalter etwas Selbstkontrolle erlernen, wenigstens etwas Frustration aushalten. Wir müssen nach den Worten eines Psychologen lernen, »auf das zu warten, was in besseren Zeiten kommen wird«. Eine Mutter, die alles erlaubt, von der wir immerzu alles bekommen, läßt uns – auch wenn wir längst eines besseren belehrt sein müßten – in der Illusion, wir beherrschten alles und jeden. Folglich treten wir schlecht vorbereitet in die größere Welt hinaus, in der wir mit den Enttäuschungen und Beschränkungen fertigwerden müssen, die diese Wirklichkeit ganz unvermeidlich für uns bereithält. Eltern, die meinen, Liebe müsse zügellos sein, werden meist auch zu wenig kontrollieren. Wenn sie uns schon ihre Liebe schenken, was immer wir anstellen, warum sollten wir dann nicht auch all das tun, wonach uns der Sinn steht? Wachsen wir auf, ohne irgendeinen Preis für die Mißachtung elterlicher Regeln und Verbote zahlen zu müssen, so werden wir höchstwahrscheinlich ein Anspruchsdenken kultivieren und später nur Freunde und Geliebte aussuchen, die uns – wie zuvor unsere verständnisvollen und alles verzeihenden Eltern – ohne ein echtes Geben und Nehmen bedingungslos mit Liebe eindecken.

»Eltern neigen dazu, die enorme Macht zu unterschätzen, die sie mit ihren liebevollen Bestätigungen auf das kleine Kind ausüben«, schreibt die Psychoanalytikerin Erna Furman. Diese Bestätigungen sind deshalb wichtig, weil wir unsere Eltern lieben, ihre Liebe brauchen und uns verlassen fühlen, wenn wir sie einmal verlieren. Wir unternehmen laut Furman dann »alles, um sie zurückzugewinnen«. Dieses »alles« drückt sich darin aus, daß wir lernen, alles das zu tun, was die Eltern begrüßen und uns umgekehrt von Handlungen fernzuhalten, die ihnen zufolge falsch sind. Wir folgen ihrer Aufsicht, die – im bestmöglichen Fall – mit ihrer Liebe einhergeht und durch sie wirksam wird. Denn es scheint so zu sein, daß weder Kontrolle ohne Liebe noch Liebe ohne Kontrolle die beste Art darstellen, uns beim Erwerb von Selbstbeherrschung und jener »Überlegenheit« zu unterstützen. Eine Studie über die Praxis der Kindererziehung und deren Einfluß auf die Folgezeit unterstreicht positiv »eine warmherzige und liebevolle Eltern-Kind-Beziehung kombiniert mit konsequenter und ausgewogener Disziplinierung«. Dieser Studie zufolge sind nach »autoritärem Muster« (kaltherzig, distanziert und sehr kontrolliert) erzogene Kinder später höchstwahrscheinlich passiv und zurückgezogen. Demgegenüber weisen nach dem sogenannten »permissiven Muster« (liebevoll, warmherzig, doch wenig verbots- und gebotsorientiert) aufgewachsene Kinder einen Mangel an Selbstbewußtsein und Selbstbeherrschung auf. Am selbständigsten und selbstdisziplinertesten aber sind meistens die nach »autoritativem Muster« (kontrolliert, aber auch vernünftig, kommunikativ und warmherzig) erzogenen Kinder, vor allem dann, wenn sich die Eltern Zeit genommen hatten, den Sinn ihrer Regelvorgaben auch zu erklären. Ich stelle mir die drei Grundmuster von Erziehungsverhalten in Familien wie folgt vor:
Autoritär: »Wenn du noch mal deinen Bruder schlägst, brech' ich dir die Knochen!«
Permissiv: »Fühlst du dich eigentlich besser, Liebling, wenn du deinen Bruder schlägst?«

Autoritativ: »Du darfst deinen Bruder nicht schlagen, denn Schläge tun weh, und wir halten nichts von Menschen, die anderen wehtun.«

Ich möchte annehmen, meine Söhne überwiegend nach diesem respektvollen Muster erzogen zu haben. Doch hat meiner Auffassung nach auch eine autoritäre Haltung (»Ende der Diskussion!«) durchaus von Fall zu Fall ihre Berechtigung. Zuweilen geht es in Ordnung, wenn wir sagen: »Du mußt das jetzt machen, denn wir sind die Eltern, und du bist das Kind!« Kommt eine solche Haltung ausgewogen zum Tragen, so lehrt sie Kinder – ebenso wie Erwachsene – etwas, das wir verstehen müssen: daß wir nämlich manchmal der Macht und Kontrolle eines anderen zu folgen haben, auch wenn das unerhört, unvernünftig und unfair erscheint.

Beide Arten von Kontrolle – Beherrschung und Überlegenheit einerseits, Einschränkung und Selbstbeherrschung andererseits – werden zunächst im engen Familienzusammenhang erlernt, im Austausch mit unseren Eltern, die mehr oder minder liebevoll mit uns umgehen und von uns auch geliebt werden. Wir lernen durch ihre Lernvorgaben und Lehrsätze, aber auch aus ihren Handlungen, also daraus, was sie tun und sagen. Wir lernen mit Hilfe ihres Lobes und Schimpfens, ihrer Strafen und Belohnungen, ihres Lächelns und ihres Ausdrucks von Mißfallen. Wir erleben die Macht, die sie über uns ausüben und die wir selbst besitzen – die Kraft, etwas zu bewirken, etwas geschehen zu lassen, zu planen und auszuführen; die Fähigkeit zu widerstehen und – wenn auch unvollkommen – die unüberhörbaren Forderungen unseres noch unzivilisierten Herzens in die Schranken zu weisen. Im Schoß unserer Familie lernen wir erstmals alles über »Ja« und »Nein«, »Du kannst« und »Du darfst nicht«, »Du solltest« und »Du solltest aber nicht«. Dort machen wir unsere Erfahrungen mit Gewinn und Verlust, mit Aktivität und Passivität, mit Beherrschen und Nachgeben. Wenn wir also in die Welt hinausschreiten, die sich direkt vor unserer Haustür öffnet, dann haben wir bereits den bittersüßen Geschmack von Kontrolle und Macht kennengelernt.

3   Sich selbst gehören

Teenager zu den Eltern: »*Das sind doch wohl meine Haare! Also
trage ich sie, wie ich will!*«
Eltern zum Teenager: »*Das werden wir ja verdammt
noch mal sehen!*«

Bell und Wildflower,
Talking with Your Teenager

In der Adoleszenz mit ihren typischen Begeisterungsstürmen,
Brechungen, Qualen und all dem Überschwang fühlen wir uns
buchstäblich besessen. Dann sprießt, schwellt, dehnt sich und
eruptiert unser Körper, der uns bisher so vertraut war. Er läuft
uns ohne die geringste Steuerungsmöglichkeit aus dem Gleis.
Unsere gewohnt eindeutige »Hallo, da bin ich!«-Persönlichkeit
ist jetzt derart in Fluß geraten, als wären wir zu einer Art multi-
pel gestörten Persönlichkeit mutiert. Natürlich haben wir uns
dieses widerliche Hinundhergerissensein nicht ausgesucht. Es
kam irgendwann einfach angeflogen, um dann rasch unser
Leben in Beschlag zu nehmen. Etwa um die 13 sind wir auf einmal »besessen«, wie eines der Opfer im Science-Fiction-Thriller
Die Dämonischen. Wir sind einfach nicht mehr wir selbst.

Als ob das nicht schon schlimm genug wäre, liegen wir auch
noch mit unseren Müttern und Vätern im Clinch. Sie haben
schlichtweg nicht mitbekommen, daß wir über sie hinausge-
wachsen sind! Ständig stehen sie uns im Weg, nehmen uns die
Luft mit ihren Regeln, Ausgehverboten und jenen so verdammt
hilfreichen – mittlerweile aber auch völlig bedeutungslosen! –
Ratschlägen. Nicht, daß wir etwas gegen freie Kost und Logis
hätten, gegen Kleidung, Taschengeld oder die Benutzung ihres
Autos. Wir haben nicht einmal was dagegen, daß unsere Eltern
da sind – schließlich könnten wir sie ja mal brauchen. Aber
irgendwie haben sie wirklich nicht begriffen, daß uns nicht nur
unsere Haare allein gehören, sondern auch der ganze Rest von
uns – kurz, daß wir machen können, was wir wollen. Und selbst

diejenigen Mütter und Väter, die immerfort Khalil Gibrans *Der Prophet* zitieren: »Eure Kinder sind nicht eure Kinder«, scheinen der Meinung zu sein, wir gehörten ihnen, seien ihr Eigentum. Sie scheinen doch wirklich anzunehmen, wir unterständen ihrer Aufsicht. In diesen Jugendjahren ringen wir mit den Mächten, die uns besitzen, um uns von ihnen loszureißen. Wir wollen dann – die meisten jedenfalls – endlich uns selbst gehören.

Was geschah eigentlich, muß man wohl hier zunächst einmal fragen, mit jenem scheinbar selbstbestimmten Kind, das eben noch zum ersten Mal in die weite Welt hinaustrat? Was passierte da mit uns zwischen Kindergarten und Pubertät? Nun, zuerst entwickelten sich unsere geistigen und motorischen Fähigkeiten, die nun viele größere Ziele erreichbar machten: K-a-t-z-e zu buchstabieren, einen Purzelbaum rückwärts zu machen, den Videorekorder zu programmieren, Thunfischsalat zuzubereiten. Es war jene Windstille vor den Stürmen der Pubertät, die wir Latenzperiode nennen. Die Latenzzeit fällt mit Erik Eriksons vierter Entwicklungsphase zusammen, unserer nächsten Lebenskrise: dem Konflikt von »Leistung gegen Minderwertigkeitsgefühl«. Dann beginnen wir die Fertigkeiten der »Großen« zu erlangen. Wir gehen jetzt richtig in die Schule, nehmen ein bestimmtes Arbeitsverhalten an, planen und führen Vorhaben aus, erweitern unsere Ambitionen. Lernen geschieht jetzt nicht mehr allein zu Hause, sondern auch im Klassenzimmer, bei den Pfadfindern, auf Tanzveranstaltungen, auf dem Fußballplatz, überall dort, wo wir die Möglichkeiten haben, körperliche, geistige und soziale Fähigkeiten zu erlernen, die uns auf ein Leben außerhalb unserer Familie vorbereiten – und damit unseren Einflußbereich drastisch erweitern. Hauptzielrichtung der Latenzperiode – von sechs oder sieben bis zehn oder elf Jahren – ist es, in dieser Außenwelt kompetent zu werden. Es scheint in der Tat zu allen Zeiten so gewesen zu sein, daß Siebenjährige anders behandelt wurden, weil sie von da an in eine besondere, neue Entwicklungsstufe eintraten.

So wurden zum Beispiel im Mittelalter Siebenjährige für alt genug befunden, als Pagen an den Hof fortgeschickt zu werden. Im Zeitalter der Zünfte nahm man Siebenjährige als Lehrlinge an. Nach englischem Gewohnheitsrecht sind Kinder diesen Alters krimineller Absichten fähig. Und laut Römisch-Katholischer Kirche beginnt das »Vernunftalter« mit sieben. Da der

Hauptwachstumsschub unserer Kindheit hinter uns und der pubertäre Wachstumssprung noch vor uns liegt, werden auch wir in diesem Alter zu Pagen und Lehrlingen des Lebens. Für diese Herausforderung sind wir jetzt gewappnet, wir sollten es zumindest sein.

Die Hirnmasse von Siebenjährigen hat von nur 10 Prozent bei der Geburt auf nunmehr über 90 Prozent der Hirnmasse eines Erwachsenen zugenommen. Der Rest wächst in den folgenden neun Jahren heran. Es läßt sich nachweisen, daß ein Hauptwachstumsschub in den Hirnpartien des Stirnbereichs stattfindet, die sich nach heutigem Kenntnisstand am stärksten mit der Sozialisation verknüpfen lassen. Jetzt haben wir auch ein neues Stadium unserer geistigen Entwicklung erreicht, nämlich das der »konkreten Operationen«. Damit sind wir unter anderem in der Lage, Kategorien zu bilden und erkennen zum Beispiel, daß Äpfel, Bananen, Pfirsiche und Pflaumen zur Kategorie »Früchte« gehören. Mit Sieben verfügen wir darüber hinaus über die wichtigsten motorischen Fähigkeiten, um diverse Sportarten ausüben zu können; ebenso über die notwendige Feinmotorik, um Druckschrift schreiben und um zeichnen zu können. Unser Sprachvermögen läßt uns Gedanken formulieren und sie ausdrücken, ja, befähigt uns selbst zu Wortspielen und Sprachwitz. Unsere Fähigkeit, die Regeln des Lebens zu begreifen, um wiederum eigene Regeln aufzustellen oder eigene Spiele zu entwerfen, läßt uns nunmehr in die »Kultur der Kindheit« eintreten. Schließlich sind wir jetzt in der Lage, zumindest für kürzere Zeiträume von unseren Eltern getrennt zu sein, um unseren Blick von zu Hause abzuwenden und andere Arten des Seins, Denkens und Tuns zu erlernen – und nicht zuletzt im Wettbewerb mit anderen zu bestehen.

Gegen Ende seiner Kindergartenzeit kam unser Sohn Tony eines Tages stolz nach Hause: »Ich habe gelernt, meine Sportschuhe zu binden!« »Ja, wunderbar«, erwiderten wir, »wie denn?« Daraufhin erklärte er uns, wie Patrick Dowling an jenem Morgen vor die ganze Kindergruppe getreten sei, um seine eigenen Sportschuhe zu schnüren. »Aha«, antworteten wir, »da hast du dir einfach gesagt, wenn Patrick das kann, kann ich es auch!« »Nein«, antwortete Tony kopfschüttelnd und klärte uns über die Hauptmotivation seines eigenen Könnens auf: »Ich hab mir gedacht, wenn sie Patrick Beifall klatschen können, dann können sie's doch auch mir.«

Hier sei mir eine Anmerkung gestattet. Ich kann nicht über Wettbewerb sprechen und Geschwisterrivalitäten unerwähnt lassen, also den erbitterten Wettstreit um die Liebe unserer Eltern. Denn die Erfüllung unseres Wunsches, die »Nummer Eins« unter den Geschwistern zu sein, kann uns neben dem üblichen »Kleinkrieg« durchaus auch zu eindrucksvollen Leistungen anspornen. Ein Weg zu derartigen Leistungen ist der als »De-Identifizierung« geläufige Prozeß, das heißt die Parzellierung von Leistungsfeldern, in deren Folge eines der Geschwister beispielsweise sportliche oder auch wissenschaftliche Interessen ausbildet, während das andere künstlerische oder sprachliche Neigungen entwickelt, um sich so einen ungefährdeten – also »fairen« – Anteil an elterlicher Liebe und Zuneigung zu sichern. Dabei sollten wir aber nicht vergessen, daß »fair« in der Definition unter Geschwistern maximal ein Drittel und nicht etwa die Hälfte dessen bedeutet, wovon auch immer wir unserem Bruder oder unserer Schwester abzugeben bereit sind. Wettbewerb, sei es um Beifall oder auch Liebe, kann ein Leistungsansporn sein. Eine Leistung wiederum kann uns mit großem Stolz erfüllen, wenn auch manchmal bei diesem Stolz etwas Furcht durchschimmern mag, wie im folgenden Gedicht mit dem Titel *Auf Wiedersehen, Sechs – Hallo, Sieben*:

Ich bekomme ein größeres Bett.
Und ich bekomme ein größeres Fahrrad.
Und ich darf ganz allein die Straße
    überqueren, wenn ich will.
Und ich werde beim Spülen helfen.
Und ich werde Unkraut im Hof jäten.
Und manchmal habe ich das Gefühl, die Sieben
    könnte schwierig werden.

Mit den Fähigkeiten wächst auch der Stolz. So vertraut mir der achtjährige Jack an, daß er mit etwas Hilfe seines besten Freundes gerade gelernt habe, fast den ganzen Mississippi zu buchstabieren. Die neunjährige Kate informiert mich, daß »ich die Teller nach dem Abendessen abräume und mich dusche, ohne daß man's mir extra sagen muß«. Candice, eine Viertklässlerin aus Texas, schreibt: »Wissen Sie was? Ich leihe jetzt Bücher mit zwanzig oder dreißig Kapiteln aus, um mehr über die Welt zu erfahren. Wahrscheinlich werd' ich das jetzt immer so machen.«

Wenn es die Hauptfunktion der Latenzperiode ist, Kompetenz in der Welt zu erlernen, so liegt das größte Risiko in dem Schluß, daß wir genau das nicht schaffen; daß wir da draußen in jener Gesellschaft der Schlauen, Mächtigen und Geschickten nicht mithalten können und es einfach nicht packen. Körperliche oder emotionale Probleme, Lernschwierigkeiten, chaotische oder zerbrochene Familienverhältnisse oder auch schlechte Schulen können zu Versagenserfahrungen beitragen, von denen man sich nur schwer wieder erholen kann. Werden wir vor eine Aufgabe gestellt, die wir nicht lösen können, kommen wir womöglich zu dem Schluß, sie niemals lösen zu können; daß da überhaupt nichts zu machen sei, daß wir's gar nicht erst versuchen bräuchten. Diese Reaktion heißt »erlernte Hilflosigkeit«. Sie erwächst aus einem Umfeld, in dem wichtige Ereignisse außerhalb unserer Einflußmöglichkeiten abgelaufen sind; bis wir schließlich folgern, es sei zwecklos, auf irgendein Ereignis einwirken zu wollen.

Die Erfahrung, etwas nicht beeinflussen zu können (beispielsweise erzwungene Hinnahme von Elektroschocks oder Lärm), schwächte beispielsweise in Tier- und Menschenexperimenten die Kraft der Versuchstiere beziehungsweise der Probanden, sich selbst zu helfen, selbst wenn in darauffolgenden Versuchen die Möglichkeit gegeben war, Elektroschocks oder Lärm zu entgehen. Darüber hinaus unterdrückten derartige Gefühle von Hilflosigkeit jeden Anreiz, andere Ereignisse auch nur versuchsweise unter Kontrolle zu bekommen oder untergruben den Glauben daran, solche Ereignisse auch tatsächlich kontrollieren zu können.

»Menschen und Tiere«, bemerkt der Psychologe Martin Seligman, »verfügen über ein angeborenes Talent zu verallgemeinern. (…) Das Erlernen von Hilflosigkeit bildet da keine Ausnahme. Lernt ein Organismus, in einer bestimmten Situation hilflos zu sein, so kann dadurch ein Großteil seines Repertoires bei Verhaltensanpassungen untergraben werden.« Kinder, die von ihrer eigenen Hilflosigkeit, ihrer Machtlosigkeit und Unfähigkeit überzeugt sind, werden in neuen Situationen schlecht zurechtkommen. Hier ist zum Beispiel die traurige Geschichte des kleinen Victor:

> Zu Anfang des Leseunterrichts im Kindergarten und dann in der ersten Klasse lernte Victor sehr langsam. Er war zwar eifrig, aber schaffte es einfach noch nicht, den

Bezug zwischen Wörtern auf dem Papier und der gesprochenen Sprache herzustellen. Zuerst strengte er sich sehr an, doch ohne Erfolg. Er meldete sich eifrig, seine Antworten waren jedoch durchweg falsch. Je mehr Fehler er machte, desto zögerlicher wurden seine erneuten Versuche. (…) In der zweiten Klasse hatte er zwar die Fächer Musik und Kunst gern, doch wenn es ans Lesen ging, bekam er Hemmungen. Sein Lehrer erteilte ihm eine Zeitlang Nachhilfe, aber beide gaben schon bald auf. Zu diesem Zeitpunkt hätte er wohl lesen können, jedoch allein schon der Anblick einer Wortkarte oder eines Lesebuchs provozierte sofort einen Wutausbruch oder trotzige Aggression. Diese Haltung verfestigte sich weiter bis zum Ende der Schulzeit. Er schwankte zwischen bedürftiger Abhängigkeit und Lümmelhaftigkeit.

Wenn wir immer die schlechtesten Noten in der Klasse bekommen oder grundsätzlich bei der Aufstellung der Sportmannschaft als letzter ausgewählt werden, wenn wir von Gleichaltrigen abgelehnt oder schikaniert werden, dann fühlen wir uns machtlos und unterlegen. Falls diese Gefühle von Unzulänglichkeit fortbestehen, werden wir vielleicht nicht das aufbauen können, was die Psychologin Althea Horner als »intrinsische Stärke« bezeichnet, »ein tiefes Gefühl des Daseins in der Welt, nämlich als ein Mensch, der für andere und für sich selbst etwas zählt«. Ohne diese intrinsische Stärke hängen wir entweder von der Macht anderer ab oder wir fürchten diese. Fehlt sie uns, so unterwerfen wir uns widerstandslos dem Einfluß anderer oder wir wehren diesen ängstlich ab.

Verläuft jedoch die Latenzperiode problemlos, dann legen wir damit beispielsweise das Fundament für unsere zukünftige akademische Bildung. Wir lernen die Welt kennen und sind stolz auf das, was wir tun und erreichen können. Mit einem Selbstbewußtsein ausgestattet, das stark genug ist, um uns aus großen Schwierigkeiten herauszuhalten, und zugleich reif genug, um aus uns herauszugehen und auch etwas zu wagen, können wir nunmehr nach Neuem streben, ohne übervorsichtig zu sein, aber eben auch nicht zügellos. Zu diesem Streben gehört ein besseres, natürlich immer noch unvollkommenes Verständnis dessen, was wir können und was nicht in unserer Macht steht.

Wie definieren nun Mädchen und Jungen im Alter von fünf bis 13 Jahren Macht, Kontrolle und Einfluß. Hier einige Antworten:

- Eine Fünfjährige: »Also wenn du zum Beispiel schnell fährst und dann an die Seite lenkst, um dein Fahrrad unter Kontrolle zu halten.«
- Ein Fünfjähriger: »Wenn du Auto fährst und aufs Gaspedal trittst.«
- Ein Fünfjähriger: »Kontrolle heißt, wenn man seine Arme unter Kontrolle hat.«
- Eine Sechsjährige: »Alles, was man tut, das man auch tun möchte.«
- Eine Sechsjährige: »Wenn du auf jemanden wütend bist und ihn nicht haust. Wenn sie dich schlagen, sagst du: ›Laß das!‹ und schlägst nicht zurück. Du reißt dich zusammen.«
- Ein Sechsjähriger: »Wenn du ein Auto oder ein Motorrad mit deinen Händen lenkst.«
- Ein Zehnjähriger. »Meine Schwester zum Beispiel: Sie wurde wild, als ich ihr Babysitter war, und ich mußte sie unter Kontrolle bringen.«
- Ein Zehnjähriger: »Also Macht, du hast zum Beispiel Macht, wenn du ein Flugzeug steuerst.«
- Ein Dreizehnjähriger: »Fähig zu sein, eine Situation zu meistern.«
- Ein Dreizehnjähriger: »Wenn etwas so läuft, wie du's haben willst.«

Der Wissenschaftler John R. Weisz definiert Macht und Kontrolle so, wie zuletzt dieser 13jährige Junge: nämlich das eintreten zu lassen, was wir eintreten lassen wollen. Weisz forscht auf dem Gebiet unseres wachsenden Verständnisses von Macht und Kontrolle. Seine Arbeiten zeigen, daß unsere Einschätzung, wieviel Macht und Einfluß wir in einer bestimmten Situation besitzen, teilweise darauf beruht, wie wir den erlangten Grad an »Kontingenz« und »Kompetenz« einschätzen. Unter »Kontingenz« versteht Weisz das Maß, in welchem menschliche Handlungen oder Eigenschaften auf ein gewünschtes Ergebnis Einfluß haben können. (Wenn man eine Kerze anbläst, bläst man sie aus. Wenn wir hingegen einen Würfel anblasen, wird das weder uns noch sonst jemandem eine Sechs bringen.)

»Kompetenz« ist demgegenüber der Grad, in dem jemand diejenigen Eigenschaften annehmen oder Handlungen ausführen kann, die für ein gewünschtes Ergebnis erforderlich sind. (Jene Kerze wird beispielsweise nur dann ausgeblasen, wenn wir fest genug blasen können.) Je jünger wir sind, desto stärker glauben wir, selbst glücks- oder zufallsabhängige – also nichtkontingente – Ereignisse beeinflussen zu können. Und je jünger wir sind, desto höher und ungenauer fällt unsere Selbsteinschätzung bezüglich unserer Kompetenz aus.

Erst in der Adoleszenz sind wir in der Lage, Informationen über Kontingenz und Kompetenz zu kombinieren, um dann einzuschätzen, wie groß oder klein unsere Chancen sind, diese oder jene Wirkung zu erzielen. Und auch erst in der Adoleszenz lassen wir von dem Glauben ab, wir könnten sogar nichtkontingente Ereignisse beeinflussen. Tatsächlich gibt es nichts, was wir tun könnten, damit wir beim Würfeln die richtige Zahl bekommen. Wir geben diesen Glauben also auf – doch immer noch nicht vollständig. Denn selbst in der späten Adoleszenz, ja sogar noch in der späten Mitte des Lebens haben wir gewisse Illusionen über Macht, Einfluß und Kontrolle. Und manchmal neigen wir zu dummen oder abergläubischen Handlungsweisen und hoffen, Ereignisse beeinflussen zu können, die prinzipiell unbeeinflußbar sind.

In Untersuchungen zum Glücksspiel beispielsweise haben Wissenschaftler herausgefunden, daß sich viele Spieler verhalten, als unterläge der Würfel tatsächlich ihrer Kontrolle. Sie werfen den Würfel sachte, wenn sie eine niedrige Zahl benötigen, und heftiger, wenn eine hohe Zahl gebraucht wird. Diese Spieler bestehen auf Ruhe, um sich auf die gewünschte Zahl zu konzentrieren. Die Sozialpsychologin Shelley Taylor weist in ihrem Buch *Mit Zuversicht* überzeugend nach: »Jede Situation, in der eine Person sich Optionen gegenübersieht, Strategien entwickelt und sich Gedanken über ein Problem macht« – ungeachtet dessen, daß solche Klimmzüge letztlich ganz unsinnig sind – »ist offen für eine Illusion der Kontrolle«. Es ist die Illusion, prinzipiell unsinniges Verhalten könnte etwas eintreten lassen, das wir erhoffen oder Schlechtes von uns fernhalten.

So kommt es dann, daß wir zur Abwehr von Unglück nie vor dem Frühstück singen, nie unter einer Leiter hindurchgehen, nie einen Hut auf ein Bett legen. Darum können wir auch von unserem Aberglauben nicht lassen, selbst wenn wir uns damit öffentlich zum Narren machen. Unlängst saß ich mit ein paar Männern und Frauen an einem Konferenztisch und hoffte sie zu beeindrucken. Als ich nach meinen Kindern gefragt wurde, antwortete ich, es gehe ihnen ganz gut. Das hatte zur Folge, daß mich das dringende Bedürfnis überkam aufzustehen, um etwas aus Holz zu finden, auf das ich klopfen konnte – denn Tisch und Stühle waren aus Edelstahl und Kunststoff. Schließlich fand ich einen Wandschrank. (Vielleicht wußten Sie's noch nicht: Wenn Sie etwas Gutes gesagt haben, verhindert das Klopfen auf Holz, daß es sich zum Schlechten wendet.) Glaube ich denn ernsthaft, daß das Klopfen auf Holz etwas Schlechtes verhindere – glaube ich an diese Art magischer Kraft? »Natürlich nicht!« antworte ich mir darauf. Doch gleichzeitig sage ich mir: »Warum es darauf ankommen lassen, vor allem, wenn ich von meinen Kindern spreche?« Tja, selbst wenn wir uns schließlich den einst fernen Gestaden der Lebensmitte nähern, sind wir immer noch anfällig für Illusionen von Macht.

Wie dem auch sei, wir beginnen in der Latenzperiode zu verstehen, was es mit »Kompetenz« und »Kontingenz« auf sich hat. Wir fangen an, unsere Handlungen danach zu bemessen, was machbar ist, vor allem danach, was wir selbst tun können. Vielleicht beginnen wir auch – Sie zumindest, nicht ich! – zu begreifen, daß Klopfen auf Holz kaum etwas bringt. Wir werfen zu diesem Zeitpunkt also einige Machtillusionen über Bord. Einige von uns beginnen nun auch, konstruktive Kontrolltechniken im Umgang mit furchteinflößenden oder schmerzlichen Ereignissen zu entwickeln. Das sind Techniken, die beispielsweise unseren Streß abbauen helfen, indem sie uns etwas der Kontrolle Ähnliches vermitteln.

Ein achtjähriger Junge beschreibt seine Ablenkungstechnik wie folgt: »Ich kann mit fast allem fertigwerden, solange es etwas zu zählen gibt – wie diese kleinen Löcher in der Deckenverkleidung beim Zahnarzt. Und als ich ins Büro des Schuldirektors geschickt wurde, um mir eine Standpauke anzuhören, sah ich nur all seine Sommersprossen. Die ganze Zeit über, als er mir seine Predigt hielt, zählte ich die Sommersprossen in seinem Gesicht, von oben nach unten.« (Auch wir Erwachsenen benutzen Ablenkungstechniken, um Streß zu kontrollieren. Ich persönlich kann beispielsweise die klaustrophobischen Auswirkungen einer Computertomographie dämpfen, wenn ich in der engen Röhre liege, indem ich alle US-Bundesstaaten in alphabetischer Reihenfolge aufzähle. Und oftmals habe ich mich in diesen endlosen Verkehrsstaus beruhigt, indem ich mir sämtliche Gedichte aufgesagt habe, die ich kenne.)

Eine weitere hilfreiche Kontrolltechnik heißt »Umdefinieren«, die uns hier ein anderer Achtjähriger sehr schön darlegt: »Sobald ich im Behandlungsstuhl sitze, stelle ich mir vor, daß der Zahnarzt der Feind ist und ich ein Geheimagent bin, und er foltert mich, um Geheimnisse aus mir herauszuholen, und wenn ich einen Laut von mir gebe, verrate ich ihm geheime Informationen, und deswegen tue ich das nie. Ich will mal Geheimagent werden, und das ist ein gutes Training.« Tatsächlich war die Übung so gut und eine derart wirkungsvolle Kontrolltechnik, daß sich dieser Junge manchmal von seinem Agentenspiel regelrecht mitreißen lassen konnte. So knurrte er einmal, als der Zahnarzt ihn bat, den Mund auszuspülen, zu dessen – und zur eigenen – Verblüffung: »Ich werd' Ihnen kein verdammtes Wort verraten!«

Wenn wir unsere Latenzjahre durchlaufen und sich unsere Vorstellungen darüber schärfen, was wir beherrschen oder auch nicht beherrschen; oder auch wenn wir angesichts einer schwierigen, nicht kontrollierbaren Situation lernen, wie wir zumindest auf deren Auswirkungen Einfluß nehmen können, dann entwickeln wir Fähigkeiten, die uns für unser weiteres Leben helfen werden. Es kommt natürlich vor, daß wir auch noch mit zehn, elf oder zwölf Jahren auf ganz unmöglichen Wegen des Ruhms schreiten oder in Triumphphantasien jenseits unserer eigenen oder irgend jemandes Einflußmöglichkeiten. Es kann ebenso passieren, daß, wenn sich unsere Eltern scheiden lassen oder eines unserer Geschwister krank wird, wir immer noch aus einem ungezähmten Gefühl der Omnipotenz heraus unser eigenes, ach so mächtiges Selbst dafür verantwortlich machen. Doch größtenteils sind wir jetzt in der Wirklichkeit verwurzelt und stehen fest mit beiden Beinen auf dem Boden. So scheinen wir, die Mädchen und Jungen der Latenzperiode, auf dem besten Weg, unsere eigenen Gebieterinnen und Gebieter zu werden. Doch dann schlägt plötzlich die Pubertät zu.

In einem Gedicht über eine säuerliche und dornige Frucht, unsere Stachelbeere, zeichnet die Lyrikerin Amy Clampitt ein humorvolles Bild der Teenager-Jahre und meint, die Stachelbeere sei »eine Gesetzlose oder gar Ausgestoßene«. An ihre Tugenden

... muß man sich erst
gewöhnen, fast so, wie wenn man
... gerade dreizehn geworden wäre.
Die süße Bitterkeit alles Grünen
und Heranwachsenden klingt in ihr
nach – diese arrogante, sich einigelnde,
rundum kratzbürstige Stacheligkeit,
keine Geselligkeit duldend außer sich selbst,
also, jedenfalls läuft's darauf hinaus:
aufsteigender Zorn durch Stachelbeer-Ghettogewucher
sind die silbrigen, militant symmetrischen
Abwehrmechanismen aus Distelband.

Kratzbürstig? Abwehrend? Etwas von Gesetzlosigkeit und Aus-
gestoßensein? Irgendwann zwischen elf und 14 beginnen wir
stetigen, sympathischen, umgänglichen Latenzzeit-Kinder tatsächlich, Clampitts Stachelbeeren zu ähneln. Wie sollte es auch
anders sein? Die Hormone, die unseren Körper überfluten, haben
unser Gleichgewicht bereits schwer erschüttert und uns in ein
tosendes Gefühlsmeer geworfen. Der Spiegel zeigt ein Bild unseres Körpers, das auf den Kopf gestellt scheint, und wir finden uns
in Schönheiten oder auch Wilde verwandelt. Mit diesen inneren
und äußeren Veränderungen ist unser Kindheits-Ich für immer
zerbrochen und stellt uns vor einen schweren Fall von »Wer-bin-
ich?« – oder, wie Erikson es nennt, vor eine Identitätskrise.
Überspannt, behaart, brennend vor unfaßbaren Lüsten und
bis zur Verzweiflung getrieben von zu kleinen Brüsten, unzurei-
chender Körpergröße oder peinlicher Akne ringen wir mit
quälender Verwirrung und bestürzenden, geballten Komplexen,
von denen wir in der Latenzperiode nichts ahnten. Die meisten
kämpfen jetzt darum, ihre Autonomie abzusichern und zu stärken. Mit anderen Worten, wir sind nicht länger bereit, uns als
»Tochter« oder »Sohn« oder »Kind« zu definieren. Tatsächlich ist
jetzt unser leidenschaftliches Bedürfnis, ein eigenes Leben zu
führen, der Drang, laut zu proklamieren: »Ich gehöre mir, nicht
euch!« derart intensiv und mächtig, daß schon eine Bitte unserer
Eltern wie »Reich' mir doch mal bitte die Butter« zu einem persönlichen Angriff gegen unsere leibhaftige Existenz wird.
»Reich' mir mal die Butter – ja, bin ich denn dein Sklave?« oder
»Reich' mir mal die Butter – warum hackt ihr nur immer auf mir
rum?« oder auch »Ich sitze hier und denk' mir die ganze Zeit,

überall auf der Welt verhungern Menschen, und euch fällt nichts Besseres ein als: Reich' mir mal die Butter!«

Während wir jetzt darum ringen, uns von der Bindung an die Eltern und von der elterlichen Autorität zu lösen, ertappen wir uns immer wieder dabei, daß wir uns gegen solche Ansinnen, wie die Butter zu reichen, sträuben, wie überhaupt gegen alles, was Eltern von uns erbitten, erwarten oder verlangen. Wir reiben uns an ihren Verboten und machen einfach dicht – dieser ewige Sermon! Wir rollen die Augen, wenn wir jene ermahnenden Geschichten hören. Und natürlich machen wir uns über ihre dreisten »Wir-waren-ja-auch-mal-jung«-Anmaßungen lustig, als verständen sie unsere Gefühle, weil sie – angeblich – die gleichen Erfahrungen und überhaupt dasselbe wie wir durchgemacht hätten! Wie können Eltern bloß glauben, sie hätten eine Ahnung davon, was ihre Kinder durchmachen? Frances, 16, drückt es so aus: »Das läßt sich doch überhaupt nicht mit dem vergleichen, als sie so alt waren. Heute ist es doch ganz anders!« Wie können denn Eltern überhaupt meinen, etwas von ihrem Wissen sei auch für uns Jugendliche in irgendeiner Weise relevant? »Ich versteh' ja«, sagt die 13jährige Darcy, »sie will, daß ich nicht die gleichen Fehler mache. Aber ich bin doch nicht sie!« Wie können Eltern bloß annehmen, sie könnten ihre Kinder davon abhalten, Drogen und Sex auszuprobieren; zu schnell zu fahren oder mit Kumpeln, die nicht mehr ganz nüchtern sind, mit Freunden herumzuhängen, die alles sind zwischen »Kein Umgang!« bis unaussprechlich; oder einfach das Unglück herauszufordern?

Eine Mutter: »Zumindest können sie nicht mit 160 fahren und gleichzeitig Sex haben.« Darauf die Tochter: »Wieso eigentlich nicht?« Dem Analytiker Joseph Noshpitz zufolge »ist es eine berauschende Sache, einen reifen Körper zu bekommen. Es ist eine verführerische, sinnliche Erfahrung, die dazu verleitet, diesen Körper auch einsetzen zu wollen, etwas mit ihm zu machen. (…) Aufregung, Spannung, Neues – jede Form stimulierender Erfahrung lockt verführerisch und jeder begeisterte Jugendliche reagiert darauf« – und springt prompt in den gesperrten See im Steinbruch, ersteigt über die gefährliche Felsflanke den Berg und stürzt sich, ungeachtet aller eindringlichen elterlichen Mahnungen, in haarsträubende, hochgefährliche Situationen. »Meine Eltern versuchen mich von vielem fernzuhalten«, erklärt der 17jährige Ted. »Sie sagen zum Beispiel, was mir passiert ist, soll dir nicht auch noch zustoßen. Aber Eltern sollten doch begreifen,

daß man nur etwas lernen kann, wenn einem etwas passiert.«
Wie können wir bloß etwas lernen, wenn sie nicht mit diesen
Kontrollen aufhören? Die Totalwarnung einer Mutter an ihren
Liebling lautet dann ungefähr so: »Liebes, was auch immer du
tun willst, tue es nicht!« Aber diese ganze herrlich gefährliche
Welt ruft sie, nein, ruft uns. Und wir müssen es einfach tun!

Wir müssen auch ein paar Dinge tun, die nicht bewußt auf unserer Tagesordnung stehen – jene Errungenschaften beim Durchlaufen der frühen, mittleren bis späten Adoleszenz, die von den
Fachleuten etwas aufgeblasen die entwicklungsmäßigen Aufgaben der Adoleszenz genannt werden. Zu diesen Errungenschaften des Heranwachsens gehören die Festigung unserer sexuellen
Identität; das Erleben zärtlicher, romantischer und sexueller
Beziehungen außerhalb der Familie; die weitere Wandlung unseres immer noch strammen Über-Ichs, also des Gewissens; die
Entwicklung unseres eigenen moralischen Wertesystems; und
schließlich die Bewältigung unserer Identitätskrise, indem wir
herausfinden, wer wir sind, was wir wollen und wohin wir uns
entwickeln.

Daneben gibt es zwei weitere Hauptaufgaben zu lösen, die
den komplexen Weg unserer Adoleszenz prägen. Zunächst müssen wir den beängstigenden und schmerzlichen Ablösungsprozeß von Mutter und Vater, von unserer Kindheit schaffen. Dann
müssen wir wieder nach Hause zurückkehren, nunmehr aber in
den Kleidern von Erwachsenen.

Der Analytiker Hans Loewald gibt uns einige faszinierende Hinweise, warum diese Aufgaben des Erwachsenwerdens derart zer-
reißend sind, in uns Schuld- und Angstgefühle aufwühlen und
solch starke Widerstände bei unseren Eltern mobilisieren. »In
dem Prozeß des Erwachsenwerdens und -seins«, so schreibt er,
»werden tiefe Gefühlsbindungen zu unseren Eltern durchtrennt.
Diese Bindungen werden nunmehr in unterschiedlichem Maß
(...) aktiv zurückgewiesen, bekämpft oder zerstört. In einem tieferen Sinn töten wir unsere Eltern, indem wir unsere eigene Autonomie, unser eigenes Über-Ich entfalten.« Das heißt dann: »Ich
will nicht, daß ihr das für mich tut. Ich kann das selbst«. Oder:
»Besten Dank für eure Dienste, wirklich, aber ich brauch' sie nicht
mehr.« Loewald betont, dieser Elternmord sei »nicht nur symbolisch. (...) Indem wir in unserer Rolle als Kinder unserer Eltern

auch vor harschen Worten nicht zurückschrecken, töten wir mittels unserer wirklich stattfindenden Emanzipation etwas Vitales in ihnen – nicht mit einem Schlag und nicht in jeder Hinsicht, doch wir tragen zu dessen Absterben bei.«

Dabei können wir uns schuldig oder furchtsam fühlen, ohne zu wissen, warum. Bei den meisten ist die Angst vor dem Elternmord weit jenseits unseres Bewußtseins vergraben. Aber einigen ist doch ziemlich klar, was auf dem Spiel steht, vor allem, wenn es sich um Eltern handelt, die nicht allein unsere Handlungen bestimmen wollen, sondern auch, was wir denken, fühlen oder glauben. »Es gab da diese Frage der Loyalität zur Mutter«, berichtete eine Frau der Psychologin Althea Horner. »Du hattest einfach in deinem Denken loyal zu sein und so zu denken wie sie. Also hast du erst gar nicht gedacht. Hättest du doch auf deiner Ansicht bestanden, wäre das so gewesen, als hättest du sie umgebracht, als würdest du ihre Macht rauben, ihren Erwachsenenstatus vernichten. Schon allein zu denken war doch zerstörerisch.« Und dennoch, ungeachtet unserer Fähigkeit, die Herzen unserer Eltern zu brechen, ihre Macht zu rauben, sie zu vernichten, erfordert nach Loewald die Befreiung gleichzeitig eine gewaltsame Aneignung elterlicher Autorität, denn »ohne diese schuldbeladene Tat des Elternmordes gibt es kein Individuum, das diese Bezeichnung verdiente«. Seiner Auffassung nach sind es geradezu entwicklungsnotwendige Schritte, elterliche Macht und Kompetenz und damit eigene Verantwortung zu übernehmen. Wie sagte doch mein knapp 13jähriger Sohn Alexander und wiederholte es ganz höflich: »Sei mir nicht böse, Mama. Wirklich, nicht böse sein, ja? Aber Du mußt jetzt wirklich mal aufhören, mich immer noch vor dem Einschlafen zuzudecken!«

Eltern können durchaus Freude und Stolz empfinden angesichts der wachsenden Eigenständigkeit und Fähigkeiten ihrer Kinder. Nichtsdestoweniger kann der Verlust der elterlichen Rollen und deren Übernahme durch das Kind schwer zu schaffen machen. So schreibt Anne Roiphe in ihrem großartigen Roman *Lovingkindness*:

Was wissen wir denn über Mütter und Töchter? Wenn es einen wiederkehrenden Mythos vom Muttermord gibt, wer erzählt dann diese Geschichte? Wenn Mütter und Töchter eine Einheit bilden, die irgendwann Risse bekommt und auseinanderbricht, so daß die Teilchen hinaus ins Universum stieben: Partikel von Haß, Rache und Leidenschaft, wo hören wir denn davon? Mütter fürchten sich nicht vor ihren Töchtern (außer die böse Königin in *Schneewittchen und die sieben Zwerge*). Unsere Macht ist so indirekt, so untergründig, eine so luftige Sache, daß wir doch wohl selten mit unseren Töchtern über Königreiche oder Aktienpakete streiten. Andererseits: unsere Attraktivität nimmt ab, während ihre wächst; unsere Reise wird kürzer, ihre Reisen beginnen erst. Auch wir müssen uns fürchten. Wir müssen gebannt und erstaunt sein darüber, nicht ewig zu leben. Und daß sie unsere Ablösung kaum erwarten können, gleichgültig unseren Wünschen gegenüber, bereit, uns zurückzulassen.

Eine Mutter gesteht: »Meine Tochter ist so schön. Und überall sagt jeder, wie schön sie sei. Dann möchte ich schon manchmal ausrufen: ›Ja, und was ist mit mir?‹« Und ein Vater bekennt: »Mein Sohn fährt mein Auto. Er benutzt meine Rasiercreme, trinkt mein Bier, trägt meine Socken. Er schlägt mich sogar im Tennis. Also, wenn ich etwas empfindlich wäre, ich würde fürchten, bald ausgemustert zu werden.« Bewußt oder unbewußt mögen die Eltern unsere Geschmeidigkeit und Kraft beneiden. Sie grollen uns, wie wir so aufblühen, während sie selbst mehr oder weniger dahinwelken und zu »Ehemaligen« degradiert sind.

Und wenn sie sich tatsächlich bedroht fühlen, eifersüchtig oder neidisch sind, wenn sie also etwas empfindlich sind, dann werden sie vielleicht die Daumenschrauben ein Stück weit anziehen und ihre Aufsicht über uns verstärken. Die 18jährige Joy klagt: »Ich bin die einzige Tochter meines Vaters und (...) man kann mit ihm überhaupt nicht reden. Ich sage: ›Papa, ich hab' eine Verabredung. Um Mitternacht bin ich bestimmt zurück.‹ Darauf er: ›Du gehst nicht mit irgendeinem fremden Jungen aus, den ich nicht kenne!‹ Wenn er sie dann aber kennenlernt, denkt er sich eine Ausrede aus, weshalb ich ihn nicht sehen darf. Er ist einfach unmöglich.« Die Kluft zwischen zunehmender körperlicher Kraft der heranwachsenden Jugendlichen und abnehmenden Kräften der Eltern bildet ein Grundmuster im Familienleben, das Konflikte zwischen den Generationen geradezu unvermeidlich macht, wie eine Untersuchung über Eltern-

Kind-Streitigkeiten zeigt. Konflikte entstehen darüber hinaus heute verstärkt aufgrund des raschen soziokulturellen Wandels durch die Informationsflut, der Eltern und Kinder ausgesetzt sind. Da Erwachsene neue Ideen in der Regel langsamer aufnehmen als Jugendliche, wird sich die Schere zwischen beiden Altersgruppen vermutlich weiter öffnen. Und damit sind wir beim Generationskonflikt.

»Mein Vater gibt mir nie die Chance, ihm die Musik zu erklären, die ich mag (...)«, erklärt der 16jährige Robert. »Er schreit nur rum: ›Schalt' das ab!‹ Dann schalte ich es und auch ihn ab.« Der Zusammenprall von jugendlichem Idealismus und dem oftmals verkniffenen Wirklichkeitssinn der Erwachsenen ist konfliktträchtig. Er hat dann seitens der Heranwachsenden empörte Ausrufe wie diesen zur Folge: »Wie könnt ihr nur so zynisch sein!« Und von seiten der Erwachsenen schallt es zurück: »Wie kannst du nur so verdammt blöd sein!«

Die Unreife eines Heranwachsenden führt dem Psychoanalytiker Joseph Noshpitz zufolge »häufig (...) zu Haltungen und Behauptungen, die bestenfalls unlogisch sind und für Erwachsene einfach lächerlich klingen mögen. Viele junge Leute versteifen sich dann auf eine gnadenlose Trotzhaltung bis hin zur Arroganz, indem sie auf bestimmten geheiligten Meinungen bestehen.« Deren Qualität besteht womöglich fast nur darin, die Eltern die Wände hochzutreiben. Meine Freundin Cecilia beispielsweise beschreibt das, was sie unter Seufzen die »Mein-wahres-Ich«-Phase ihres Sohnes nennt. Er weigerte sich, danke zu sagen – es sei denn, er fühlte sich wirklich dankbar. Und er bestand darauf, seine ehrliche Meinung zu äußern (»Find' ich zum Kotzen!«), wenn er zum Beispiel harmlos gefragt wurde: »Wie findest du meine neue Frisur?« Mit gleicher Prinzipientreue mußte er unbedingt zu Ostern in der Kirche mit abgeschnittenen Hosen, einem zerrissenen T-Shirt und Ledersandalen auftauchen, denn Gott – also zumindest der Gott, an den er glaube! – seien Nebensächlichkeiten wie Kleidung egal. Ihm ginge es nämlich ausschließlich um »Mein-wahres-Ich«. Eine der Hauptursachen für den Generationskonflikt liegt tatsächlich im Zusammenprall von Idealismus und Realismus, von Unreife und Erfahrung.

All diese Konflikte bündeln sich in der Spannung, die von der Tatsache herrührt, daß Eltern nun einmal mehr Macht als Kinder haben; also auch die Macht, erstrebte Vergünstigungen zu erteilen oder vorzuenthalten und ihren Willen durchzusetzen – willkürlich, selbstherrlich. »Du tust jetzt, was ich will. Weil ich älter bin als du; weil ich dein Vater bin; weil ich es gesagt habe; weil ich das so haben will!« So lautet die Antwort der höheren Mächte auf die ewige Frage jedes Heranwachsenden: »Warum?«

»Meine Eltern sind nie zu Kompromissen bereit«, klagt die 15jährige Ann. »Immer gilt nur, was sie wollen. Sie sagen: ›Wenn du 18 und aus der Schule bist, kannst du machen, was du willst. Aber solange du deine Beine unter meinen Tisch streckst, tust du, was ich will.‹ Keine Diskussion! Ich darf keinerlei Fragen stellen oder einfach sagen, was ich denke. Ich fühle mich wirklich, als sei ich nicht gewollt. Scheiße ist das! Warum bin ich eigentlich hier?«

Manche Eltern halten ihre Kinder tatsächlich in Abhängigkeit und setzen sie herab, weil sie es nicht ertragen, Macht abzutreten. Andere wiederum neigen zu Überprotektion, denn sie haben wie die große Mehrheit stereotypische Ansichten von Heranwachsenden. So erinnert sich die 16jährige Melinda, wie sie mit ihrer Freundin Wanda von einer Frau auf der Straße angegangen wurde: »Wenn ihr schon rumhuren müßt, dann benutzt gefälligst Verhütungsmittel!« Die Frau habe, so erklärt Melinda, irrtümlich ihr Übergewicht (aufgrund zu vieler Milchshakes) für Anzeichen einer außerehelichen Schwangerschaft gehalten. Und mit einem Seufzer resümiert Melinda: »Als ob wir alle schwanger würden (...) oder Drogen nähmen oder trinken würden!«

Ein Vorwurf an die unzulängliche Jugend von heute lautet: »Die Jugend liebt heutzutage den Luxus. Sie hat schlechte Manieren, verachtet die Autorität, hat keinen Respekt vor den älteren Leuten und schwatzt, wo sie arbeiten sollte. Die jungen Leute stehen nicht mehr auf, wenn Ältere das Zimmer betreten. Sie widersprechen ihren Eltern, schwadronieren in der Gesellschaft, verschlingen bei Tisch die Süßspeise, legen die Beine übereinander und tyrannisieren ihre Lehrer.« Ja natürlich, die Jugend von heute! Sie ist nicht mehr das, was sie mal war! Nur, dieses Klagelied wurde vor rund 2 500 Jahren angestimmt, von Sokrates. Der Kinderanalytiker James Anthony ist der Auffassung, daß die Stereotypisierung Heranwachsender – als Straftäter, als unverantwortlich, sexuell überaktiv, einfältig, ichbezogen – zum Generationskonflikt beiträgt und »Eltern dazu bringt, auf ihre heranwachsenden Kinder zu reagieren, als seien sie Verkörperungen negativer Ideen und keine wirklichen Menschen«. Selbst wenn elterliche Aufsicht wirklicher Fürsorge entspringt und nicht nur Machtausübung darstellt oder Stereotypen folgt, macht uns doch die Aufrichtigkeit ihrer Absichten diese Interventionen kaum schmackhafter. Sie behaupten, es sei ihre Pflicht, uns anzuleiten und zu beschützen. Wir hingegen beanspruchen das Recht, unser eigenes Leben zu führen.

Eine Möglichkeit der Selbstbestimmung besteht darin, unsere Eltern nicht mitbekommen zu lassen, was läuft. Wir entschließen uns wie der 15jährige Abby dazu, »Dinge für uns zu behalten oder mit Freunden darüber zu sprechen«. Willa, 18, pflichtet dem bei. Sie erzählt, daß ihre Eltern »wissen wollen, wer, was, wo, warum und vieles mehr, was ich ihnen einfach nicht sagen will«. Denn ihnen etwas mitzuteilen, zieht das Risiko nach sich, wieder eine Standpauke zu hören wie beim 13jährigen Randy: »Mein Vater gibt mir eine einstündige Lektion, wenn ich zu ihm wegen etwas komme. Also laß ich's gleich bleiben.« Und wenn man ihnen was sagt, läuft man Gefahr, unfreiwillig mit elterlichen Ratschlägen gefüttert zu werden. Falls man die dann nicht annimmt, werden die Eltern des 18jährigen Ralph zum Beispiel »wütend«. Ihnen etwas anzuvertrauen, kann also bedeuten, daß sie richtig aufgebracht werden. »Ich würde ihnen doch niemals gestehen, Marihuana zu rauchen«, meint Karl, 14 Jahre alt. »Die bekämen einen Herzinfarkt.« Und obgleich die 16jährige Debbie gerne ehrlich zu ihrer Mutter wäre, hegt sie doch die Befürchtung, daß ihre Mutter »auf mich herabsehen würde«, wenn sie aufrichtig wäre. Warum sich also überhaupt einer Moralpredigt, Ratschlägen, Schuldgefühlen, Mißfallensbekundungen und natürlich auch Strafen aussetzen? Warum zeigen wir nicht lieber ein folgsames Gesicht, verwischen unsere Fährten, halten den Mund und tun, wie uns beliebt?

Eigentlich ist er gar nicht so schwierig, ein Doppelleben zu führen, erinnert sich ein ehemaliger »sehr wilder Teenager«: »Ich war mit 16, 17 häufiger abends weg und trank und kam dann sturzbetrunken wieder nach Hause. Meine Alten waren schon im Bett, riefen nur ›Wieder zurück?‹. Ich hab' nur ›Ja, gute Nacht!‹ geantwortet. Dann hab' ich erst mal gekotzt oder bin auf dem Bett weggesackt.« Doch manchmal werden wir erwischt, können unsere Trotzhandlungen nicht tarnen oder wollen etwas ganz entschieden überhaupt nicht! So tauchte Robin mit ihren 13 Jahren eines Tages mit einer gelb-pinken, richtig starken

Punk-Frisur und einem Leuchten in ihren Augen auf, das sagen wollte: »Für dich gemacht, Mama!«

Indem wir unsere Eltern in solchen sporadischen oder auch anhaltenden Machtkämpfen herausfordern, haben wir eine ganze Reihe von Auflehnungsformen zur Hand: von der Usurpation (»Ich will das, was sie haben, und zwar dalli!«) bis hin zur Zurückweisung, natürlich all dessen, was ihnen etwas bedeutet; von verdeckten Operationen (»Was sie nicht wissen, macht sie nicht heiß!«) bis zu »Versucht-es-nur«-Konfrontationen (»Macht nur, ihr werdet mich nicht abhalten!«); oder von risikoarmen Provokationen (nicht gemachte Hausaufgaben, Vernachlässigung unserer Haushaltspflichten, schlechtes Benehmen, unordentliches Zimmer, nächtliche Rückkehr nach der gesetzten Ausgehfrist) bis hin zu risikoreichen Verstößen (Straftaten, Drogenmißbrauch oder andere gefährliche Unternehmungen).

Ich kannte einmal ein Mädchen, das von seiner Mutter mit Eintritt in die Pubertät sofort unter sexuelle Kuratel gestellt wurde:

»Ich will nicht, daß du das machst. Du wirst nur schwanger.«

»Da gehst du nicht hin. Du wirst nur schwanger.«

»Mit dem oder der, mit dieser oder jener Clique hängst du nicht rum. Du wirst nur schwanger.«

Als schließlich der Zeitpunkt zum Aufstand für dieses Mädchen gekommen war, wußte es natürlich ganz genau, was es werden wollte. Einige Jugendliche, fanatisch entschlossen, die Aufsicht ihrer Eltern abzuschütteln, gehen »Trotz-und-Motz-Bindungen« ein, sie suchen den Kontakt zu Personen, die von den Eltern ausdrücklich unerwünscht sind, um auf diese Weise – bewußt oder unbewußt – die Eltern-Kind-Beziehung zu torpedieren. Wir können uns darüber hinaus auch Gangs, einer Sekte oder exotischen Ideologien anschließen und erwerben dadurch laut Althea Horner »illusionäre Macht«. Die Illusion besteht darin, daß wir allein deshalb über Macht verfügen, weil wir die Autorität unserer Eltern zurückgewiesen haben. In Wahrheit unterwerfen wir uns nur einer anderen Autorität, indem wir Macht an unsere Gang, Clique oder eben eine Sekte abgetreten haben.

Eßstörungen, insbesondere Magersucht, gehören auch zum Arsenal im Kampf um Eigenständigkeit. Weibliche Teenager – zu einem weit geringeren Teil auch männliche – dokumentieren dabei ihre Unabhängigkeit, indem sie sich zur Machtübernahme über ihren Körper entschließen. Magersucht ist eine Art selbstgewollten Aushungerns bis hin zur Auszehrung und manchmal zum Tod. Sie geht einher mit einem Körperbild, das die Magersüchtige glauben läßt, immer noch zu dick zu sein, selbst wenn sie bereits eindeutig von der Substanz lebt. Diese gefährliche Eßstörung tritt in der Adoleszenz auf und dient als starkes Machtinstrument. Sie ist für Heranwachsende ein Weg, angesichts eines tiefen Gefühls der Machtlosigkeit auf sich selbst, ihre Familien und deren Leben starken Einfluß zu nehmen. Helen beschreibt ihr gezieltes Aushungern, das sie mit 14 begann und mit nur wenigen Unterbrechungen seit nunmehr rund 50 Jahren bei täglich minimalen Rationen und vierstündigen Übungen durchhält: »Schlank zu sein ist für mich das wichtigste im Leben. Ich genieße das Leben, weil ich mein Gewicht halte.« Als ihr 60. Geburtstag näherrückt, bedauert sie verhalten in der Rückschau, nur so wenig im Leben erreicht zu haben. Doch immerhin kann sie sich an dem Gedanken aufrichten: »Wenigstens bin ich schlank geblieben.«

Die heranwachsende Magersüchtige, so die Psychiaterin Regina Casper, »glaubt, ihre dünne Figur sei ihre eigene Leistung, erreicht durch anhaltende Entbehrungen, Hungern, Opfer und gegen elterliche Proteste«. Ihre reduzierte Nahrungsaufnahme erlaubt ihr, sich nicht länger ohnmächtig zu fühlen und sich für selbstbestimmt und selbstbeherrscht zu halten.

Ob wir uns nun selbst aushungern oder kurz vor dem Abitur die Schule abbrechen, ob wir mit Skinheads rumhängen oder uns piercen lassen – unsere Eltern nehmen unsere Anfechtungen ihrer Autorität kaum einmal kampflos hin. Vielmehr haben sie jede Menge beizutragen und nicht immer in ruhigem, gemessenen Ton: was wir als Nahrung aufnehmen sollen, mit wem wir uns treffen dürfen, auf welche Art und Weise wir doch unseren Körper und Geist zerstören! Sie haben uns viel zu sagen. Doch wir sind nicht nur bereit, uns zu verteidigen, wir greifen auch an.

Denn eine der stärksten Waffen in unserem Kampf mit der älteren Generation ist jene erst vor kurzem erworbene kognitive Fähigkeit zu »formalen Operationen«. Es handelt sich hierbei um eine bestimmte Art des Nachdenkens über das Denken selbst – sozusagen nicht nur wörtlich, sondern symbolisch denken zu können. Jetzt begreifen wir, daß »Steter Tropfen höhlt den Stein« ein Sprichwort ist und kein Kommentar über Steine. Nun analysieren, theoretisieren, philosophieren und entwerfen wir und wir vergleichen boshaft unsere wirklichen Eltern mit unserem idealisierten Bild, was und wie Eltern sein sollten. Mit genau dieser Urteilskraft verstärken wir unsere Macht und Kontrolle, indem wir zu hochbefähigten Diskussionspartnern werden.

Ein entnervter Vater stürmt dann mitten in einem Streit mit seiner heranwachsenden Tochter aus dem Zimmer, weil sein bisher so entzückendes Kind seine neuen, kognitiven Fähigkeiten einsetzt und ihm eiskalt Vorhaltungen macht, weil er ihr das Auto nicht überlassen will, und ihn auch noch – jetzt kommt sie erst richtig in Fahrt! – der Feigheit, Oberflächlichkeit, Doppelmoral und einiger anderer fataler Charakterfehler bezichtigt. »Nur weil du nicht laut wirst«, schreit er mit maximaler Lautstärke, »heißt das noch lange nicht, verdammt nochmal, daß du recht hast!«

Eine weitere mächtige Waffe in diesem Kampf zwischen Eltern und Kind ist das Weglaufen von Zuhause oder der Auszug. Als Drohung veranlaßt sie Eltern nicht selten zu allen möglichen Zugeständnissen, die ihnen eigentlich völlig gegen den Strich gehen, weil sie plötzlich eine Heidenangst bekommen, ihr Kind zu verlieren. Wenn es dann tatsächlich zum Weglaufen oder zum Auszug kommt, kann das einen Riß im Familiengefüge bedeuten, der nur noch schwer und manchmal gar nicht mehr zu kitten ist. Alle Beteiligten können dadurch mit einem tiefen Verlustgefühl geschlagen sein.

Kelly, die in ihrem ersten High-School-Jahr wegzulaufen begann und heute in einem Haus mit einigen anderen Töchtern und Söhnen aus ähnlichen Familienverhältnissen zusammenlebt, spricht schwer bedrückt über die elterlichen Vorschriften und Erwartungen: »Sie haben einfach alle diejenigen kritisiert, mit denen ich zusammen war. Ich mußte grundsätzlich um 23.00 Uhr zu Hause sein. Mein Vater erwartete immer glatte Einsen und daß ich immer sein perfektes kleines Mädchen sei. Meine Mutter hat mir ständig die Religion reingewürgt. Sie ließen mich nicht sein, wie ich wollte, und ließen mir keine eigenen Entscheidungen. Ich hab's dann einfach nicht mehr ausgehalten.« Obwohl sie von zu Hause weg ist und ihr Leben jetzt selbst bestimmt, wie sie behauptet, kocht sie immer noch vor Wut über ihre Eltern. Wenn sie auch zugibt: »Sie haben es gut gemeint. Sie taten ihr Bestes. Sie haben sich um mich gekümmert«, kann sie sich einstweilen nicht vorstellen, sich wieder mit ihnen zusammenzusetzen. Und auch wenn sie behauptet, nichts zu bereuen und jetzt so viel glücklicher zu sein, klingt sie gar nicht froh. Anderen, die in der gleichen Lage seien, würde sie raten: »Bleibt zu Hause. Brecht es nicht übers Knie.« Und dann kommt noch: »Ich bin so schnell groß geworden. Irgendwie finde ich das schade. Ich fühle mich ein bißchen betrogen. Ich bin doch erst 17.«

»Es gibt nur wenige Situationen im Leben, mit denen schwerer umzugehen ist, als der Versuch eines heranwachsenden Sohnes oder einer heranwachsenden Tochter, sich selbständig zu machen«, schreibt Anna Freud. Das ist wohl richtig. Doch wenn unser Ringen, uns loszulösen, für unsere Mütter und Väter belastend ist, so sollte auch klar sein, daß es Kindern ebenfalls schwerfällt: wegen der oft verletzenden Kämpfe; wegen unserer Schuldgefühle, den Eltern Kummer zu bereiten; weil wir in diesem Ablösungsprozeß nicht nur etwas gewinnen, sondern auch etwas verlieren. Und nicht zuletzt ist es so schwer, weil, selbst wenn wir glauben, das jetzt durchziehen zu müssen, was nun einmal getan werden muß, wir doch nur zu oft leidenschaftlich ihre Liebe und Bestätigung suchen. Selbständig zu werden ist auch deshalb so schwer, weil wir uns gleichzeitig nach Geborgenheit sehnen. Sei es bewußt oder unbewußt, manchmal oder auch ständig, abwechselnd oder gleichzeitig – wir wollen die Privilegien der Erwachsenen und dazu noch den wohligen Komfort, ein Kind zu sein.

> Mutter, Mutter!
> Als glänzender Student,
> halb kriminell und doch in der Top-Studentenverbindung,
> Bin ich häufig erst spät zurückgeschwankt nach Haus',
> Immer schön am Geländer lang.
> Mein Glas Milch
> Wartete schon auf mich auf einem Tablett
> mit Keksen.

Wie Sebastian in Evelyn Waughs Roman *Wiedersehen mit Brideshead* möchten wir Champagner schlürfen und gleichzeitig unseren Teddy knutschen. Wie die 19jährige Pam möchten wir mit jemandem schlafen dürfen, und Mama macht die Zahnarzttermine. Wie das lyrische Ich des Dichters Robert Lowell möchten wir gerne nachts wegbleiben, so lang es uns beliebt, und doch gewiß sein können, daß unsere Kekse und die Milch – und unsere Mutter – uns erwarten. Die Adoleszenz ist somit eine Zeit schmerzlicher Ambivalenzen, in der wir Macht und Kontrolle sowohl gewinnen als auch abgeben wollen. Manchmal scheint uns die Zukunft dann hart, kalt und wenig einladend, während die Vergangenheit in einen rosafarbenen Heimwehglanz getaucht ist. Dann scheinen uns die Belastungen des Erwachsenenalters untragbar. Was, wenn uns die nötigsten Voraussetzungen fehlen, um dieses Leben auch tatsächlich in den Griff zu bekommen, genau das Leben, das wir doch eben noch unbedingt selbst bestimmen wollten? Was, wenn unsere Eltern uns tatsächlich alleine lassen, nachdem wir exakt das von ihnen gefordert hatten. Und dann müssen wir sie um Unterstützung bitten, und sie sind vielleicht nicht da? Wir müssen einfach versuchen, es da draußen ohne sie zu schaffen!

Bis ich sie bat, es doch nicht länger zu tun und ich
    Erstaunt war, daß sie dem nicht nur folgen könnte,
Sondern es sofort, als ich sie bat, tatsächlich nicht mehr
    Tat –, hatte Mutter meine ganze Kindheit hindurch,
Während ich ihr etwas sagte, etwas
    Wichtiges, ihre Lippen bewegt
So, als wollte sie genau die Worte sprechen mit ihrem
    Atemhauch, die ich sprach, während ich sie sprach.

Zärtlich seh' ich uns wieder in dieser fernen Abend-
    dämmerung, Wie wir uns ansehen, meine Mutter
    und ich.
Da bin ich jetzt so groß wie sie oder gerade eben
    größer: Da sind unsere Lippen, die sich gleichzeitig
    bewegen.
Und plötzlich bricht der Einklang, ich muß alleine
    Weiterziehen, ohne Maestro und ohne Partitur.

Wie werden wir's also packen, ohne Maestro, ohne Partitur? Wie werden wir es schaffen ohne sie? Mancher wird mit aufkommender Panik, ob wir es wirklich schaffen, in einer Art Entwicklungsstillstand verharren. Mancher wird also Entscheidungen aus dem Weg gehen, Verpflichtungen vermeiden, sich sämtliche Optionen offenhalten, »Leben« spielen und es vorziehen, in der

Grauzone zwischen verlängerter Adoleszenz und Eigenständigkeit zu verbleiben. Oder wir schrecken vor unserem Recht auf ein eigenes Leben zurück, falls der Preis unserer Autonomie Zorn, Verletzung oder Liebesentzug unserer Eltern heißt. Dann übernehmen wir die Rollen, die sie für uns bestimmt haben, leben nach ihren Regeln und ziehen die Annehmlichkeiten vor, die uns zufallen dank der Unterwerfung unserer Eigenständigkeit unter ein »Braves-Kind«-Verhalten.

»Er war eine so starke Gestalt zu Hause«, erzählt Marianne, einziges Kind eines brillanten, charmanten, eleganten und übermächtigen Vaters. »Er schrieb mir vor, wohin ich ausgehen durfte und mit wem; wie ich mich verhalten, was ich tragen, ja selbst, welche Musik ich hören sollte. Er eröffnete mir auch, kein College mit Koedukation besuchen zu dürfen.« Und obgleich sie sich an seinen Verboten rieb und seine Zornesausbrüche fürchtete, wenn sie »Widerworte« gab, tat sie im großen und ganzen doch, was er verlangte. Denn »es gab so viele Belohnungen, wenn man spurte. Er förderte mich geistig dermaßen stark. Er war stolz auf mich. Für ihn war ich überlegen und etwas Besonderes.« Wenn diese Folgsamkeit der fällige Preis war, um sich die Anerkennung dieses phantastischen hochklassigen Mannes zu sichern, so zahlte sie ihn. Auch nach dem College zahlte sie weiterhin. Sie zog zurück nach Hause in eine Kleinstadt des amerikanischen Mittelwestens, zurück unter die ungeschmälerte Autorität ihres Vaters. Schließlich schaffte Marianne Mitte 20 den Absprung nach San Francisco. Doch erst nach vielen Jahren war die psychologische Distanz ebenso groß wie die geographische. Das »Ja« und »Nein« ihres Vaters, seine hohen Ansprüche, seine Mißbilligungen belasteten ihre Ehe und Elternschaft. Erst nach vielen Jahren fühlte sie sich völlig von seinem Einfluß befreit, um schließlich ganz ihr altes Zuhause verlassen zu können.

Manche von uns verlassen ihr Zuhause, treten in die Welt hinaus und flüchten sich unbewußt in eine Errettungsphantasie. Hinter der Maske selbständiger Frauen und Männer erhoffen wir tatsächlich insgeheim, daß jemand oder irgend etwas – Glück, nette Menschen, positive Umstände, besondere Vergünstigungen – plötzlich auftauchen möge, um uns bei der Bewältigung des Lebens zur Seite zu stehen. Wir hoffen, von unserem Partner gerettet zu werden, von einem anderen Job, durch einen Umzug in einen »besseren« Teil der Welt oder selbst durch ein verändertes Aussehen. Wir nehmen unser Leben nicht in die eigenen Hände. Denn wir hoffen, unser Leben – und damit wir selbst – würden gerettet. Ob aus Unwilligkeit oder Unfähigkeit, manch einer wird nie erwachsen.

In einer gut verlaufenden Adoleszenz hingegen werden Mütter und Väter uns weder uns selbst überlassen noch uns verschlingen. Sie werden uns vielmehr nach und nach immer mehr Eigenverantwortung zugestehen. Sie werden uns – wenn nötig oder auch, wenn wir es ausdrücklich wollen – zurückhalten und werden uns unterstützen, wenn wir uns ablösen und aus unseren Ich-Bestandteilen unsere eigene Identität schmieden.

In der Identitätskrise, sicherlich eines der Hauptmerkmale des Heranwachsens, ringen wir darum, ein wirklich eigenes Ich zu schaffen, wir integrieren unser privates und öffentliches Selbst, balancieren die Teile unseres Selbst aus, die wir ablehnen und die wir lieben. Wir verknüpfen das, was wir heute sind mit dem, was wir einmal waren und dem, was wir eines Tages zu sein hoffen. Gegen Ende dieser Zeit besitzen wir ein einzigartiges »Das-bin-ich-und-sonst-niemand«-Ich, eines, das uns nicht von anderen übergestülpt worden ist, sondern das wir wirklich selbst sind. Selbst wenn zuletzt dieses Ich mit den elterlichen Werten durchaus mehr Gemeinsamkeiten aufweisen sollte, als es auf dem Höhepunkt der zurückliegenden Machtkämpfe überhaupt denkbar schien, so haben wir doch das Gefühl, selbst bestimmt zu haben, wer wir sind. Und wenn auch diese Richtungsentscheidungen noch revidiert werden mögen, die vor uns liegende Zukunft enervierend ungewiß scheint und zudem die Beherrschung unseres Körpers und unserer Psyche noch unvollkommen bleibt – jetzt endlich gehören wir uns selbst.

Wenn wir uns so aufmachen zu unserer Verabredung mit dem Schicksal, das wir jetzt in die Hand nehmen, finden wir vielleicht bei dem »seelen- und sinnenfreien« Künstler als jungem Mann von James Joyce Inspiration, der mit den Worten »Ich fürchte nicht, allein zu sein (…) oder alles zu verlassen, was ich verlassen muß« ins Leben hinaustritt und ruft: »Willkommen, Leben!« Oder wir halten uns an Dr. Seuss und sein mitreißendes *Oh, die Orte, die du sehen wirst*, der uns endlich mit folgender Ermutigung voranschreiten läßt:

Du hast Verstand im Kopf.
Du stehst mit beiden Beinen im Leben.
Nach Belieben
kannst du deine Schritte lenken.
Du bist eigenständig. Und du weißt, was du weißt.
Und DU bist der Bursche, der entscheidet,
    wo's langgehen soll.

4 Die Macht der Sexualität

*Bei allem, was du tun willst, mußt du deine Partnerin um ihr
Einverständnis fragen. (…) Wenn du ihre Bluse öffnen willst,
mußt du fragen. Wenn du ihre Brüste berühren willst, mußt du
fragen. Wenn du Deine Hand tiefer nach unten wandern lassen willst,
mußt du fragen.*

Verhaltenskodex, Antioch College, Ohio

Männer beherrschen die Welt.
Penisse beherrschen die Männer.
Wer beherrscht die Penisse?
Wir, Liebling.

Nicky Silver, The Food Chain

Wir stürmen also in die Welt hinaus mit einer bestimmten Vorstellung von uns. Zumindest haben wir ein Bild davon, wer wir
gerne sein würden. Freudig, erwartungsvoll und mit durchaus
zweischneidigen Gefühlen stellen wir uns den neuen Freiheiten
als Erwachsene. Eine Macht, die wir nun ergriffen haben und die
gleichzeitig uns gepackt hat, ist die Macht der Sexualität. Sie bietet uns, wenn auch bedrohlich erscheinend, vielfältige Möglichkeiten, Kontrolle auszuüben – und sie zu verlieren.

Als ich ein junges Mädchen war, lauteten die Warnungen vor
Sexualität etwa so: »Männer können einfach nicht anders. Sie
sind eben wie Tiere. Deshalb müssen die Frauen die Situation
beherrschen.« Und: »Wenn du da die Kontrolle verlierst, bringst
du Schande über die Familie.« Oder auch »Wenn du die Kontrolle verlierst und ihm gibst, was er will, wird er anschließend in
den Bars über dich sprechen.« und »Wenn du die Kontrolle verlierst und ihm gibst, was er will, wird er dich am nächsten Morgen nicht mehr respektieren.« Hier meine Lieblingswarnung, die
meine Mutter mir am Ende eines Gesprächs über ungezähmte
Leidenschaften mit auf den Weg gab: »Ich habe nie im Leben von
einer anständigen Frau gehört, die keine Jungfrau mehr war, als
sie heiratete.« Als ich selbst noch ein Mädchen war, dachten

junge Frauen sehr viel an sexuelle Kontrolle. Das scheint auch heute noch so. »Ich hatte über alles nachgedacht, auch über Sexualität im Sinne von Kontrolle«, schreibt Katie Roiphe in ihrem Buch *The Morning After* von 1993. »Das taten die allermeisten in meiner Umgebung. Ob es nun darum ging, Sex zu bekommen, Sex zu haben, ihn zu brauchen, zu wollen – immer lief alles auf Beherrschung und Kontrolle hinaus. ›Kontrolle‹ war nicht bloß ein Wort. Sie stand im Zentrum unserer Handlungen und der Art und Weise, wie wir über Sex dachten und wie wir uns dabei fühlten. Die meisten, die ich kannte – mich eingeschlossen –, maßen ihr Verhalten an einer Art internen Barometers, wobei die Skala von hemmungsloser Hingabe bis zur äußersten Selbstbeschränkung reichte. Ich wußte, daß das nicht immer so gewesen war. In den sechziger und siebziger Jahren ging es beim Sex um persönlichen Ausdruck und um Orgasmus, zumindest theoretisch. (...) Heute jedoch stellen selbst die wildesten und sorglosesten Hedonisten, die ich kenne, ihre sexuellen Abenteuer unter das Zeichen von entglittener Kontrolle und Selbstbeherrschung.«

Was meinen wir eigentlich, wenn wir heute über sexuelle Kontrolle sprechen? Wir meinen damit, daß wir bewußt die Verantwortung für unsere Sexualität übernehmen, statt Sex einfach nur so geschehen zu lassen. Das schließt die Entscheidung ein, ob wir Sex haben wollen oder nicht, mit wem wir ins Bett gehen, welche sexuellen Praktiken wir bevorzugen oder ablehnen sowie eine ausreichende Zurückhaltung von unserer Seite wie von unserem Partner, um Risiken vorzubeugen. Von unseren ersten tastenden sexuellen Versuchen vor der Adoleszenz bis hin zu dem, was wir ein reifes Sexualleben nennen können, bleibt diese Frage von Beherrschung und Kontrolle mit allem Sexuellen eng verwoben.

»Wir sind nicht sofort miteinander ins Bett gegangen«, schildert Shannon, eine sensible, alleinstehende junge Frau, ihre Ansicht zu diesem Fragenkomplex im Zeitalter von AIDS. »Wir haben uns zunächst darüber unterhalten, uns gegenseitig über unsere früheren Partner befragt. Wir sind übereingekommen, daß wir es anfangs mit Kondom tun und erst einen HIV-Test machen, bevor wir ohne Kondom miteinander schlafen würden.« In den Zeiten von AIDS, wo uns Kontrollverlust jederzeit das Leben kosten könnte, sind derartige sexuelle Vorsichtsmaßnahmen sehr sinnvoll.

Aber wie schon die über 20jährige Meghan Daum selbstkritisch anmerkt, wenn sie sich und ihre Freunde betrachtet, werden solche ach so verantwortungsvoll klingenden Worte viel häufiger gepredigt als tatsächlich befolgt. Trotz des Drängens, doch bitte »unsere Phantasien an der kurzen Leine zu halten« und ungeachtet der Warnungen, »die Kontrolle über die ganze Sache nicht zu verlieren«, kursieren ihrer Meinung nach bei angeblich praktiziertem Safer Sex »überall viele Lügen«. Und sie fährt fort: »Wir alle ignorieren doch mehr oder minder« die Warnungen. Wir »schwören, uns zu schützen und haben auch den festen Vorsatz (wirklich, aufrichtig!), uns an diese Regeln zu halten«, aber dann »tun wir es doch nicht, weil wir's einfach nicht können, weil es einfach unfair ist, weil unser sexuelles Anspruchsdenken unser Risikogespür übersteigt«. Überschwemmt mit Informationen über den AIDS-Virus und auch davon überzeugt (sagen wir besser, manchmal überzeugt), daß sie sich tatsächlich diese gefürchtete Krankheit zuziehen könnten, schlagen sie und ihre Freunde »jede Vorsicht in den Wind«, wie sie uns erzählt. Nachdem sie sich auf eine Art und Weise verhalten haben, die rückblickend ganz schön riskant erscheint, und nach einigen äußerst angsterfüllten, schlaflosen Nächten mit Todesahnungen begeben sie sich schließlich zum Arzt. Dort unterziehen sie sich dem Test, der ihnen Aufschluß darüber geben wird, ob die ignorierten Schutzmaßnahmen vielleicht tödliche Folgen haben werden. Dabei wünschen sie sich bestimmt die guten alten Tage zurück, als man noch ohne Risiko auf Safer Sex verzichten konnte.

Vielleicht hat es wirklich eine kurze Phase auf dem Höhepunkt der sexuellen Revolution gegeben, in der wir versuchten, jede Kontrolle und Vorsicht über Bord zu werfen; als Frauen genauso wie Männer die Freuden von hemmungslosem Sex genossen haben, als Zurückhaltung einfach peinlich und gar nicht tugendsam schien. Vielleicht war da tatsächlich zwischen Pille und AIDS ein offenes Fenster sexueller Chancen, als jeder, ob Mann oder Frau, »es« angeblich machte, aufgemuntert durch John Updikes ungläubige *Ehepaare* oder Erica Jongs »Spontanfick« oder dem Hollywood-Streifen *Bob & Carol & Ted & Alice*. Zu gleicher Zeit schilderten uns die Sexualmemoiren *John & Mimi*, erschienen unter den richtigen Namen des Autorenpaars, detailliert und Körperöffnung für Körperöffnung die Herrlichkeiten offenen außerehelichen Geschlechtsverkehrs einschließlich Sex

»von uns dreien zusammen«, Sex mit »Mimi und Ava (...),
unsere Körper gegenseitig entdeckend« und Sex mit »anderen
Paaren, wie wir uns trennen, um uns in verschiedenen Räumen
des Hauses niederzulassen, bis wir anschließend wieder alle bei
Kaffee und Kuchen zusammenkommen«.

Der Tenor jener Zeit scheinbar unbegrenzter sexueller Möglichkeiten kommt in dem Stolz des Autorenpaars auf ihre »freie
Ehe« zum Ausdruck, sowie in ihrer aufrichtigen Überzeugung,
daß man bald »nichts Ungewöhnliches mehr an diesem Buch finden wird«. Doch selbst in diesen erregenden Jahren rief mich,
wie ich mich erinnere, eine Frau schluchzend an: »Er behauptet,
es täte uns gut, Sex mit anderen zu haben. Aber es tut mir so weh,
wenn er's macht. Es tut mir so weh!« Ich erinnere mich auch an
eine alleinstehende Frau, die sich beklagte: »Zuerst mal muß es
immer ins Bett gehen. Und wenn er dann dableibt, lernen wir
uns etwas kennen.« Mit einem Seufzer fügte sie hinzu: »Ich
schlafe mit Männern, die kennen nicht mal meinen zweiten Vor-
namen.« Trotz all diesem tapfer klingenden Sechziger-Jahre-
Gerede über die Vorzüge der endlich abgeschafften Eifersucht
und dem Vergnügen am Gelegenheitssex, an offener Untreue
und unverbindlichem »Bis-bald-mal-wieder!« hat dieser Sex für
eine Nacht viele Herzen und Seelen und Beziehungen zerrüttet.
Er tut es nach wie vor.

Selbst ohne AIDS hätte die sexuelle Revolution unser Sexualleben nicht vom Komplex Beherrschung und Kontrolle befreien
können oder von der hartnäckigen Tatsache, daß sexuelle Begeg-
nungen für Männer und Frauen recht unterschiedliche Bedeutung haben – und wohl auch schon immer gehabt haben. Die folgende Anekdote um den ehemaligen US-Präsidenten Calvin
Coolidge illustriert das sehr gut:

> Mrs. Coolidge (...) beobachtete beifällig in Begleitung
> ihres Mannes während einer Besichtigung einer Hüh-
> nerfarm, wie ein Hahn eine Henne bestieg. ›Macht er das
> oft?‹, fragte sie. ›Oh, mehrmals am Tag‹, erwiderte der
> Farmer. ›Sagen Sie das doch bitte dem Präsidenten‹, wies
> sie ihn daraufhin spitz an. Jetzt wandte Coolidge sich an
> den Farmer: ›Immer mit derselben Henne?‹ ›Nein,
> immer mit anderen‹, lautete seine Antwort. ›Bitte lassen
> Sie das die First Lady wissen‹, erwiderte Coolidge.

Warum aber ist Sex eigentlich – in manchen versonnenen Kreisen heißt das immer noch »es miteinander tun« – für Frauen und Männer emotional so verschieden? Eine Antwort findet sich in der Entwicklungsgeschichte der Geschlechtertrennung und der kulturellen Geschlechterrollen. So dürfen sich Jungen nicht zu stark mit ihren Müttern identifizieren, Mädchen durchaus. Sie wachsen zu Frauen heran, indem sie die Fraulichkeit ihrer Mütter übernehmen. Jungen, die zu viele Eigenschaften ihrer Mütter annehmen, werden keine »richtigen« Männer. Sie müssen also stärker auf Abstand gehen zur bisherigen intensiven Beziehung mit ihren Müttern, als es heranwachsende Mädchen je brauchen. Männliche Jugendliche distanzieren sich deshalb, halten sich zurück, halten Frauen auf Abstand. Auch wenn die gefühlsmäßige Nähe, die kleine Jungen einst mit ihren Müttern teilten, für immer ein ersehntes verlorenes Paradies bleiben mag, stellt es gleichzeitig eine ängstigende Bedrohung ihrer Männlichkeit und maskulinen Sexualität dar.

»Festgebunden, abhängig, verschlungen, gefangen, begraben, lebendig verspeist, verweiblicht, einverleibt, verschmolzen«, schreibt der Analytiker John Munder Ross, »dies sind nur einige der Umschreibungen, die klinische Experten benutzt haben, um die Ängste eines Sohnes vor dem Zurücksinken in die psychologische Symbiose und sexuelle Doppeldeutigkeit seiner frühesten Tage zu benennen.« Angesichts derartiger Ängste kann es kaum verwundern, daß so ein junger Kerl mit seiner femininen Seite nichts am Hut hat und sich wohler fühlt mit der sogenannten »ungebundenen Lust«. Auch D. H. Lawrence hat über dieses Thema nachgedacht:

> Wenn ich nur eine Frau kennen würde,
> Die wie ein rotes Feuer auf dem Herd ist,
> Noch glühend nach des Tages rastlosen Netzfängen.
> So daß man sich ihr nähern könnte
> In der roten Stille des Abends,
> Um sich wirklich an ihr zu freuen,
> Ohne den höflichen Versuch, Sie zu lieben
> Oder den gedanklichen Versuch, ihre Bekanntschaft zu machen.

Für die weibliche Identität sind demgegenüber innere Bindungen essentiell. Im Gegensatz zu Männern hängt die Entwicklung

90

des weiblichen »Ich« nicht davon ab, sich definitiv von einem »Wir« zu lösen. In der Tat ist die Ich-Wahrnehmung von Frauen so eng an ihr Bemühen gebunden, eine liebevolle Beziehung zu unterhalten, daß manche Frauen klagen, wenn eine enge Beziehung endet: »Ich habe nicht nur ihn, sondern auch mich selbst verloren.« Angesichts ihrer Trennungsangst, die jede Furcht etwa vor einer eigenen Schwächung in der Liebesbeziehung überwiegt, kann es kaum überraschen, daß Frauen auf Intimität bestehen und daß es ihnen viel schwerer fällt, Kontrolle aufzugeben und sich rückhaltlos der ungebundenen Lust hinzugeben.

Deshalb genießen Männer viel häufiger als Frauen rein lustbetonten Sex, den sie unabhängig von Liebesgefühlen oder langfristig verpflichtenden Bindungen erleben (33 Prozent der Männer und 18,7 Prozent der Frauen – die Zahlen unterstreichen überdeutlich diesen Unterschied). Diese Kluft zwischen den sexuellen Erwartungen von Männern und Frauen hat Sex für die Frauen stets komplizierter gemacht. Wenn auch die sexuelle Revolution rein lustbetonten Sex für beide Geschlechter gewissermaßen legitimiert hat, haben immer noch viele Frauen das Gefühl, einem Mann etwas zu geben, wenn sie mit ihm schlafen, während viele Männer umgekehrt meinen, sich dabei etwas von der Frau zu nehmen.

Da es sich für einen Mann nicht gehört, etwas zu »nehmen«, was eine Frau nicht »geben« will, sind Männer oft verwirrt. Sie behaupten das zumindest. Soll ich weitermachen? Will sie es vielleicht nicht so haben? Meint sie nicht eigentlich »Ja«, wenn sie »Nein« sagt? In der Tat bietet Sex viele Gelegenheiten zu schweren Mißverständnissen, für wirklich widersprüchliche oder auch tiefgreifende, beunruhigend mißverständliche Signale. Die Autoren von *Sexwende. Liebe in den 90ern* stellen in ihrer Untersuchung über Sexualverhalten und sexuelle Vorstellungen in den USA und Westeuropa zum Beispiel fest, daß ein sehr hoher Anteil der befragten Frauen (22 Prozent) angab, sie seien bereits von einem Mann zu sexuellen Handlungen gezwungen worden. Demgegenüber gaben nur sehr wenige Männer (3 Prozent) an, eine Frau zu sexuellen Handlungen gezwungen zu haben. Die Autoren fanden folgende Erklärung für diese stark abweichenden Daten: Die »meisten Männer, die eine Frau sexuell nötigten, seien sich nicht bewußt gewesen, daß sie ihr Verhalten als Zwang erlebte. Einige Männer dachten vielleicht, sie hätten den Geschlechtsverkehr gewissermaßen ausgehandelt, während ihre Partnerinnen dies anders empfanden«.

»Soll das etwa heißen, daß ich eine Frau vergewaltige, wenn ich ihr zwischen die Beine greife? Das ist doch unfair!«

»Nun, sie war doch einverstanden, aber dann hat sie ihre Meinung geändert.«

»Ich seh' das so: Du kannst deine Meinung vor und sogar noch während dem Sex ändern, aber doch wohl nicht mehr danach.«

»Mit dieser neuen Definition von Vergewaltigung könnten wir schließlich im Gefängnis landen, weil wir eine Frau sexuell nicht befriedigt haben!«

»Sie hat sich doch vergewaltigen lassen.«

Vermutlich könnte jede Frau ihr Sexualleben bestimmen, wenn jeder Mann sich an den eingangs zitierten Verhaltenskodex des Antioch College hielte: »Darf ich dich jetzt da unten berühren?« – und ihr »Ja« oder »Nein« oder auch »Bitte nicht gleich nach dem ersten Rendezvous« würde Mißverständnisse wahrscheinlich vermeiden. Keine Frau könnte dann behaupten, sie sei von Leidenschaft gepackt worden, und kein Mann, sie hätte sich aber nicht eindeutig erklärt. Es könnte überhaupt nichts passieren ohne das doppelt abgesicherte Einverständnis eines »Bist-du-auch-sicher-daß-du-es-wirklich-willst?«

Ein solches Frage-Antwort-Verfahren geht von der Annahme aus, Frauen wären sich immer über ihre sexuellen Bedürfnisse im klaren; wären nie hin- und hergerissen zwischen »Ja« und »Nein«; ihnen wäre immer klar, wie weit sie genau gehen möchten; ihre Wünsche wären immer eindeutig. Doch wie steht es dann hiermit: »Ich sollte das nicht tun, aber hör' jetzt nicht auf!« oder »Ich weiß, daß es schlecht ist, aber es tut so gut«? Was ist mit dem Wunsch, nicht immer verantwortlich sein zu müssen?

Und was ist beispielsweise mit meiner Freundin Trudy, die mir ziemlich beschämt die folgende Geschichte erzählte: »Ich lud ihn zu mir auf einen Kaffee ein. Ich habe mir selbst – und auch ihm – gesagt: Wirklich, nur auf einen Kaffee. Ich hatte ganz bestimmt nicht die Absicht, mit ihm ins Bett zu gehen. Doch bevor wir dann an jenem Abend ausgingen, habe ich etwas Eau de Cologne auf die Bettlaken getupft und eine Flasche Chardonnay in den Kühlschrank gelegt. Und ich habe – obwohl ich, wie schon gesagt, keinerlei Absicht hatte, mit ihm zu schlafen – mein Diaphragma eingeführt.« Hat Trudys Freund Annäherungsversuche gemacht? Ja. Hat Trudy diese Annäherungsversuche zurückgewiesen. Ja und nein. Hat sie am Ende mit ihm geschlafen? Ja. Wollte sie mit ihm schlafen oder nicht? Sie wollte.

Ich bin der Auffassung, daß Trudys Erlebnis uns teilweise erklären kann, warum die Untersuchung *Sexwende* zu derart stark voneinander abweichenden Befragungsergebnissen führte. Gleichzeitig bin ich jedoch überzeugt, daß in jenen Antworten etwas komplexeres aufscheint als nur mißverstandene Zeichen. Denn auch wenn die dort befragten Männer weit mehrheitlich angaben, auf sie übe erzwungener Sex keinen Reiz aus, gibt es andere Untersuchungen, die uns etwas anderes zeigen. Wie beispielsweise die Antworten aus einer Befragung von 114 männlichen, jüngeren Studenten: »Ich mag es, eine Frau zu beherrschen.« (91,3 Prozent) »Ich liebe es, beim Sex zu erobern.« (86,1 Prozent) »Manche Frauen scheinen doch geradezu vergewaltigt werden zu wollen.« (83,5 Prozent) »Mich erregt es, wenn eine Frau sich beim Sex sträubt.« (63,5 Prozent) »Es wäre erregend, körperlichen Zwang auszuüben, um eine Frau zu unterwerfen.« (61,7 Prozent)

Nach einer anderen Untersuchung, die vom Columbia Psychoanalytic Center for Training and Research über sexuelle Phantasien und sexuelles Verhalten durchgeführt wurde, lag der Anteil der Männer, die über erzwungenen Sex mit ihren Partnerinnen phantasierten, bei 44 Prozent. Demgegenüber gaben nur 10 Prozent der befragten Frauen an, Phantasien über derartigen Sex zu haben. Diese Ergebnisse legen nahe, daß sich Männer und Frauen mit sehr unterschiedlichen Aggressionspotentialen in sexuelle Situationen begeben. Müssen wir daraus schließen, daß Männer – also die netten Männer, die diese Zeilen lesen, die Ehemänner und Väter, die Brüder, Söhne und Freunde – von Natur aus Sexmonster sind?

Die Psychoanalytikerin Ethel S. Person verneint das und lehnt »die weitverbreitete Ansicht ab, männliche Sexualität sei »von Natur aus aggressiv«. Ihrer Ansicht nach ist männliche Aggressivität sekundär, nicht primär und diene der Abwehr sexueller Ängste. Diese Ängste, die in spezifischen Erfahrungen der männlichen Entwicklung angelegt seien, fixierten die Mehrheit der Männer auf bestimmte Fragen sexueller Macht und Herrschaft.

Mit anderen Worten, Männer sind nicht von Grund auf Sexmonster, sondern sie sind ängstlich. Einige dieser Ängste nähren sich von dem Verdacht – nein, von der Gewißheit –, dort draußen in der Welt gäbe es Kerle mit überlegenen sexuellen Fertigkeiten und überragender erotischer Anziehung. Und sie haben – vielmehr hatten – ja recht damit. Denn jeder dieser Männer war einmal ein kleiner Junge, der sein Schwänzchen mit dem nachgerade furchteinflößend großen Penis seines Vaters verglichen hat – ein demütigender Vergleich, weil der Kleine eben gerade nicht über den Trumpf verfügt, mit dem er seinen Vater ausstechen könnte. Laut Person scheinen viele Männer »diese geradezu als niederschmetternd erfahrene genitale Unzulänglichkeit« nie mehr verkraften zu können, diesen Schlag gegen ihre Selbstachtung, ihre Selbstliebe, ihren Narzißmus, der sie zu einem lebenslangen Fall von Penisneid machen kann. »Mein Penis ist so groß wie der von Papa, nein, größer«, verkündet der dreijährige Tim seiner Mutter. Der Gedanke scheint mir sehr sinnvoll, wenn wir uns denn einmal mit ihm beschäftigen, daß Jungen – und Männer – unter Penisneid leiden können.

Ein Artikel auf der Titelseite des *Wall Street Journal* hatte die männliche Obsession der Penisgrößen zum Thema und berichtete über die kosmetische Neuheit der Penisvergrößerung, die sogenannte Phalloplastik. Ungeachtet alarmierender Berichte über Infektionen, Vernarbungen, Verklumpungen, Impotenz, ja sogar Todesfälle, wird mit diesen chirurgischen Eingriffen – die den Penis angeblich länger und dicker machen – viel Geld verdient. Wie erklärte doch Frank Whitehead, ein zufriedener Kunde: »Ich habe mich früher nie behaglich und selbstbewußt gefühlt. (…) Wenn ich jetzt in eine Konferenz gehe, denke ich: ›Wenn ihr auch nur die Hälfte von dem in der Hose hättet, was ich habe.‹« (Dieser Gedankengang scheint mir wesentlich gruseliger als alles, was Frauen zur Brustvergrößerung unternehmen. Aber es stimmt traurig, daß beide Geschlechter von dem Fehlglauben geleitet werden, größer sei besser.)

Zu dieser Fixierung auf Größe kommt hinzu, daß zur Entwicklung eines Mannes jene peinlichen Erregungszustände des Heranwachsens wie Erektionen und Samenergüsse gehören, die ihm das Eigenleben seines Penis nur allzu deutlich machen. Laut Person besteht die Tragödie des jungen Mannes darin, sozusagen »ein Gewehr und Munition zu haben, ohne damit umgehen zu können«, ein Umstand eben, der der Beherrschung des Penis eine hohe Priorität verleiht. Diese unzulängliche Peniskontrolle in der Pubertät in Verbindung mit den üblichen Angebereien über sexuelle Lusterfahrungen kann nicht nur Ängste und Scham nach sich ziehen. Sie kann auch dazu führen, daß ein erwachsener Mann sich

ständig mit anderen Nöten und Herrschaftsdefiziten herum-
schlägt wie beispielsweise frühzeitiger Ejakulation oder Impotenz.

In der Sexualgeschichte mancher Männer haben Erfahrungen
mit einer überwältigend starken Mutter extreme, unbewußte
Ängste des »Verschlungenwerdens« zur Folge. Sie können dazu
führen, daß diese Männer später in sämtlichen Sexualpartnerin-
nen gefährliche »Mütter« sehen, die sie bei lebendigem Leib auf-
fressen wollen. Solche Ängste lassen sich manchmal dadurch
besänftigen, daß die Männer im Bett »versagen«: Wenn ich nicht
in sie eindringe oder schnell komme, so die unbewußte Logik,
kann sie mich auch nicht verschlingen. Doch der Preis dieser
Sicherheit ist die Frustration wiederholter Erektionsprobleme
oder frühzeitiger Ejakulation. Aber selbst ohne übermächtige
Mutter sorgen sich viele Männer um sexuelle Schwächen. Selbst
ein ausgewiesener Hengst von einem Mann kann von Bedrük-
kungen heimgesucht werden wie: Ist mein Penis zu klein? Krieg
ich ihn hoch und bleibt er steif? Kann ich sie befriedigen? Wird
sie mich zurückstoßen?

»Nach meinen Erfahrungen«, erklärt die Psychotherapeutin
Karen Horney, »ist die Angst, zurückgestoßen und lächerlich
gemacht zu werden, ein typischer Bestandteil der Analyse jedes
Mannes.« Und ein anderer Psychotherapeut, der nicht namentlich
genannt werden wollte, sagt folgendes: »Ich habe die Erfahrung
gemacht, daß ein Mann meint, sein Penis sei zu klein, wenn er sich
nicht verehrt fühlt.« Da sexuelle Phantasien oft das Spiegelbild
sexueller Ängste darstellen, weist uns Person darauf hin, daß zu
den meist verbreiteten männlichen Sexualphantasien – öfter noch
als diejenigen von Dominanz – die von der aktiven, ständig feuch-
ten »Ich-brauch's-jetzt-unbedingt«-Frau gehöre, einer Frau, die
wild auf Sex und ständig so geil und willig ist, daß sie einen Mann
nie ablehnen oder ihn unbefriedigend finden würde.

Eine Variante dieses Komplexes ist die weitverbreitete Phantasie
von lesbischem Sex, also zwei Frauen im Bett mit dem phantasie-
renden Mann, der entweder bloß zuschaut oder aktiv teilnimmt.
Diese Phantasie gewährt angstvollen Männern ein »Übermaß an
Frauen«, Frauen, deren einzige Lebensfunktion sexueller Natur
ist, deren sexueller Appetit und Verfügbarkeit als Versprechen
winkt, nie zurückgestoßen oder gedemütigt zu werden. Diese
Phantasien nennt Person »kompensatorische Mechanismen«,
die die tiefen Ängste von Männern überdecken, nämlich machtlos, unterlegen oder in der Position des Schwächeren zu sein.

Während sich nun die Ängste vor weiblicher Zurückweisung im Verlauf einer normalen Entwicklung weitgehend legen, bleiben Befürchtungen bezüglich der Beherrschung der Partnerin und des eigenen Penis immer eine der wichtigsten Bruchstellen. Dieser Mangel, diese Verwundbarkeit können in vielen Fällen nur mittels solcher Phantasien verarbeitet werden.

Doch zuweilen suchen Männer auch nach handfesteren »Kompensationen«. Dann drücken sich die Ängste um die eigene Machtstellung und das Bedürfnis, diese abzusichern, durch den Penis selbst aus, nämlich direkt durch phallische Macht. Betrachten wir zum Beispiel Aaron, einen unglaublichen Charmeur und Liebhaber. Er ist ein gutaussehender, unternehmungslustiger Neurochirurg in den 40ern, jemand, der so phantastisch im Bett ist, daß sich seine Partnerin als etwas ganz besonderes fühlen kann. Das Problem ist nur, daß es zwei Frauen in Aarons Leben gibt. Obwohl sie beide voneinander wissen, ja, sich sogar schon getroffen haben, hat er irgendwie beide für sich einzunehmen vermocht, so daß beide in ihrer jeweils »ganz besonderen« Beziehung zu ihm bleiben. Er könnte sie sogar eines Tages – bei anhaltend starker verführerischer Kraft und Überredungskunst – dazu bringen, Sex zu Dritt zu haben.

Für solche Machos liegt der Schlüssel zur phallischen Macht in ihrer Leistungsfähigkeit im Bett, einer Leistungsfähigkeit, die auf dem Stereotyp »eines großen, starken, ermüdungsfreien Phallus' beruht, zu dem ein sehr cooler Mann gehört. Er ist ausdauernd und kontrolliert, erfahren, kompetent und kennt sich so gut aus, daß er Frauen einfach verrückt macht.« Ein derartig heißer Typ – so jedenfalls geht diese Mär – kann selbst eine schüchterne oder auch eine stolze und selbstbewußte Frau zur willenlosen Sexsklavin machen, die ihm beglückt zuraunt: »Ich spür' dich unter der Haut!«; oder »Ich würde alles geben, komme, was da wolle, nur um dich bei mir zu haben!«; zuletzt noch, schon wesentlich bedenklicher:

> Verhöhne und verletze mich,
> Täusche mich und laß' mich im Stich,
> Ich gehöre dir bis in den Tod …

Solche Gefühle können phallische Macht wirklich gefährlich machen. Denn wenn sexuelle Leistungsfähigkeit Männern eine Machtstellung verschafft, indem sie Lust verschafft, dann kann diese Macht – so zumindest läuft diese Geschichte – auch korrumpieren und zum Mißbrauch verleiten. Nach Auffassung des Psychoanalytikers Rollo May scheinen in der Tat alle Don Juans potentielle Täter zu sein. Danach ist das Macho-Stereotyp derart »stark von sexueller Bestätigung und Aktivität durchtränkt«, daß sich das »Image des unermüdlichen Verführers nur äußerlich und graduell vom Vergewaltiger unterscheidet«. Die Autorin hat selbst einige dieser unermüdlichen Verführer gekannt – allerdings keine im biblischen Sinne. Daher bin ich der Überzeugung, daß das Interesse solcher Verführungskünstler – wie das von Vergewaltigern – Macht ist und nicht Sex. Ich glaube nicht, daß sich diese beiden Männergruppen nur äußerlich und graduell voneinander unterschieden. Denn das würde bedeuten, daß Frauen Wachs in den Händen solch bedrängender Männer wären. Es würde unterstellen, daß, selbst wenn sich die sexuelle Kraft nur verbal und nicht physisch äußert, Frauen kaum je eine Situation wirklich im Griff hätten.

Einer der heiß diskutierten Streitpunkte in bestimmten Kreisen ist die Definition von »echter« Vergewaltigung. Es geht um die Frage, wann genau eine Frau für ihre sexuellen Handlungen voll verantwortlich ist beziehungsweise wann sie als Opfer anzusehen ist. Bei dem bewaffneten Angriff eines Mannes auf eine Frau oder der Androhung von körperlicher Gewalt, um damit sexuelle Absichten durchzusetzen, scheint es sich eindeutig um eine Vergewaltigung zu handeln. Aber liegt eine Vergewaltigung – eine sogenannte »Gelegenheitsvergewaltigung« – vor, falls eine Frau einem Mann ihren Körper hingibt, weil der Mann sie mit Alkohol oder Drogen gefügig gemacht hat, weil er sie psychologisch unter Druck gesetzt hat, weil er ihr niedriges Selbstwertgefühl ausnützt, indem er droht: »Ich werde dich verlassen, wenn du nicht willst«? Ist sie bereits Opfer einer »Gelegenheitsvergewaltigung«, falls sie sich nur noch verschwommen an den Abend erinnern kann oder falls er beim Orgasmus den Namen einer anderen Frau stöhnt oder falls sie am nächsten Tag, in der folgenden Woche oder gar im darauffolgenden Jahr heiß und innig wünschen sollte, »es« nicht getan zu haben?

Diejenigen, die sich – wie ich – gegen derart weitgefaßte Definitionen von Vergewaltigung sträuben, vertreten die Auffassung, daß solche schwammigen Definitionen Frauen marginalisieren und sie zu passiven, unschuldigen, hilflosen und schwachen Wesen machen, denen es an Charakter- und Willensstärke mangele, um den Nachstellungen ihrer männlichen Altersgenossen Paroli zu bieten. Diese Kritiker widersprechen auch der stillschweigenden Implikation weiblicher Geschlechtslosigkeit, so als könnten nicht auch Frauen sexhungrig wie Männer sein. Dieses Bild von Frauen als hilflosen, letztlich geschlechtslosen Wesen, die dringend des Schutzes bedürfen vor den schmutzigen Zudringlichkeiten von Männern – Fremden wie Freunden –, stellt, so betonen die Kritiker mit mir, eine Absage an die Frauen dar, an ihr Sein wie an ihre Errungenschaften. Gleichzeitig bedeutet es, nicht anzuerkennen, daß auch Frauen sexuell selbstbestimmt sind.

Alle diejenigen hingegen, die tatsächlich der pauschalen Meinung sind, wir alle lebten in einer »Kultur der Vergewaltigung«, bestehen darauf, daß grundsätzlich alle Frauen – wie selbstbewußt und eigeninitiativ sie auch immer sein mögen – unter Ängsten vor sexuellen Übergriffen litten. Diese Ängste würden ihr Leben einschränken, die Frauen einer inneren Zensur unterwerfen hinsichtlich Kleiderwahl, Rede- und Körperverhalten und ihnen das Gefühl vermitteln, Eigenständigkeit sei zuallererst einmal riskant. Anhänger dieser Thesen behaupten zudem, eine sogenannte »Gelegenheitsvergewaltigung« könnte – neben den unstrittigeren Definitionen von Vergewaltigung – zu Recht definiert werden als »geflissentliches Übersehen, als Erzwingen, Aufdrängen und Ignorieren von Versuchen, die Zudringlichkeiten von jemand zu stoppen«; oder auch eine Frau »so betrunken zu machen, daß sie bereits die Fähigkeit verloren hat (...), um überhaupt in etwas einzuwilligen«.

Doch was verstehen diese Leute darunter, wenn sie von »Betrunkenmachen« sprechen? Wieso eigentlich soll sich eine Frau nicht selbst betrinken können? David Danon zum Beispiel, im zweiten Studienjahr an der Brown University in Providence, meint: »Die Frauen haben hier ein Machtmonopol bezüglich ihres Sexualverhaltens. (...) Es ist sehr gefährlich für uns.« Andere jedoch zitieren die US-Vergewaltigungsstatistiken – 1995 insgesamt 97 464 Vergewaltigungen von Frauen – und finden, daß es für Frauen sehr gefährlich sei. Die Tatsache, »daß einige Männer vergewaltigen«, so die Journalistin Susan Brownmiller in ihrer bahnbrechenden Studie zum Thema, »reicht als Bedrohung aus, um die Frauen im Zustand fortwährender Einschüchterung zu halten ...«. Auch wenn einige Frauen fälschlicherweise und mit verheerenden Folgen »Vergewaltigung!« geschrien haben – bekanntlich brachten die Lügen von Potifars Frau Josef ins Gefängnis und die Lügen einiger Südstaaten-Frauen führten zu Lynchmorden an Schwarzen –, verachtet Brownmiller doch »die tödlichen männlichen Vergewaltigungsmythen«: Klagen über Vergewaltigung sind nur die Folge von Hysterie und Rachegelüsten. Eine Frau kann gar nicht gegen ihren Willen vergewaltigt werden; woraus folgt: »Du weißt doch, was eine Vergewaltigung für gewöhnlich ist? Eine Frau, die sich's anschließend anders überlegt hat.« Jede Frau – wie Dominique in *Der ewige Quell* – sehnt sich in Wirklichkeit danach, vergewaltigt zu werden und erfährt dabei einen »Akt des Meisters, der verächtlich Besitz von ihr ergriff, und das hatte sie gewollt.« Und später sagt die Protagonistin:

> Ich bin vergewaltigt worden (…) von einem rothaarigen Kerl (…) Durch das starke Gefühl der Demütigung empfand sie bei diesen Worten die gleiche Befriedigung wie schon in seinen Armen.

Dazu Michael Kimmel, Professor für Soziologie: »Die Eskalation eines intimen Beisammenseins über das hinaus, was eine Frau zugesteht, ist letztlich eine Gelegenheitsvergewaltigung.« Aber hätte Sigmund Freud Dominique getroffen, wäre er womöglich zu dem Schluß gekommen, Frauen wollten tatsächlich vergewaltigt werden.

Doch die meisten Frauen – Dominique hin oder her – wollen keinen erzwungenen Sex. Sie sind entgegen der Opfer-Dichtung von Sylvia Plath nicht der Auffassung: «Jede Frau betet einen Faschisten an, / Den Stiefel im Gesicht…« Die meisten Frauen haben ungeachtet der äußerst schwülstigen Tagebücher von Anaïs Nin kein »geheimes erotisches Bedürfnis« nach Vergewaltigung. Und auch trotz der psychoanalytischen Theorien von Sigmund Freud, Helene Deutsch und Marie Bonaparte ist Frauen kein »primärer, erogener Masochismus« (Freud) eigen; auch kein »tiefes weibliches Bedürfnis danach, überwältigt zu werden« (Deutsch) oder eine vaginale Sensitivität, die Bonaparte zufolge auf »enorm masochistischen Phantasien von Geschlagenwerden« beruhe.
Nach Ansicht dieser frühen Theoretiker führte die verinner-

lichte Aggression bei einem Mädchen zu gesteigertem Masochismus, noch intensiviert durch den Penisneid (sie hat keinen abbekommen) sowie ihre ödipale Niederlage (sie konnte Papa nicht kriegen) plus der »Antizipation von und die Erfahrung mit Menstruation, Defloration, Penetration und Gebären« – was alles auch noch furchtbar weh tun soll. Also werden Mädchen – enttäuscht, beschädigt, betrogen, unterlegen und als Objekte körperlicher Schmerzen – zu resignierten Masochistinnen, ein Zustand, der Deutsch zufolge das »anatomische Schicksal einer Frau« sei – also normal, erwünscht, realistisch und notwendig.

Heutzutage sehen Psychoanalytiker diese erstaunlichen Theorien weiblicher Entwicklung als unbegründet und veraltet an. Sie weisen die Vorstellung eines angeblich »normalen« weiblichen Masochismus zurück und sehen keinen Beweis dafür, daß Frauen eine besondere Lust am Schmerz empfänden. In der Tat ist bereits darauf hingewiesen worden, daß die masochistische Frau Weiblichkeit karikiere. Anders ausgedrückt, die Antwort auf Dr. Freuds verblüffende Frage »Was will das Weib?« lautet nicht: Unterwerfung, Demütigung und Leiden. Und ihre Bereitschaft zu sexueller Hingabe bedeutet auch kein masochistisches Aufgeben ihrer sexuellen Selbstbestimmung.

Eine ebenfalls veraltete Behauptung lautet, Frauen hätten einen schwächeren sexuellen Trieb, weshalb Männer drängen und Frauen widerstreben würden. Aber die Tatsache, daß eine Frau den Wunsch eines Mannes ablehnt, heißt noch lange nicht, daß es ihr an vergleichbarer sexueller Lust fehlt. Vielleicht bedeutet es schlicht, daß sie im Augenblick einfach andere Prioritäten setzt. Kimmel macht darauf aufmerksam, daß, während Frauen von heute sexuelle Lust erleben wollten und diese ihnen ihrer Überzeugung nach auch zustehe, sie durch die Entschlossenheit des Mannes, »in sie einzudringen« und damit Punkte zu machen, nach wie vor in die ungewollte Rolle einer »asexuellen Torwächterin« gedrängt wurden. Frauen seien nämlich diejenigen, die darüber entscheiden, »wer in den begehrten irdischen Lustgarten eintreten darf und wer draußen bleiben muß«.

Eine Frau muß somit ihre Wahl treffen angesichts des von Kimmel bildhaft benannten »ständigen Summens und Brummens männlicher Lust«. Und eine Frau – wie sexuell stark sie auch sei –, die mehr sucht als nur ungebundene Lusterfüllung, wird stets ihre Prioritäten setzen, indem sie ihr Privileg »Nein«

zu sagen auch nutzt: Nein, ich kenne dich nicht gut genug. Nein, wir bedeuten uns einfach nicht genug. Nein, mir ist nicht nach einem One-night-stand. Nein, nicht bevor du sagst, daß du mich liebst. Nein, nicht, wenn ich dafür nicht etwas mehr bekomme – will sagen, etwas mehr als Sex. Natürlich können Frauen ebenso sexuelle Wesen wie Männer sein. Und es gibt durchaus Beweise, daß sie es sogar in stärkerem Maße sein können als Männer. Doch ungeachtet ihres sexuellen Appetits und ihrer Fähigkeit zu langandauernden und multiplen Orgasmen scheinen Frauen weniger von ihrer Sinneslust getrieben und bestimmt zu sein.

Für viele Frauen ist sexuelle Lust nämlich trotz ihrer starken Libido nicht das einzige, auf das sie im Bett aus sind. Für viele Frauen ist sexuelle Lust nicht der entscheidende Punkt, selbst wenn sie gern Sex haben. Es gibt zahlreiche Frauen – ich spreche hier nicht von denen, die das beruflich machen –, die die Lust eines Mannes gebrauchen, um ihren Körper zu einem Verhandlungsgegenstand zu machen, Frauen, die sich – gemeinsam mit den Männern – auf einen sexuellen »Gütertausch« einlassen.

> Der tätowierte Analphabet Baines ist hinter der stummen, prüden Ada her. Er hat ihr Klavier. Sie will es zurück. »Weißt du, wie (…) man einen Handel schließt?«, fragt er sie und erklärt dann: »Es gibt Dinge, die ich (…) gern tun würde, während du spielst.« Und wenn sie ihn diese Dinge tun läßt, kann sie sich das Klavier bei ihm verdienen, Taste für Taste.

> »Deinen Rock«, beginnt er. Und am folgenden Tag fordert er: »Knöpf dein Kleid auf. Ich möchte deine Arme sehen.« Später bietet er ihr vier Tasten an – Ada besteht in ihrer Zeichensprache vehement auf fünf! –, falls sie sich nur reglos neben ihn ins Bett lege. Und danach willigt sie in seinen Wunsch »Ich möchte nur neben dir liegen …« ein – im Tausch gegen zehn wertvolle Tasten.

Diesen Tauschhandel erleben wir in dem unvergeßlichen Film *Das Piano* von Jane Campion, der zu einer Zeit spielt, als einer Frau wie Ada kein anderes Zahlungsmittel zur Verfügung stand, als Männer die Welt beherrschten und Frauen die Männer, indem sie über den Penis herrschten. Doch der Austausch von

Sex gegen materielle Güter beschränkt sich gewiß nicht auf diese längst vergangenen, präfeministischen Zeiten weiblicher Leibeigenschaft. Auch heute gibt es viele Frauen, die – andernfalls unerreichbare – Vergünstigungen erlangen, indem sie Sex gegen das tauschen, was sie von ihren Männern haben wollen. Der folgende Brief von einer Frau, die mit »Bin dagewesen und wieder zurück« signiert, beschreibt ziemlich unverblümt, wie der sexuelle Tauschhandel für sie funktioniert:

> Selbst die dümmste Ehefrau weiß doch, daß die einzige Möglichkeit, etwas mehr aus einem Ehemann herauszuholen, darin besteht, ihn festzunageln, wenn er romantisch gestimmt ist. Jede Frau, die ihrem Alten einen neuen Staubsauger oder einen neuen Teppich mit dem Argument aus den Rippen leiern wollte, sie brauche einen, ist doch nicht ganz bei Trost!

Unterscheidet sich diese Ehefrau eigentlich sehr von der Lorelei Lee in der Filmkomödie *Blondinen bevorzugt*, die sich ein paar Jahrzehnte zuvor auf den gleichen Tauschhandel einließ – wenngleich es auch um höhere Einsätze ging?

> Also, ich glaube, daß ein Gentleman, der ein reges Interesse an der Bildung einer jungen Frau hat, (…) sehr gern den größten Diamanten in ganz New York an ihr sehen würde. Also, ich war wirklich ziemlich enttäuscht, als er hier im Apartment mit so einem kleinen Ding auftauchte. Das kann man ja kaum sehen. Deshalb hab' ich ihm gesagt, es sei zwar ganz nett, aber ich hätte solche Kopfschmerzen und ich sollte wohl besser den ganzen Tag über im abgedunkelten Zimmer bleiben. Ich hab' ihm gesagt, wir würden uns morgen sehen – vielleicht… Doch zum Dinner kam er dann mit einem wunderschönen Diamantarmband, das mich richtig aufheiterte.

Sex im Tausch gegen Staubsauger, Diamanten, Klaviere, die Miete oder auch eine Filmrolle – immer wird es Frauen geben, die die Lust eines Mannes in irgendeine Form von Gold umschmelzen. Mit unterschiedlicher Offenheit über die getroffenen Vereinbarungen und mit Partnern, die wissen – oder auch nicht –, daß sie eine

Vereinbarung eingehen, setzen verheiratete oder ledige Frauen, Kurtisanen oder auch Jungfrauen Sex als ihr Mittel ein, um von Männern Vergünstigungen zu bekommen. Freilich sind nicht alle diese Vergünstigungen allein materieller Natur. Es gibt Frauen, die Sex gegen Geborgenheit, gegen soziale oder körperliche Sicherheit einhandeln, denn: »Das ist eine sehr kalte Welt da draußen.« Andere Frauen tauschen Sex gegen Erfahrungen ein. Wieder andere bieten Sex gegen einen Ersatzvater oder eine Ersatzmutter: »Ehrlich«, erzählt Suzette, »er ist wie ein Vater zu mir.« Diese Frauen benützen die sexuelle Lust der Männer, um sich Klein-Mädchen-Wünsche zu erfüllen: »Kuschle mit mir!«, »Sei lieb zu mir!« Tatsächlich gibt es scharenweise Frauen, die das Gefühl haben, ihre einzige wirkliche Macht in dieser Welt, ihr einziger Machthebel sei eben die Lust der Männer auf Frauen.

Wenn Sex zum Tauschobjekt wird, geht dem Geschlechtsverkehr üblicherweise Berechnung voraus. Dann sind manchmal auch Fehlkalkulationen unvermeidlich, ganz besonders bei Frauen, die sich auf den riskantesten Tauschhandel überhaupt einlassen – den Handel von Sex gegen Liebe.

Die 17jährige Tracy ging mit ihrem Freund Mark nicht aus sexueller Begierde ins Bett, sondern aus Liebe. Sie hoffte, ihre jungfräuliche Hingabe »würde alles besser machen (…), würde die Beziehung stärken«. Doch ihre Strategie scheiterte. Schon bald darauf wurde Mark unruhig, traf sich seltener mit ihr und war über kurz oder lang zu seiner früheren Freundin zurückgekehrt. Denn die war, wie Tracy voller Bitterkeit erzählt, »für ihn jederzeit verfügbar, (…) hat wirklich seinen Arsch geleckt und oralen Sex und sowas mit ihm gehabt«. Tracys Erwartungen, schreibt die Wissenschaftlerin Sharon Thompson, Sex könne »zu Fürsorglichkeit und Liebe führen; könne alles heilen – statt das Ende von allem zu sein; könne eine schwankende Beziehung retten« und als eine Art »Lasso (dienen), mit dem sie ihn schon noch würde einfangen können, wenn sie es erst mal um seinen Hals geworfen hätte«, diese Erwartungen wurden schlicht durch ein drastisch verändertes Verhältnis von Angebot und Nachfrage zunichte gemacht.

Denn von den jungen Frauen in den USA, die zwischen 1967 und 1969 18 Jahre alt wurden, waren fast 75 Prozent immer noch Jungfrauen. Sie hatten mit Erfolg ihre Position verteidigt gegen Parolen wie:

»Jungen zeigen's den Mädchen (…), um ihren Widerstand zu brechen.«

»Wovor hast du bloß Angst? Du bist doch kein kleines Mädchen mehr. Das gehört einfach zum Großwerden.«

»Wenn du mich wirklich lieben würdest, würdest du doch …«

»Es tut einem Mann schon weh, wenn er sich in einem solchen Zustand befindet und keine Entspannung bekommt.«

»Das tut deinem Teint gut.«

»Ich hab' niemanden so sehr gewollt wie dich.«

»Es wäre doch schlimm, wenn du bei einem Autounfall sterben würdest, ohne den größten Kick überhaupt erlebt zu haben.«

»Sex ist ein großer Spannungsbrecher. Er wird dich enspannen.«

»Du hast den Körper einer Frau. Mutter Natur will einfach, daß du Sex hast.«

Die Autorin selbst gräbt in ihrer längst vergangenen Mädchenzeit nach und möchte die folgende Bemerkung eines jungen Mannes beisteuern, der wohl zu viele Kriegsfilme gesehen hatte: »Ich werde es nie verraten, und wenn sie mich foltern.« Und noch ein Satz von einem Knaben, der weniger für seinen Charme, als für seine Leistungsfähigkeit bekannt war: »Ach, jetzt zier' dich nicht. Laß' es mich machen. Es wird nicht lang dauern.«

Trotz dieser unwiderstehlichen Worte und trotz aller schäumenden Hormone sagten die meisten Mädchen in den sechziger Jahren noch »Nein« zum Geschlechtsverkehr. Dann brach die sexuelle Revolution aus, die bis heute anhält.

Zwischen 1979 und 1981, so Thompson, die 400 junge Amerikanerinnen über ihr Sexualleben befragt hat, waren bereits über die Hälfte derjenigen, die in diesem Zeitraum 18 geworden waren, bis zum Geschlechtsverkehr gegangen. Darüber hinaus war Sex für junge Frauen wie Männer in dieser neuen Weltordnung zu etwas Erfreulichem und Normalem geworden. Mit anderen Worten, Sex war zu etwas geworden, das eine junge Frau für sich tat und nicht für ihren Typen. Dadurch, daß sie sich zum Geschlechtsverkehr bereiterklärte, der nicht länger als Opfergang begriffen wurde oder auch als Geschenk, für das ein junger Mann »zu zahlen« hatte, verlor ihr »Ja« – das für viele Frauen nach wie vor eine komplizierte Entscheidung war – als Verhandlungsgrundlage erheblich an Gewicht. »Verstehen Sie, die können einfach nicht mehr richtig begreifen, warum ein Mädchen ›nein‹ sagt, denn so viele Mädchen sagen ›ja‹«, klagt Tracy.

Natürlich stimmt es, daß eine Frau, die Sex hatte, in diesen jungfräulicheren Zeiten riskierte, den geliebten Mann zu verlieren, weil er sie vielleicht nicht mehr respektierte, nachdem er sie »gehabt« hatte. Und das obwohl sie glaubte, daß Sex in die Ehe und nicht zu der Schlußfolgerung führe: »Warum soll ich die Kuh kaufen, wenn es die Milch umsonst gibt?« Auch heute noch befürchten manche Mädchen, als Schlampen angesehen zu werden. Und doch ist es bei soviel »Freiwild auf dem Markt« für Mädchen schwieriger geworden – ungleich mehr noch für ältere Frauen –, ihr sexuelles Selbst als wertvolles Gut zu vermarkten. Diejenigen, die wie die arme Tracy hoffen, Sex gegen Liebe tauschen zu können, werden noch stärker Gefahr laufen, als Liebesopfer zu enden.

Ich will damit keinesfalls sagen, daß die Sehnsucht nach einer innigen Verbindung von Sex und Liebe immer eine Domäne der Frauen und somit deren alleiniges Risiko ist, daß nur sie potentiell aus Liebe den Verstand verlieren können, während junge Männer dort eine Art Bewertungssystem haben, wo eigentlich ihr Herz schlagen sollte. Romantische Leidenschaft, bei der sich tiefes Liebesempfinden mit heißer Lust verbindet, kann Romeos genauso wie Julias in ihren Bann ziehen. Auch Männer setzen sich dann einem Risiko aus und läßt sie Bekanntschaft machen – Willkommen im Club! – mit Besitzergreifung, Eifersucht, Sehnsucht, Verlustängsten und Verzweiflung. Hören wir dazu David:

Ich habe versucht, meine Gedanken auf die eigene Hilflosigkeit zu lenken, auf meine Unfähigkeit, wieder zu leben und einen Neubeginn zu wagen. Doch in Wahrheit hatte ich keinen Willen und gar nicht die Absicht, ein neues Leben zu beginnen. Ich wollte nur das, was ich bereits gehabt hatte, jenen Überschwang, jene Liebe. Nur dort fühlte ich mich zu Hause, überall sonst war ich doch nur ein Besucher. (...) Es wäre besser, zumindest leichter gewesen, wären Jade und ich älter gewesen, als wir uns kennenlernten und für uns entdeckten, wieviel uns unser Zusammensein bedeutete. (...) Es fiel mir so schwer und hat mir dermaßen Angst gemacht, anzuerkennen, daß das wichtigste Ereignis meines Lebens – das mein Leben war – eintrat, als ich nicht mal 17 war.

Wenn aus Mädchen Frauen werden und aus Jungen Männer, lernen wir alle, daß Sex eine Macht darstellt, die wir beherrschen können oder die uns beherrschen kann. Es handelt sich um eine Macht, die aus Schönheit oder Jugend erwächst, aus straffem Gewebe oder taufrischer Haut. Sie entsteigt den aphrodisierenden Wirkungen von Reichtum oder Sozialstatus, von Berühmtheit, Lebensstandard oder auch von Einfluß. Sie entsteigt den geheimnisvollen Verführungskünsten, mit denen Mätressen Könige im Bett beherrschten, der erregenden Magie eines Lächelns oder der Art, wie ein Mann seinen Hut trägt oder auch nur falsch singt. Es ist eine Macht, der wir verfallen können, die uns in gedankenleeren Gefühlsregungen und in lustvoller Ekstase schwelgen läßt. Diese Macht können wir der Psychologin Althea Horner zufolge allerdings auch zu einer Waffe machen, »einer Waffe, die das Selbst einsetzt, um andere zu beherrschen«.

So können Männer Frauen sexuell beherrschen, weil beim »Nein« der einen die andere »Ja« sagen kann. Umgekehrt können Frauen Männer beherrschen, denn sie entscheiden, ob »Ja« oder »Nein«. Männer sind wiederum fähig, Frauen sexuell zu dominieren, weil sie physiologisch in der Lage sind, zu vergewaltigen; während Frauen ihrerseits Männer sexuell im Griff haben, indem sie jede Handlung als »Vergewaltigung« bezeichnen können. Männer sitzen sexuell am längeren Hebel, weil sie von Frauen für gewährte Annehmlichkeiten Sex bekommen, und Frauen haben sexuell das Sagen, indem sie diese Vergünstigungen im Austausch gegen Sex erhalten. Sieht man sich diese Liste an, so kann man durchaus zu dem Schluß kommen, Männer wie Frauen verfügten nur über jeweils begrenzte Macht.

Doch da gibt es einige Ungerechtigkeiten, die den Männern sehr wohl einen sexuellen Machtvorsprung sichern. So weist die bereits erwähnte Untersuchung *Sexwende* darauf hin, daß es für alternde, alleinstehende Frauen zunehmend schwierig wird, einen Partner zu finden. Es gibt dann schlicht und einfach weniger Männer, und diese Männer wiederum suchen sich oftmals jüngere Frauen. Dazu eine Statistik: Auf 100 alleinstehende Frauen weißer Hautfarbe, 35 bis 39 Jahre alt und mit College-Abschluß, kommen ganze 39 Männer im gleichen oder auch höheren Alter, die ebenfalls alleinstehend und weiß sind und ein College absolviert haben. Unter Anwendung der gleichen Kriterien kommen Demographen zu dem Ergebnis, daß auf 100 dieser Männer schon 200 Frauen kommen.

Was die Neigung älterer Männer anbetrifft, sich jüngere Frauen zu suchen, so hören wir uns doch einmal die folgende Erklärung eines 68jährigen Taxifahrers »mit schütterem Haar, dickem Bauch und schlechten Zähnen« an:

> Sie halten das wahrscheinlich für unfair. Tja, das ist es auch. Dennoch mag ich nicht mit Frauen meines Alters ausgehen. Ich sage Ihnen auch warum: Ihr Körper ist genauso wabbelig wie meiner. Aber ich muß mich nicht mit wabbeligem Fleisch begnügen. Neben meinem Job als Taxifahrer kriege ich noch eine gute Rente, ich war nämlich fünfundzwanzig Jahre bei der Feuerwehr. Da kann ich jüngeren Frauen schon etwas bieten. Die gehen natürlich nicht mit mir aus, weil ich so ein Charmebolzen wäre. Eine Frau in meinem Alter hat es da schwerer. Sie sieht genauso alt aus wie ich, und dabei hat sie meistens kein Geld und keinen Job. Ich meine, man muß etwas anderes zu bieten haben, wenn die Knochen langsam einrosten.

Auch wenn es unfair ist, ältere Frauen haben es schwerer auf dem sexuellen Markt. Das gilt selbst für einige der interessantesten Frauen, die ich kenne, geschiedene und verwitwete Frauen mit Herzenswärme, Charme, Witz, Intelligenz, innerer Ausgeglichenheit und einem reifen Sinn fürs Leben. Es sind attraktive Frauen in den 50ern, 60ern, ja selbst in ihren 80ern, die munter und leidenschaftlich sind und sehr schöne Zähne haben. Nicht alle diese Frauen, aber die meisten wünschen sich einen Mann. Doch nur wenige Männer, wenn überhaupt, klopfen an ihre Tür. Keine Frau, die ich kenne, würde sich mit dem ungehobelten Taxifahrer von eben zufriedengeben. Doch die meisten, sehnsüchtig nach Liebe und im vollen Bewußtsein der harschen Wirklichkeit, wären sehr wohl bereit, sich zu arrangieren. Sie sind bereit und willens, aber niemand fragt sie danach. Es ist nun einmal eine Tatsache, daß das Alter Ungerechtigkeiten mit sich bringt und Männern einen Machtvorsprung in Sachen Sexualität einräumt. Und wir haben ja bereits gesehen, daß in jeder Altersstufe mehr Frauen als Männer nach Liebe suchen, mehr suchen als Sex nur so zum Vergnügen oder auch pure Lust. Sie suchen

Sex, der in eine Beziehung eingebettet ist. Schauen wir uns doch einige Anzeigen aus der Rubrik »Ganz persönlich« an:

> Kreativ, intelligent, amüsant – und anziehend … Frau über 40, Nichtraucherin, sucht witzigen, wohlsituierten, liebevollen und zuvorkommenden Mann …, der zu einer dauerhaften Zukunft zu zweit bereit ist.
>
> Attraktive, liebevolle und athletische Frau … sucht feste Beziehung.
>
> Lady – 56, sehr anziehend, bezaubernd, mit Klasse … sucht attraktiven, erfolgreichen, romantischen Mann für dauerhafte Beziehung.
>
> Hinreißende, romantische Rothaarige mit Größe 34 sucht Lebensgefährten, Geliebten und mehr.

Ich weiß nicht, wie viele Antworten jeweils auf jede dieser Kontaktanzeigen eingingen. Aber ich weiß genau, wie viele meine Freundin Meg erhielt. Ihr Text: »Schöne, intelligente, berufstätige Frau sucht kurzfristig Liebhaber, um ein gebrochenes Herz zu kitten« enthielt eine unwiderstehliche Formulierung – »kurzfristig«. Und genau diese Formulierung war Megs fester Überzeugung nach ausschlaggebend für die wahre Flut an Antworten, insgesamt 75, alle von offensichtlich bindungsschwachen Männern aus ganz Manhattan. Deshalb folgern die Autoren der Studie *Sexwende*: »Wenn Frauen verbittert feststellen, die Männer, die ihnen begegneten, seien nicht an einer festen Bindung interessiert, so liegt darin ein Stück Wahrheit. (…) Wenn Männer behaupten, daß ihre Freundinnen immer eine feste Beziehung anstreben (…), so gibt es auch dafür gute Gründe.« Es scheint wirklich diese große Kluft zu geben zwischen dem, was Frauen und was Männer wollen. Und dennoch …

Ungeachtet männlicher Widerstände gegen das Bedürfnis vieler Frauen nach echter Bindung, gegen ihren Wunsch nach etwas Liebe in Verbindung mit Sex, bauen doch beide nach wie vor Liebesbeziehungen auf. Eine rein lustbetonte Haltung zum Sex scheint in der Regel langfristig kaum Bestand zu haben. Liebe ermöglicht natürlich nie alles, aber im besten Fall kann sie doch gewisse Ängste hinsichtlich Herrschaft und Kontrolle verringern. Erwiderte körperliche Liebe kann uns von sexuellen

Machtspielen befreien und jenen Tauschhandel beenden. Erinnern wir uns an Baines und Ada in *Das Piano*:

> Als sich Baines in Ada verliebt, endet ihr Handel mit Sex und Klaviertasten abrupt. Er gesteht ihr, daß er unglücklich ist, »weil mein Verstand von dir beherrscht wird. Ich kann an nichts anderes mehr denken (...) Ich bin krank vor Verlangen (...) Also, wenn du gekommen bist, ohne Gefühl für mich, dann geh. Geh! (...) Geh raus! Verschwinde!

Sie verläßt ihn nicht. Nach großen Anstrengungen finden Baines und Ada zueinander und leben schließlich glücklich zusammen. Wem die Reise von der Klaviertasten-Leidenschaft zu holder Häuslichkeit als armselig erscheint, sollte sich folgendes Ergebnis der Untersuchung *Sexwende* vor Augen halten: »Von allen Befragten (waren) die Ehepaare« diejenigen, die »körperlich und emotional am zufriedensten« waren – überrascht Sie das?

Ein kleiner Junge fragt seine Mama und seinen Papa, wie Babies gemacht werden. Beide antworten anatomisch ganz korrekt und reden immerfort von »Penis« und »Vagina«, von »Ei« und »Spermatozoon«, bis der Kleine ihre langweiligen Erklärungen mit einem ungeduldigen »Ja, aber... macht das auch Spaß?« unterbricht. Seine Eltern schütteln ihre Feierlichkeit ab und lächeln sich zu. Die Vergnügungen der vergangenen Nacht leuchten in ihren Augen auf. Und nach einem weiteren Augenblick wenden sie sich mit folgender Antwort an den Kleinen, die von Herzen kommt: »Aber ja doch, es macht Spaß!«

Wenn also Sex auch Spaß machen und Ekstase bedeuten kann, tiefste Intimität und die umfassendste Verschmelzung von Körper und Seele, und die Ehe der beste Ort für guten Sex und ein befriedigendes Sexualleben sein mag, so gehört Sex doch nach wie vor zu den weitverbreiteten Problemen in der Ehe. Das kommt teilweise davon, weil das Ehebett – neben der Intimität, Ekstase und Freude, die es gewährt – auch Austragungsort für beträchtliche Konflikte über verschiedene, sehr strittige Aspekte von Macht und Kontrolle sein kann.

In diesem verminten Gelände geht es darum, wie oft wir es tun, was wir tun und wie wir uns selbst beherrschen. Wer bestimmt, das ist definitiv die Frage, wenn es darum geht, wie oft wir miteinander schlafen. Wer ist dann derjenige Partner, der entscheidet, wie oft ein Ehepaar Sex hat? Wenn er jede Nacht mit ihr schlafen will, sie aber nur einmal pro Woche mit ihm; was passiert, wenn immer nur er – oder auch sie – seinen – oder ihren – Willen bekommt? Wenn die Partner ein jeweils ganz anderes Lustniveau haben, wer setzt sich dann letztendlich durch?

»Ich verweigere mich meinem Mann nie«, berichtet Leona. Sie hält es für ihre Pflicht, Sex zu haben. »Ich will's einfach nicht tun, wenn ich mich nicht danach fühle«, sagt demgegenüber Ruth, die der Auffassung ist, das sei unaufrichtig. »Ich laß' ihn sowenig Sex haben, wie er eben will«, entgegnet Caroline, die befürchtet, sie könnte ihren Mann verlegen machen, wenn sie mehr Sex haben wollte als er. »Ich dränge mich ihr nie auf«, gesteht Edward, der auch gern häufiger möchte, aber dessen Frau sich oft bedrängt fühlt.

Leona, Edward, Caroline und auch Ruths Mann leben mit der Tatsache, daß ihre Ehepartner bestimmen, wie häufig sie »es« tun. Andere Ehefrauen und -männer haben weitaus größere Schwierigkeiten aufgrund der – aus ihrer jeweiligen Sicht – weit überzogenen Forderungen nach Sex beziehungsweise wegen der Verweigerung. Derjenige Partner, dessen Wünsche zu häufig unerfüllt bleiben, wird dann vielleicht zornig, wird sich benachteiligt oder zurückgewiesen fühlen. Umgekehrt kann ein Partner, der sich oft verweigert, Schuldgefühle entwickeln, sich bedrängt oder psychologisch unter Druck gesetzt fühlen. Nicht um Sex zu bitten, wenn wir gerne möchten oder doch Sex zu haben, wenn uns nun überhaupt nicht danach ist, kann ein gangbarer Kompromiß sein – aber auch eine Katastrophe. Und manchmal ist es einfach anstrengend, wie uns Edith berichtet.

Brent, Ediths Mann, hat nämlich einen geradezu unersättlichen Appetit auf Sex. Er will jeden Tag und, wenn irgend möglich, auch mehrmals täglich. Edith vertritt die Meinung, eine »Ehefrau sollte ihrem Mann Omeletts zubereiten, auch wenn sie selbst gar keinen Appetit hat«. Und doch fühlt sie sich ausgelaugt von den vielen Mahlzeiten. Das läuft darauf hinaus, daß ihr sexhungriger Mann immer weiter mit ihr schlafen möchte, während sich unsere arme Edith bloß danach sehnt, zu schlafen. Damit wir nicht etwa glauben, Ehemänner wollten immer nur das eine, während ihre geschlechtslosen Ehefrauen sie ständig nur auflaufen lassen, folgt der Brief einer gewissen »Null-Selbst-achtung-in-Chicago«, der die Dinge geraderückt:

> Mein Ehemann findet mich sexuell nicht mehr attraktiv. In den zurückliegenden Jahren hat er nur noch mit mir geschlafen, wenn ich ihn ausdrücklich darum bat. (…) Ich habe versucht, mit ihm über das Problem zu sprechen (…) Ich habe gebettelt, ich habe geschwiegen und geweint. Vor einiger Zeit hat er mir gesagt, eine Frau solle nicht aggressiv sein, und so habe ich beschlossen, zu warten, bis er den ersten Schritt macht. Ich warte immer noch. Nächsten Monat werden es zwei Jahre, daß wir zuletzt miteinander geschlafen haben.

Eine andere Frau schreibt: »Es war demütigend für mich, ihn darum bitten zu müssen, mit mir zu schlafen. Er erzählte mir nur, er sei müde, drehte sich um und schlief ein.« Eine Frau, die mit »Wütend« unterzeichnet, macht uns darauf aufmerksam, »daß es für einen 38jährigen Mann doch nicht normal ist, wenn er zur Liebe zu müde ist, ganz egal, wie hart er tagsüber gearbeitet hat«. Und »Lollypop« fragt sich: »Wo kommen bloß all diese müden Männer her? Als ich alleinstehend war, hab' ich nie einen Mann getroffen, der für irgend etwas zu müde war.«
Wie Ehepaare mit dem Wunsch nach Sex und mit dessen Verweigerung umgehen, so die Soziologen Philip Blumstein und Pepper Schwartz in ihrem äußerst aufschlußreichen Buch *American Couples*, kann uns sehr viel über ihre Beziehung im allgemeinen verraten. Es »kann uns etwas über den Grad von Macht oder Abhängigkeit des jeweiligen Partners und auch über die unterschiedlichen Verfahren sagen, wie die Partner Sex als Herrschaftsinstrument einsetzen«.
Gemäß den Konventionen ehelichen Verhaltens ist es – immer noch! – an den Männern, den Wunsch nach Sex zu äußern, während die Ehefrauen häufiger ablehnen. Wenn diese Rollen auf Dauer vertauscht werden, können Probleme entstehen. Diese Probleme enspringen der Furcht, der Ehemann müßte nun womöglich »seiner Männlichkeit entsagen« oder auch Ängsten, daß die Frau sich jetzt »zum Familienoberhaupt entwickelt«. Das konventionelle Verhaltensmuster überwiegt jedoch, denn das Verlangen nach Sex wird mit Dominanz gleichgesetzt und diese wiederum mit Männlichkeit. Dieses Muster herrscht auch des-

halb vor, weil sexuelle Zurückweisung für Männer weniger verletzend ist als für Frauen. Wie das? Nun, wenn eine Frau »Nein« sagt, kann ihr Mann das problemlos ihrem angeblich niedrigeren Sexualtrieb zuschreiben. Da aber ein Mann – hypothetisch – immer kann, wird seine Weigerung, mit seiner Frau zu schlafen, als spezifische Zurückweisung eben dieser Frau aufgefaßt. (Ich muß in diesem Zusammenhang nicht daran erinnern, daß Männer in Wirklichkeit keinesfalls ständig auf Geschlechtsverkehr aus sind. Das könnte im übrigen ein weiterer Grund dafür sein, warum sie in der Regel ihr Interesse signalisieren.)

Angesichts der bisherigen Ausführungen ist es nur zu verständlich, daß sexuelle Gleichheit wohl eher »ein ständiger Balanceakt« ist. Wenn aber dieses Gleichgewicht tatsächlich erreicht ist, wirkt sich das positiv aus. Ehepartner sind laut Blumstein und Schwartz zufriedener mit ihrem Sexualleben, wenn beide gleichermaßen ihr Interesse an Sex signalisieren oder auch ablehnen können. Was nun die Frage betrifft, wer eigentlich bestimmt, was wir beim Sex tun, so kommen die Autoren von *American Couples* zu folgendem aufschlußreichen Ergebnis: Je niedriger die Machtstellung einer Frau in der Ehe, desto häufiger liegt sie beim Geschlechtsverkehr unter dem Mann. Der Grund scheint darin zu liegen, daß die oben liegende Person mehr Bewegungsfreiheit hat, weshalb Obenliegen mit Dominanz gleichgesetzt wird. Demzufolge wird die Frau bei einem ausgeglicheneren ehlichen Kräfteverhältnis auch häufiger oben sitzen.

Oraler Sex – Cunnilingus und Fellatio – ist gleichfalls mit bestimmten Machtvorstellungen besetzt, wobei einige Ehefrauen und -männer aktiven Oralsex ganz ablehnen, zumindest aber eine sehr tiefe Abneigung dagegen haben, weil er als unterwürfig, ja als entwürdigend empfunden wird. Es gibt andererseits Frauen und Männer, für die bedeutet es einen Beweis ihrer Macht, wenn sie oralen Sex haben. Und es gibt Frauen und Männer, die beim aktiven Oralsex enorme Macht verspüren. Ein Ehemann drückt das so aus: »Wenn ich es ihr unten mache, fühle ich mich, als würde ich sie wirklich beherrschen. (…) Sie hat dann keine Kontrolle mehr.« Und eine Ehefrau meint: «Manchmal, wenn ich ihm einen blase, fühle ich mich stark. (…) Wenn ich Lust erzeuge, bin ich doch in einer starken Position.« Eine andere Frau jedoch bemerkt treffend, oraler Sex könne beiden Partnern ein Machtgefühl vermitteln. »Ich glaube, er mag das einfach so sehr«, erzählt sie und meint damit Cunnilingus, »(…) denn nur dann beherrscht er mich.« Doch sie fügt hinzu, sie fühle sich umgekehrt als eine »allmächtige, richtige Frau«, wenn er es ihr mache. »Ich fühle mich dominant, wenn er mich unten leckt.«

Zuweilen willigt eine Ehefrau auch in bestimmte sexuelle Praktiken ein, die sie eigentlich ablehnt, weil sie sich irgendwie von ihrem Ehemann beeinflussen läßt. Audrey beispielsweise folgt dem Wunsch ihres Mannes nach Analverkehr, denn er hat ihr deutlich zu verstehen gegeben, daß er andernfalls bestimmt eine willigere Partnerin fände. Cassie hingegen wird durch die Klagen ihres Mannes genötigt, ihr Sexualleben würde doch langsam langweilig, und ruiniert ihren Rücken, weil sie jetzt Sex mit ihm auf dem Boden der Dusche hat. Und Martha posiert auf Bitten ihres Mannes in pornographischen Stellungen, indem sie sich wie eine Hure mit grellem Make-Up, hochhackigen Schuhen und Hüfthalter ausstaffiert. Sie willigt in diese für sie nicht besonders anziehenden Sexspiele ein, weil er die Brieftasche hat und sie mit enormen Summen für Kleidung belohnt. (Eine Theorie, warum Männer ihre Frauen in solchen Kostümen oder Uniformen sehen wollen oder ihre Frauen zu ausgesuchten Perversionen drängen, besagt, sie begingen damit eine unbewußte Rachehandlung und würden – in revidierter Form – eine frühere Beziehung nachbilden, in der sie selbst als hilfloses Kind der aggressiven Herrschaft anderer unterworfen waren.)

Daß selbstverständlich auch Männer zu ungewollten sexuellen Handlungen gedrängt werden, zeigt der Fall von »Mr. D« aus Nevada, dessen Geliebte Lehrerin war und im Kirchenchor sang. Sie bestand im Bett darauf, daß er seinen Motorradhelm tragen müsse, da sie andernfalls sexuell nicht befriedigt werde. »Bitte, wie pervers ist das eigentlich?« lautete die Frage des ganz offensichtlich besorgten Herrn: »Ich möchte die Frau heiraten und will das einfach nicht bis in alle Ewigkeit tun.«

Die Frage, wer bestimmt, was wir beim Sex tun, kann manchmal zum Problem werden. So, wenn beispielsweise ein Mann seiner Frau übelnimmt, daß sie »mir ständig diese Anweisungen gibt: Berühr' mich hier, berühr mich da«, während sie ihm vorwirft, genau diese Bitten zu ignorieren und sich »einen Dreck um meine Bedürfnisse kümmert«. Wenn sich Frauen heutzutage auch freier fühlen mögen, mit der Sprache herauszurücken und offen zu sagen, was sie möchten, wird jedenfalls ein sexuell unsicherer Mann – oder ein Mann, dessen Frau von unermüdlicher Offenheit ist – ihre Instruktionen à la »Mach' etwas langsamer und ein ganz klein bißchen nach links, Liebling!« dennoch als beleidigend, penetrant und zu bestimmend auffassen.

Wie häufig wir Sex haben und was wir im Bett miteinander tun – diese Fragen hängen zweifellos mit Macht und Kontrolle zusammen. Genauso steht es um unsere Ängste, uns völlig im Sex zu verlieren und uns total hinzugeben. Manche Frauen zeigen sich der Welt immer nur mit größtem Bedacht, wollen stets anziehend und beherrscht erscheinen. Sie fürchten, zügellose Leidenschaft könnte sie in ein wenig schmeichelhaftes Licht tauchen, würde offenbaren, wie sie »wirklich sind« und sie demütigen.

Einige dieser Frauen, die durchaus zu einem tief befriedigenden Orgasmus fähig sind, solange sie nur allein mit ihrem Vibrator zu Hause sind, können mit einem Sexualpartner keinen Orgasmus erleben, selbst wenn dieser Partner – vielleicht ganz besonders, weil dieser Partner – ihr Ehemann ist. Auch Bea kommt bei ihrem Mann nicht zum Orgasmus, weil er, wie sie klagt, zu häufig mit ihr schlafen wolle und einen zu kleinen Penis habe. Zumindest glaubte sie, das seien die Gründe. Doch langsam begreift sie, daß sie aus der Furcht heraus, ihr Mann wolle sie dominieren, verkrampft – genau wie ihre Mutter es immer getan hat und immer noch zu tun versucht. Und sie beginnt zu verstehen, daß ihr ziemlich wenig dominanter Mann weder ihre Mutter ist, noch es überhaupt sein will.

Eves Ängste, von einer »inakzeptablen« Leidenschaft mitgerissen zu werden, gehen zurück auf die sexuellen Zudringlichkeiten ihres Vaters wie auch auf ihre eigenen verbotenen Wünsche dem Vater gegenüber, die sie stets schuldbewußt von sich gewiesen hatte. Heute – im Ehebett – setzt Eve hemmungslose Lust wiederum mit großer Gefahr gleich. Und sie umgeht sie, indem sie sich nie einen Orgasmus zugesteht. Wie der Psychoanalytiker David Scharff feststellt, gibt es Ehefrauen wie Ehemänner, die fürchten, »durch sexuelle Intimität (...) zur Geisel zu werden«. Sie haben unterbewußt Angst davor, von ihrem Ehepartner zu sexueller Lust geführt zu werden und dadurch in eine Falle zu geraten, verschlungen und überwältigt zu werden. Einige Ehepaare kommen aufgrund sexueller Probleme, die ihre Ehe belasten, in Behandlung, um dann zu entdecken, daß sich ihre Ehe verschlechtert, während es mit dem Sex bergauf geht.

Dann nämlich droht die körperliche Erfüllung – nach dem Empfinden eines Partners oder auch beider Eheleute – sich zu einem nicht mehr verkraftbaren Kontrollverlust auszuwachsen.

In Eriksons Klassiker *Kindheit und Gesellschaft* charakterisiert er unsere fünfte Phase als den Zeitabschnitt, in dem wir unsere Identität festigen. In der sechsten Phase, die er »Intimität gegen Isolierung« nennt, erwerben wir ihm zufolge die Fähigkeit, unsere Identität mit derjenigen des von uns geliebten Menschen zu verschmelzen. Die Furcht, uns in sexueller Intimität und im Orgasmus zu verlieren, kann dazu führen, daß wir vor solchen Erfahrungen zurückschrecken. Wenn wir befürchten, Leidenschaft könnte uns geradezu quälend verletzlich machen, so stimmt das auch. Doch wir würden nie diese »wilden Orgasmen der Liebe« kennenlernen, von denen D. H. Lawrence spricht, dieses »wilde Chaos der Liebe«, wenn wir nicht wagten, die Grenzen unseres Selbst aufzulösen. Wir würden nie wissen, wie die schäumende Ekstase im leidenschaftlichen Liebesspiel ist, wenn wir nicht buchstäblich die Beherrschung verlieren.

Aber wann sollen wir uns hingeben und wann uns kontrollieren? Was sollen wir wann tun und wie oft? Wie sich entscheiden, ob es richtig ist, »es« zu tun und mit wem? Wie sich rückhaltlos hingeben und doch verantwortungsvoll bleiben? Wie Sex und Liebe vereinen? Wann können wir ohne Zögern unserem unüberhörbaren sexuellen Appetit gehorchen, um zu gehen, wohin der Körper uns bestimmt? Und wann schließlich – aus kalter Berechnung, aus Selbsterhaltung, Selbstachtung, gesundem Menschenverstand oder auch aus Angst – das »Ja« unseres Körpers ignorieren und schlichtweg »Nein« sagen? Mit der Macht der Sexualität konfrontiert, kann es uns wie Roiphe und ihren Freunden passieren, daß wir ständig zwischen den Extremen von Sichgehenlassen und Selbstbeherrschung schwanken und »mit dem Wunsch ringen, wild und wiederum nicht wild zu sein, vorsichtig und unvorsichtig, frei und unfrei«. Die sexuelle Kontrolle, die wir besitzen und über uns selbst wie über den von uns geliebten Menschen ausüben, kann immer nur unvollkommen sein.

5 »Wer hat in der Partnerschaft die Hosen an?«

Es ist schlechterdings unmöglich in der heutigen Zeit, über Liebe, Sex, Zweisamkeit oder Ehe nachzudenken, ohne dabei an Macht zu denken.
Michael Vincent Miller

Es gehört zu den lustvollsten Seiten des Ehelebens, sich sexueller Leidenschaft und damit auch dem zeitweisen Verlust von Kontrolle und Selbstbeherrschung hinzugeben. Natürlich handelt es sich dabei immer nur und bestenfalls um eine kurzzeitige Hingabe. Denn viele von uns wollen selbst noch im Ehebett bestimmen, und zwar darüber, wie häufig wir Sex haben und auf welche Art. Auch in anderen Bereichen unserer Ehe können Probleme mit Kontrolle und Macht in einer Vehemenz und Häufigkeit auftreten, die uns selbst immer wieder sprachlos machen.

Wenn wir uns für einen Menschen entscheiden, den wir lieben und mit dem wir unser Leben teilen möchten, kommen uns natürlich Begriffe wie Kontrolle und Macht erst einmal nicht in den Sinn. Gleichberechtigung? Aber selbstverständlich sind wir gleichberechtigt, würden wir munter antworten, sollte überhaupt jemand ernsthaft fragen. Und wir würden hinzufügen, daß wir, sollten wir beide jemals in Streit darüber geraten, wer nun seinen Willen bekommen soll, die Angelegenheit auf einvernehmliche Weise regeln werden.

Trunken von romantischen Gefühlen treiben wir so in eine Ehe oder langfristige Partnerschaft, ohne irgendwie auf die bevorstehenden Machtkämpfe vorbereitet zu sein. Denn wir sind überhaupt nicht darauf gefaßt, daß jeder für sich – offen oder versteckt – Kontrolle, Macht und Einfluß anstrebt. Manche wollen nur ihren Anteil, andere aber viel mehr. Keiner bekommt alles, aber alle streben ein gewisses Maß an Einflußnahme an. Wir möchten zum Beispiel darüber mitreden, wofür das Geld ausgegeben wird, ob wir im Urlaub an die See fahren und wer das Auto nimmt. Und daß wir ja genug Einfluß auf das Leben unserer Partner haben: was sie tun, anziehen, denken und sagen; darauf, wie wir unsere Zeit mit welchen Aufgaben und Zielen einteilen, wann wir zu zweit und wann alleine sein wollen. Überhaupt wollen wir natürlich unbedingt genug Einfluß auf unser Eheleben haben. Und nicht zuletzt machen wir uns – manchmal auch schwerwiegende – Sorgen darüber, selbst kontrolliert und ein Objekt der Macht zu werden.

»Auf der Basis des Familienlebens«, schreibt Phyllis Rose in *Parallele Leben*, »bilden sich unsere Erwartungen hinsichtlich Macht und Machtlosigkeit, Autorität und Gehorsam in anderen Bereichen heraus, ...« All diese Erwartungen mit den einhergehenden Vorbehalten, Ängsten und Bedürfnissen bringen wir nun in unsere neue, gerade entstehende Beziehung ein. Dabei ist uns oft nicht bewußt, wie sehr unser bisheriges Leben unsere Gefühle gegenüber Macht und Hingabe geprägt hat. Oftmals bekommen wir nicht mit, wann Machtprobleme aufkommen oder daß wir mit unserem Partner frühere Verhaltensmuster zu wiederholen beginnen. Das klingt dann etwa so:

»Ich laß mir nicht vorschreiben, was ich zu tun habe!«

»Ich tue alles, was du willst, wenn du mir schwörst, mich nie zu verlassen.«

»Dein Kuchenstück ist aber größer als meins.«

»Das gehört mir, mir allein, ich geb dir nichts ab!«

Auch wenn wir nicht herausrücken mit einer Sache und sie offen ansprechen, selbst wenn wir nicht einmal richtig begreifen, was wir eigentlich fühlen, so wiederholen sich unsere früheren Kämpfe um Autonomie, unsere gefürchteten Abhängigkeiten und Geschwisterrivalitäten in diesen ehelichen Auseinandersetzungen um Kontrolle und Macht. »Die Ehe und andere erwachsene Zweierbeziehungen«, so Michael Vincent Miller, Therapeut und Autor des überaus anregenden Buches *Liebe macht Angst*, »lassen frühe Krisenperioden im Verhältnis zwischen dem Ich und dem Anderen wiederaufleben, angefangen beim Kleinkind und seinen ersten Anzeichen der Loslösung von den Eltern bis hin zu den Bestrebungen der Erwachsenen, seine Identität zu sichern und gleichzeitig eng mit anderen verbunden zu bleiben.« In einer psychologisch perfekten Welt träfen wir mit unseren Partnern einfach nur aufeinander, unbelastet vom Bedürfnis nach Macht, frei von früheren Erfahrungen von Beherrschung und Unterordnung und ohne Furcht davor, unterworfen oder verlassen zu werden. Wir brauchten dann gar nicht überstigert zu kontrollieren und beeinflussen zu wollen, um damit frühere Ohnmachtsgefühle zu kompensieren. Wir würden auch nie Liebe von Gehorsam abhängig machen; oder unseren Partner als eine Art Vater ansehen, der unsere Freiheiten untergräbt oder unsere Partnerin als eine alles an sich reißende Schwester, die ständig unsere persönlichen Grenzen überschreitet. Aber noch in der besten aller Welten greift eine dauerhafte Liebesbeziehung auf unser persönliches Verhältnis zu Kontrolle und Macht über und fordert, daß wir nachgeben, aufgeben und abgeben an einen anderen Machtträger, während wir diese Macht doch lieber selbst behalten wollen. Noch in der harmonischsten Liebesbeziehung werden wir immer auch um den Ausgleich von Macht und Hingabe ringen.

»Warum kannst du nicht einfach hören?« sage ich häufiger und dann nur halb scherzhaft zu meinem Mann, wenn er mal wieder etwas tun soll und es – oft, wirklich viel zu oft – entweder nicht oder mal wieder auf völlig andere Art machen will. »Müssen wir jetzt wirklich darüber diskutieren«, braust mein Mann auf, wenn ich etwas tun soll und mich sträube. »Warum haben wir beide eigentlich keine nachgiebigeren und weniger starrsinnigen Partner geheiratet«, stöhnte ich einmal auf, als wir eine unserer heftigen Auseinandersetzungen darüber hatten, ob wir jetzt endlich unsere Hypothek abzahlen – oder ging es um die Essigsorte im Salat? »Ganz einfach: Hätten wir beide jemanden geheiratet, bei dem wir mit allem durchkommen, dann hätten wir jeden Respekt füreinander verloren«, erwiderte mein Mann.

Ich kenne zwei Ehepaare, die anscheinend eine recht spannungsarme Balance zwischen Macht und Hingabe gefunden haben. Ich habe sie fast nie unterschiedlicher Meinung erlebt. Sie sagt zum Beispiel: »Mir ist es so oder so recht.« Und er läßt sie wissen: »Gern, wie du's haben möchtest.« Sie krallen sich nicht bei jedem Thema an ihre jeweilige Meinung und selten haben sie das Gefühl: »So muß es aber sein!« (Mir ist im übrigen noch nicht ganz klar, ob diese Ehepaare reif sind oder nur leidenschaftslos.) Und es gibt diese glücklichen Paare wie John Stuart Mill und Harriet Taylor, deren Machtbedürfnisse sich vollkommen ergänzen, bei denen sich »das tiefe Bedürfnis (...), seinen Willen unterzuordnen« durch die Heirat mit »jemandem, der dominiert« erfüllt hat. Die meisten hingegen tun sich erstaunlich schwer, Einfluß und Kontrolle abzugeben. Manche erleben schon die

Übergabe bestimmter Zuständigkeiten und Einflußbereiche als Niederlage, Demütigung, unerträgliche Verletzung, als Bedrohung ihrer Sicherheit, ja, des eigentlichen Selbst.

»Liebe bereitet Angst (...)«, schreibt Miller. »Man muß sich schon ein ganz schönes Stück aus seinem Selbst hinauslehnen, wenn man jemanden lieben will, und das macht immer Angst, ...« Als wirklich gefährlich werden wir Liebe dann erleben, wenn wir früher an Gefühlen von Verlassensein gelitten haben oder betrogen worden sind. Doch auch ohne derartige Erfahrungen wird »die Angst des Liebens« nur zu oft Probleme mit Kontrolle und Macht aufwerfen: Was entscheide ich, was du und was wir beide? Wer hat hier wirklich das Sagen? Also: »Wer hat die Hosen an?«

Eine gute Ehe, so der Psychiater John Toews, fordert von uns, »daß wir aufs engste vertraut mit unserem Partner leben und gleichzeitig unsere individuelle Eigenständigkeit wahren und fördern«. Scheint Ihnen das nicht schwer erfüllbar? Mir schon! Denn Autonomie bedeutet, nicht von anderen kontrolliert zu werden, eigene Entscheidungen zu treffen und dafür auch verantwortlich zu sein. Auf der anderen Seite geht es bei Vertrautheit und Intimität um all die Verpflichtungen anderer gegenüber, um gemeinsame Entscheidungen und wechselseitige Abhängigkeiten.

Wenn wir uns jetzt diese beiden Definitionen ansehen und die beiden ziemlich anziehenden – wenn auch oft widerstreitenden – Zustände vergleichen, so fällt uns sofort das große Konfliktpotential auf. Wir erkennen mit Toews, wie unsere Unfähigkeit, Verbundenheit und Eigenständigkeit in Einklang zu bringen, »in endlose Debatten, in den Verlust jeder Fähigkeit, konstruktiv miteinander umzugehen und in Streitereien darüber, wer wen beherrscht, münden kann – und natürlich in jede Menge kleiner Querelen.

Ehemann (kurz vor einer Geschäftsreise): »Bis morgen also.«
Ehefrau: »Ruf mich doch an, wenn du angekommen bist.«
Ehemann: »Dafür werde ich kaum Zeit haben.«
Ehefrau: »Du wirst doch kurz durchrufen können.«
Ehemann: »Aber in 24 Stunden bin ich doch wieder hier.«
Ehefrau. »Ich möchte trotzdem, daß du mich anrufst.«
Ehemann: »Verdammt noch mal, bist du etwa meine Mutter oder was?«

Wir alle müssen uns diesem allgegenwärtigen Konflikt zwischen Eigenständigkeit und trauter Zweisamkeit stellen, der sowohl in uns selbst wie auch zwischen uns und unserem Partner verläuft. Auch wenn das so ist, scheint jedoch weitgehende Übereinstimmung darüber zu bestehen, daß – aufgrund ihrer spezifischen Geschichte – Männer eher Autonomie anstreben, während Frauen eher Vertrautheit suchen. Das Streben in die eine wie in die andere Richtung hat jeweils seine Grenzen und Vorteile, seine spezifischen Stärken und Schwächen. Es scheint mir aber, daß die Betonung von Autonomie zu Lasten von Vertrautheit und Zweisamkeit den Männern einen Machtvorteil in Liebesbeziehungen verschafft.

In ihrem Buch *American Couples* behandeln Blumstein und Schwartz das sogenannte »Prinzip des geringeren Interesses«. Diesem Prinzip zufolge »ist die Person in einer Zweierbeziehung im Vorteil, die weniger liebt, weil die andere Person sich lieber stärker für die Beziehung einsetzt und dafür auch leidet, als daß sie sie zerbrechen ließe. Das größere Engagement eines Partners gibt folglich derjenigen Person größere Macht, die sich weniger intensiv einsetzt.« Ich möchte diese Argumentation vertiefen und vermute stark, daß sich Frauen – wegen ihrer größeren Anstrengungen, Vertrautheit herzustellen und zu erhalten – häufiger als Ehemänner »stärker einsetzen und dafür auch leiden«, um eine Beziehung aufrechtzuerhalten. Aufgrund genau dieser größeren Bereitschaft, sich zu arrangieren, Kompromisse einzugehen und Harmonie zu suchen statt den eigenen Willen durchzusetzen, treten Frauen wohl häufig erhebliche Machtbefugnisse an ihre Männer ab.

Judith Wallerstein, Hauptautorin von *Gute Ehen*, beschreibt die Reaktion ihrer eigenen Tochter, als diese eine Stellung auf Lebenszeit an einer großen Universität angeboten bekam. Die neue Stellung hätte erfordert, daß sie und ihr Ehemann – selbst Akademiker, dessen steile Karrierekurve zweifellos wegen des unumgänglichen Umzugs einen Knick bekommen hätte – fast ganz neu hätten anfangen müssen:

»›Mom‹, erklärte sie mir, ›du weißt, daß Ed und ich in unserer Beziehung gleichberechtigt sind, aber wenn eine Frau daran denkt, wegen einer neuen Arbeitsstelle mit der ganzen Familie umzuziehen, denkt sie automatisch daran, daß das das Leben der Kinder und des Ehemanns durcheinanderbringt. Frauen übernehmen die Verantwortung für die Zufriedenheit aller Familienmitglieder und haben Schuldgefühle, wenn sie sie an einen anderen Ort verpflanzen sollen. Wahrscheinlich ist das nicht fair, aber es ist nun mal so. Männer erwarten, daß sich Frau und Kind an sie anpassen, und das tun wir dann auch.‹«

Diese familienzentrierte Verantwortungsübernahme erfordert oftmals, die eigenen Bedürfnisse zu unseren zu machen. Frauen machen und wollen das häufiger als Männer, selbst in modernen Ehen. Denn gerade eine zeitgemäße Ehe benötigt einen guten »Manager« – und das ist fast immer die Frau. Bei den von ihr ausgeübten Kontrollfunktionen und ihren Entscheidungsfeldern geht es weniger um Macht oder die Durchsetzung ihres eigenen, letztlich eingeschränkten Willens. Es geht vielmehr darum, ihre Familie dabei zu unterstützen, daß alles läuft. Und tatsächlich, wenn ich mich so umschaue, übernehmen die Ehefrauen in fast all diesen intakten Familien den größten Teil der Organisation.

Also erwähnt die eine Ehefrau ihrem Mann gegenüber, es wäre doch nett von ihm, seine Mutter anzurufen, um ihr Glück für die Darmspiegelung zu wünschen. Oder sie bittet ihn, nicht die Augenbrauen hochzuziehen, sondern ganz ruhig zu bleiben, wenn sich seine übergewichtige Tochter das nächste Mal ein großes Stück Kuchen nimmt. Sie erinnert auch alle Kinder daran: Nächsten Mittwoch – also genau heute in einer Woche – ist Papas Geburtstag! Und sie gibt ihrem Ältesten den guten Ratschlag, seinen Vater beim nächsten Tennisspiel bitte nicht wieder so vom Platz zu fegen. Ein Antippen hier, eine kurze Mahnung da, ein Wort dort – »Nichts für ungut«, oder die Bitte, etwas »runterzufahren«, sich zu entschuldigen –, ständig sind ihre Antennen auf Peilung, um, wenn erforderlich, seelische Not zu lindern oder jemanden aufzuheitern. In dem übergeordneten Interesse, eine Atmosphäre der Vertrautheit und Harmonie aufzubauen und aufrechtzuerhalten, sind zahllose Frauen tagtäglich in ihrer familiären Stellung mit Macht und Einfluß aktiv, ohne sich auf den großen Machtpoker »draußen in der Welt« einzulassen.

Ungeachtet dieser übergeordneten Aufgabe vieler Frauen, den häuslichen Frieden zu erhalten, kommt die bereits mehrfach erwähnte Untersuchung *American Couples* zu folgendem Ergebnis: Etwas ältere Ehefrauen möchten mehr Zeit für sich ohne ihre Männer haben, während ältere Ehemänner umgekehrt gern mehr gemeinsame Zeit hätten. Dieser scheinbare Widerspruch löst sich jedoch nach Ansicht der Sprachwissenschaftlerin Deborah Tannen auf, wenn wir uns vor Augen halten, wie schwer es auf Dauer ist, stets die meiste Schlichtungsarbeit zu erbringen. Die Aufgabe, ständig und immer aufs neue zu versuchen, die Dinge am Laufen zu halten, kann wirklich dermaßen anstrengend sein, daß Hausfrauen ein weitaus größeres Bedürfnis als Männer haben, auch einmal Abstand von diesem wonnevollen Beisammensein zu gewinnen. Eine ganze Reihe von Frauen hat mir gestanden, es sehr zu genießen, wenn ihre Männer auf Geschäftsreise sind und sie dann ihre eigenen Prioritäten setzen können; zu entscheiden, wann sie essen und schlafen, mit wem sie sich treffen und wohin sie ausgehen; ihren Terminplan selbst bestimmen zu können. Sie kosten die Freiheit aus, sich selbst einmal etwas Gutes zu tun, statt ständig zugunsten familiärer Harmonie auf dem Sprung zu sein. Oder auch endlich wieder einmal »etwas zu unternehmen, ohne sich vorher – wie sonst immer – fragen zu müssen, ob er wohl damit auch einverstanden sei«. Mit anderen Worten, Ehefrauen freuen sich, wenn sie sich freimachen können, und sei es nur für kurze Zeit, um ihren eigenen ungebundenen, sorglosen und »familienfreien« Willen zu bekommen.

Natürlich wollen Frauen ihren eigenen Willen durchsetzen, auch wenn sie meist die anpassungsfähigeren Ehepartner sind. Es heißt auch nicht, daß sie Märtyrerinnen oder Heilige wären. Vor allem bedeutet es nicht, daß sie immer diejenigen sind, die über weniger Macht verfügen. Wenn Mann und Frau zusammenfinden, dann ist meist einer von beiden – aufgrund einer Kombination aus Anlage und Sozialisation – der stärkere. Einer, vielleicht der Mann, mag dabei sehr wohl bedürftiger und emotional abhängiger sein. Dem anderen, möglicherweise der Frau, fällt es eventuell leichter, den Alltag zu regeln und die Initiative zu ergreifen. Äußere Faktoren wie beispielsweise: Wer verdient mehr Geld, ist anziehender oder kommt aus einer »besseren« Familie, können uns sehr wohl helfen, herauszufinden, ob wir uns in einer schwächeren oder stärkeren Position fühlen. Doch ob stark oder schwach, Mann oder Frau, wenn wir in einer engen Beziehung zusammenleben, dann hat »jeder von ihnen (...) Wünsche an den anderen«, schreibt Miller, »und jeder wünscht, über die Mittel des anderen zu bestimmen, um die Wünsche auch wahr werden zu lassen, ...«. Das heißt nichts anderes, als daß wir gar nicht in einer engen Beziehung leben können, ohne zu versuchen, Kontrolle und Macht auszuüben.

Wenn wir um Kontrolle und Macht ringen, geht es oft ums Geld. Blumstein und Schwartz weisen darauf hin, daß eng zusammenlebende Partner »entscheiden müßten, welches Geld – wenn überhaupt – als persönliches gilt, welches geteilt wird, wer die Haushaltsbücher verwaltet, in welchem Umfang man sich bei Anschaffungen berät«. Und wenn sie sich – wie so oft – nicht über das Geld einigen, dann müssen sie eben klären, wer denn nun mehr bestimmt und das letzte Wort hat.

Nachfolgend einige interessante und zum Teil auch überraschende Informationen zum heiklen Thema Geld und Macht:

– Bei verheirateten, bei unverheiratet zusammenlebenden und bei homosexuellen Paaren bedeutet Geld Macht. Geld gibt folglich dem Besserverdienenden das Recht zu entscheiden. Allerdings bilden lesbische Paare eine »bemerkenswerte Ausnahme« von dieser Regel. Blumstein und Schwartz haben auch eine Theorie dafür. Sie vermuten, daß »Frauen, eben weil sie in der Vergangenheit nicht viel Geld verdient haben, einfach darin ungeübt sind, Einkommen zu instrumentalisieren, um ›damit Eindruck zu schinden‹. Demgegenüber haben Männer eine lange Gefühlstradition, wonach sie sich Kontrollrechte anmaßen, weil sie ihren Wert durch finanziellen Erfolg bewiesen haben.«

– Wenn eine Frau ihrem Mann die letzte Verfügungsgewalt über das Geld zugesteht, wird sie ihm damit möglicherweise unbewußt weitere Machtbefugnisse überschreiben. Sie hat eventuell zu verstehen gegeben, daß ihm sein finanzieller Verdienst auch die Entscheidungsbefugnis in Angelegenheiten gibt, die überhaupt nichts mit finanziellen Angelegenheiten zu tun haben und macht ihn damit »wahrscheinlich zum Entscheidungsträger für die wichtigsten Familienentscheidungen überhaupt«.

– In Ehen, in denen der Mann sich oder auch die Frau den Mann als den Ernährer der Familie sieht, hat er auch ein größeres Gewicht bei allen übrigen wichtigeren Entscheidungen. Eine Ehefrau, die sich diese männliche Ernährerrolle zueigen macht, überläßt ihrem Mann die größere Macht, selbst »wenn sie voll berufstätig ist«, ja, selbst wenn sie »mehr Geld als er verdient«.

– Selbst wenn die Ehefrau eines »männlichen Ernährers« über Ausgaben für Möbel, Lebensmittel und Kleidung entscheidet, sind ihr diese Rechte von ihrem Mann nur übertragen worden. Doch mit der Übertragung dieser Befugnis gewährt der Mann seiner Frau nur eine Stellvertreterfunktion. Ihre Entscheidungsbefugnis darf demnach nicht als »ein Zeichen weitergehender Befugnisse« mißverstanden werden.

– Es gibt zwischen Ehepaaren mehr Streit über Geldfragen als zwischen unverheiratet zusammenlebenden beziehungsweise gleichgeschlechtlichen Paaren. Ein Grund liegt darin, daß in einer Ehe »Eigentum und Vermögenswerte meist als Gütergemeinschaft« geregelt sind, die auch häufigere Beratungen notwendig machen. Darüber hinaus behält sich der männliche Ernährer der Familie selbst dann, wenn er seine Frau wichtige Entscheidungen treffen läßt, immer noch das Recht vor, »ihre Leistungen als durchaus noch verbesserungswürdig zu bewerten«.

– Wenn beide Ehepartner Arbeitsverhältnisse haben, sind Ehefrauen in der Regel zurückhaltender, wenn es darum geht, die Einkommen zusammenzulegen. Hierfür gibt es verschiedene Gründe, so Blumstein und Schwartz, »und diese hängen sämtlich mit der Machtfrage zusammen«. Hat eine Ehefrau bespielsweise ein eigenes Konto, braucht ihr Mann doch nicht zu wissen, wieviel und wofür sie Geld ausgibt. Eine geschiedene Frau erinnert sich:»Ich mußte mich immer erklären und ihn fast um Verzeihung bitten, überhaupt Geld ausgegeben zu haben. Und jetzt, wo ich (...) mein eigenes Konto habe, weiß ich, daß ich dafür verantwortlich bin und sonst niemand. Wenn ich da was vermassele, ist das mein Problem. Ich brauch' nicht mehr rumzudrucksen oder irgendetwas zu erklären. Ich tu's einfach.« Eine Ehefrau hat vielleicht auch deshalb Vorbehalte gegen eine Zusammenlegung der Einkommen, weil sie fürchtet, ihr – meist geringerer – Beitrag zum Familienbudget würde völlig im »großen Topf« verschwinden, während ihr Mann trotzdem noch das letzte Wort über die Verwendung hat. Ungeachtet dessen, so eine Untersuchung der Psychiaterin Ann Ruth Turkel, ist das Zusammenlegen des Geldes bei denjenigen Ehepaaren üblich, wo die Frau weniger verdient, während getrennte Haushaltsführung dort häufiger vorkommt, wo die Ehefrau gleich viel oder mehr als der Mann verdient.

Für Ehepaare, bei denen beide Partner Karriere machen, unterscheidet Turkel vier Umgangsweisen mit dem Familienhaushalt, nämlich je zwei Varianten mit gemeinsamer und getrennter Kasse. In der Poolvariante kommt das gesamte Geld in einen Topf, wobei manchmal der Mann und manchmal die Frau den größeren Beitrag leistet. Auch bei getrennter Buchführung gibt es einen gemeinsamen Topf für die festen Lebenshaltungskosten, wobei beide Eheleute entweder jeweils einen gleich großen Betrag einzahlen oder aber eine Summe, die im Verhältnis zum jeweiligen Einkommen steht. All diese Haushaltungssysteme können Turkel zufolge Anlaß für viele Auseinandersetzungen sein: Was genau sind beispielsweise »feste Lebenshaltungskosten«? Warum verdient er oder auch sie eigentlich nicht mehr? Wie kommt es bei getrennter Buchführung, daß, obwohl beide in den gemeinsamen Topf eingezahlt haben, der eine besser abschneidet als der andere, sie sich beispielsweise Designer-Kostüme leistet, während er sich nur im Kaufhaus eindecken kann? Und was ist bei gemeinsamer Kasse und bei ganz verschiedener Ausgabenpolitik mit dem frei verfügbaren Geld, wenn sie ihn zum Beispiel für knauserig hält, während sie mit dem Geld nur so um sich wirft, wie er meint?

– Falls eine Ehefrau über kein eigenes Geld verfügt und ihr Mann das letzte Wort bei der Verwendung des frei verfügbaren Geldes hat, wird sie vielleicht zu nicht mehr ganz korrekten Taktiken greifen, um für sich »geheime Rücklagen« bilden zu können.

»Nate ist so knickerig«, sagt eine dieser Ehefrauen. »Das ist sein unsympathischster Zug überhaupt. Ich versuche gar nicht erst die direkte Tour. Nicht daß ich meinen Willen nicht durchsetzen könnte, aber ich will nicht dauernd Klimmzüge machen. Das mag ich wirklich überhaupt nicht an ihm, deshalb verhalte ich mich eher wie eine Politikerin. Ich schöpfe ein bißchen Rahm ab! (…) Nun, ich sag ihm beispielsweise, die Lebensmittel hätten soundsoviel gekostet, mehr als in Wirklichkeit, oder so. Nichts Großes, aber es verschafft mir ein bißchen Luft.« Und Carrie bestätigt: »Wenn ich mir etwas Teures kaufe, zahle ich teilweise mit Kreditkarte und teilweise bar. Von dem Geld weiß er gar nichts. Das vermeidet all diese Diskussionen wie: ›Ich kann es einfach nicht fassen, daß du soviel Geld für einen Lampenschirm ausgibst!‹«

– Hetero- oder homosexuell, unverheiratet oder verheiratet – Paare führen eine bessere Beziehung, wenn beide das Gefühl haben, ein ausgewogenes Mitspracherecht in Geldangelegenheiten zu haben. »Wenn ein Partner zu beherrschend ist, treten Konflikte auf«, schreiben Blumstein und Schwartz.

Solange ein Partner die Kontrolle darüber haben will, Ja oder Nein zu sagen, der andere sie aber faktisch besitzt, wird eher derjenige beherrschend sein, der das Geld verwaltet. Traditionellerweise ist das der Mann gewesen. Doch zuweilen ist die Ehefrau das eigentliche Kraftwerk, von dem der Mann in jeder Hinsicht abhängt, selbst wenn er der häusliche Ernährer ist. Oft ist dann die Frau sehr darauf bedacht, ihre Machtstellung zu tarnen, und ihr Ehemann wird nicht selten an dieser Vernebelungstaktik mitwirken.

Sylvia äußert sich folgendermaßen über ihren Mann Zach: »Er ist so gut zu mir. Ich wüßte gar nicht, was ich ohne ihn überhaupt gemacht hätte. Er bedeutet mir alles. Ich kann einfach nicht ohne ihn sein.« Zach meint über Sylvia: »Sie ist der eigentliche Boss in der Familie. (...) Ich könnte mich ohne sie gar nicht allein entscheiden. Aber das macht mir nichts aus. Nur, bitte sagen Sie ihr nichts. Sie tut gerne so, als wäre ich der große Macher.« Obwohl Sylvias emotionale Machtstellung Zachs finanzielle Kraft bei weitem übersteigt, könnten einige ihrer jüngeren Schwestern durchaus über beides verfügen. Mehr und mehr Ehefrauen haben heute Ganztagsjobs und manche verdienen soviel wie oder auch mehr als ihre Männer. 1996 verdienten schon immerhin 26 Prozent der ganztags beschäftigten Amerikanerinnen mehr als ihre Ehemänner. Doch unabhängig von der Höhe ihres eigenen Einkommens fordern heute weit mehr Frauen als früher ein größeres Mitspracherecht beim Geld. Dazu Blumstein und Schwartz: »Sie wollen nicht etwa ihre Männer beherrschen. Doch sie wollen ausreichend Mitsprache, so daß (...) sich ihre Beziehung nicht immer nur nach den Regeln ihrer Ehemänner gestaltet.«

In vielen Ehen stellt Geld die Hauptkonfliktquelle dar, weil es unmittelbar mit Macht gekoppelt ist. Doch auch unser Sexualleben; unsere Kinder, Eltern oder Freunde; unser Beruf und die Arbeit im Haushalt; unsere persönlichen Verhaltensweisen oder Geschmäcker; unsere Religion oder die Politik – all das sind nur wenige aus dutzenden, ja hunderten Fragen, anhand derer sich hervorragend über Kontrolle und Macht streiten ließe. Diese Auseinandersetzungen gewinnt nicht notwendigerweise der Stärkere. Auch die Schwächeren haben ihre Strategien, um beachtliche Geländegewinne machen zu können. Egal, ob stark oder schwach, es gibt für Männer und Frauen viele Möglichkeiten, um voneinander etwas zu bekommen. Wissenschaftler haben diese unterschiedlichen Kontroll- und Machttechniken identifiziert, die unter anderem »Taxonomien der Macht« genannt worden sind. Könnte denn wirklich jemand die folgenden Seiten lesen, ohne sich einzugestehen: »Das könnte auch ich sein!«

Manipulation, heißt es im Webster's Lexikon, bedeutet »geschicktes managen oder kontrollieren«; etwas zu erreichen »mittels scharfsinnigen Gebrauchs von Einfluß«. Wir manipulieren also, um etwas zu bekommen, ohne uns auf eine Konfrontation einzulassen, die nur einen Gewinner und einen Verlierer kennt. Wir manipulieren, um etwas zu bekommen, das wir selbst nicht bekommen können oder nicht haben sollten. Manipulation, heißt es, sei eine Taktik der Schwachen, oft – wenn auch nicht immer – anstößig, betrügerisch und unfair. Doch wir alle, die wir jemals, um einen Wunsch vortragen zu können, den richtigen Augenblick abpaßten, ein angenehmes räumliches Umfeld schufen, ein gutes Essen vorbereiteten und sicherstellten, daß unser Partner in guter Stimmung war, haben die subtile Kunst der Manipulation praktiziert. Die einen werden sagen, so etwas sei doch »gemein« und »hinterlistig«, während andere das für die zivilisierte Form von Kontrolle und Macht halten.

»Wenn man seinen Willen mit einer Forderung durchsetzt«, so Tannen in *Du kannst mich einfach nicht verstehen*, »erringt man einen Statuserfolg: Man ist überlegen, weil andere tun, was man ihnen gesagt hat. Aber wenn man etwas erreicht, weil andere zufällig dasselbe wollen oder es von sich aus vorschlagen, ist das ein Beziehungserfolg. Man ist weder über- noch unterlegen, sondern befindet sich in glücklicher Übereinstimmung mit anderen, die dasselbe Ziel haben.« Status ist eine Frage von Eigenständigkeit: »Hier bin ich der Boss!« Persönliche Beziehungen hingegen bauen etwas Verbindendes auf. Es geht dabei um Vertrautheit. In dem Maße, wie Frauen mehr zu Vertrautheit und Gefühlsbindungen tendieren als Männer, werden sie auch eher direkte Forderungen vermeiden. Eine Ausweichmöglichkeit bietet dann die Manipulation.

Das heißt aber keineswegs, Männer könnten nicht auch manipulieren. In Arlie Hochschilds Studie *Der 48-Stunden-Tag* über die Arbeitsteilung in Ehen mit zwei ganztags arbeitenden Partnern ist von der »Freizeitlücke« zwischen Männern und Frauen die Rede. Frauen investierten in der Regel mehr Zeit als ihre

Ehemänner in die »zweite Schicht« mit Hausarbeiten und Kindererziehung. Hochschild beschreibt, mit welchen Strategien die Ehemänner diese ungleiche Lastenverteilung aufrechtzuerhalten versuchen: »Viele Männer lobten ihre Frauen, weil sie so gut organisieren und planen konnten.« Hochschild gesteht zwar zu, daß solche Komplimente aufrichtig sein können, doch weist sie darauf hin, daß sie auch »äußerst angenehm« seien, daß ein »solches Lob an die Adresse der ›Hausfrau‹ auch ein Mittel sein (kann), die Frau dazu zu bringen, diese Arbeit auch künftig alleine zu machen«.

Männer und Frauen sind gleichermaßen zur Manipulation mittels kalkulierter oder auch plumper Schmeicheleien fähig (»Du bist doch die einzige, die es machen sollte. Niemand sonst kann das so gut.«). Oder aber sie lassen einen ihre Wünsche wissen (»Oh Gott, ich brauche unbedingt ein paar Sachen aus dem Supermarkt, aber ich bin so müde.«), ohne eine ausdrückliche Bitte zu äußern. Oder man schiebt eine dritte Person vor, um eine Botschaft loszuwerden (»Es ist schon ziemlich schwer für Ihre Frau, kein eigenes Auto zu haben.«), ohne sie selbst auszusprechen. Wir können unseren Ehepartner auch freundlich erinnern, daß er der Schwiegermutter nun wirklich auch einen großen Gefallen schuldig ist (»Waren deine Eltern nicht auch von Erntedank bis Weihnachten bei uns?«). Nie würden wir rund heraus sagen: »Du schuldest mir einen großen Gefallen!« Wenn unsere Kriegslist »Manipulation« heißt, lautet die dazugehörige Technik geschicktes Management und Kontrolle.

Flehentlichem Bitten haftet ebenfalls der Ruf des Schwachen an. Wir bestimmen durch inständiges Bitten: »Du mußt das für mich tun!« Wir sind hilflos, unpäßlich, leidend, krank. Wenn unseren Bedürfnissen nicht entsprochen wird, sind wir sogar selbstmordgefährdet. Wie kannst du nur im Angesicht meiner verzweifelten Lage – so lautet die Botschaft unseres Bittstellers – das und noch mehr von mir verlangen! Wie kannst du mir bloß dies und jenes verweigern wollen!

Josh hat eine Allergie, die immer dann ausbricht, wenn ein Besuch bei seinen Schwiegereltern ansteht. Daniel zerrt sich beim Staubsaugen grundsätzlich den Rücken. Kathy braucht – auch ohne Berufstätigkeit – unbedingt eine Ganztagsbetreuung für ihr Baby, weil sie sonst eine Panikattacke bekommen könnte. Und sollte ihr Ehemann diese Notwendigkeit oder irgendeine andere Forderung in Frage stellen, könnte diese Panikattacke auch auf der Stelle eintreten. Josh kann sich also vor allzu vielen Reisen zu den Schwiegereltern drücken. Daniels Frau übernimmt nun das Staubsaugen. Und die arme, zerbrechliche Kathy bekommt tatsächlich fast alles, was sie verlangt. So geht es auch Nicole, deren labiles Nervenkostüm ihren Ehemann, der Psychiater ist, zu ihrem Kindermädchen gemacht hat. Er opfert Karriere und Persönlichkeit, um sie über Wasser zu halten – und um letztendlich von ihren Bedürfnissen zerstört zu werden. Und auch bei Florence ist es so, deren Ehemann – ein weiteres Kindermädchen – feierlich verwarnt worden ist, »daß, sollte sie sich über irgend etwas aufregen müssen oder sollten ihre Gefühle aufgewühlt werden, ihr schwaches Herz aussetzen könnte«.

Wie krank sind diese Frauen wohl wirklich? Florence, aus Ford Madox Fords *The Good Soldier* ist rundheraus eine Schwindlerin, die den kritischen Zustand ihres Herzens benutzt, um ihren Ehemann – aber nicht ihre Liebhaber – auf Abstand zu halten. Was Nicole betrifft, die Heldin in F. Scott Fitzgeralds *Zärtlich ist die Nacht*, so war sie früher einmal tatsächlich schwerkrank gewesen. Doch dann? »Ich glaube, Nicole ist weniger krank, als man annimmt – sie pflegt ihre Krankheit nur als ein Instrument der Macht«, stellt eine verstimmte Beobachterin fest. Phyllis Rose spricht von dem »Schema der weiblichen Macht durch Schwäche« und hält fest, die »leidende, Fürsorge verlangende Frau hat sich häufig als stärker herausgestellt als der siegreiche Mann ...«.

Ich habe jedoch auch Männer erlebt, die behaupteten, Konflikte würden ihnen »Sodbrennen« verursachen oder »den Blutdruck erhöhen. Wegen dir krieg ich noch einen Schlaganfall!« Und die ihre Schwächen einsetzten, um ihre Ehefrauen zu beherrschen. »Die Zurschaustellung von Verletzlichkeit, Schwäche und Leiden ist ein wohlbekanntes und oft eingesetztes Mittel, um menschliches Verhalten zu beeinflussen«, schreibt der Psychoanalytiker Mortimer Ostow. Das »Arme-kleine-Ich« könnte die Person sein, die diese Rolle spielt. Zuweilen brauchen allerdings Ehemänner oder -frauen eine Zeitlang, um zu begreifen, daß sie unter der Fuchtel der Schwachen stehen, daß sie – die scheinbar Starken, die sich immer um den bedürftigen Partner kümmern – in Wahrheit den Bedürfnissen ihrer Partner ausgeliefert sind.

Auch mit *Wiederholung* – nicht wenigen als Nörgeln geläufig – bekommen wir unseren Willen, indem wir unseren Partner zermürben. Die folgende rekonstruierte Unterhaltung erzählte mir eine wahre Nobelpreisträgerin des Nörgelns:

Lynne setzt ihren Ehemann davon in Kenntnis, daß die Küche renoviert werden müßte. Die Küche ist ganz in Ordnung so, erwidert er. Lynne läßt einige Tage verstreichen. Dann bemerkt sie, wie schön es doch wäre, wenn sie in der Küche essen könnten. Alle Freunde könnten mit uns in der Küche essen! Ungefähr eine Woche später erwähnt Lynne, daß, wenn sie doch nur einen dieser Wikinger-Öfen mit Abzugshaube hätten, sich die Küchenwände nicht mehr so widerlich gelb verfärbten. Und da sie gerade dieses häßliche Gelb erwähnt: Die Wände müßten unbedingt mal wieder gestrichen werden! Nochmals eine Woche danach macht Lynne darauf aufmerksam, daß die Bodenfliesen in der Küche derartig hart wären, daß alles, was runterfiele, in tausend Splitter zerspringen würde. Sie sagt das und fügt schnell hinzu, daß das natürlich – wie man ihr überall bestätigt habe – bei Holzböden ganz anders sei. Im übrigen stellen jetzt alle auf Holzböden um. Die machen sich ja auch bezahlt, weil man den Haufen Geld spart, der jetzt für all das zerbrochene Geschirr draufgeht! Nachdem zwei weitere Wochen ins Land gegangen sind, vermerkt Lynne: Der Kühlschrank macht es ganz bestimmt nicht mehr lang; und die Anrichte neben der Spüle hat auch einen Riß bekommen. Schau mal, ist das Licht in der Küche nicht viel zu dämmerig? Und die Wände, sie sind noch widerlicher geworden … Und vorläufig zum letzten Mal fügt sie hinzu: Da wir also einen neuen Ofen brauchen, einen neuen Boden, Kühlschrank, Anstrich und eine neue Anrichte – was hältst du denn von einer Küchenrenovierung?

Subversion erlaubt uns, ganz einvernehmlich zu tun, als wollten wir ausdrücken: »Wie du willst, Liebling«, während wir hinterrücks unseren eigenen Willen durchsetzen. Subversion läßt uns kontrollieren, ohne daß es danach ausieht. Statt dessen »vergessen« wir einfach eine Reservierung, die wir zugesagt hatten. Wir »hatten gar nicht gemerkt, wie die Zeit verflogen ist« und kommen deshalb zu spät ins Kino. Uns unterlaufen Fehler, wir irren uns, mißverstehen etwas, wir verzögern und bringen einfach alles durcheinander. Während wir ganz lieb mit allem übereinstimmen, was unser Schatz möchte, schaffen wir es, seine Absichten zu unterlaufen. Wir bestimmen auch auf subversive Weise, wenn wir sagen »Das schaffst du schon, Liebling!« Und wenn dann unser Liebling einen Teppich nach Hause bringt oder unseren Flug nach Los Angeles geplant hat, dann treten wir nach und schießen aus dem Hinterhalt: »Findest du nicht, daß der Läufer ein bißchen protzig wirkt?« Oder: »Ich mag aber überhaupt nicht in Houston umsteigen!« Während wir also gurren und darauf zu bestehen scheinen, daß unser Schatz das schon machen werde, sichern wir uns unter der Hand unsere Kontrolle und Macht.

Heimlichkeit ermöglicht es uns, etwas zu tun, wogegen unser Ehepartner andernfalls leicht Einspruch erheben würde. Wir bekommen damit vollständige Kontrolle über bestimmte größere oder auch kleinere Entscheidungen in die Hand, denn nur wir wissen, daß überhaupt eine Entscheidung getroffen wird. Unser kleines Geheimnis kann bespielsweise sein, daß unser Büro im Sommer freitags bereits um 13.00 Uhr schließt; daß wir einen Notgroschen auf der Bank haben; daß uns jenes Ehepaar, das wir verabscheuen, unser Partner jedoch bewundert, zum Abendessen eingeladen hat. Vielleicht hätte unsere andere Hälfte die Einladung angenommen. Vielleicht hätte sie auch gern vorgeschlagen, wie die Freizeit freitags genutzt oder die Ersparnisse ausgegeben werden könnten. Aber wir können ganz einseitig verfahren, denn wir haben ja diese Informationen allein für uns behalten.

Geheimnisse werden auch aus der Furcht heraus gehütet, daß bereits jedes Eingeständnis von Schwäche das Kräfteverhältnis in unserer Ehe verändern könnte. Ein Mann, der arbeitslos geworden war, verließ wie immer morgens das Haus in seinem Geschäftsanzug und wollte seiner Frau partout nicht sagen, daß er entlassen worden war. Er behielt diese Tatsache für sich, so daß seine Autorität nicht untergraben werden konnte, während er, geschützt vor ihren Befürchtungen und Sympathiebekundungen, in Ruhe darüber nachdenken konnte, was zu tun sei. Tannen bemerkt, daß sich viele Männer »des ungleichen Machtverhältnisses, das aus dem Erzählen von Geheimnissen resultieren kann, genauestens bewußt (sind). Zum einen kann man durch die Offenbarung von Schwächen zum Unterlegenen werden. Zum anderen gibt man Informationen preis, die gegen einen verwendet werden könnten.«

Fait accompli bedeutet, etwas offen zu tun, was wir zu tun beabsichtigten. Wir stellen unseren Partner einfach vor vollendete Tatsachen. George beispielsweise schafft gegenüber seiner Frau folgende Tatsachen: »Ich bin dieses Wochenende in Vegas«, womit er ihr zu verstehen gibt: Las Vegas ist also geritzt! Angelas *fait accompli* funktioniert so: Sie fährt in die Stadt, kauft sich irgendwelche unglaublich teuren Klamotten und umschnurrt dann ihren Mann: »Schau doch mal, was du mir gekauft hast!« Erheblich weniger reizend klingt die folgende Ehefrau: »Was soll schon sein? Ich kauf mir eben manchmal was für mich selbst. Darf ich das etwa nicht? Ist mir doch scheißegal, wenn ich das nicht darf!« Und in der gleichen Stimmung (»Paß' bloß auf!«) schafft Vic seine vollendeten Tatsachen, indem er sich eine Weste, ein Hemd und Hosen kauft, um anschließend seiner empörten Frau zu eröffnen: »Ich verdiene das Geld! Und ich werde es ausgeben, wie und wofür ich will!« Vollendete Tatsachen heißt, Entscheidungen ohne Erkärung, Entschuldigung oder Einverständnis an sich zu reißen.

Zwang heißt Einschüchterung mittels verschiedener Arten von psychischer oder physischer Schikane. Zwang bedeutet Beherrschen ohne Glacéhandschuhe und umfaßt alle möglichen Arten von im Familienkreis oder öffentlich geäußerten Verbalattakken: Unterbrechungen, Kritik, Widerworte, Verunglimpfungen, Lächerlichmachen. Zwangsausübung kann auch heißen: laute Befehle und Herumschreien, wenn diese nicht befolgt werden. »Man sollte die Wirkung einer lauten Stimme keinesfalls unterschätzen«, sagte mir ein Therapeut.

Drohungen können eine Kontrolle durch Zwang darstellen, sehr spezifisch (»Wenn du diesen Job annimmst, verlaß ich dich.«) oder auch bedrohlich vage (»Das wirst du mir büßen!«). Und in seiner extremen und übersteigertsten Ausprägung wie bei stiernackigen Ehemännern à la O. J. Simpson kommt es bei Machtausübung per Zwang auch zu direkten Akten körperlicher Gewalt. Man hat behauptet, daß diejenigen, »die verunsichert sind und über mangelndes Selbstbewußtsein verfügen, eher Zwang ausüben«. Ich bin nicht der Auffassung, daß das notwendigerweise so ist. Denn Zwang stellt auch eine Taktik derjenigen dar, die immer alles gehabt oder bekommen haben und für die ihr Partner bloß ein weiteres »Ding« ist, das keine Rechte besitzt und mit dem sie machen können, was sie wollen.

Ein erschreckendes Beispiel dieser Haltung kam in der Zeugenaussage von Denise Brown zur Sprache, der Schwester von Nicole Brown-Simpson, die sie in dem Strafverfahren gegen O.J. Simpson wegen Mordes an Nicole und deren Freund Ron Goldman machte:

> Und plötzlich griff O.J. Nicole zwischen die Beine und sagte: ›Da kommen die Babies her. Das hier gehört mir!‹ (…) Er war nicht etwa wütend, als er das sagte. Er postulierte das einfach als Tatsache. Alle sollten wissen, daß das sein Ding war.

»Jemand, der gegen seinen Lebensgefährten Gewalt anwendet oder ihm mit Gewaltanwendung droht, versetzt der Eigenständigkeit des anderen einen tödlichen Hieb, weil er dessen freien Willen unmittelbar körperlich angreift, um ihn auf diese Weise auszuschalten. Er behandelt sein Opfer wie die Verlängerung seiner selbst, wie etwas, das einzig und allein den eigenen Bedürfnissen zu gehorchen hat«, so Michael Vincent Miller. So jemand wird mit der festen Überzeugung gewalttätig, dazu berechtigt zu sein.

Um fair zu bleiben, sollte ich hier einmal mehr darauf hinweisen, daß auch Frauen mittels körperlicher Gewalt oder psychischem Zwang beherrschen können, indem sie empfindliche Körperteile schlagen, treten, zertrümmern, aufschlitzen, quetschen – und noch schlimmeres tun. So schreibt ein Ehemann, daß ihm seine Frau – sie sind seit sechs Jahren verheiratet – alle drei Monate »Geschirr auf den Kopf knallt« oder »die Schienbeine grün und blau tritt« oder »mir auf den Mund schlägt, daß mir die Lippe aufplatzt«. Der Grund liegt seiner Ansicht nach darin, daß »sie ausrastet, weil ich gern lese oder fernsehe« und »sie der Meinung ist, ich sollte mich lieber mit ihr unterhalten«.

Belohnung als Herrschaftsinstrument kann ein krasser, wenn auch stillschweigend akzeptierter Preis sein. Tue, was ich von dir verlange, und ich mache dir teure Geschenke! Gib mir, was ich will, und ich werd's dir großartig besorgen! »Je besser ich ihm einen blase, desto größer der Edelstein«, so zartfühlend bringt es eine Ehefrau auf den Nenner. Eine andere Ehefrau hingegen beschreibt, daß Vergünstigungen durchaus oraler Natur sein können, ohne sexuell zu sein: »Ich lasse ihn sich richtig gut fühlen, wenn er gut zu mir ist und sage dann so'n Zeug wie: ›Es ist wunderbar!‹, ›Du bist wunderbar!‹, ›Ich bete dich an!‹ oder ›Du hast mich so glücklich gemacht!‹« Sie erzählt, daß sie all das bekommt, wonach ihr sei, weil sich ihr Mann seinerseits durch ihre fast hündischen Dankbarkeitsbezeugungen gut bedient fühle. Sie bekomme, was sie wolle, denn »Ich sage ein großes ›Dankeschön.‹«

In Beziehungen, bei denen ein Partner sich der moralischen Autorität des anderen unterwirft, können Vergünstigungen auch in Form von moralischer Unterstützung erfolgen. Das gibt dem zur Belohnung ermächtigten Partner eine enorme Machtstellung. »Ich bin der Seelsorger meines Ehemanns, ich bin sein Spiegel und seine Richterin; er muß sich immer sicher sein, daß ich gut von ihm denke.« Das erklärt uns Elisabeth, die häufig das Tun ihres Mannes bestimmen kann, ungeachtet seines großen beruflichen Erfolgs und öffentlich gezeigten Selbstvertrauens.

Autokratisches Verhalten umfaßt eine »Ich-weiß-es-wirklich-besser« Variante von Autorität, die Behauptung eines ganz besonderen Status' oder auch besonderer Fähigkeiten. So können wir Kontrolle oder Macht für uns reklamieren, weil wir angeblich schlauer, stärker, älter oder eben einfach ein Profi sind. Wir können behaupten, mehr Ahnung von Geld, Politik, menschlicher Natur oder vom Kochen zu haben. Wir führen Statistiken, Fakten und Erfahrungen ins Feld – »schließlich habe ich das schon lange so gemacht«. Dann haben wir ja noch unsere akademischen Titel, Orden, Abzeichen. Oder wir bestehen auf dem letzten Wort – »Du verstehst einfach nicht soviel von Kindern wie ich« oder »Weil du doch von Investitionen nicht so viel Ahnung hast wie ich« –, selbst wenn wir das nicht so direkt ausdrücken. Statt dessen sagen wir vielleicht: »Mach dir bitte keine Sorgen, ich kümmere mich schon darum!« oder auch »Ich kann dir das jetzt schwer erklären. Vertrau mir doch einfach.«

Einige Autokraten beschränken ihren Machtbereich auf bestimmte Entscheidungsfelder, für die ihnen ihre Partner geradezu dankbar Befugnisse zugestehen. Andere jedoch bestehen auf dem letzten Wort in allem und jedem, angefangen bei der Wahl des Restaurants bis hin zur Wahl des Ortes, wo beide den Rest ihrer Tage verleben werden. Doch selbst eine völlige Autokratie kann beiden Partnern Genugtuung bereiten, vorausgesetzt, sie beruht auf gemeinsamen Abmachungen: daß der eine der Beschützer und der andere der Beschützte sei; daß der eine der Wegweiser sei und der andere ihm folge oder meinetwegen der eine erwachsen und der andere das Kind sein dürfe. Dann gibt es solange keine Spannungen, bis dieser Schutz oder diese Führerschaft oder eine solche Bevormundung eher erdrückend wirkt als Sicherheit gibt; bis der untergeordnete Partner sich unzufrieden oder gar tief ablehnend zeigt – wie das zum Beispiel bei Marilyn der Fall ist.

Marilyn war zu Anfang entzückt davon, daß Larry sich so um sie kümmerte. Sie fühlte sich bei ihm liebevoll aufgehoben und beschützt. Im Laufe der Jahre jedoch hat sich diese Wahrnehmung geändert. Was sie zuvor als Beschütztsein erlebt hatte, scheint ihr heute viel eher Beherrschung zu sein. Larry verwirrt das ziemlich. Er kann überhaupt nicht verstehen, was seine Frau hat! Ist er denn nicht immer großzügig und nett gewesen? Doch immer, wenn er sie daran erinnern will, daß er »sie doch haben und tun läßt, was immer sie will«, schreit Marilyn los: »Was, du läßt mich? Was meinst du bloß damit, du läßt mich?«

Überlegenheit basiert auf einer Weltsicht, die von beiden Partnern geteilt wird, wonach wir sozial oder moralisch oder in anderer Weise der bessere Teil der Partnerschaft sind. Bildung, Kultiviertheit, Herkunft, Rechtschaffenheit können diesem »überlegenen« Status zugrundeliegen. Er verschafft uns Kontrolle und Macht, weil unser Partner sich glücklich schätzen darf, von uns erwählt worden zu sein. In derartigen ehelichen Konstellationen ist die Zuweisung von »Überlegenheit« oftmals an eine Art psychischen Markenzeichens gebunden, wohingegen der »glückliche« Partner nach beiderseitigem Verständnis weniger gut ausgewiesen ist: Ihre Familie kam auf der Mayflower rüber, er nur auf dem Zwischendeck. Sie ist deutsch-jüdischer Herkunft und er ein polnischer Jude. Er hat Harvard absolviert, sie nur ein Junior College. Er wird voller Respekt »eine Stütze der Gemeinde« genannt, während sie angeblich eine »zweifelhafte Vergangenheit« hat. Er ist Mitglied des Abgeordnetenhauses, während sie mal Friseurin war. Da ist die Frau, die zu ihrem Mann hält, und dort der Mann, der Drogen nimmt. Es gibt den Multimillionär, dargestellt von Richard Gere, und Julia Roberts, die *Pretty Woman* spielt und die für eine Nacht bezahlt wird. Und da ist der

Ehemann, der Shakespeare, die Impressionisten und Chopin schätzt, seine Ehefrau aber mehr auf Schlager und Fernsehserien steht.

Ist nun die »überlegene« Person wirklich überlegen? Natürlich nicht. Doch schon die gemeinsame Wahrnehmung mag ausreichen, um einen Menschen dazu zu machen. Denn solange beide Partner darin übereinstimmen, der / die eine sei »minderwertiger«, weil Harvard, die Mayflower oder die Wahl in den Kongreß Zeugnisse der Überlegenheit seien, solange wird auch der »überlegene« Partner den größeren Einfluß besitzen.

Entzugstaktiken bestrafen unseren Partner dafür, daß er uns das Erwünschte vorenthält, indem wir ihm unsere Liebe oder Bestätigung entziehen oder uns von ihm fernhalten. Wir schmollen also, wir schütteln beide die Köpfe voller Abscheu, wir verlassen die Wohnung oder das Haus, weigern uns, miteinander zu sprechen. Wir sitzen stumm da, starren ins Leere. Wenn wir gefragt werden »Was ist denn los?« antworten wir bloß: »Nichts! Was soll schon sein?« Oder wir brechen vielleicht das Schweigen und sagen: »Wenn du mich wirklich und wahrhaftig lieben würdest, bräuchtest du nicht zu fragen, was los ist. Dann wüßtest du's!«

In seiner Studie über eheliches Verhalten untersucht der Psychologe John Gottman unter anderem eine Entzugstaktik, die er »Mauern« nennt – 85 Prozent dieser Taktiker waren übrigens Männer. Er beschreibt, wie »Mauern« häufig »während der Unterhaltung eines Paares (einsetzt). Der Mauernde zieht sich einfach zurück, indem er selbst zur Mauer wird.« Er reagiert mit einem vernichtend kalten »eisernen Schweigen« auf die Bemühungen seiner Frau, ihm etwas zu entlocken. Gottman zufolge ist es sehr schwer erträglich, Opfer des »Mauerns« zu sein, insbesondere für Frauen, denen es wehtut, wenn ihre Ehemänner derart »zumachen«. »Mauern« ist demnach eine überaus machtvolle Verhaltensweise, mit der »Ablehnung, eisige Distanz und Blasiertheit« zum Ausdruck kommen. Mit dieser Botschaft – »Ich ziehe mich vor jeder irgendwie bedeutsamen Interaktion mit dir zurück!« – wird »Mauern« zu einem wirkungsvollen Kontroll- und Machtverhalten. Sexuelle Verweigerung wird ebenfalls zum Entzugssignal. »Also, wenn ich nicht bekomme, was ich will, bekommst du auch nicht, was du willst.« Sex wird dann möglicherweise ganz offen verweigert (»Ich habe Kopfschmerzen!«,

»Mir geht einfach zu viel anderes im Kopf rum!«) oder er wird umgangen, indem man zu unterschiedlichen Zeiten schlafen geht. Sex läßt sich auch verweigern, indem der Mann frühzeitig ejakuliert oder die Frau nur teilnahmslos unter ihm liegt. Sie macht es ihm mit eisiger, strafender Unmißverständlichkeit klar – die Erde bewegt sich nicht, auch nicht ein bißchen!

Mittels Entzugstaktiken üben wir Kontrolle und Macht aus, indem wir bisherige Vergehen bestrafen und zukünftige abschrecken. Sie lassen unseren Partner mit Schuldgefühlen zurück, er fühlt sich verurteilt, alleingelassen, gedemütigt oder vernachlässigt. Das alles ließe sich zumindest abfedern oder ganz vermeiden, indem wir uns einfach unseren jeweiligen Willen ließen.

Durch *Verhandlungsgeschick*, der Kunst jeden Geschäfts, bekommen wir unseren Willen mit Hilfe von Feilschen, beiderseitigen Zugeständnissen oder auch Kuhhandel. Verhandeln bedeutet, wir geben, um zu bekommen. Wenn ein Partner unbedingt ein viertes Kind haben oder von Manhattan nach Seattle umziehen möchte, dann versuchen wir vielleicht, dieses Ziel zu erreichen, indem wir ein Angebot machen, das der andere fast nicht ausschlagen kann. Sogar wenn wir in der besten aller Welten lebten, würde eine Ehefrau ihr Domizil in New York am Central Park West gegen ein kleines Dorf eintauschen – wenn ihr Mann endlich in das vierte Kind einwilligte.

Über derartige Entscheidungen in unserem Eheleben hinaus sind wir laufend mit den verschiedensten kleinen Verhandlungen beschäftigt: Gehen wir heute abend in die Oper oder zum Basketballspiel; wieviel Zeit soll ich denn jetzt mit seiner/ihrer Schwester zubringen usw.? Das scheinen uns zunächst ganz nebensächliche Angelegenheiten. Doch wenn der Teufel oder der liebe Gott tatsächlich im Detail steckt, dann kann das Überleben einer Ehe sehr wohl von der Lösung auch solcher Fragen abhängen. Wenn beide halbwegs zusammenpassen, werden sie sich über viele Probleme einigen können, zumindest sollten sie das! Ständiges Feilschen ist eine ermüdende und freudlose Art, sein Leben zuzubringen. Doch wir werden uns nicht in allem einigen. Und es macht auch nicht übermäßig viel Spaß, jeden Tag nach der Pfeife des anderen tanzen zu müssen. Wie dem auch sei, Verhandeln gewährt beiden Partnern ein gewisses Maß an Kontrolle und Macht.

Die meisten würden am liebsten alles, was sie wollen, einfach nehmen oder bekommen – den Rest teilen wir gerecht auf! Oder sie würden liebend gern, wenn sie schon um etwas bitten müssen, nur sagen: »Das ist mir wichtig!« Doch wenn, aus welchen Gründen auch immer, simple Direktheit nicht zum Ziel führt, greifen alle (mit Ausnahme derer, die sich bereits zum Aufgeben entschlossen haben) zu Taktiken der Macht, mit denen sie viele, wenn auch nicht alle Situationen in den Griff bekommen und die ihnen Kontrolle, wenn auch ein unvollkommenes Maß an Kontrolle, ermöglichen. Eine bestimmte Taktik, Manipulation beispielsweise, kann sich dabei für uns als das Machtinstrument schlechthin erweisen. Viele von uns werden sich jedoch in verschiedenen Problemlagen auch auf unterschiedliche Techniken verlassen. Es gibt eine Theorie, wonach diejenigen, die sich selbst als dominant einschätzen oder so angesehen werden, über ein größeres Arsenal an Machttechniken verfügen. Doch einige werden eine Taktik nach der anderen einsetzen, aber nicht aus Stärke, sondern aus Verzweiflung:

Selbst wenn ich einen Doktortitel in Psychologie hätte,
Selbst wenn ich ein diplomatisches Wunderkind wäre,
Selbst wenn ich die Königin der Schmeichler und
Sexuell noch unwiderstehlicher wäre
Als die größte Sexbombe, wer immer das auch sei,
Und selbst wenn ich ein Vermögen
An Schmiergeldern zu verschleudern hätte,
Und selbst wenn ich zur Mafia Beziehungen hätte,
Wäre es immer noch unmöglich, meinen Ehemann
Davon zu überzeugen, doch – bitte unbedingt –
    anzuhalten,
Um nach dem Weg zu fragen, wenn er sich verfahren
    hat.

Selbst wenn ich zusammenbräche vor Durst und
    Hunger,
Selbst wenn ich nur noch aus tiefster Schwermut
    bestände,
Selbst wenn ich, zwischen Schluchzern, feststellen
    würde, daß wir
Schon vor drei Stunden hätten eintreffen sollen
Und das Gasthaus jetzt unser Zimmer weitervermietet
    hat,

Und selbst wenn ich all meine ehelichen Enttäu-
schungen
Erneut durchleben würde:
Die alten Wunden und Demütigungen und Zurückwei-
sungen,
Wäre es nach wie vor unmöglich, meinen Ehemann
Davon zu überzeugen, doch – einfach – anzuhalten,
Um nach dem Weg zu fragen, wenn er sich verfahren
hat.

Selbst wenn ich einen furchtbaren Wutanfall bekäme,
Selbst wenn ich ihn beschimpfen würde,
Selbst wenn ich die gar nicht freundliche
Bemerkung fallen ließe, daß, sollten wir
In Scheidung enden,
Nur er selbst sich die Schuld daran zu geben hätte,
Und selbst wenn ich ihm in einer Lautstärke, die, zuge-
geben,
Schreien genannt wird,
All seine zahllosen Fehler herbeten würde,
Es wäre immer noch unmöglich, meinen Ehemann
Davon zu überzeugen,
Den verdammten Wagen doch anzuhalten,
Um nach dem Weg zu fragen, wenn er sich verfahren
hat.

Wenn selbst unsere stärkste Machttaktik scheitert, wird es
schwer sein, ein Gefühl von Kontrolle und Macht zu haben.
Andererseits weist der Psychologe David Kipnis, der eine Reihe
von Untersuchungen über verschiedene Aspekte von Macht
durchgeführt hat, darauf hin, daß bei erfolgreichen Machttaktiken gerade dieser Erfolg »das Gefühl des Mächtigen für dessen
Macht stärkt«. Kipnis und seine Kollegen untersuchten, wie der
erfolgreiche Gebrauch von Macht oder auch die »metaphori-
schen Auswirkungen von Macht« unsere Weltsicht verändern
können. Danach werten Ehemänner oder -frauen, »die glauben,
sie verfügten letztendlich über die Entscheidungsgewalt in ihrer
Ehe, ihren Ehepartner ab«. Kipnis kam auch zu dem Ergebnis,
daß bei einer abfälligeren Einschätzung des Ehepartners eine
»einseitige Verfügung über Entscheidungsgewalt mit geringerer
Zuneigung (und) Zufriedenheit in den sexuellen Beziehungen«
einhergeht.

Einige Untersuchungen über das Verhältnis von Machtverteilung und ehelicher Zufriedenheit kommen zu dem Ergebnis,
daß in den glücklichsten Ehen die Entscheidungsprozesse
gemeinsam geregelt werden. Einigen anderen Studien zufolge
sind die unglücklichsten Ehen wiederum diejenigen, in denen
die Frau allein entscheidet. Allerdings weisen wiederum andere
Untersuchungen im Gegensatz zu Kipnis ein recht hohes Maß an
ehelicher Zufriedenheit dort nach, wo der Mann dominiert; vielleicht deshalb, weil solche Verhältnisse mit dem Mann an der
Spitze eher konventionellen Erwartungshaltungen entsprechen.
Zu dem bisher Gesagten kommt schließlich hinzu, was eine
Reihe weiterer Studien nahelegt: daß Eheglück nicht in erster
Linie von der Frage abhängt, ob er oder sie über mehr Kontrolle
und Macht verfügt, sondern eher davon, ob der Einflußreichere
sich mehr auf »Zuckerbrot oder Peitsche« versteht.

In manchen Fällen ist es eindeutig, ob der Ehemann oder die
Ehefrau eine Ehe dominiert, also wer meistens »die Hosen anhat«. Zuweilen läßt sich schwer ausmachen, wer wen beherrscht.
Von Fall zu Fall glauben wir uns sicher, aber dann entdecken wir
unseren Irrtum, daß nämlich in Wirklichkeit – so unwahrscheinlich das klingen mag – derjenige Ehepartner weitaus mächtiger
ist, welcher unablässig und grenzenlos gibt, während der immer
nur Nehmende zu einem hoffnungslosen Fall von Abhängigkeit
– »Ich-kann-nicht-mehr-ohne-dich!« – geworden ist. Manchmal
schwankt das Machtverhältnis zwischen den Partnern auch hin
und her.
    Nehmen wir beispielsweise Harriet und Roger, deren häufig-
ste Kontroll- und Machtvarianten Folgsamkeit (sie) und Zwang
(er) heißen. Er greift sie verbal an, woraufhin »sie sich zur Null
macht«, sich entschuldigt und um Verzeihung bettelt, scheinbar
derart von seinem Rumschreien und Kritisieren vernichtet, daß
ihr Leiden nun ihn seinerseits sich äußerst schuldig fühlen läßt.
Folglich gibt Roger aus diesen Schuldgefühlen und seinem Wie-
dergutmachungswillen heraus Harriets Forderungen nach. So
hat sie letztlich die stärkere Position. Dieser Zustand dauert an,
bis er sich unterworfen und gedemütigt fühlt, seine Attacken in
Form von Beleidigungen wieder aufnimmt, kritisiert und her-
umbrüllt. Schließlich und endlich windet er sich und entschuldigt sich wieder, bis... So wechseln Harriet und Roger immer
wieder aufs neue ihre jeweilige Machtstellung.

Doch es gibt auch langfristige Machtverlagerungen. Schauen wir uns einmal die »Puppenfrau« Nora an, wie sie im 1. Akt von Ibsens Drama *Ein Puppenheim* »herumzwitschert« und »herumhüpft« und die entzückende »süße kleine Singlerche« spielt, wenn sie ihren Ehemann Helmer um Geld bittet: »Ach doch, tu das doch, lieber Torvald, ich bitte dich so sehr darum.« Und nun im Kontrast dazu die neue selbstbewußte, nunmehr so starke Nora im 3. Akt, die denselben Ehemann auffordert: »Setz dich, Torvald, wir zwei haben viel miteinander zu besprechen. (…) Nein, unterbrich mich nicht. Du sollst nur zuhören, was ich sage. Dies ist eine Abrechnung, Torvald.« Das wird es in der Tat. Sie gesteht ihm: »Wenn ich jetzt zurückblicke, wird mir klar, daß ich hier wie ein bettelarmer Mensch gelebt habe – nur von der Hand in den Mund. Ich hab' davon gelebt, dir Kunststücke vorzumachen, Torvald. Aber du wolltest es ja so haben.« Und kurz darauf sagt sie ihm: »Es nützt nichts, mir jetzt noch was zu verbieten.« Und sie erklärt: »Ich glaube, daß ich in erster Linie ein Mensch bin, ich genausogut wie du…« Und dann sagt sie: »Deshalb will ich auch nicht länger hierbleiben.« Torvald reagiert zunächst in seiner üblichen, gönnerhaft selbstherrlichen Art: »Du bist wahnsinnig!« oder »Oh, es ist empörend.« oder auch: »Du redest wie ein Kind.« Doch kurz darauf erkennt er die Ernsthaftigkeit ihrer Versicherung: »Ich habe mich nie so klar und sicher gefühlt wie heute nacht.« Und als Nora am Schluß, die Türe hinter sich zuschlagend, tapfer hinausgeht, um auf eigenen Beinen zu stehen, und Torvald erkennen muß, wie sehr er sie braucht, verschiebt sich das Machtverhältnis, und zwar für immer.

Wie auch immer die Balance der Macht aussehen mag, so Phyllis Rose in *Parallele Leben,* »jede Ehe gründet sich auf ein bestimmtes Einverständnis zwischen den Partnern, ausgesprochen oder nicht, über die relative Bedeutung, die Priorität ihrer Wünsche. Ehen zerbrechen nicht, wenn die Liebe verblaßt, (…) sondern wenn das Einverständnis über das Gleichgewicht der Macht zusammenbricht.« Aber selbst die beste Beziehung kann von einer Machtverschiebung gekennzeichnet sein, indem Abhängigkeiten und Zuständigkeiten, Gewinn und Verlust im Leben unseren jeweiligen Kontroll- und Machtbereich vergrößern oder verringern. Macht zu teilen bedeutet, beide Partner müssen darin übereinstimmen, daß die Macht fair aufgeteilt wird. Es bedeutet, daß jeder einmal Macht abtreten und der Wunsch des anderen Vorrang haben kann; daß jeder darauf vertrauen darf, irgendwann auch einmal zum Zug zu kommen und nicht übervorteilt zu werden. Mit anderen Worten, daß dem eigenen »quid« auch einmal ein »quo« des anderen folgen werde. Gleichgewichtige Machtverteilung gibt es selbst in traditionellen Eheverhältnissen, wo die Frau den Haushalt führt und der Mann das Geld verdient. Die emotionale Machtstellung einer Frau kann – wie bei Zach und Sylvia – vielfach der Machtposition des Mannes entsprechen, die diesem aus seiner Ernährerrolle erwächst. Ja, sie kann sogar stärker sein. Aber für eine tragfähige Verständigung auf Machtteilung, für eine bewußt angestrebte, praxiserprobte Gleichberechtigung gibt es vermutlich – zumindest theoretisch – nichts besseres als die kameradschaftliche Ehe, wie sie Wallerstein und Blakeslee in *Gute Ehen* definiert haben. Danach wird jede Frage »durch Verhandlungen und Kompromiß gelöst«, wobei »Fairneß (…) viel wichtiger (ist) als die genaue Aufteilung der Pflichten«. Und weiter:

»Die kameradschaftliche Ehe gründet sich auf die Überzeugung von Mann und Frau, daß sie in allen Lebensbereichen gleichberechtigt und ihre Rollen (…) austauschbar sind. (…) Wessen Karriere hat Vorrang? Wie lösen sich die Partner ab? Wer übernimmt die finanziellen Entscheidungen? Richtet das Paar ein gemeinsames Konto oder getrennte Konten ein? Behält die Frau ihren Mädchennamen bei, und wie sollen dann die Kinder heißen? All diese Fragen werden nach dem Prinzip der Fairneß gelöst.«

Das klingt alles sehr nett. Sind dadurch wirklich schon die ehelichen Machtkämpfe abgeschafft? Natürlich nicht. Denn zahlreiche Partner legen, wie Arlie Hochschild in *Der 48-Stunden-Tag* feststellt, eifrig Lippenbekenntnisse für die Gleichberechtigung ab, während sie unterschwellig zutiefst abgeneigt bleiben. »Meine Mutter war wunderbar, eine richtige Dame«, erzählt Nancy, eine Sozialarbeiterin, die mit Evan, einem Verkäufer, verheiratet ist. »Mein Vater behandelte sie wie einen Fußabtreter. (…) Ich schwor mir, nie so zu werden wie sie und nie einen Mann zu heiraten wie meinen Vater.« Doch Evan, theoretisch ein Anhänger geteilter Haushaltspflichten, fürchtete, Nancy »könnte zu dominant werden«, falls er tatsächlich einige Aufgaben mit übernähme. Er weigerte sich darüber hinaus, einer klaren Aufteilung der Pflichten zuzustimmen (»Am Montag kochte sie. Am Dienstag sollte Evan kochen.«), und zwar mit der Begründung, er sei gegen solch »starre Zeitpläne«. Infolgedessen versprach er, er würde in diesem unter Alltagsdruck stehenden Haushalt mit zwei voll berufstätigen Eltern und einem kleinen Jungen seinen Pflichtanteil beim Kochen und Waschen schon übernehmen. Dann jedoch brachte er zu Nancys Überdruß, Enttäuschung, Groll und schließlich auch offener Wut alles durcheinander und »vergaß« es einfach. Nachdem sämtliche Taktiken zur Änderung dieser Lage zu nichts geführt hatten, versuchte Nancy sein Fehlverhalten mit Hilfe von Sex in den Griff zu bekommen. Sie erzählt: »Schon als Teenager habe ich mir geschworen, daß ich Sex niemals dazu benutzen würde, einem Mann meinen Willen aufzuzwingen. Doch als Evan sich weigerte, seinen Teil der Hausarbeit zu übernehmen, griff ich doch zu diesem Mittel. Ich sagte zu ihm: ›Sieh mal, Evan, ich wäre abends bestimmt nicht immer so müde und lustlos, wenn ich nicht wüßte, daß am Morgen eine Menge Arbeit auf mich wartet.‹«

Aber Evan riß sich auch weiterhin nicht zusammen. Die daraus resultierenden Spannungen drohten zuletzt in einer Trennung zu enden. Und Nancy kapitulierte. Es war ihr wichtiger, ihre Ehe zu retten, als sich an diesem Punkt durchzusetzen. »Soll ich meine Ehe wegen einer ungespülten Bratpfanne aufs Spiels setzen?«, fragte sie sich. Und im übrigen: »Frauen können sich doch immer besser anpassen, nicht wahr?« Die Antwort hierauf lautet: Üblicherweise, aber nicht immer.

Als Adrienne zum Beispiel das Gefühl hatte, ihr Ehemann Michael würde ihre Karriereabsichten aufgrund seiner fehlenden Unterstützung im Haushalt nicht genug fördern, weigerte sie sich, klein beizugeben. Statt dessen »schrie und weinte (sie). (…) Ob er vielleicht glaube, er habe mehr Anrecht auf Erholung als sie? Zähle ihre Arbeit denn gar nichts?« Sie sagte ihm klipp und klar, er solle, »ihre wissenschaftlichen Ambitionen genauso ernst nehmen wie seine eigenen und dies dadurch symbolisch zum Ausdruck bringen, daß er ihr im Haushalt half. Andernfalls (…) werde sie ihn verlassen.« Als sich Michael weiterhin ablehnend verhielt, blieb sie auf dem Kriegspfad und zog aus. Damit war Michael, der seine Frau liebte und sie zurückhaben wollte, gezwungen, seine Position zu überdenken. Michael übernahm seinen Aufgabenteil und die Ehe lebte wieder auf.

Doch ungeachtet der gesellschaftlichen Veränderungen, die nach Millers Worten einen »härteren, sichtbar unabhängigeren Typus von Frauen« hervorgebracht haben, weisen eheliche Machtverhältnisse weiterhin eigenartige Ungleichgewichte auf. Hochschild hat bespielsweise folgendes herausgefunden: » Je mehr sich ein Mann ökonomisch in seiner Identität bedroht fühlt, etwa durch das höhere Gehalt seiner Frau, desto weniger kann er es sich leisten, seine Identität noch mehr zu gefährden und ›Frauenarbeit‹ zu machen.« Aus diesem Grund verweigern einige Ehemänner Haushaltsarbeiten, um »mit ihren Frauen wieder ›gleichzuziehen‹ (...), weil sie das Gefühl haben, ihre Frauen könnten sie beruflich ›überrunden‹ oder auf andere Weise ›zu viel Macht‹ erlangen«.

Auch Frauen praktizieren laut Hochschild derartige Formen von »Machtausgleich«. Nina zum Beispiel, eine gutaussehende und erfolgreiche Top-Managerin, »macht die Tatsache, daß sie mehr verdiente als ihr (Ehemann) Peter und ihn damit unabsichtlich in seinem männlichen Stolz kränkte, dadurch wieder gut«, daß sie die »zweite Schicht« ganz überwiegend selbst erledigt. Eine andere Frau, Ärztin und ansonsten in jeder Hinsicht eine überzeugte Feministin, die wesentlich mehr Geld als ihr Musiker-Ehemann verdiente, kümmerte sich allein um den gemeinsamen Haushalt und ihr Kind. Sie war vielleicht »der Meinung, sie störe durch ihren höheren Status die Machtbalance in ihrer Ehe«.

Was folgt daraus? Hochschild kommt zu dem Ergebnis: »Wichtiger als kulturell bedingte Ansichten über die Rollenverteilung zwischen Mann und Frau war also die Auffassung von der richtigen Machtverteilung zwischen den Geschlechtern. Frauen, die einen Machtausgleich anstrebten, wähnten sich ›zu mächtig‹. Sie spürten, daß ihre Männer sich ›gekränkt‹ fühlten, daß ihr ›männliches Ego‹ angekratzt war. Weil sie nicht wollten, daß ihre Männer deprimiert waren, gaben sie ihnen die verlorene Macht dadurch wieder zurück, daß sie sie zu Hause bedienten.«

Es scheint also, daß, selbst wenn mehr und mehr Ehepaare gleichberechtigte Partnerschaften anstreben, »Verschränkungen von Liebe und Macht« auch in diesen – wie in allen – Ehen fortbestehen. Warum ist das so? Wegen unserer früheren Erfahrungen mit Autorität und Machtlosigkeit, wegen unseres fortdauernden Ringens um die widerstreitenden Kräfte von Autonomie und inniger Vertrautheit und schließlich wegen des Aufeinanderprallens unserer romantisch verliebten Erwartungen mit der »bürgerlichen Prosa« unseres Ehealltags. Ist das vielleicht so wegen der zahlreichen Unterschiede, die selbst zwischen denkbar gut aufeinander eingespielten Partnern bestehen, wegen der grundsätzlichen Unterschiede zwischen Mann und Frau und nicht zuletzt aus dem einfachen Grund, weil wir unseren Willen haben wollen und selbstverständlich auch davon überzeugt sind, wir sollten ihn bekommen?

All das verwebt sich in der Ehe mit der Liebe, auch in solchen Ehen, die auf der Überzeugung gleichberechtigter Beziehungen basieren. Ungeachtet der letztendlichen Entwicklung unserer Partnerschaft werden wir uns irgendwann, wenn auch unterschiedlich häufig, fragen: »Bekomme ich eigentlich, was ich will? Kriege ich, was mir zusteht? Bekomme ich meinen Anteil?« Diese Fragen werden verstärkt auftauchen, falls wir eine Beziehung mit Befürchtungen aufnehmen wie: »Wenn ich jetzt nicht aufpasse, werde ich verletzt« oder »Reich' ihr den kleinen Finger, und sie nimmt die ganze Hand.« Oder falls wir ein erschüttertes Selbstwertgefühl haben und es wieder zu stärken versuchen, indem wir andere runtermachen. Oder auch, weil wir den – meist erfolglosen – Ehrgeiz haben, unseren Partner in wesentlichen Dingen zu ändern. Es kann auch sein, daß wir felsenfest überzeugt sind, die einzig richtige Auffassung von Wirklichkeit zu haben, die deshalb selbstverständlich auch von unserem Partner zu teilen sei. Oder unser familiärer Hintergrund sieht so aus, daß Vater immer alles besser wußte oder Mutter den Haushalt schmiß, also ein Muster an patriarchalischer oder matriarchalischer Machtteilung war, das zu wiederholen oder aber zu vermeiden wir uns gezwungen sehen.

Doch auch ohne größere psychologische Altlasten werden miteinander vertraute Partner über Kontrolle und Macht streiten. Jeder wird viel Zeit und Anstrengung darauf verwenden, den anderen dahin zu bekommen, wo man ihn haben will. Diese Ringkämpfe finden manchmal auf offener Bühne statt, oft jedoch diskret und subtil auf Nebenschauplätzen. Dieses Streiten muß durchaus nicht immer einen Namen haben oder überhaupt auch nur jemals zur Sprache kommen. Wir werden uns auch nicht immer beim Gebrauch einer Kriegslist eingestehen, was wir da eigentlich tun. Dennoch führt die Tatsache, daß »eine Ehe über weite Strecken ein abgeschlossenes System darstellt«, dazu, daß »sie zum Treibhaus der Machtpolitik« werden kann, wie die Psychologin Althea Horner schreibt. Oder wie es einmal ein befreundeter Psychoanalytiker formulierte: »Ehe ist die Fortsetzung des Krieges mit anderen Mitteln.«

Je stärker wir eine Partnerschaft à la »Mehr als die Summe aus beiden von uns« anstreben, desto vorsichtiger werden wir auch unsere Kämpfe um Kontrolle und Macht führen. Je bewußter wir unsere Machttaktiken einsetzen, desto umsichtiger werden wir unsere Waffen wählen. Zwei Menschen, die ein gemeinsames Leben zu führen versuchen, können nicht die Tatsache ignorieren, daß sie zwei verschiedene Persönlichkeiten mit verschiedenen Lebensgeschichten, Träumen, Befürchtungen, Interessen und Bedürfnissen sind. Wir können auch nicht vermeiden, daß wir uns beim Zusammenprall dieser Unterschiede nicht immer durchsetzen können. Selbst der Stärkste muß manchmal einlenken und selbst der Schwächste hat einige Pfeile im Köcher. Und auch das glücklichste Paar muß lernen, daß nicht einmal die einfachen Freuden des Ehelebens so einfach oder leicht zu haben sind, sondern daß selbst diese Freuden nur zu oft von Kämpfen um Kontrolle und Macht begleitet sind.

6 Ewige Elternschaft

Genau in diesem Augenblick telefonieren wahrscheinlich (…)
etliche Söhne mit ihren Müttern (…), und rufen aus ihren Kliniken,
Anwaltskanzleien und Banken an. Viele von ihnen sind angesehene
Männer und oft hört man sie in den Hörer schreien: »Mama, hörst
du jetzt endlich mal auf damit!«

The Wall Street Journal

Elternschaft als psychobiologischer Prozeß endet erst
mit dem Tod der Eltern.

Therese Benedek

Als Ehepartner oder – sei es durch Tod, Scheidung oder freie
Entscheidung – als alleinerziehender Elternteil investieren wir
viele Jahre unseres Lebens in die Erziehung unserer Kinder. Wir
geben ihnen nach und nach immer mehr Raum für eigene Entscheidungen oder auch Fehler. Wir begrüßen ihre wachsende
Unabhängigkeit, zeigen Respekt vor ihrer Eigenständigkeit
und ermutigen aktiv ihren Loslösungsprozeß von uns. Während sie so ihre eigene Zukunft auf eine Art und Weise gestalten, die wir durchaus nicht immer und unbedingt schätzen, reden wir uns ein: »Schließlich ist es ja ihr Leben, nicht
unseres.«

So jedenfalls soll das Szenario aussehen, während wir uns von
der frühen zur nicht mehr ganz so jungen Elternschaft fortbewe-
gen, während unsere Kinder nach und nach Schnurrbärte, Brüste, akademische Titel bekommen und eigene Familien gründen.
Uns ist natürlich bewußt, wie ungehörig es wäre, sie immer noch
unserer eigenen Tagesordnung folgen zu lassen; ihnen vorzuschreiben, was sie machen sollen und was nicht; ungebetene Ratschläge zu erteilen; oder von ihnen zu erwarten, daß sie diese
Ratschläge auch befolgen. Es ist uns klar, wie unangemessen es
wäre, unsere erwachsenen Kinder kontrollieren zu wollen. Und
doch könnten wir versucht sein, es zu tun.

An einem Punkt ihres Lebens voller Einmischungen kommt eine übereifrige Frau, die ich hier Brenda Kovner nenne, zur Überzeugung, an einem Gehirntumor sterben zu müssen. Der Gedanke daran, wie ihre Kinder ganz ohne Mutter zurechtkommen sollen, wie sie hilflos versuchen, ohne ihre guten Ratschläge klarzukommen, ist ihr unerträglich. Und so schreibt sie eine ganze Serie von Briefen, die die Kinder an ihren jeweiligen Geburtstagen bis weit ins 21. Jahrhundert hinein öffnen und lesen sollen. »Voller Wärme und Weisheit«, so Brenda selbst, »gaben diese Briefe mütterliche Wegweiser für die Zeit, in denen meine Jungen zehn, dann 20 Jahre und schließlich 30 und 40 Jahre alt werden würden: schlurft nicht beim Gehen; murmelt nicht in euren Bart; helft den Bedürftigen; bleibt euch selbst treu; heiratet des guten Charakters und nicht der schönen Brüste wegen; gebt die Poesie nie auf; benutzt täglich Zahnseide oder ihr werdet es später bereuen. Und vergeßt vor allem nicht, daß eure Mutter euch liebt, wenn sie auch gestorben ist.«

Selbst Kontrollfanatikern mag es leicht übertrieben erscheinen, noch über den eigenen Tod hinaus das Leben unserer Kinder auf die Reihe bringen zu wollen. Andererseits erscheint ein solcher Versuch doch irgendwie ganz bestechend. Denn unsere Kinder waren ja wirklich in der Zeit ihres Heranwachsenes sehr auf unsere fürsorgliche Unterstützung angewiesen. Damals wußten wir schließlich, was für sie richtig war, nicht wahr. Deshalb glauben wir, das sei immer noch so. Auch wenn sie älter und schließlich erwachsen geworden sind und – zumindest ihrer eigenen Überzeugung nach – aufgehört haben, Kinder zu sein, sind wir Mütter und Väter immer noch der Auffassung, unsere Aufgabe sei keinesfalls endgültig erledigt. Sie mögen jetzt zwar keine kleinen Kinder mehr sein, doch wir verbleiben im Zustand ewiger Elternschaft. Wir fühlen uns immer noch für ihr Glück zuständig, leiden immer noch mit, wenn sie Schmerzen haben. Immer noch versuchen wir, sie vor größeren und kleineren Katastrophen zu bewahren; und nach wie vor fühlen wir uns bemüßigt, sie daran zu erinnern, die Pflanzen zu gießen, nie Weiß- und Buntwäsche zusammen zu waschen und auf jeden Fall genug Zeit einzuplanen, damit sie den Zug nicht verpassen. Und wenn doch einmal bei der Wäsche oder in ihrem Leben etwas schieflaufen sollte, sind wir auf dem Sprung, es wieder zu richten, sie zu küssen und alles wieder gutzumachen.

Eine Anmerkung: Letztes Jahr erhielt ich eine Karte zum Muttertag mit einer Mutter darauf, die ein Auto steuert, ihr Sohn auf dem Beifahrersitz, während ihr ausgestreckter Arm über seine Brust gelegt ist. Meine drei Söhne haben mir über die Jahre so manches wegen meiner überbeschützenden Art erzählt, aber diese Karte brachte das alles am besten auf einen Nenner. Denn der Gruß lautete: »Für Mama, den Original-Sicherheitsgurt!« Warum nur können wir nicht immer der Sicherheitsgurt unserer Kinder sein?

Als Eltern mittlerweile erwachsener Kinder werden wir vermutlich mit einer gewissen Wehmut auf die ersten zehn Jahre der Kindererziehung zurückblicken, als wir – trotz aller Auseinandersetzungen ums Töpfchen, die Schlafenszeit und das Tragen von Handschuhen – grundsätzlich sicher sein durften, die Dinge im Griff zu haben. Schließlich waren wir ja die Grundvoraussetzung ihres Überlebens und darüber hinaus stärker (unbestreitbar) und klüger (meistens) als sie.

Aber jetzt am Ende des zweiten Jahrzehnts der Elternschaft werden unsere Töchter und Söhne offiziell erwachsen, und man erwartet von uns, daß wir sie endgültig allein bestimmen lassen – ungeachtet ihrer geringen Erfahrung und ihrer unvollkommenen Bewältigung der vielen Fallstricke und Gefahren des Lebens. Uns scheint es vielleicht schwer begreiflich, daß sie all das jetzt selbst können. Verstehen sie denn überhaupt die Dringlichkeit einer Krankenversicherung? Ist ihre Furcht vor AIDS auch groß genug? Sie werden doch hoffentlich genug Obst und Gemüse essen, immer den Sicherheitsgurt anlegen und Fremden auch nie die Haustüre aufmachen? Uns fröstelt bei ihrer Absicht, in einen unsicheren Stadtteil umzuziehen; zu kündigen, ohne bereits eine neue Stellung zu haben; jemanden zu heiraten, bei dem nun wirklich jeder außer unserem liebestrunkenen Narren großen Ärger riecht. Uns schaudert vor so mancher ihrer Entscheidungen. Und natürlich schaudert es uns nicht nur, sondern wir fühlen uns genötigt, ihnen unsere Meinung zu sagen, statt uns in einer so bedrohlich scheinenden Situation zurückzuhalten und uns einfach auszuklinken, den Mund zu halten – kurz: Kontrolle und Einfluß abzugeben. Natürlich sind wir dabei überzeugte Verfechter einer weitgefaßten Definition von »hochgradig bedrohlich«.

Die Psychologin Angela Barron McBride hat über elterliche »Retterphantasien« geschrieben und über die Ängste, unsere Kinder könnten »Riesenfehler« machen. Sie hat über unseren Kummer geschrieben, als »Entscheidungsträger« abgelöst zu werden und bestenfalls noch als »geschätzte Berater« fungieren zu dürfen; und über unsere Gefühle, nicht mehr gebührend gewürdigt, unwichtig geworden zu sein und ignoriert zu werden. Und nicht zuletzt hat sie darüber geschrieben, wie schwer es doch fällt, die Eigenständigkeit und Reife unserer Kinder anzuerkennen. Obgleich McBrides Erkenntnisse ursprünglich für Eltern von Heranwachsenden gedacht waren, unterliegen die aufgeworfenen Themen keiner zeitlichen Beschränkung. Die im folgenden zitierten Mütter – die meisten sind über 75 Jahre alt – führen uns beispielsweise vor Augen, wie stark wir mit den Leben unserer »Kleinen« verwoben bleiben.

»Wir wollen schließlich Dinge für unsere Kinder«, erklärt Rose Fichtelberg, »von denen sie nicht einmal selbst wissen, daß sie sie wollen.« »Unser Problem ist, daß wir uns zu sehr um sie kümmern, zu große Sorgen machen und nie loslassen können«, so Rita Kingsley. Und Evelyn Noloboff erzählt: »Mein Sohn sagt: ›Mama, mach dir doch keine Sorgen um mich.‹ Und ich erwidere ihm: ›Hör mal, es macht mir einfach Freude, mir Sorgen zu machen.‹« Und sie fügt hinzu: »Jeder braucht doch jemanden, der auf einen aufpaßt.« Kein Wunder also, daß so viele angesehene, kompetente, erwachsene Männer und auch Frauen mittleren Alters immer noch in den Telefonhörer schreien: »Mama, hörst du jetzt endlich mal auf damit!«

Die Therapeutinnen Jean Davies Okimoto und Phyllis Jackson Stegall schreiben dazu in ihrem Buch *Boomerang Kids* folgendes: »Es ist die bei weitem wichtigste Aufgabe bei der Ablösung von den alten Eltern-Kind-Interaktionen, ihre nunmehr erwachsenen Kinder auch als Erwachsene zu respektieren, das heißt als eigenständige menschliche Wesen, die ihre eigenen Entscheidungen darüber treffen, welches Leben sie führen wollen.« Und sie ergänzen: »Das ist eine so schwere Aufgabe, daß es viele Eltern nie ganz schaffen werden.«

Und obgleich wir vielleicht unsere Kinder auch deshalb weiterhin beherrschen wollen, um eigene wichtige Bedürfnisse zu befriedigen, werden wir uns meist nur zu gerne einreden, wir täten das alles doch nur zu deren eigenem Besten. Im übrigen, sollten wir tatsächlich einen sehr hilfreichen Beitrag zur Gesundheit oder zum Glück unseres Kindes leisten können, warum sollte es dann so verwerflich sein, ein wenig Kontrolle auszuüben?

Kay und Jason beispielsweise können die schwierige Frau nicht ausstehen, mit der ihr Sohn zusammenlebt, eine schöne, allerdings kühle Journalistin, die aufgrund ihres eigenen familiären Hintergrunds Familien grundsätzlich als »Gift« ansieht und ihn deshalb immerfort vor die Entscheidung: »Deine Familie oder ich!« zu stellen versucht. »Wir waren uns immer sehr nah in der Familie«, erzählt Jason. »Wir haben viel gemeinsam unternommen – Ferien, Urlaub und so. Aber sie besteht darauf, eigene Pläne zu machen.« Kay äußert sich dazu so: »Die Familie kann man jetzt wirklich vergessen. Sie hat etwas dagegen, daß er einen Teil seiner Zeit mit seiner Schwester verbringt. Beide Kinder mögen sich sehr. Zumindest taten sie das, bis diese … Schlampe daherkam.« Kay und Jason sehen in der Partnerin ihres Sohnes die Schlange in ihrem familiären Paradies. Ihrer Meinung nach übt sie auf ihren Sohn keinen guten Einfluß aus. Kay sagt: »Diese Frau wird ihn von allen isolieren, die ihn lieben, meiner Meinung nach eine Tragödie.« Sollten sie ihn nicht warnen, bevor er eine langfristige Entscheidung trifft und sie womöglich noch heiratet?

Ein weiteres Bespiel: Das Wohnzimmerfenster unseres zweiten Sohnes öffnet sich direkt zu einer Feuerleiter, die auch für potentielle Einbrecher leicht zugänglich ist. Wir wissen genau, wie zugänglich sie ist. Ein Einbrecher hat sie nämlich bereits einmal benutzt, um aus der Wohnung sämtliche Wertgegenstände abzuschleppen, vom Fernseher bis zu den Anzügen. Er hatte nur deshalb niemand bedroht oder verletzt, worauf ich nach der Tat umgehend hinwies, weil unser Sohn zur Tatzeit nicht anwesend war. Ich habe mich erkundigt und herausgefunden, daß mein Sohn leicht eine Fenstersperre kaufen könnte, die jeden Einstieg verhindern würde, ohne den Weg nach draußen zu versperren. Damit würde jeder Einbrecher abgehalten, ein Notausstieg im Falle eines Brandes wäre hingegen jederzeit möglich. Mein Sohn erklärt mir nun, er sei weder am Kauf dieser Sperre interessiert noch werde er eine als Geschenk annehmen, wenn er auch bedaure, daß die fehlende Sperre mir manch schlaflose Nacht beschert habe. Aber vielleicht wird er seine Meinung ja noch ändern, wenn ich das Thema wieder und wieder anspreche, wenn wir telefonieren. Wie könnte ich auch dazu schweigen?

Und ein letztes Beispiel: Almas einzige Tochter, die noch im Alter von mittlerweile 31 Jahren versucht, sich selbst zu finden, hatte ihre Mutter gebeten, mit ihr zusammen an einer Therapiesitzung teilzunehmen. Es brauchte nur eine Stunde mit dieser Therapeutin, um bei Alma Entsetzen hervorzurufen: »Sie spielt mit den Abhängigkeiten meiner Tochter und will mir erzählen, ich würde zuviel von ›diesem Kind‹ erwarten. Sie nennt meine Tochter ›dieses Kind‹, können Sie das glauben?« Alma, die behauptet, die Therapeutin »infantilisiert meine Tochter, statt ihr zu helfen, erwachsen zu werden«, würde ihrer Tochter am liebsten vorschlagen, nein, würde sie gern drängen, sich eine andere Therapeutin zu suchen. Muß sie das nicht auch?

Neben unserem Wunsch, unseren Kindern zu zeigen, wie sie richtig leben sollen, haben wir eine ausgeprägte Meinung darüber, wie sie unsere Enkel erziehen sollten. Diese Grundsätze vertreten wir mit großem Nachdruck. Wir sind überzeugt, daß sie wirklich Bestand haben. Aber leider wollen die Eltern unserer Enkel nichts davon wissen, daß man ein schreiendes Baby nicht immer sofort auf den Arm nehmen sollte; oder davon, daß man der Kleinen tüchtig was hinten drauf geben muß, wenn sie auf die Straße läuft; oder auch davon, daß, wenn sie doch nur ihrem Zweieinhalbjährigen mehr zu essen gäben, er nicht im untersten Bereich des normalen Körpergewichts läge.

Wir machen uns auch so unsere Gedanken über Dreijährige, die immer noch bei ihren Eltern im Bett schlafen und über Vierjährige, die immer noch Pampers tragen. Jemand könnte auch durchaus auf die Idee kommen, das Ehepaar zu fragen, das so hart in der gemeinsamen Anwaltskanzlei arbeitet, daß es seinen Sohn nur etwa 15 Minuten pro Woche sieht: »Bitte, wie war das noch mal, warum habt ihr ihn bekommen?« Natürlich wird das niemand fragen, noch würde ein Großvater – jedenfalls keiner, den ich kenne – seiner Tochter im Ernst nahelegen, sie solle vielleicht mal darüber nachdenken, ob sie nicht doch ihren Kleinen vor Eintritt in die höhere Schule von der Brust entwöhnen wolle (hahaha!). Aber wenn wir um uns herum beobachten, was es so alles an Einengungen zu geben scheint, an blanker Vernachlässigung, Gefühllosigkeit oder auch an übertriebener Nachsichtigkeit – sollten wir da nicht doch etwas sagen?

Es wird immer jemanden geben, der darauf beharrt, daß Kay und Jason, Alma, ich und überhaupt alle Großeltern rein gar nichts sagen sollten. Doch einige unter uns haben etwas gesagt.

Denn es fällt so schwer, den Mund zu halten, wenn wir überzeugt sind, daß wir unseren Kindern helfen können, wenn wir aus uns herausgehen, selbst dann, wenn wir nicht dringend darum gebeten worden sind. Auch wenn wir bereit sind zuzugestehen, daß Erwachsene einschließlich unserer eigenen erwachsenen Kinder berechtigt sind, so zu essen, zu schlafen und sich zu kleiden, wie sie es nun einmal wollen; die Partei oder Religion zu wählen, die ihnen zuspricht; ihre eigenen Entscheidungen bezüglich Arbeit oder Freunden, Liebhabern oder Ehepartnern zu treffen; ihr Geld auszugeben oder ihre Kinder zu erziehen, wie es ihnen beliebt – auch wenn das alles so ist, fühlen wir uns immer noch genötigt einzuschreiten, wenn wir uns sicher sind, daß sie ihr Leben aufs Spiel setzen oder es ruinieren oder unsere Enkel auf irreparable Weise schädigen. Uns braucht nun wirklich niemand zu sagen, daß wir uns nicht einmischen sollten. Das wissen wir selbst, oder!

Schließlich ist uns klar, daß sie für ihr eigenes Leben verantwortlich sind, die Folgen ihres Tuns zu tragen haben, aus ihren Fehlern lernen müssen. Wissen wir denn nicht, daß wir sie Fehler machen lassen müssen, damit sie daraus lernen können? Natürlich wissen wir das. Und doch werden wir nicht einfach zuschauen, wie ihr Leben »den Bach runtergeht«. Ob sie unsere Hilfe nun wollen oder nicht, egal, ob sie das Kontrolle und Beeinflussung nennen mögen – wir sind sehr wohl versucht, uns in das Leben unserer Kinder einzumischen; nicht, weil wir das sonderlich gern täten, sondern weil es nur gut für sie sein kann.

»Achtung! Gefahr! Betreten nur auf eigene Gefahr!« So schreibe ich manchmal in Briefen an meine Söhne. Oder auch: »Alles weitere sind jetzt Ratschläge«. Ich vermute, es ist dann für sie geradezu unwiderstehlich weiterzulesen. Jedenfalls ist es für mich unwiderstehlich, es zu schreiben. Weil ich mir sicher bin, daß es nur zu ihrem Besten ist! Ja doch, wir versuchen zu kontrollieren und zu beeinflussen aus diesem edelsten aller Gründe – zu ihrem »Besten«. Dabei können wir uns natürlich darin irren, was denn dieses »Beste« wohl sei, wenn wir sie in eine Richtung zu lenken versuchen, die wir – nicht sie – für richtig halten. Weil wir zu wissen glauben, was das Richtige für sie sei, auch dann, wenn sie es – zumindest aus unserer Sicht – nicht einmal selbst wissen.

Ein weiterer Grund für unseren Wunsch, auch noch die erwachsenen Kinder lenken zu wollen, liegt in unserem Konkurrenzverhalten und unserer Eitelkeit. Denn McBride zufolge ist »das Kind das Zeugnis der Eltern«. Und da wollen wir bitte eine Eins haben! Auf dem Weg zu dieser Eins können wir unsere Kinder mit perfektionistischen Erwartungen belasten, indem wir klar zu verstehen geben, welche Laufbahn, welchen Partner, welche Charaktereigenschaften, ja selbst welches Körpergewicht uns stolz machen würde. Ebenso können wir die Kinder mit unseren eigenen unerfüllten Hoffnungen und gescheiterten Ambitionen überfrachten, wie der Psychiater Norman Kiell schreibt. Dann gehören wir zu jenen Eltern, die »ihre eigenen unerfüllten Träume in ihren Sprößlingen« verwirklicht sehen möchten.

Eine Frau Mitte 30, die kürzlich erst eine juristische Laufbahn abgebrochen hatte, um Grundschullehrerin zu werden, erklärte mir, sie hätte die Juristerei von Anfang an überhaupt nicht gemocht. »Doch mein Vater hat daraus etwas gemacht, das ich absolvieren mußte. Es war mir einfach unmöglich, mich zu weigern«, fuhr sie fort, denn sie wußte, daß er sie enterben würde, falls sie ihren eigenen Neigungen folgen sollte. Nach ihren Worten hatte sie die Juristerei solange nicht aufgeben können, bis sie mit der Tatsache hatte leben können, enterbt zu werden. Tatsächlich gibt es Eltern, die ihre Kinder völlig aus ihrem Leben streichen, wenn diese nicht so leben, wie sie gefälligst leben sollten. Das tun sie nicht etwa deshalb, weil ihre Kinder in irgendeinem Sinn »schlechte« Menschen wären. Sie tun es, weil es – wie eine Frau sich ausdrückte – »eigentlich nicht das Kind ist, das ich mir vorgestellt hatte«. Es gibt auch Eltern, die sich von ihrem Kind abwenden, weil es nicht »in der eigenen Glaubensgemeinschaft« bleibt oder weil es einen Partner mit einer anderen Hautfarbe heiratet. Auch homosexuelle Neigungen können zur elterlichen Abwendung führen, wie bei dem Vater, der, als er von der lesbischen Neigung seiner Tochter erfuhr, allen Ernstes ausstieß: »Du bist für mich tot. Du solltest besser tot sein. Mir wäre es lieber, du wärest es!«

Brett, ein Konzertpianist, berichtet, daß »sie mich nie mehr zu ihren Zusammenkünften einluden«, seit er ihnen gestanden hatte, schwul zu sein. »Sie laden mich nicht mehr auf ein paar Urlaubstage ein, sie rufen nicht mal an. Es ist so schwer, an dem einen Tag noch der ideale Sohn zu sein und am nächsten eine Peinlichkeit. Es ist so, als wäre ich für meine Eltern kein Mensch mehr.« Brett schließt mit den Worten: »Ich habe das Gefühl, meine Eltern konnten mich wohl nur so lange lieben, wie sie eben (...) meine Musikauszeichnungen, Trophäen und Fotos vorzeigen konnten. (...) Vielleicht haben sie in mir nur eine Art Anhängsel gesehen, mit dem sie gewissermaßen ihre eigenen Fehlschläge und Mißerfolge kompensieren wollten.« Vielleicht waren diesen Eltern wie allen »Geh-mir-bloß-für-immer-aus-den-Augen-Eltern« auch einfach Kinder unerträglich, deren Leben sie nicht mehr beherrschen konnten.

Die Kontrolle über unsere Kinder zu behalten, kann auch dazu dienen, unser Gefühl für die eigene Bedeutung wachzuhalten. Sie erlaubt uns, wie die Psychotherapeutin Ruth Caplin feststellt, an etwas festzuhalten, was einige als »die wichtigste Position in unserem Leben« bezeichnen. Caplin spricht in diesem Zusammenhang von der »schmeichelhaften Abhängigkeit (unserer Kinder), ihrem Respekt vor unserer überlegenen Weisheit und Erfahrung, unserem und ihrem Gefühl, daß sie nicht ohne unsere Dienste leben könnten«. Wobei es wohl denjenigen Müttern am meisten Schwierigkeiten bereitet, solche Genugtuungen zu verlieren und darauf zu verzichten, die ihre Kinder ganztags betreut haben. Somit setzen manche dieses »Bemuttern« ihrer dann oft aufgebrachten erwachsenen Kinder fort. Sie lassen sie wissen, wann sie zum Friseur müssen; erinnern sie an ihre nächste Routineuntersuchung beim Zahnarzt; empfehlen ihren Töchtern etwas mehr Rouge und den Söhnen etwas flottere Krawatten; tauchen mit Gummihandschuhen und Putzmitteln in den Wohnungen ihrer Kinder auf, um den verschmutzten Herd nun endlich einer Generalreinigung zu unterziehen oder um Wäscheschränke aufzuräumen oder Möbel umzustellen. Sie versuchen wiederzubeleben, was eine Frau »die Wonnen früher Elternschaft« genannt hat, »als sie dich dermaßen brauchten und so sehr an den Rockschößen hingen. Sie dachten, alles was du machtest, sei perfekt.«

Selbst diejenigen, die keine Ganztagsmütter waren, vermissen manchmal – wie ich eine Zeitlang – diese Wonnen früher Elternschaft, die »Unersetzliche-ein-und-alles-Mama« zu sein: die Mama, die das Pflaster anklebte und die Brote schmierte; die Mama aus »Ohne Mutter geht es nicht« hier und »Mama ist wieder da!«dort. Die Mutter, von der erwartet wird, daß sie sofort aus der Dusche heraushechten oder ein Telefongespräch abbrechen würde, sobald sie ihr Kind rufen hört. Einerseits waren dieser Mutter die kindlichen Bedürfnisse und Abhängigkeiten oft zu raumgreifend, manchmal geradezu erdrückend. Andererseits gibt es natürlich im Gegenzug diese außergewöhnlichen entzückenden Belohnungen. Eine meiner Freundinnen hat das einmal so ausgedrückt:»Mein Sohn war der einzige in meinem Leben, der jedesmal vor Freude gekreischt hat, wenn ich das Zimmer betrat.« Wie sollten wir so etwas wohl nicht vermissen?

Erik Eriksons bezeichnet die siebte Phase des Menschen in *Kindheit und Gesellschaft* als »Zeugende Fähigkeit gegen Stagnation«, wobei er unter »Zeugende Fähigkeit« die »Stiftung und Erziehung der nächsten Generation« versteht, während »Stagnation« eine »Persönlichkeitsverarmung« bezeichnet, welche entsteht, wenn wir uns ausschließlich um eigene Belange kümmern. Nach Erikson will eine Person gebraucht werden, und die »Zeugende Fähigkeit« erfüllt genau dieses Bedürfnis. Aber die entscheidende Frage, die Ruth Caplin zufolge viele Eltern und insbesondere viele Mütter beantworten müssen, lautet:»Wann hört etwas, das bisher vollständig zu dir gehört hat, auf, ein Teil von dir, deiner Verantwortung, deinem Ruhm, deinem Schmerz, deiner Kontrolle und Macht zu sein?« Und es gibt da noch einen alten Witz:»Wann beginnt Leben?« Antwort:»Leben beginnt, wenn die Kinder das Haus verlassen und der Hund stirbt.« Für viele Mütter ist das gar nicht zum Lachen! Der Weggang der Kinder, so der Psychoanalytiker Paul Dewald, »ist eine besonders schwere Phase für die Mutter, die einen ganz wesentlichen Teil ihrer Aktivitäten und Energie in die Kindererziehung gesteckt hat. Und sollte sie keine Voraussetzungen für andere Aktivitäten und Interessen mitbringen, wird sie sich wahrscheinlich nutzlos und überflüssig vorkommen.«

Die Psychoanalytikerin Therese Benedek spricht vom »übermäßigen Engagement von Müttern im Leben ihrer verheirateten Kinder« als Reaktion darauf, nicht mehr gebraucht zu werden, als »eine Abwehr und Überkompensation dieses niederschmetternden Gefühls«. Statt zu versuchen, weniger Einfluß auszuüben, wenn ihre Kinder nun selbständig werden, »wollen (solche Mütter) an jeder Einzelheit ihres neuen Lebens teilhaben«. In ihrem Wunsch, unersetzlich zu bleiben, können sie dann zu besserwisserischen und herrschsüchtigen Frauen werden. Sie mischen sich in alles ein, erwarten, daß man ihren Ansichten folgt und werden zu nur ungern gesehenen Gästen im Heim ihrer Kinder.

Vor kurzem wurde ich im Flughafen von Cleveland Zeugin der folgenden Szene: Großmutter entsteigt der Maschine, läuft erwartungsvoll auf ihren Enkel zu und nimmt den Sechsjährigen in ihre Arme. »Wie herrlich, dich zu sehen! Ich hab dich ja so lieb! Ich ... ja, was um Himmels willen haben sie denn mit deinen Haaren gemacht?« Woraufhin ihr Sohn vortritt, sie scharf anblickt und aufgebracht sagt: »Mama, sei bloß still! Fang nicht wieder damit an!« Ich weiß nicht, ob jene Mutter sich nichtsnutzig und überflüssig vorkam und sich wegen dieser Frustration glaubte einmischen zu müssen. Ich weiß aber, daß die Berufstätigkeit beider Eltern kein Garant dafür ist, daß sie ihren erwachsenen Kindern keine schlauen Ratschläge geben oder deren Leben organisieren wollen. Solche Eltern fordern zuweilen von ihren »Großen« die gleiche Folgsamkeit (»Ich bin der Boss hier!«) wie am Arbeitsplatz oder aber sie wollen – wenn sie dort nämlich keine Macht besitzen – deren Leben bestimmen, und zwar genau deshalb, weil sie sonst nichts anderes zu bestimmen haben. Hinzu kommt, daß manche Eltern ihre Kinder – auch die erwachsenen – regelrecht als ihr Eigentum betrachten und nicht als eigenständige Personen mit eigenen Rechten. Wie schreibt der Analytiker Harold Blum so schön: Es gibt »kein Gebot ›Ehre deinen Sohn und deine Tochter‹ und keines, wonach Eltern ihren Kindern Respekt zeigen sollten. Ohne diesen Respekt vor der Eigenständigkeit werden sich Eltern häufig dazu berechtigt fühlen, ihren Kindern das Drehbuch des Lebens vorzuschreiben und womöglich nie die Notwendigkeit anerkennen, Kontrolle und Macht abzutreten.«

So manche Eltern gehen dabei erstaunlich weit. Da gibt es zum Beispiel den Multimillionär, der seinen ältesten Sohn als Geschäftsführer des Familienunternehmens einsetzt, jedoch laufend auf umfassenden Rücksprachen besteht. Schließlich feuert er seinen Sohn und prozessiert sogar gegen ihn, nachdem dieser es gewagt hatte, einmal eine eigene Entscheidung zu treffen. Oder auch die Mutter, die, ohne Erlaubnis ihres unverheirateten Sohnes eine Anzeige unter »Heirat und Bekanntschaften« schaltet, in der sie seine Vorzüge aufzählt, wie das nur eine Mutter zu tun vermag; ihn – wohl etwas sehr dick aufgetragen, als gutaussehend, erfolgreich, charmant und gut zu seiner Mutter – anpries und heiratswillige junge Frauen zur Kontaktaufnahme mit ihm ermutigte. Schließlich ist da noch der Vater, der die Verlobte seines Sohnes in sein Büro bittet, um sie unverblümt mit folgenden

Worten aufzufordern, die Verlobung aufzulösen: »Deine Familie ist zu arm und dein Hintern ist zu fett! Ich glaube, mein Sohn hat etwas viel besseres verdient als das.«

Die Mehrzahl der elterlichen Kontrolleure hat geschliffenere und taktvollere Methoden, um ihre Wünsche zu benennen. Sie schlagen vor, statt zu fordern, sie deuten den Preis eventueller Unfolgsamkeit an oder eben die Vorteile der Folgsamkeit. Doch auch wenn die meisten nicht so brutal sind wie der eben erwähnte Vater, der so vernichtend über die völlig perplexe Verlobte seines Sohnes herzog, so sind sie doch genauso in ihre eigenen Maßstäbe verliebt und können durchaus in der ihnen eigenen charmanten Art ebenso besitzergreifend und beherrschend sein. Wir können das in einigen Situationen auch – aber wirklich nur in einigen! Denn wie sehr wir auch immer die Eigenständigkeit unserer Kinder fördern mögen, so wissen wir manchmal einfach, daß wir recht haben. Wie aufrichtig auch immer wir versuchen, sie als vollwertige Erwachsene ernst zu nehmen und ihre Freiheit zu eigenen Entscheidungen zu respektieren, sie bleiben dennoch unsere Kinder, die uns zutiefst mit diesen Entscheidungen beunruhigen können.

Nehmen wir beispielsweise Joseph Brazzi, dessen einziger Sohn der allererste Brazzi überhaupt ist, der ein College besucht. Doch leider ist Brazzi junior auch der letzte seiner Familie, denn seine Frau und er haben beschlossen, keine Kinder zu haben. Daraufhin Joseph senior: »Ich hab ihnen ruhig und höflich gesagt, daß sie es vielleicht eines Tages sehr bedauern würden, keine Kinder zu haben. Aber was ich eigentlich gar nicht so ruhig und höflich rüberbringen will, ist doch: ›Jetzt springt schon endlich in euer verdammtes Ehebett und macht mir meinen Enkel!‹« Auch wenn wir mit unseren Kindern die gleichen Werte zu teilen scheinen, können deren Entscheidungen ganz schön von unseren Vorstellungen abweichen.

So gesteht Jane Adams reuevoll, als sie in ihrem witzigen und klugen Buch I'm Still Your Mother über ihr Verhältnis zu ihrer Tochter spricht: »Unsere politischen Ansichten, unsere Werte und Lebensstile sind sich bemerkenswert ähnlich, aber wir beide sind nicht gleichrangig. (…) Und wenn sie als Erwachsene Entscheidungen bezüglich Karriere, Heiraten, Kinder oder Gesundheit mit erheblichen Folgen für ihr ganzes Leben trifft, dann kommt mir die Galle hoch, wenn ich feststellen muß, daß es für mich ebenso hart ist, sie diese Entscheidungen alleine treffen zu lassen – vor allem dann, wenn ich sie für falsch halte –, wie seinerzeit für meine eigene Mutter.«

Es ist in der Tat für uns ebenso hart, nicht zu kontrollieren. Dennoch schaffen das einige von uns, solange unsere Kinder außerhalb unserer Reichweite sind. Wenn wir nicht wissen, was sie gerade anstellen – durch einen Schneesturm fahren, Kokain schnupfen –, kann uns das auch nicht nervös machen. Doch sobald sie auf einen Sprung reinschauen und unter unseren Fittichen sind, und sei es nur für ein Wochenende, werden viele im Handumdrehen wieder bestimmend, überbehütend und penetrant bemutternd. Wenn dann ein erwachsenes Kind gar für einen längeren Zeitraum zurück nach Hause kommt, können wir uns regelrecht zurückentwickeln. Hier einige Kostproben aus Unterhaltungen mit einem meiner Söhne (ich sage nicht, mit welchem der drei), als er eine Zeitlang im Sommer wieder bei uns wohnte, nachdem er bereits alleine gelebt hatte:

»Bitte, nimm doch einen Pullover mit. Ich weiß, daß es draußen 35 °C hat, aber im Kino wird es eiskalt sein.«

»Nein, Mama.«

»Chips und ein Becher Eiscreme sind doch wirklich unverantwortlich als Mittagessen!«

»Mama, hör auf damit!«

»Ich will gar nicht neugierig sein. Ich möchte einfach nur wissen, ob du heute nacht hier schläfst. Wie soll ich sonst wissen, ob ich die Polizei holen muß, wenn du um vier Uhr morgens noch nicht zurück sein solltest?«

»Mama, also ich hab dich sehr lieb, aber ich muß sofort raus hier!«

Ab und zu sehen wir uns wahrscheinlich dazu veranlaßt, unsere erwachsenen Kinder zu kontrollieren, ob wir nun Vollzeit- oder Teilzeitkontrolleure sind oder auch nur »Wenn-sie-mal-eben-wieder-zu-Hause-sind«. Dabei lassen sich viele Taktiken, die Ehepartner zur gegenseitigen Beherrschung und Kontrolle einsetzen, auch im Verhältnis zwischen den Generationen wirkungsvoll gebrauchen. Zwei solcher Techniken, die sich für Eltern – eventuell für uns selbst – als besonders effektiv erwiesen haben, sind Geben und Zurückhalten von Geld sowie die strategische Erzeugung von Schuldgefühlen.

Wir können uns beispielsweise in sogenannter Scheckbuchkontrolle üben, einer soliden und erprobten Strategie. Sie bedeutet, daß wir unsere Kinder durch gezielten Geldeinsatz in Abhängigkeit halten und sie zum Gewünschten veranlassen. Wir können ihnen sogar einen Scheck ohne genaue Angabe der erwarteten Gegenleistung ausstellen. Doch unsere unausgesprochenen, manchmal auch unbewußten Erwartungen werden sich desungeachtet erfüllen. Tue, was ich sage. Habe mich bitte weiterhin nötig. Laß dir von mir sagen, wie du zu leben hast.

»Ich habe meine Tochter so lange unterstützt, bis mir klar wurde, daß ich davor Angst habe, daß sie überhaupt keinen Grund mehr hätte, mit mir in Verbindung zu bleiben, wenn sie mich nicht mehr brauchen würde«, erklärt der Vater einer 26jährigen. »Ich habe ihr daraufhin gesagt, ich würde ihr nur das College zahlen, wenn sie anschließend die staatliche Universität nur einige Kilometer von uns besuchen würde, statt die von ihr ausgewählte Hochschule. Später habe ich sie nicht in dem Apartment wohnen lassen, das sie sich hätte leisten können. Statt dessen erklärte ich ihr, es sei nicht sicher genug und überredete sie zu einer teureren Wohnung, die sie nur mit meiner Unterstützung halten konnte.«

Ein anderes Elternpaar ergänzt: Wenn man seinem erwachsenen Kind einen Scheck ausstellt, »mußt du dich immer fragen: ›Für wen tue ich das eigentlich?‹ Wenn es für einen selbst ist, nicht für dein Kind, dann sollte man den Scheck nicht ausstellen.« Selbstverständlich üben wir mit Geld Macht aus – wenn wir es geben oder einbehalten; es zinslos oder zu 7 Prozent verleihen; wenn wir es einem Kind ohne Auflagen geben und dem anderen nur mit dem Vorbehalt, daß wir die geplante Verwendung des Geldes auch befürworten können. Dann sagen wir vielleicht »Ja« zu einem Fitneßstudio und »Nein« zum Fettabsaugen beim Schönheitschirurgen; »Ja« zu einem neuen Computer und »Nein« zu neuen Skistiefeln; »Ja«, wenn sie zum Studium zurückkehren und ihren Abschluß machen und »Nein« zu einer Weltreise, um sich selbst zu finden. Wir sagen eventuell »Ja« zum Kauf eines Hauses, wenn es an unserer Ostküste liegt und eben »Nein«, wenn sie eines an der Westküste kaufen wollen – kurz: »Ja«, wenn sie tun, was wir wollen und »Nein«, wenn nicht.

Mein Mann und ich würden liebend gern einen Kredit aufnehmen, wenn einer unserer Söhne seine jetzige Karriere aufgäbe, um Arzt zu werden. Keiner unserer Söhne würde jedoch auch nur einen Pfennig bekommen, um sich ein Motorrad zu kaufen. Vermutlich stellt das bereits eine Form von Kontrolle dar. Mein

Mann und ich sind gleichwohl der Meinung, daß wir liebevoller zu unseren Kindern sind als beispielsweise Mattys Vater, der, wie Matty klagte, »mich einen ›Nichtsnutz‹ schimpfte«, weil sie Künstlerin werden wollte. Anschließend machte er ihre Therapeutin für diese Fehlentscheidung verantwortlich und startete seine Variante der Scheckbuchdiplomatie. Er eröffnete ihr: Kein Geld für eine weitere Therapie ohne neuen Therapeuten!

Wir können auch versuchen, durch die Höhe unseres finanziellen Erbes oder indem wir es entweder frei verfügbar machen oder nur in Raten ausschütten noch aus unserem Grab heraus Kontrolle und Macht über unsere Kinder auszuüben. So erzählt ein wütendes »Kind« um die 40: »Er hat sein Geld tröpfchenweise als Almosen an mich ausgeteilt, solange er lebte. Und jetzt, wo er tot ist, sitze ich da mit diesem verschwenderischen Treuhandvermögen und diesen beiden verdammten Treuhändern, die mir sein Geld wiederum nur in Pfennigbeträgen zukommen lassen.« Die Therapeutin Heidi Spencer, die einen nützlichen Ratgeber für Eltern mit Kindern in therapeutischer Behandlung geschrieben hat, kennt diese Varianten der Scheckbuchkontrolle: »… wenn ein Elternteil ein unbewußtes (oder auch bewußtes – Anm. J. V.) Bedürfnis nach Kontrolle oder Manipulation des erwachsenen Kindes hat, so tritt diese Tendenz in bezug auf finanzielle Fragen offen zutage«.

Um unsere Kinder in bezug auf Geld kontrollieren zu können, müssen wir zunächst einmal welches haben. Über Schuldgefühle Einfluß und Macht auszuüben ist hingegen eine uns allen offenstehende Option. Wenn auch heute jene empörenden Ausdrucksformen dieser Herrschaftstaktik eher in alten Witzen (»Heirate ruhig, wen du willst. Das ist ganz deine Entscheidung. Aber jetzt entschuldige bitte, ich stecke meinen Kopf in den Gasherd.«) als im wirklichen Leben vorkommen, so bleibt doch die Beherrschung unserer Kinder mit Hilfe von Schuldgefühlen für sehr, sehr viele die Ultima ratio. »Ich kann damit leben, aber deinem Vater wird es das Herz brechen.«

»Ich bin nicht wütend …, nur enttäuscht.«

»Du solltest uns nur besuchen kommen, wenn du es wirklich möchtest. Aber denk dran, uns bleiben vielleicht nur noch wenige Jahre.«

»Ich kann einfach nicht mehr gut schlafen, seitdem du in dieses Apartment gezogen bist.«

Wir sehen bereitwillig ein, daß Kontrolle mittels Schuldgefühlen unzumutbar ist. Aber manchmal ist sie einfach – oder scheint zumindest – unvermeidbar. Denn wie sollten wir sie sonst dazu bringen, zu einem Familienfest zu kommen; oder dazu, ihre Entscheidung zu überdenken, eine Ausbildung zum Physiotherapeuten zu beginnen? Und wie sollten wir es denn wohl anders schaffen, daß sie von ihrem zweiwöchigen Urlaub eine ganze Woche bei uns verbringen; oder sie dahin bringen, doch endlich diese Fenstersperre gegen Einbrecher anzuschaffen? Natürlich haben wir es mit einer derartigen Kontrolltaktik zu tun, wenn wir unseren Kindern Schuldgefühle verursachen, weil sie uns ja solche Sorgen machen – wir können nicht mehr schlafen und nichts mehr essen; und mein Blutdruck ist auf 180! Natürlich verursachen wir – insbesondere alternde Eltern – Schuldgefühle, wenn wir klagen: »Mein Leben ist so leer« und keinen Zweifel an unserer Erwartung aufkommen lassen, unsere Kinder müßten diese Leere mit täglichen Telefonanrufen und sonstigen Aufmerksamkeiten ausfüllen.

Dann gibt es noch Schuldgefühle, die sich über Mißbilligungen erzeugen lassen. Eine Mißbilligung kriegen wir allein schon mit bebenden Nasenflügeln oder einer hochgezogenen Augenbraue hin. Schließlich haben wir da noch die ganz schweren Kaliber, die allem Anschein nach immer noch nicht völlig aus der Mode sind. Alfred, ein Mann deutsch-jüdischer Herkunft, möchte seine Kinder und Enkel an Passah bei sich haben. Stets tut er sein Bestes, um ihre Anwesenheit auch sicherzustellen und erstickt jede Entschuldigung – »Ich habe morgen einen Fall vor Gericht«, »Da habe ich aber Zahlungstermin« – mit einem vorwurfsvollen »Und dafür habe ich Auschwitz überlebt?«. Eunice hat ihr eigenes irisches Großkaliber, wenn es mal wieder nicht so läuft, wie sie es gerne hätte. Sie seufzt dann, wirft ihren Blick gen Himmel und stößt zum Allmächtigen aus: »Vielleicht war es gut, daß dein Vater so früh gestorben ist. Wenigstens muß er nicht Augenblicke wie diesen erleben!«

Wir belasten jedoch nicht nur unsere Kinder mit Schuldgefühlen, sondern oft auch uns selbst. Und zwar machen wir sie uns immer dann zueigen, wenn unsere erwachsenen Söhne und Töchter wieder einmal in Schwierigkeiten sind. Wir waren doch so überzeugt, die Folgen einer Entscheidung unserer Kinder völlig im Griff zu haben! Also übernehmen wir jetzt auch die unein-

162

geschränkte Verantwortung. Ihre Fehlentscheidung geht ganz auf unser Konto frei nach dem Motto »Klagen Sie nicht mein Kind an, klagen Sie mich an!« Wir geißeln uns für dessen jetzige Schwierigkeiten und lassen das Geschehene immer und immer wieder Revue passieren. Was haben wir nur falsch gemacht?

Immer Zeit für ihn und genug Vitamin C
Und ein Buch vor dem Einschlafen –
Ich hab' alles richtig gemacht.
Warum nur ist er so unnahbar,
Wenn ich auf ihn zugehe und ihn erreichen will?
Etwas stirbt in mir,
Wenn ich in die verschlossenen Augen meines Sohnes
    blicke,
Mir so fern, so unglaublich fern.

Streiche und Vergnügungen und Fußballspiele und das
Halloween-Fest im zweiten Schuljahr,
Zu dem ich unbedingt wollte.
Und doch taumelt er durch Dschungel aus tiefstem
Schwarz.
Verloren in den Nebeln, in die er sich verkrochen hat.
Dabei verkleidet er sich als Rebell.
Unwillig oder unfähig zurückzukehren.

Ich habe nie beansprucht, die perfekte Mutter zu sein.
Ich habe Fehler gemacht. Naja, jeder hat das.
Aber Herrgott noch mal, ich war so froh, seine Mutter
    zu sein.
Und lieber Gott, oh du mein Gott, wie hab ich dieses
    Kind geliebt.

Ich liebe dieses Kind.

Geduld und Gelächter und Ausflüge zum Strand und
Kitzeln und Singen,
Was hab' ich nur falsch gemacht?
Red' ich mir was ein? Schreib' ich das Gedicht
Vielleicht bloß um?
Ich mache mir selbst was vor,
Während irgendwo ein verängstigtes Kind schreit.
Und so warte ich und hoffe und bete, daß er wieder
Nach Hause findet.

Haben wir etwas falsch gemacht? Haben wir es nicht geschafft, einfach dem narrensicheren Rezept zu folgen, der Garantie für ein glückliches gesundes Kind? Wir sind uns ganz sicher: Wir sind schuld! Wir haben nur noch nicht herausgefunden, warum. Wir verstehen gerade eben noch (theoretisch), daß wir Eltern – bei all unserer Bedeutung – nicht die einzigen Schöpfer unserer Kinder sind. Vielleicht verstehen wir auch noch (theoretisch), daß die Natur, mit der sie auf die Welt kamen, und diese verführerische Welt da draußen sie ebenfalls geprägt haben. Das alles leuchtet uns theoretisch noch ein. Doch wie oft fällt es uns schwer, diese Wahrheiten zu glauben, wenn etwas im Leben unserer Kinder schiefläuft? Wir tun uns schwer, wirklich einzusehen, daß wir – bei allen gegenteiligen Bemühungen – eben nur sehr unvollkommen Kontrolle und Macht ausüben.

»Tief im Innern glauben die meisten Mütter (…) der Mittelschicht, daß, wenn sie ihre Aufgabe nur gut genug gemacht haben, all ihre Kinder kreativ, intelligent, höflich, großzügig, glücklich, tapfer, spontan und einfach gut seien – jedes natürlich in seiner besonderen Art und Weise«, schreibt Philip Slater in seinem Buch *The Pursuit of Loneliness*. Und wenn sie dann nicht die perfekten Menschen sind, die man von uns erwartet hatte, wenn sie nicht nur unvollkommen sind, sondern zutiefst geschädigt, so mußte das gewiß so kommen, weil wir etwas falsch gemacht haben. Nur deshalb ist er schizophren geworden, dieser Sekte beigetreten, hat mit 24 Selbstmord begangen, ist an Bulimie erkrankt oder hat einen Job nach dem anderen verloren. Nur deshalb sind aus diesen entzückenden kleinen Mädchen und Jungen diese problembeladenen Erwachsenen geworden.

George McGovern, der frühere US-Senator und Präsidentschaftskandidat der Demokratischen Partei, schreibt über seine geliebte Tochter Terry, deren heldenhafter Kampf gegen die Alkoholsucht mit 45 Jahren ein Ende fand, als sie betrunken in eine Schneewehe fiel und dort erfror. Trotz seiner Überzeugung, Alkoholismus sei genetisch bedingt und trotz seines Wissens, daß diese Krankheit auch weitere Familienmitglieder heimgesucht hat, fragt sich McGovern immer noch: »Was hätte ich anders machen können? Was wäre gewesen, wenn ich mich als ihr Vater mehr um sie gekümmert und mich ihr stärker zugewandt hätte, als sie noch ein kleines Mädchen oder eine verletzliche Heranwachsende war?« Er fährt fort: »Wenn Ihr Kind große Probleme bekommt und schließlich stirbt, dann wird Sie keine noch so nachdrückliche Versicherung ihrer Freunde, daß Sie selbst doch keine Schuld an diesem Ende hätten, restlos überzeugen. Sie werden durch tausend Qualen gehen und tausendmal von Trauer gepackt werden, egal, wie häufig auch immer Sie rein rational zustimmen, daß es nicht Ihr Fehler war.«

Viele Mütter und Väter kennen diesen Schmerz. Lois Wagner beispielsweise erzählt: »Wissen Sie was, man kehrt zurück an den Anfang und fragt sich: ›Was hab' ich nur gemacht?‹« Oder Bonnie Scott: »Immer klage ich mich an und gebe mir die Schuld. Entweder ich habe etwas falsch gemacht oder ich habe überhaupt nichts getan.« Und Harold Ross: »Ich frage mich ständig: ›Habe ich Rebecca ruiniert?‹« »Was habe ich bloß Schlimmes getan? Was habe ich nur getan?« schluchzt Jayne.

Ja, was haben wir Schlimmes getan? War es unsere Scheidung? War es der ständig abwesende Vater, die beruflich beanspruchte Mutter? War es unsere Niedergeschlagenheit, unsere Egozentrik, unsere Nachsichtigkeit oder im Gegenteil unsere Strenge? Und wenn unsere Kinder heute wegen unserer Sünden von gestern in Schwierigkeiten sind, müssen wir das nicht wenigstens versuchen geradezubiegen?

Einige Eltern versuchen es mit finanzieller Wiedergutmachung und hoffen damit, für ihre Schuld(gefühle) Abbitte leisten zu können. Andere werfen immer wieder ihre eigenen Planungen um und bringen ihr Leben zum Stillstand, nur um ständig für ihre Kinder da zu sein. Und wieder andere würden am liebsten die volle Verantwortung für die Taten ihrer Kinder übernehmen, nachdem diese das Gesetz gebrochen oder furchtbare Verbrechen begangen haben. Allerdings würden nur wenige so weit gehen wie Claudia Rolling, die an Stelle ihres Sohnes sterben wollte, der fünf Menschen brutal ermordet hatte. Sie erklärte, ihr Sohn sei das Produkt eines brutalen Elternhauses und flehte den Richter an: »Verurteilen Sie mich! Ich bin diejenige, die ihn irgendwie hat scheitern lassen.« Aber scheitern nicht alle Eltern irgendwie dabei, ihren Kindern vollauf gerecht zu werden? »Ich habe lange mit Schuldgefühlen gekämpft«, schreibt Anne Roiphe, deren älteste Tochter alkohol- und heroinsüchtig wurde und zuletzt HIV-positiv war. »Jetzt erst habe ich es halbwegs geschafft.« Roiphes früherer Ehemann und der Vater dieser Tochter ist gleichfalls Alkoholiker, wie sie bemerkt. Eine Zeitlang klammerte sie sich »an die Vorstellung von einer genetischen Programmierung, als wäre das eine Rettungsinsel, die mich in einem Meer der Schuld über Wasser halten könnte«. Dann aber kam sie zu dem Schluß, daß »Gene nur eine Ausrede sind, eine Art Pseudoalibi, aber sie (...) sind nicht die ganze Geschichte«. Und sie kam zu dem Schluß: »Ich bin nicht verantwortlich dafür. Ich bin nicht alleine verantwortlich.«

Vielleicht sind wir Eltern in der Lage zu erkennen, wo wir tatsächlich unseren Kindern gegenüber versagt haben und gleichzeitig die Grenzen unserer Kontrolle wie auch diejenigen Kräfte – oder deren Fehlen – zu verstehen, mit denen wir das Leben unserer Kinder geprägt haben. Aber wie verhalten wir uns, wenn unsere – eher zornigen als leidenden – erwachsenen Kinder uns für all ihre Schwierigkeiten verantwortlich machen und darauf herumreiten, wir hätten sie zu glücklichen und ganzheitlichen Wesen machen können und jetzt alles vertan? Für Terry McGovern, so ihr Vater, war es »schwer, Verantwortung für ihr Leben zu übernehmen (...), und so mußte sie nach einem tieferen Grund für ihren Alkoholismus suchen, aus dem dann alles weitere folgte«. Er meint, daß sie bei dieser Ursachenforschung »dazu neigte, sich eine übertriebene Vorstellung von einer unglücklichen Kindheit und einer gefühllosen Familie zu konstruieren«.

Auch andere Kinder und sogar unsere eigenen werden vielleicht ihre Eltern davon in Kenntnis setzen, daß sie uns völlig für ihre Probleme verantwortlich machen. Manchmal sind sie von ihrem Therapeuten dazu ermutigt worden, uns Eltern mit dem ihrer Meinung nach von uns angerichteten Schaden zu konfrontieren. Dann wird uns elterliches Versagen, eines nach dem anderen, vorgerechnet. Wir werden beschuldigt, viele Fehler gemacht zu haben! Wir bekommen dann zu hören, wir hätten zuviel Druck ausgeübt, hätten sie schlechtgemacht, an unseren Rockzipfel gefesselt, zu viele Schuldgefühle in ihnen erzeugt, die jüngere Schwester bevorzugt oder ihre Selbstachtung nicht hinreichend gestärkt. Ja, sie verkünden, wie es eine Tochter getan hat, wir seien perfekte Eltern und genau das sei so unerträglich schwer – perfekte Eltern zu haben! Das nennt man dann wohl »Du hast keine Chance!«

Also werden die Kinder uns eventuell sogar weismachen wollen, es sei doch eindeutig unsere Schuld, daß sie jetzt mit 27 übergewichtig, arbeitslos, vereinsamt und ungeliebt seien. Schließlich hätten wir ihnen in der Kindheit immer den Kartoffelbrei mit

Bohnen aufgezwungen, bevor es den leckeren Nachtisch gab. Rosie möchte da anders sein. Sie gesteht zwar, ihre Tochter als kleines Kind mit Essen vollgestopft zu haben, aber »trotzdem ist es nicht meine Schuld, daß sie heute 18 Pfund zuviel hat. Schließlich liegt das Jahre zurück, daß ich ihr etwas in den Mund gesteckt habe. Aber solange ich bereit bin, die Schuld auf mich zu nehmen, muß sie auch beim nächsten Schokogebäck nicht ›Nein‹ sagen.«

Wenn sich unsere Kinder so über unser früheres Verhalten beschweren, sollten wir uns immer vor Augen halten, daß sie es damals wirklich so erlebt haben. Ob es nun objektiv wahr oder unwahr ist, worüber sie sprechen, für sie ist es jedenfalls wahr. Wir sollten ihnen in diesem Fall verständnisvoll und offen zuhören, nicht abwehrend. Wir können ihnen zu verstehen geben, daß uns ihre Probleme leid tun. Wir entschuldigen uns auch in den Fällen, wo das angemessen ist. Wir sollten jedoch keinesfalls zulassen, daß unsere erwachsenen Kinder ihre Schuld ganz und gar auf uns abladen und uns für ihre derzeitigen Sorgen und Nöte allein verantwortlich machen. Ich will damit keinesfalls abstreiten, daß es monströse, unaussprechlich böse Eltern gibt, die Kinder zugrunde richten. Aber von solchen Eltern ist hier nicht die Rede. Ich spreche über uns, die fehlgehenden oder irrenden Eltern, die ihr Bestes zu geben versuchen, ohne damit gleich »Eltern des Jahres« zu werden.

Die Botschaft lautet also ganz klar: Das Leben unserer erwachsenen Kinder, einschließlich ihrer Sorgen und Nöte, gehört unseren Kindern! Egal, ob wir uns nun selbst Schuld zusprechen oder unsere Kinder uns wegen ihrer Bedrängnisse beschuldigen, sie müssen lernen einzusehen, daß diese Schwierigkeiten ihre eigenen sind. Es ist ihre Scheidung, ihr geschäftliches Desaster, ihr Drogenproblem. Sie – und wir dazu – müssen uns ebenfalls klarmachen, daß wir liebevolle, fürsorgliche, respektvolle Eltern sind, wenn wir ihnen zugestehen, ihre Probleme auch selbst zu lösen, statt, wie sich eine Freundin einmal ausgedrückt hat, »immer gleich mit Eimer und Putzlappen aufzukreuzen«.

Aber was tun wir, wenn sie ihre Probleme nicht lösen können und uns um Hilfe bitten? Was ist, wenn eine Tochter sich eine günstigere Bleibe suchen muß, weil sie die Miete für ihre Wohnung nicht mehr zahlen kann? Bezuschussen wir sie? Was, wenn ein Sohn sein Auto zu Schrott fährt, aber ohne Auto gar nicht zu seiner Arbeitsstelle kommen kann? Helfen wir beim Autokauf?

Was, wenn unsere Tochter uns gern ihr Kind in Obhut geben würde, während sie die Schwestern-Schule besucht? Werden wir Pflegemutter? Wenn ein drogensüchtiger Sohn »fertig« ist, bereits ausgezogen war und jetzt nach Hause zurückkehren will, heißen wir ihn dann willkommen? Wenn unsere alkoholkranke Tochter einmal mehr rückfällig geworden ist, fangen wir sie wiederum auf?

»Ich glaube nicht, daß es Terry jemals schaffen wird, solange du und Mama sie immer wieder mit Kaution rausholt«, meinte McGoverns Tochter Susan einmal im Gespräch mit ihm. Aber was ist das Beste für das eigene Kind? Die McGoverns zum Beispiel hatten auf Anraten ihres Anwalts zeitweise nur eingeschränkten Kontakt mit Terry, »weil wir hofften, daß wir sie über diese gewisse Distanzierung mit ihrer Alkoholabhängigkeit konfrontieren könnten«. Im Nachhinein grübelt der Vater über die Richtigkeit dieser Entscheidung und bedauert »jeden nicht gemachten Telefonanruf oder jeden nicht geschriebenen Brief«. Er erklärt: »Ein Zuviel an Mitgefühl, Verständnis, Unterstützung und Liebe für die Kranken und Sterbenden gibt es überhaupt nicht.« Und er fährt fort: »Alkoholiker sind todkrank.« McGovern ist allerdings bei diesem schmerzlichen Thema auch klar geteilter Meinung, denn er schreibt darüber, Grenzen zu ziehen: »Rückblickend gesehen hätten wir wohl sagen sollen: ›Wir finanzieren diese 30-, 60- oder 90-Tage-Behandlung, aber nur, wenn du direkt im Anschluß an die Therapie für mindestens ein Jahr in die Rehabilitation gehst. In dieser Zeit mußt du dir für die ersten paar Wochen einen Halbtagsjob, anschließend eine Vollzeitbeschäftigung suchen.‹« McGovern will damit sagen, daß er und seine Frau ihrer Tochter Terry eine vorbehaltliche Unterstützung hätten anbieten sollen. Wenn aber Terry diese Bedingungen nicht angenommen hätte, was dann?

Shelly, die ihren 26jährigen Sohn weiterhin unterstützen will, weil sie ihn für emotional gestört hält, äußert sich zu dieser Frage: »Wenn es dein Kind wirklich nicht schaffen kann, dann hat man keine Wahl, sondern eine Pflicht. Sie endet doch nicht einfach damit, daß er erwachsen ist.« Hat ein Kind eine schwere körperliche oder psychische Krankheit, ist es immer schwer zu entscheiden: »Ich helfe bis zu dem Punkt und nicht weiter.« Jeder von uns muß von Fall zu Fall für sich herausfinden, wieviel wir geben sollten und geben können. Für weniger katastrophale Situationen empfehlen uns die meisten Fachleute dringend zuzulassen, daß sich unsere Kinder ihre Probleme und ihr Leben insgesamt »aneignen« können, und wir ihnen unsere Unterstützung – auf ihre Bitte hin auch unsere Beratung – nur anbieten sollten, ohne damit selbst das Kommando zu übernehmen. Aber ich will doch gar nicht das Kommando übernehmen, sagen wir sofort. Ich will doch nur, daß meine Söhne aus ihrem eigenen freien Willen heraus das tun, was ich sage! Die Fachleute aber sind der Ansicht, daß wir genau das nicht sagen dürfen.

Statt dessen sollen wir unbedingt zuhören und nicht predigen; sollen Fragen stellen, statt Antworten zu geben, um ihnen so zu helfen, Alternativen zu finden. Wir sollen sie nicht an ihre vergangenen Fehleinschätzungen erinnern, sondern ihre Entscheidungen annehmen und respektieren. Aber wenn wir zusehen sollen, wie unser zuckerkranker Sohn seine Insulindosis zu nehmen »vergißt«; unsere liebesblinde Tochter ihrem nichtsnutzigen Freund all ihr Erspartes leihen will; unser eben geschiedener Sohn seinen kleinen, tief traurigen Jungen vernachlässigt; wenn wir zusehen, wie sie todsicher scheitern oder alles vermasseln, in Handschellen vor uns stehen oder in Not geraten, dann werden wir vermutlich mit Nachdruck – wirklich sehr, sehr nachdrücklich – versuchen einzugreifen. Vielleicht sind wir sogar zu allem bereit, um die Kontrolle und Macht an uns zu reißen. Können wir aber an einen Punkt kommen, wo wir das dann unterlassen?

Jo Brans und die Soziologin Margaret Taylor Smith untersuchten in ihrem Buch *Mother, I Have Something to Tell You* die Reaktionen »traditionell« eingestellter Mütter auf das »unerwartete«, »unkonventionelle« und oftmals »inakzeptable« Verhalten ihrer erwachsenen Kinder. Die Autoren zeigten sich beeindruckt von der Fähigkeit dieser Mütter, »die wichtigen Bindungen aus Zuneigung und Fürsorge aufrechtzuerhalten, während sie gleichzeitig die Fesseln untragbarer Verantwortung abschüttelten«. Sie identifizierten die folgenden sechs Phasen im Problemlösungsverhalten dieser Mütter:

1. *Schock*: die Mutter hat »ein überwältigendes Gefühl der Verantwortung und Schuld«.

2. *Aufmerksamkeit*: die Mutter lernt, »das wirkliche Kind hinter dem in ihrer Vorstellung bestehenden idealisierten Kind« zu entdecken.

3. *aktives Eingreifen*: die Mutter »sucht nach Hilfen für sich selbst, (...) für ihr Kind und für die anderen Familienmitglieder«,

um besser verstehen und dann das Problem gezielt angehen zu können.

4. *Loslösung*: die Mutter »erkennt die Grenzen ihrer Verantwortung (...) und befreit ihr Kind von ihren eigenen Erwartungen«.

5. *Autonomie*: die Mutter »kehrt in das einzige Leben zurück, für das sie voll verantwortlich ist, in ihr eigenes«.

6. *Brückenschlag*: die Mutter schmiedet »an einer neuen Bindung zu ihrem Kind und / oder zur Außenwelt«.

Diese Mütter waren angesichts des breiten Spektrums unterschiedlicher »Schockerfahrungen« – unter anderem Eßstörungen, psychische Störungen, Straftaten, Sekten, Drogen und Selbstmorddrohungen – gezwungen, sich dem wahren Selbst ihrer Kinder zu stellen. Die meisten von ihnen handelten und unternahmen wiederholte außerordentliche Anstrengungen, um ihre Kinder zu unterstützen. Selbst diejenigen Mütter, die letztendlich scheiterten (immerhin die Hälfte glaubte, gescheitert zu sein), scheinen wenigstens einen gewissen Grad an Loslösung erreicht zu haben. Sie lernten in diesem Prozeß, von der Vorstellung abzulassen: »Alles hing von mir ab. Nur ich war verantwortlich«, wie beispielsweise Ann Rourke, die ihren Sohn nicht von der Mun-Sekte zurückholen konnte. Dieser emotionale, körperliche und finanzielle Loslösungsprozeß beginnt den beiden Autoren zufolge mit der Erkenntnis der Mutter, »daß ihr Kind nicht sie selbst ist« und daß »sie weder kontrollieren noch sich vorstellen kann«, was ihm alles zustoßen kann. Im Idealfall »befreit (die innere Loslösung der Mutter) ihr Kind von ihrer Definition seines Lebens« und ermöglicht ihm dadurch, es selbst zu definieren und es auch in die eigenen Hände zu nehmen.

Selbst wenn ein Kind so schwer krank ist, daß es der ständigen körperlichen Pflege und finanziellen Unterstützung bedarf, kann eine Mutter befriedigende Erfahrungen suchen und finden, die unabhängig von ihren Sorgen um das Kind sind. Selbst wenn ein erwachsenes Kind sein Leben nicht meistern kann und es auch niemals schaffen wird, kann der Mutter eine gefühlsmäßige Loslösung gelingen. »Er hat immer noch haufenweise Probleme...«, erzählt die Mutter eines 32jährigen, der gerade aus dem Gefängnis entlassen worden ist. »Wir haben das hingekriegt, indem wir sie zu seinen eigenen Problemen machen.« Die Mutter eines Alkoholikers drückt es so aus: »Ich werde ihn nie aufgeben, niemals! Aber ich werde nicht zulassen, daß seine Sucht mein Leben zerstört.« Schließlich noch die Mutter eines 26jährigen Selbstmörders: »Im Grunde sind wir doch alle nur Menschen, nicht wahr. Man kann nur soundsoviel tun. Wir können nicht Gott spielen.«

Wir können in der Tat nicht Gott spielen! Wir können nicht für das Leben unserer Söhne und Töchter verantwortlich sein. Aber wir können uns bemühen, für unser eigenes Leben Verantwortung zu übernehmen. Vielleicht sind wir immerfort Eltern, intensiv und fürsorglich ein Teil des Lebens unserer Kinder. Doch ebenso »sind (wir) fähig, uns etwas anderem zuzuwenden«, schreibt die Romanautorin Mary Gordon, »etwas, das sie nicht tangieren oder zu dem sie nicht gehören können«. Fähig zu sein, zur Arbeit zu gehen, zu spielen, sich mit anderen Dingen zu beschäftigen und »außermütterliche« Beziehungen zu pflegen, ist nach den Worten von Brans und Smith, die Mary Gordon zitieren, »die ›überwältigende Gnade‹ der Eigenständigkeit«.

Brans und Smith weisen auch darauf hin, daß, wenn eine Mutter ihre Autonomie erlangt, sie diese auch eher an die Kinder weitergeben kann. Das funktioniert natürlich leichter, wenn nur ein anderer Lebensstil zur Debatte steht und nicht etwa Drogen, Straftaten, Sekten oder andere ernsthafte Bedrohungen für den Körper und Geist unserer Kinder. Aber nachdem sie wirklich eigenständig geworden sind, wird es diesen Müttern leichterfallen, beispielsweise die Heirat ihrer Tochter mit einem Schwarzen zu akzeptieren oder die Homosexualität ihres Sohnes; den Plan einer Tochter, erst ein Kind und dann einen Ehemann zu haben oder auch die Entscheidung eines Sohnes, ein buddhistischer Mönch zu werden. Diese Mütter sind vielleicht in der Lage, die »unkonventionellen« Entscheidungen ihrer Kinder innerlich anzunehmen und eine »Beziehung auf der Grundlage beiderseitiger Achtung« herzustellen.

Aber selbst mit Autonomie und einer solchen achtungsvollen Beziehung werden die meisten von uns Probleme haben, die erlangte Loslösung auch beizubehalten. Sie kommt nämlich und sie geht. Ellen Galinsky schreibt in *Between Generations*: »Es gibt Momente, in denen der Elternteil und das erwachsene Kind wirklich beisammen sind, in denen sie miteinander sprechen oder sogar das Schweigen im Geiste einer nahezu vollkommenen Kommunion teilen. (…) Doch schon beim nächsten Zusammentreffen sagt man irgendwas, das den anderen verletzt: eine beiläufige Bemerkung wie ›Du solltest aber abnehmen, aufhören zu rauchen, dir mal ein paar neue Kleider kaufen, dir eine billigere Wohnung suchen‹ – und schon …«

Und schon werden sie uns vorhalten, wir wollten sie dominieren. Sogleich schwören wir uns, es das nächste Mal besser zu machen und sagen uns: Ihr Leben gehört uns doch wirklich nicht. Schließlich sind sie erwachsen. Wir müssen einfach loslassen. Wir sagen uns, sie müssen doch ihre eigenen Entscheidungen treffen und für ihre Handlungen verantwortlich sein. Und wir versuchen uns alles nur mögliche einzureden: daß sie schon zurechtkommen werden; daß wir sie nicht allein zu den Menschen geformt haben, die sie heute sind; daß wir nicht vollauf verantwortlich für ihren jetzigen Kummer sind; daß wir sie auch nicht immer da herausholen können und es zuweilen besser ist, wenn sie sich an den eigenen Haaren aus dem Sumpf ziehen. »Mama, hör doch endlich mal auf, mir zu helfen! Jedesmal, wenn du mir hilfst, fühle ich mich so hilflos«, bittet ein 31jähriger Sohn inständig seine Mutter.

Wir wollen sie nicht hilflos machen. Wir wollen ihnen doch nur helfen! Die ewige Elternschaft ist eine Geschichte der Doppelbindung. Sie fordert von uns einerseits, mit unserer heftigen und nicht nachlassenden Liebe zu unseren Kindern zu leben, aber gleichzeitig unseren Frieden mit den begrenzten Möglichkeiten zu machen, was wir für unsere Kinder tun können, nicht können, tun sollten – daß heißt, Frieden zu schließen mit unseren begrenzten Möglichkeiten von Kontrolle und Macht.

7 Kontrolle und Macht am Arbeitsplatz

Wenn man für andere und mit anderen arbeitet, gehört dazu notwendigerweise, daß man sie dazu bringt, zu tun, was man will, und man selbst darauf eingeht, wenn andere etwas von einem wollen. Daraus entspringen dann fortwährend Spannungen und Machtkämpfe.

Deborah Tannen, *Job-Talk*

Unsere Machtkämpfe finden häufig im unmittelbaren familiären Umfeld statt, mit unseren Ehepartnern und Lebensgefährten, mit Eltern und Kindern. Aber selbstverständlich gibt es sie auch im öffentlichen Leben, also vor allem im Treibhaus des Ehrgeizes und der Hierarchien, an unserem Arbeitsplatz. Ob wir uns bis zur Spitze durchkämpfen oder nur still unseren Job tun wollen, ständig sind wir mit Kontrolle und Macht konfrontiert. Egal, ob wir selbst der Chef sind oder nur einem Chef zugeordnet, stets werden in den Beziehungen an unserem Arbeitsplatz eine Menge bewußter und unbewußter Wünsche und Befürchtungen einfließen, die darüber mitbestimmen, wie wir in dieser Arbeitswelt zurechtkommen und warum wir gegebenenfalls auch scheitern. Viele dieser Befürchtungen und Wünsche drücken sich darin aus, wie wir Kontrolle und Macht ausüben, uns ihr unterordnen oder uns weigern unterzuordnen.

Für einen meiner ersten Jobs als Bedienung in einem Hotel an der See mußte ich die Behaglichkeit und den Komfort meines Elternhauses in der Vorstadt verlassen. Ich hatte zwölf Stunden pro Tag an sieben Tagen der Woche zu arbeiten und war in einem stickigen Dachzimmer des Hotels untergebracht. Als ich meiner sklaventreiberischen Chefin mitten in der Saison eröffnete, ich würde kündigen, stemmte sie die Hände in ihre stattlichen Hüften und schrie mich an: »Ich habe dich wie eine Tochter behandelt, wie meine eigene Tochter! Ich hab dich aus der Gosse geholt und eine Kellnerin aus dir gemacht.« Merkwürdig, sie glaubte tatsächlich, sie hätte mich »aus der Gosse ge-

173

holt«! Und noch merkwürdiger war, daß ich mich als undankbare Tochter fühlte.

Der Psychoanalytiker Abraham Zaleznik, der an der Harvard Business School lehrte, ist der Auffassung, man solle immer die folgenden Fragen stellen: »Was wollen Menschen von anderen, die in einer Führungsposition sind?« und »Welche bewußten und unbewußten Machtphantasien haben Menschen?« Die Antworten seien sowohl für diejenigen von Bedeutung, die sich gerade ins Arbeitsleben aufmachen, wie auch für diejenigen, die für den ganzen Laden verantwortlich sind, denn letztere »stellen die Regeln für den schlechten Gebrauch der Macht, für deren Mißbrauch und für Enttäuschungen auf«. Zaleznik zufolge lernen wir im Laufe des Heranwachsens vieles über das Wesen der Macht. Das kann uns zu Leistungen antreiben, aber es kann uns auch erheblich schädigen und uns am Arbeitsplatz mit verdrängten Ängsten oder völlig abwegigen Hoffnungen belasten und damit unsere Träume von Erfolg, Können und Einfluß untergraben. Ohne uns immer bewußt zu sein, was wir tun oder warum wir etwas tun, üben wir vielleicht Kontrolle und Macht deshalb aus oder lehnen wir sie ab, um dadurch zurückliegende Erfahrungen wiedergutzumachen oder uns für sie zu rächen. Oftmals leben wir dann die von unseren Eltern gelernten Lektionen nach. Sie werden zwar durch nachfolgende Erfahrungen verändert, wirken aber in uns fort. Es sind Lehren über unsere Kompetenz und unsere Einflußmöglichkeiten, über die Risiken der Verantwortung; die Befriedigung oder Demütigung, nachdem wir uns der Autorität eines anderen gefügt haben; über Schuldgefühle, Rivalitäten, Zorn und Liebe. Die Psychologin Horner merkt hierzu an: Da der Arbeitsplatz »eine Situation darstellt, wo es Vorgesetzte und Mitarbeiter gibt, Chefs und Menschen, die unter deren Direktiven arbeiten«, wird er quasi »zur Bühne für (…) Eltern-Kind-Machtkämpfe«.

Wenn wir also wie Tom jeden Arbeitgeber als eine Art erdrückender Eltern ansehen und folglich unbedingt zeigen wollen, daß man uns nicht einfach herumkommandieren kann, werden wir dessen Autorität wahrscheinlich immer wieder herausfordern und damit auch wiederholt arbeitslos werden. Oder aber wir haben wie Mel unsere Eltern nie herausgefordert, egal, wie erdrückend sie waren oder noch sind. Dann werden wir uns womöglich von unserem Chef schlecht behandeln lassen und in jedem Job unzufrieden sein. Vielleicht schlagen wir aber auch zurück, indem wir unseren Arbeitgeber immer freundlich nikkend anlächeln, aber nur das absolut Notwendigste tun. »Ihr Ziel als Angestellter ist es«, rät uns der Cartoonist und Autor Scott Adams in seinem Survival-Handbuch für Büroangestellte, *Das Dilbert Prinzip*, »soviel unverdientes Geld wie möglich aus dem gefühllosen, ausbeuterischen Wesen herauszupressen, das sich als Arbeitgeber verkleidet hat. Er hingegen saugt die Lebenskraft aus Ihrem Körper.« Genau das macht Velma, um gegenüber ihrer beherrschenden Mutter – will sagen, ihrem Arbeitgeber! – die ausgleichende Gerechtigkeit herzustellen, indem sie spät an ihrem Arbeitsplatz eintrifft und ihn früh wieder verläßt; indem sie sich »bis zum Limit« krankmeldet und regelmäßig zweieinhalbstündige Mittagspausen einlegt.

Malcolm beispielsweise ist fähig und intelligent, ergreift jedoch in der Arbeit nie die Initiative. Statt dessen läßt er lieber seinen Chef alle Entscheidungen treffen. Er hofft, dieser werde über kurz oder lang Malcolms hingebungsvolle, alles andere als drängende Passivität belohnen, indem er zu dem fürsorglichen, unterstützenden, liebevollen Vater (»Ich kümmere mich schon um dich!«) werden würde, den Malcolm als Kind nie gehabt hat. Und Holly verrichtet grundsätzlich Aufgaben, die hinter ihren eigentlichen Fähigkeiten zurückbleiben, weil sie Verantwortung fürchtet. Denn man hat sie früh in ihrem Leben davon überzeugt, einfach kein Format für Führungsaufgaben zu haben. Und da ist Tyler, der mit seinen Naturtalenten und Schlichen darauf hinarbeitet, seinen Chef erst auszubremsen und dann ganz zu beerben. Jede dieser drei Personen kam an ihren Arbeitsplatz mit Wunschvorstellungen und Befürchtungen, die, zum Teil wenigstens, unbewußt mit Kontrolle und Macht zu tun haben. Solche zwingenden Wünsche und Befürchtungen können sehr wohl der beruflichen Zufriedenheit im Wege stehen und zu schwerwiegenden Komplikationen am Arbeitsplatz führen.

Das gilt nicht nur für die unteren Ebenen der Hierarchie, sondern zieht sich bis zur Spitze hin und schließt diese sogar ein. Dort finden sich Vorgesetzte – einige von uns gehören vielleicht dazu –, die einen schlechten Ruf in der Firma haben, weil sie mit der ihnen anvertrauten Macht schlecht umgehen oder sie mißbrauchen. Carlton bespielsweise ist drauf und dran, sein Unternehmen zu ruinieren, weil er sich bei allen Seiten lieb Kind machen möchte. Er ist unfähig, jemanden zu entlassen, zurückzustufen, zu kritisieren oder auch nur Zulagen selbst für die Mitarbeiter zu kürzen, die bestenfalls mittelmäßig oder noch schlechter sind. Auch Stanley setzt gerade seine Firma in den Sand, aber aus anderen Gründen. Er fühlt seine Position ständig – wie in der Kindheit durch seinen brillanten jüngeren Bruder – von den besten und wendigsten Nachwuchsführungskräften bedroht. Deshalb blockiert er ihren Aufstieg und erstickt damit auch ihre Kreativität oder treibt sie in die Arme der Konkurrenz. Ich will damit nicht behaupten, jeder mit einem Liebesbedürfnis oder mit geschwisterlicher Rivalität Geschlagene würde diese Probleme immer an seinen Arbeitsplatz schleppen. Nicht jeder, der am Arbeitsplatz nur zögerlich die Initiative ergreift, sucht eine starke Vaterfigur. Unsere früheren Erfahrungen erklären keineswegs immer unser berufliches Verhalten. Ja, es soll sogar vorkommen, daß wir uns in einer Position völlig ungeeignet vorkommen – und es auch tatsächlich sind! Doch manchmal arbeiten ganz versteckt in unserem Unterbewußtsein befindliche frühere Erlebnisse – sie folgen uns über Jahre hinweg bis zu unserem Arbeitsplatz. Bis wir begreifen, daß sie unser jetziges Tun beeinflussen, haben sie bereits ihren allzu langen Schatten auf unsere Wünsche geworfen und darauf, wie gut wir in unserer Arbeit sind.

Carlton fürchtet sich davor, seine Fähigkeiten zu nutzen, wohingegen Stanley Angst hat, seine Machtstellung zu verlieren. Dana, die wir jetzt kennenlernen, macht sich selbst und all ihre Angestellten verrückt, weil sie einfach nicht zu delegieren weiß. Gerade ist sie unten im Postraum, um sicherzustellen, daß die Post auch wirklich richtig sortiert wird. Wir können sie auch auf der Toilette finden, wo sie überprüft, ob der zentrale Betriebsservice auch die richtige Seifensorte eingekauft hat. Wir treffen sie an jedem Schreibtisch, wo sie die Telefongespräche der Belegschaft überwacht. Sie schüttelt hier den Kopf, schreibt da ein Memo oder greift sich geradezu selbstmörderisch an die Kehle, wenn sie glaubt, ein Telefonat führe nicht zum gewünschten Erfolg. Dana braucht im Grunde überhaupt keine kompetenten Mitarbeiterinnen und Mitarbeiter. Sie braucht einzig ein Dutzend geklonter Danas, von denen jede gleich denkt, spricht oder schreibt und schlichtweg nur wie Dana selbst ist. Nur mit solchen geklonten Wesen wäre Dana in der Lage, ihre Hemmungen vorm Delegieren von Entscheidungsbefugnissen abzulegen. Dana ist eine Variante dieser wohlbekannten Nemesis des Arbeitsplatzes, der Kontroll-Neurotikerin.

Alan ist es auch. Er ist ein fähiger und außergewöhnlich erfolgreicher Rechtsanwalt, der Menschen immerzu antreibt, schneller zu arbeiten, mit seiner stets richtigen Argumentation fortwährend auf seine Partner losgeht und seine Sekretärin anschnauzt, sobald sie sich verspricht oder den kleinsten Fehler macht. Alan ist ein Mann, der Kontrolle und Einflußnahme übertreibt, weil er sich als »so herausragend qualifiziert und damit auch verpflichtet dünkt, in wirklich jeder Situation das Zepter an sich zu reißen und sämtliche Mitmenschen von seinem Wissen und seiner Erfahrung profitieren lassen zu müssen, ob das nun erwünscht ist oder nicht«. Das Leben ist nach Alans Verständnis dazu da, Dinge zu bewerkstelligen und voranzutreiben. Und er bewerkstelligt sie, indem er beherzt Kontrolle und Macht ausübt.

George ist noch so ein Kontroll-Neurotiker. Darin sieht er nicht etwa etwas Anrüchiges, sondern ist im Gegenteil stolz darauf. Er ist sich völlig sicher, daß er das Erreichte letztendlich nicht erreicht hätte, würde er nicht immer so drängen, die Initiative an sich reißen und dermaßen herrisch auftreten. Er würde noch eingestehen »Naja, vielleicht sollte ich nicht ganz so bestimmend sein, und Fünfe mal gerade sein lassen. Ich glaube wirklich, daß ich manchmal ein bißchen dick auftrage.« Doch im selben Augenblick fügt er hinzu: »Bei mir klappt's aber! Oder etwa nicht? Und ich akzeptiere von anderen keinen Mist.« Kontroll-Neurotiker sind nach der Definition des Betriebspsychologen Gerald Piaget »Menschen, die zu vieles bestimmen, zu häufig bestimmen oder Kontrolle ausüben, wo sie gar nicht erforderlich ist«. Piaget gesteht durchaus zu, es sei für Sie, mich oder auch ihn völlig normal, Kontrolle und Macht anzustreben und sie auszuüben, »um unser Leben so erfolgreich, interessant und sicher wie möglich zu machen und um Menschen um uns herum zu helfen, soweit wir können«. Der wesentliche Unterschied aber zwischen uns und einem Kontroll-Neurotiker ist der, daß »Kontroll-Neurotiker nicht aufhören können. Sie sind in ihrem Innersten Kontrollsüchtige. Sie haben die Kontrolle über ihren Drang, zu kontrollieren, verloren.«

Während Dana, Alan und George alle übermäßig selbstbewußte Kontroll-Neurotiker des Typs »Ich weiß es am besten!« sind, gehört Irene eher zur Gruppe der selbstquälerischen, furchtsamen Kontrollbesessenen à la »Eine falsche Bewegung, und ich bin tot!«. Furchtsamkeit scheint jedoch für die bedauernswerten Mitarbeiter solcher Arbeitgeber kaum erträglicher als Arroganz. Irene zum Beispiel ist Leiterin der Abteilung für Öffentlichkeitsarbeit einer Warenhauskette. Sie überläßt nichts dem Zufall. Sie schwebt allgegenwärtig über ihrem Personal, gibt erschöpfende Anweisungen, wie bestimmte Arbeiten auszuführen seien, die schon unzählige Male gemacht worden sind; sie überprüft immer wieder, ob ihr Personal irgendeine Einzelheit dieser Instruktionen vergessen hat und sie will genau wissen, was jeder einzelne in jeder Minute des Arbeitstages gemacht hat. Sie fordert ihre Leute sogar auf, gegenseitig ein Auge aufeinander zu haben – das heißt tatsächlich, sich auszuspionieren –, um Irene anschließend Bericht zu erstatten, was man gesehen und gehört habe. Irene schafft auf diese Weise ein Arbeitsklima, das nach den Worten ihres Assistenten »unserer Moral nicht eben zugute kommt«. Wenn wir Mäuschen spielen könnten, würden wir vermutlich hören, wie sie sich laufend warnt: »Ein Ausrutscher und ich könnte alles verlieren, was ich erreicht habe!« Sie ist entsetzt von der Vorstellung, ein lächerlicher Fehler könnte passieren, Kunden könnten abspringen. Dann würde sie gefeuert und zusammenbrechen. Ihr fanatisches Bemühen, jeden denkbaren Ausrutscher unter allen Umständen zu vermeiden, und Versagensängste treiben Irene zwanghaft zu Kontrolle und Macht.

Andere, »Egomanen mit Minderwertigkeitskomplexen«, klammern sich aus einem Gefühl des eigenen Ungenügens an Kontrolle und Macht. Sie hoffen, sich dadurch selbst aufzubauen oder sich zumindest vor Lächerlichkeit oder Zurückweisung schützen zu können. Wiederum andere genießen regelrecht den »Rausch der Macht«, also Machtgefühl pur. Und schließlich gibt es Menschen, die sozusagen vorbeugend kontrollieren, um andere daran zu hindern, sie zu mißbrauchen, auszunutzen, zu beherrschen – und sei es nur aus Einbildung.

Kontroll-Neurotiker gibt es natürlich überall, nicht nur am Arbeitsplatz. Sie wollen nicht allein ihr eigenes Leben im Griff haben, sondern auch unseres. Es sind diejenigen Ehen, bei denen ein Partner unbedingt das letzte Wort haben muß. Es sind die Eltern oder Schwiegereltern, die ihren Standpunkt aggressiv durchzusetzen versuchen, mit unausstehlich lästigen Sätzen wie »Vater kennt sich doch am besten aus«. Und da haben wir noch die Freundin, die uns ungefragt rät, wir sollten jetzt aber mal unser Haar färben lassen; die uns plagt, wir sollten diese und nicht jene Kreuzfahrt machen; die uns besucht und unsere Wohnzimmermöbel umstellt, unseren Kleiderschrank durchstöbert und all die abgetragenen Schuhe rausstellt; und die – sollten wir so leichtsinnig gewesen sein, ihr von unserem kleinen Problem zu erzählen – uns jeden Tag mit 20 Lösungsvorschlägen anruft und dazu noch jeden Abend, um uns auszuhorchen, ob wir auch ja ihrer Empfehlung gefolgt seien!

Doch im Gegensatz zu solchen privaten Beziehungen können Kontroll-Neurotiker am Arbeitsplatz halbwegs das Recht für sich beanspruchen, uns zu kontrollieren, vor allem dann, wenn sie Vorgesetzte und nicht Kollegen sind. Aber es gibt auch einfache Angestellte in gewissen Schnittstellenpositionen wie perfekte Kindermädchen, Chefsekretärinnen oder äußerst beschlagene Registratoren, die sich manchmal als Kontrollfanatiker entpuppen. Und solange eine Dana, ein Alan oder George unser Boß ist und wir als deren Mitarbeiter unseren Job nicht aufgeben können oder wir darauf angewiesen sind, daß unser Büro von unserem sklaventreiberischen Chef geführt wird, solange werden wir einem Kontroll-Neurotiker ausgeliefert sein. Umgekehrt muß sich jeder von uns die beunruhigende Frage stellen: »Könnte es sein, daß wir selbst eine Dana, ein Alan, ein George oder sogar ein sklaventreiberischer Abteilungsleiter sind?«

Dennoch, ob wir nun wahre Weltmeister im Kontrollieren sind, nur gelegentliche Kontroll-Neurotiker oder sozusagen bloß ganz normale Alltagskontrolleure, wir werden immer wieder, wenn auch unterschiedlich oft, auf Kontrolltechniken am Arbeitsplatz zurückgreifen. So reagierten einige befragte Manager wie folgt auf die Bitte, einmal ihre Techniken – ihre starken, schwachen oder auch rationalen »Taktiken der Einflußnahme« – zu benennen, mit denen sie sich gegenüber ihren Mitarbeitern, Vorgesetzten oder Kollegen durchsetzen:

a) Ich fordere sie/ihn einfach auf, das zu tun, was ich gesagt habe.

b) Ich gehe sehr behutsam vor, wenn ich meinen Wunsch vortrage.

c) Ich erkläre die Gründe für meinen Wunsch.

d) Ich biete einen Ausgleich an (Wenn Sie das für mich tun, werde ich etwas für Sie tun).

e) Ich bekomme die informelle Unterstützung seitens der Vorgesetzten.

f) Ich drohe mit einer Beurteilung der unbefriedigenden Mitarbeiterleistungen.

Anmerkung: Wahrscheinlich skizzieren die Antworten a) und f) die häufigsten Verhaltensweisen gegenüber unterstellten Mitarbeitern, b) und c) gegenüber Vorgesetzten und d) und e) gegenüber Kollegen derselben Hierarchiestufe. Einige Varianten werden wir jedoch auf allen Hierarchiestufen antreffen.

Einmal hatte ich eine Kollegin, die mich von Zeit zu Zeit zu informieren hatte. Sie war hervorragend im Sammeln dieser Informationen, aber völlig unfähig, mir die Informationen auch zu übermitteln. Also mußte ich sie bitten, zu wiederholen, neu zu formulieren, sich klarer auszudrücken. Um zu bekommen, was ich brauchte, ohne sie beleidigen zu müssen, verlegte ich mich auf die »Hilfe, ich stehe auf der Leitung«-Taktik – »Warum verstehe ich das denn nicht? Was ist bloß los mit mir?« – und konnte sie so dazu bringen, dasselbe Informationsmaterial wieder und immer wieder durchzukauen. Ich gebe zu, daß ich immer wie die Dümmere von uns zweien wirkte. Wie dem auch sei, ich bekam früher oder später die nötigen Informationen. Und ich würde jederzeit den Standpunkt vertreten, daß ich immer die bestimmende Person von uns beiden war, auch wenn es zweifellos nicht so aussah.

Viele Kontrolltaktiken des Ehelebens sind ohne weiteres auf das Arbeitsleben übertragbar: Einschüchterung, Subversion (Vorenthalten wichtiger Informationen), Wiederholung (jeden ermüden), Schmeicheln (im Büroleben als »Speichelleckerei« geläufig) und Belohnung (Gewährung von Gehaltserhöhungen, Beförderungen und Zulagen). Darüber hinaus gibt es die »Machtübernahme« (unverfrorenes Ergreifen der Initiative) und das »Trittbrettfahren« (man läßt jeden Kollegen wissen, jeder hätte bereits unserem Plan zugestimmt, auch wenn das noch gar nicht der Fall ist). Sabotage ist ebenso geläufig (»Fehler machen«, die überlangen Kaffepausen) wie »Über-die-Bande-spielen« (Überspringen unseres unmittelbaren Vorgesetzten, um uns direkt an die »oberste Instanz« zu wenden), auch wenn ein solch wenig respektvolles Umgehen der Hierarchie den Betreffenden in arge Schwierigkeiten bringen mag.

Eine meiner Freundinnen hat mir den Unmut und die zornigen Reaktionen beschrieben, die sie sich während ihrer Arbeit in einer Regierungsbehörde zuzog, als sie ungeduldig ihre »Arbeit machen und nicht Monate bis zur Zustimmung aller warten wollte«. Sie übersprang also sieben Vorgesetzte, über die ihre Informationen hätten weitergeleitet werden müssen, und wandte sich unmittelbar an den Projektleiter. Sie mußte erfahren, daß das Ignorieren von Hierarchien nicht eben eine vielversprechende Methode ist, um Freunde zu gewinnen oder Menschen zu beeinflussen. Ihr Mangel an »Hierarchieorientierung« löste Befremden aus und mündete in eine zunehmend unbefriedigende Zusammenarbeit. Ihr Verhalten erwies sich letztlich als kein gangbarer Weg, um ihre Arbeit gut machen zu können.

Manchmal jedoch funktioniert das »Spiel über die Bande«, wie übrigens auch das Erzeugen von Schuldgefühlen und Verunsicherung. Die ganz miesen Typen unter uns stellen sogar Kontrolle und Macht mittels öffentlicher Demütigung her, angefangen mit Rumschreien wie »Das haben Sie aber so richtig versaut!« über ein eiskaltes »Das ist also alles, was Sie hinkriegen?« bis hin zu einem entsetzten »Ich fasse es einfach nicht, daß Sie das eben gesagt haben!« oder einem kurz angebundenen »Danke für Ihren Beitrag. Der nächste.«. Wir könnten sogar auf Kontrolltechniken zurückgreifen, wie sie in *Dogberts top secret Management-Handbuch* dargelegt sind, dem satirischen – bei näherem Hinsehen vielleicht gar nicht mehr so satirischen – Managementführer von Scott Adams.

Der Autor merkt an, ernsthafte Drohungen könnten sich zuweilen durchaus produktivitätssteigernd auswirken. Er bittet uns also, uns vorzustellen, »man schubst zwei Sporttaucher gleichzeitig da ins Wasser, wo es von Haien nur so wimmelt. Der eine Sporttaucher ist nur von dem Wunsch beseelt, so geschickt und elegant wie möglich den Haien zu entkommen, während den anderen nur die Angst vor dem Gefressenwerden treibt. Welcher von den beiden schwimmt wohl schneller?« Führungskräfte können Adams zufolge ihre Angestellten auch disziplinieren, indem sie sie auffordern, einmal ihre eigenen Schwachstellen aufzulisten. Wenn die Mitarbeiter dem leichtsinnigerweise Folge leisten, schießt der Manager sich auf sie ein. »Ihr Eifer erinnert dabei an den eines Hundes, der nach einem Knochen buddelt. (…)

Sie: ›Wie ich sehe, lassen ihre technischen Fertigkeiten zu wünschen übrig!‹

Mitarbeiter: ›Also, eigentlich bin ich auf diesem Gebiet ein anerkannter Fachmann. Aber ich möchte mich mit dem neuesten Stand der Technik vertraut machen. Daher mein Wunsch nach Fortbildungsmaßnahmen.‹

Sie: ›Sie geben also zu, daß es Dinge gibt, die Sie wissen müßten, aber nicht wissen?‹

Mitarbeiter: ›Na ja … ich meine NEIN! So würde ich das nicht ausdrücken.‹

Sie: ›Hört sich an, als hätten Sie auch Schwierigkeiten, sich zu artikulieren.‹

Mitarbeiter: ›Was zum Teufel geht hier eigentlich vor?‹

Sie: ›Haben Sie schon erwogen, einen Fachmann zu konsultieren? Das Unternehmen hat da ein Programm …‹«

Wenn wir Adams folgen dürfen, gibt es noch andere Techniken der Machthandhabung. Wir können beispielsweise »Empowerment« betreiben, »ein Vorgang, bei dem man die Verantwortung von sich auf Mitarbeiter abwälzt.«. Zur stärksten Waffe des Managers bemerkt Adams: »Es macht keinen Spaß, jemanden vor die Tür zu setzen (…). Es kann jedoch sehr unterhaltsam sein, die Mitarbeiter so lange zu quälen, bis sie aus eigenem Antrieb kündigen.«

Obwohl sich die meisten Untersuchungen über Kontrolle und Macht in der Arbeitswelt damit beschäftigen, wie Chefs ihre Mitarbeiter an der Leine führen, kommt eine amerikanische Gemeinschaftsstudie verschiedener Organisationen zu dem Ergebnis, daß »in einer Organisation jeder jeden beeinflußt, ungeachtet des jeweiligen Tätigkeitsbereichs«, und daß es die »am einen Ende der Leiter« ungeachtet ihres Ranges ebenso oft tun, wie die in der Mitte oder die am anderen Ende. Mit anderen Worten, die Mitarbeiter versuchen ebenso zäh ihre Vorgesetzten in Schach zu halten wie umgekehrt. Und obwohl jeder ganz unterschiedliche Taktiken anwenden mag, sind alle – neben dem Wunsch nach Gehaltserhöhungen und Beförderungen – darauf aus, ihr jeweiliges Arbeitsumfeld zu kontrollieren. Jeder Mitarbeiter möchte gern seine eigenen Termine machen (»Ich kann Ihnen das entweder bis zum 27. März machen – oder richtig.«);

möchte sein Arbeitspensum festlegen (»Ich glaube nicht, daß ich noch mehr Druck bei der Arbeit aushalten kann.«); sich gegen neue Arbeitsabläufe stemmen (»Ich leg' den Vorgang gern Ihrem Vorschlag entsprechend ab, aber ich kann Ihnen nicht garantieren, daß ich ihn je wiederfinden werde.«); und natürlich jeder Kritik vorbauen (indem sie schmollen, seufzen, weinen, hyperventilieren, aus dem Raum stürmen oder zum Gegenangriff übergehen). Ungeachtet ihrer nachgeordneten Position in der Machthierarchie versuchen Arbeitnehmer, auf ihre Arbeit Einfluß zu nehmen. Und das machen auch alle Kollegen so, diejenigen Leute mithin, die, in den Kategorien von Macht gesprochen, mit uns »auf du und du« stehen und die, um ihren Arbeitsbereich abzusichern, um ein Star zu sein oder aus irgend einem anderen, für sie zwingenden Grund, ihre ganze Palette an Tricks am Arbeitsplatz zur Anwendung bringen.

Vaughn zum Beispiel hat eine führende Position im Rechnungswesen seiner Firma und befindet sich gerade in einer Präsentation. Er möchte jeden von seiner Idee überzeugen. Plötzlich schaut er zu Ned hinüber, der soeben ganz bedächtig den Kopf schüttelt, aber, als er gebeten wird, sich zu äußern, nur antwortet: »Kein Kommentar.« Vaughn fährt mit seinem Vortrag fort, ebenso wie Ned mit seinem Kopfschütteln. Ned sieht ein zweites Mal von einem Kommentar ab, diesmal mit einem kollegialen »Ich möchte Vaughn jetzt ungern die Show stehlen.« Beim dritten Anlauf schließlich läßt er sich, wenn auch widerstrebend, breitschlagen und läßt absolut kein gutes Haar mehr an Vaughns Präsentation. Wir würden ihm eher glauben, daß er das nur äußerst ungern getan hat, wenn er nicht während der ganzen Sitzung den Kopf geschüttelt hätte. Ned sabotiert Vaughn unter der Maske von kollegialer Freundschaft. Während eines anderen Meetings macht Charley seine Kollegin Deirdre erbarmungslos fertig, indem er während ihres Vortrags demonstrativ auf seine Uhr schaut, mit kindlichem Jammerton fragt: »Sind wir bald fertig?« und abfällige Bemerkungen fallen läßt wie etwa »Wo hast du denn diese erstaunlichen Zahlen her, von deinem Astrologen?«. Er macht damit klar, Deirdre ist ein Dummkopf und ihr Vorschlag reine Zeitverschwendung. Ned wie auch Charley setzen das Mittel öffentlicher Demütigung ein, um Macht am Arbeitsplatz zu demonstrieren. Sie versuchen auf Kosten ihrer Kollegen, eine gute Figur zu machen. Lucy macht ihre Kollegen im privaten Kreis zur Schnecke, indem sie ihnen zuckersüß zu verstehen gibt, daß ihre angeführten Fakten nicht stimmten, ihre Projekte Humbug seien, sie die Lage überhaupt nicht richtig begriffen hätten und daß die einzige Person überhaupt, die dem Chef ein realisierbares Projekt vorschlagen könne, – wer wohl – Lucy sei! Sie möchte auffallen, die erste unter gleichen sein, der Star der 14. Etage. Sie triumphiert über ihre Kollegen durch Sachverstand (»Ich habe die Angelegenheit bereits eingehend analysiert.«) oder Ablehnung (»Den Plan haben sie bereits ausprobiert. Er ist gescheitert.«). Manchmal bleibt sie nicht bei der Wahrheit (»Wir haben zwölf Gutachten darüber« – in Wahrheit gibt es nur eines –, »die meine Argumentation hier stützen.«) oder sie unterschlägt, wenn's not tut, auch Informationen, die ihre Argumentation ganz eindeutig nicht stützen.

Lucy, Charley und Ned versuchen ihre Kollegen auszustechen. Justin will sie nur aus seinem eigenen Verantwortungsbereich heraushalten. Doch er reagiert auf den kleinsten Kommentar, auf jeden Vorschlag oder Vorstoß wie auf einen Atomangriff. Seine Wutausbrüche (»Dummköpfe! Kretins! Unfähige!«) sind in der Zeitschriftenredaktion, in der er arbeitet, notorisch und so gefürchtet, daß nur die hoffnungslos Verrückten oder die furchtlosen Ritter ihm zu widersprechen wagen. Ausfallend und aggressiv, mit maximaler Lautstärke und so handelnd, wie er nun einmal ziemlich bewußt handelt, instrumentalisiert Justin seine explosiven Ausbrüche, um seine Kollegen per Einschüchterung zu beherrschen. Andere knallharte kollegenfeindliche Machtspiele sind zum Beispiel die Weitergabe oder Ingangsetzung von Gerüchten, die Monopolisierung aller Verdienste bei Gemeinschaftsprojekten, eine nicht erteilte Autorisierung oder auch zurückgehaltenes Informationsmaterial, das ein Kollege zur Erfüllung seiner Aufgabe braucht. In einem Fall von »Kollegenmord« legte ein Mann, der auf seinem Gebiet unbedingt Verkäufer des Jahres werden wollte, den Computer seines schärfsten Konkurrenten lahm, löschte dessen Dateien und schlug ihn so um Längen.

Kollegiale Machtkämpfe treten nicht nur bei knallharten Akteuren wie Justin, Lucy, Charley oder Ned auf. Auch die Schwachen der Arbeitswelt verfügen über Kontroll- und Machttaktiken. Camille bespielsweise schafft es mit ihrem schlauen Einsatz von Verzweiflung und Schmeichelei immer wieder, andere ihre Arbeit machen zu lassen. Sie stöhnt vielleicht »Mein

Rücken tut so furchtbar weh. Ich werde es nie pünklich schaffen. Aber du!«, gemeint ist ihre ach so unglaublich fähige und brillante und mitfühlende Kollegin, »Du bist die einzige, auf die ich zählen kann.« Immer gibt es bei der armen Camille einen Notfall in der Familie oder eine neue, mysteriöse Krankheit. Darum liegt sie mal wieder mit ihrer Arbeit zurück und ruft »Hilfe! Hilfe!«, und darum wird irgendein Softie wieder helfen. Unorganisiert an ihrem Arbeitsplatz, chaotisch in ihrem übrigen Leben und ganz überzeugt davon, daß ihre Kollegin diese Quittung wirklich zehnmal so schnell wie sie selbst ausstellen könne, setzt Camille ihre Schwäche ein, um Kontrolle und Einfluß am Arbeitsplatz auszuüben.

Der Wunsch, Kollegen beherrschen zu wollen, kann natürlich durch Rivalitätsgefühle oder durch Gefühle eigenen Ungenügens hervorgerufen werden. Aber zuweilen entsteht er auch aus positiven Motiven, nämlich um einen Teamkollegen zu ermutigen, sein Bestes zu geben, oder um zu versuchen, Spannungen während einer Konferenz abzubauen oder um jemanden von einem neuen Gesichtspunkt zu überzeugen. Sowohl auf heimtückische wie auf nette Art und Weise, in horizontalen wie auch vertikalen Beziehungen werden die meisten Frauen und Männer immer wieder aufs neue versuchen, in ihrer Arbeitswelt Kontrolle und Macht auszuüben.

Einige Untersuchungen kommen zu dem Ergebnis, daß Frauen und Männer in vergleichbaren Positionen zu ähnlichen Kontrolltaktiken neigen. Deborah Tannen würde dem klar widersprechen. In *Job-Talk* weist sie überzeugend nach, daß sich Frauen und Männer sehr in ihrer Art zu sprechen unterscheiden und daß dieser Sprechstil starken »Einfluß darauf hat, wer gehört wird, wem man glaubt und was an Arbeit geschafft wird«. Tannen hat herausgefunden, daß Frauen weniger erfolgreich als Männer darin sind, Anerkennung und Beförderungen zu erreichen. Und sie argumentiert, Frauen würden deshalb so sprechen, wie sie sprechen, weil eine Frau typischerweise die womöglich negativen Folgen fürchtete, »wenn sie ihre Meinung behauptet, selbstbewußt klingt oder stolz ihre Leistungen aufzählt, um die gebührende Anerkennung zu erhalten«. In einer Welt, in der unaggressive Männer als »Verlierer« oder »Schlappschwänze« gelten und entsprechende Frauen als »feminin«, wo aggressive Männer als »Erfolgstypen« und »Gewinner« und aggressive Frauen als »Männerfresserinnen« oder als »arrogant« gelten, neigen Frauen dazu, ihre Stärken herunterzuspielen, während Männer eher ihre Zweifel verdrängen. Frauen scheinen auch eher dazu bereit, Fragen zu stellen (auch nach dem richtigen Weg zu fragen!) und damit zu offenbaren, was sie nicht wissen, wenn sie etwas nicht wissen. Und sie geben leichter zu, einen Fehler gemacht zu haben.

Darüber hinaus sind Frauen zurückhaltender, wenn es um die lautstarke Benennung ihrer Erfolge geht, was wiederum ihr berufliches Fortkommen erschwert. Denn schließlich reicht es nicht aus, gute Arbeit zu machen, wenn dann der Chef nicht mitbekommt, daß man sie selbst gemacht hat. Während Männer oft »Ich« sagen, wenn es um Teamprojekte geht, neigt eine Frau zum »Wir«, wenn sie selbst etwas erreicht hat. Frauen laufen das Risiko, ihre Kompetenz zu verstecken, indem sie versuchen, nicht ins eigene Horn zu blasen, sich nicht selbst zu inszenieren oder arrogant zu erscheinen. Diese Tarnung der eigenen Fähigkeiten mittels bestimmter »weiblicher« Sprechstile geschieht auch noch auf andere Weise.

Nehmen wir zum Beispiel Carol und Ron, Kollegen in einem Radiosender, die jeweils zu verschiedenen Gelegenheiten, zum anderen in gedämpfter Stimme sprechen. Während jedoch Ron immer dann laut mit Carol sprach, wenn er ihr Ratschläge und Informationen gab und nur dann leise, wenn er Unterstützung brauchte, sprach Carol auch dann leise, wenn sie Ron half. »Carol sprach leiser«, schreibt Tannen, »und spielte ihre Vorschläge herunter, denn sie wollte Rons Zuständigkeit nicht in Frage stellen.« Ron hingegen »sprach (...) nicht nur laut, sondern sagte auch häufiger, ›Okay?‹ oder ›Können Sie mir folgen?‹ und ›Verstehen Sie?‹« und bevorzugte damit Redewendungen, die seine Zuhörerin vielleicht nicht als die Hellste erscheinen ließen.

Wenn nun die Sprechweise von Frauen im Umgang mit Vorgesetzten und Kollegen tendenziell weniger bestimmend als die von Männern ist, so trifft das gleichfalls auf den Umgang von Frauen mit ihnen unterstellten Mitarbeitern zu. So kam eine Untersuchung zu dem Ergebnis, daß Männer, die jemanden in der Arbeit zu kritisieren hatten, weitaus mehr Rücksicht auf dessen Gefühle nahmen, wenn der Betreffende ihr Vorgesetzter war. Frauen hingegen zeigten weit mehr Mitgefühl, wenn sie einen ihrer Mitarbeiter kritisierten. Als beispielsweise Marge ihre Sekretärin auf einen Fehler aufmerksam machte, lachte sie, machte damit den Fehler weniger gravierend (»Es ist schon schwer, in so einer Umgebung seine Arbeit zu tun, stimmt's ...«) und setzte auf diese Weise ein Signal, ohne daß ihre Sekretärin ihr Gesicht verlieren mußte. Wie Marge waren sich auch die anderen Frauen in dieser Untersuchung »offenbar deutlich bewußt (...), welch große Macht in ihrer Autorität lag« und »bemühten (...) sich, diese Macht nicht sorglos auszuspielen«. Indem diese Frauen also mit ihren eigenen Mitarbeitern in einer einfühlsamen Weise sprachen, vermieden sie bewußt einen autoritären Führungsstil.

Viele Frauen in Führungspositionen spielen ihren Einfluß herunter, versuchen, ihre Stellung nicht herauszukehren und statt dessen Mitarbeiter als gleichrangig zu behandeln. Ihr Wunsch, gemocht zu werden, wird Frauen mit hoher beruflicher Verantwortung vielfach dazu bringen, den Eindruck zu vermeiden, sie wollten mit ihrer Stellung andere beeindrucken. Frauen in hohen Positionen werden deshalb auch häufig überdeutlich und wiederholt zum Ausdruck bringen, daß ihre Position eigentlich gar nicht so hochrangig sei. Die Leiterin einer Wohlfahrtsorganisation drückte das so aus: »Bei meinen Vorgesetzten und bei Leuten, die in anderen Firmen in gleicher Position arbeiten, bin ich sehr angesehen; ich verdiene gut, habe Macht und Einfluß, und obendrein bin ich glücklich verheiratet. Wäre ich auch noch schlank, würde ich mich keine Sekunde halten können.« Tannen bemerkt, daß die Tendenz von Frauen, ihre Schwächen zu betonen und netter als nett zu sein, sie häufig beides haben läßt, Macht und Anerkennung. Der Nachteil liegt ihrer Meinung nach allerdings darin, daß Frauen weiterhin auf eine Weise handeln und sprechen, die genau diese Macht schlechtmacht, so daß andere bezweifeln, ob sie diese denn überhaupt besäßen oder sich respektlos ihr gegenüber verhalten oder ihr diese Macht sogar zu nehmen versuchen, um sie selbst zu besitzen.

Andererseits bekommen Frauen, die wie Männer sprechen, in der Arbeitswelt Probleme. Vor kurzem behauptete zum Beispiel eine amerikanische Internistin, Diskriminierung sei die Ursache für den Verlust ihrer Position an einem Krankenhaus gewesen. Man hätte sie dafür bestraft, daß sie schroff, fordernd und laut war und manchmal »Scheiße« sagte. Sie wies darauf hin, daß andere Ärzte im selben Krankenhaus ungestraft genauso schroff, fordernd und »profan« wären. Nur, das seien eben Männer! Voilà, hier haben wir das Problem der Doppelbindung: »das Verdammte-wenn-du's-als-Frau-in-leitender-Stellung-tust-und-verdammt-wenn-du-es-nicht-tust«! Sprechen sie, wie Frauen eben sprechen, so werden Frauen eher gemocht als respektiert. Sprechen sie aber wie Männer, werden sie eher respektiert als gemocht. Männer, die dieser Doppelbindung viel weniger stark als Frauen unterliegen, haben deshalb in der Arbeitswelt geringere Machtprobleme.

Zweifellos kennen wir alle Frauen, die weniger Carol oder Marge ähneln, sondern eher der Internistin, Frauen, die sehr erfolgreich sind und in ihrer Arbeit genauso funktionieren wie Männer. Wir kennen auch Männer, darunter sehr erfolgreiche, die sich nicht wichtigmachen und gern Fragen stellen. Uns sind diese Ausnahmen bekannt. Aber die Tatsache solcher Ausnahmen scheint mir kein Argument gegen die von Tannen analysierten Verhaltensmuster. Es liegt auf der Hand, daß unser Sprechstil von Fall zu Fall unsere Position und unsere Autorität in der Arbeit schwächen oder stärken kann. Wie wir sprechen hat Auswirkungen darauf, ob wir Einfluß erlangen, befördert werden oder verlieren. Wenn Macht die »Fähigkeit (ist), andere zu beeinflussen; sich Gehör zu verschaffen; den eigenen Willen durchzusetzen, statt das tun zu müssen, was andere wollen«, dann folgt daraus: »Die Art und Weise unseres Sprechens erzeugt Macht...«

Es mag sein, daß sich in der Arbeitswelt die Einstellung zur Macht verändern und daß sie mehr »weibliche« Elemente als bisher beinhalten wird. Es wäre ein Führungsstil, der demokratischer, einfühlsamer, kooperativer und mitarbeiterorientierter ist. Shoshona Zuboff, Psychologin an der Harvard Business School, bemerkt hierzu: »Lange hat in der Unternehmenshierarchie der Manager den Ton angegeben, und belohnt wurde der Typ des manipulativen Dschungelkämpfers. Doch in den achtziger Jahren wurde diese starre Hierarchie (...) aufgeweicht. Der Dschungelkämpfer steht als Symbol für die Vergangenheit des Unternehmens: seine Zukunft ist der Virtuose an interpersonalen Fähigkeiten.« Ein Indiz für diese Entwicklung ist das Auftauchen des Coachs für Führungskräfte, der von Unternehmen angeheuert wird, um hochbezahlte Führungskräfte fortzubilden, deren Kenntnisse in Menschenführung gering oder nicht vorhanden sind. Einige dieser Spitzenleute sind ältere Männer, die einen »Kommandostil« im Management pflegen und die an eine

Arbeit mit sehr unterschiedlichen Mitarbeitern – zum Beispiel hinsichtlich ihrer Hautfarbe oder ihres Geschlechts – gar nicht gewöhnt sind. Doch es gibt auch jüngere Führungskräfte – Frauen eingeschlossen –, die der Anleitung durch einen solchen Coach bedürfen, weil, wie die Controllerin Carolyn Piecherowski von sich selbst sagte, »du ja selbst eher einen Diktator als einen Mentor als Chef hattest«, und, wie es eine andere mittlere weibliche Führungskraft ganz offen zugab, »meine Leute mich einfach nicht ausstehen konnten«.

Einige Teilnehmer solcher Seminare erklärten zwar, die Grenze zwischen Coaching und einer Therapie sei fließend, doch die meisten Coaches unterscheiden sehr scharf zwischen beiden Begriffen. Sie weisen darauf hin, daß eine Psychotherapie eine Verbindung zwischen jetzigem Verhalten und früheren Problemkomplexen herstellt, wohingegen Coaching auf die Frage zielt, was im jetzigen Verhalten falsch laufe und wie sich das zukünftig beheben lasse. Zaleznik und Horner erinnern uns daran, daß bei Menschen in Machtpositionen auch Kindheitskonflikte in ihre jetzige Arbeit einfließen können, mit teilweise unglücklichen Folgen. Doch während einige dieser Führungskräfte eine Therapie brauchten und manche der Coaches dies auch je nach Einzelfall befürworteten, gehe es für letztere um etwas ganz Praktisches: Sie sollen den Chef teamfähiger und zu einem besseren Zuhörer machen, der seine Mitarbeiter nicht herabsetzt und ihnen erlaubt, daß »sie für ihren Job auch verantwortlich sind«. Gleichzeitig soll er den Chef davon abbringen, Befehle mit einem autokratischen »Überlassen Sie das Denken den Pferden...« auszugeben. »Vor Jahren ließ man es einem durchgehen, schroff zu sein, wenn er gut war«, sagt Coach Judith Blanton. »Aber heute wollen die Leute dann nicht mehr mit Ihnen arbeiten.« Coaches können ihrer Ansicht nach an dieser Stelle unterstützend eingreifen. Doch sie dürfen natürlich die unternehmerischen Tatsachen nicht außer acht lassen. »Ein klinischer Psychologe, der jemandem sagt, er teile dessen Gefühle, kann am Ende derjenige sein, der entlassen wird«, warnt sie.

Der Film *Jerry Maguire – Spiel des Lebens* handelt auf unterhaltsame Weise von diesem Sachverhalt. Tom Cruise spielt darin einen hochdotierten Sportagenten, der plötzlich arbeitslos wird, nachdem er seine Organisation gedrängt hatte, sich stärker an den Menschen zu orientieren. Obwohl ihm seine Kollegen öffentlich darin zustimmen, sind sie privat der Meinung, daß er ein Fiesling sei und führen uns damit das Auseinanderklaffen zwischen unternehmerischer Rhetorik und Realität vor Augen. Zaleznik kommentiert die jetzigen Trends zu größerer Umgänglichkeit und Verbindlichkeit im Arbeitsleben hinsichtlich deren Wirksamkeit mit einiger Skepsis. Er weist auch darauf hin, daß das Image des »netten Kerls« ganz andere Absichten verbergen könne, indem die Aufmerksamkeit der Menschen »von der Wirklichkeit hin zu einem kollektiven Mythos« abgelenkt werde, während der Betreffende gleichzeitig seine geheimen Ziele weiterverfolge. Mit anderen Worten, der »neue« Manager könnte »ein netter Kerl sein, der den Leuten ein gutes Gefühl vermittelt und sie ihn mögen läßt« – um sich bis ins Kleinste ebenso machtorientiert zu erweisen wie der alte Boss.

Sind wir dann noch ganz bei Trost, wenn wir sensible Chefs sein wollen oder andere dabei unterstützen, es zu werden? Ist es überhaupt sinnvoll, mehr Demokratie, weniger Kontrolle und Macht anzustreben? Die folgende wahre, schreckliche und immer wieder erzählte Geschichte will uns mit einem warnenden Unterton sagen: »Nein, wir sind ganz bei Trost!« und »Ja, es ist sinnvoll!«: 1978 flog ein Pilot Portland an, als er feststellen mußte, daß mit dem Fahrgestell seiner Maschine etwas nicht in Ordnung war. Er flog in eine Warteschlaufe über dem Flughafengelände und versuchte, den Mechanismus wieder funktionsfähig zu machen. Er übersah dabei, daß sich die Treibstoffanzeiger unaufhaltsam gegen Null neigten. Seine Kopiloten bemerkten das sehr wohl, sagten aber nichts, weil sie wußten, daß ihr Chef ein herrschsüchtiger und cholerischer Mann war. Obwohl sie die Folgen ihres Schweigens fürchteten, hatten sie noch mehr Angst vor seinen Zornausbrüchen. Die Maschine stürzte schließlich ab. Zehn kamen ums Leben, weil ein autokratischer Chef seine Untergebenen derart eingeschüchtert und Macht auf eine Weise benutzt hatte, die eine sinnvolle Kommunikation und die menschliche Freiheit, sich offen mitzuteilen, abgewürgt hatte. Daniel Goleman, der diese Geschichte erzählt, fügt hinzu: »Das Cockpit ist ein verkleinertes Abbild jeder beliebigen Arbeitsorganisation. Wo es jedoch an der dramatischen Realitätsprüfung eines Flugzeugabsturzes fehlt, bleiben (...) die destruktiven Auswirkungen einer schlechten Moral, von eingeschüchterten Mitarbeitern und arroganten Chefs (...) oft weitgehend verborgen.«

Folgen jedenfalls gibt es immer, und auch Risiken. Stellen wir uns zum Beispiel die Praktikantin vor, die einem Patienten ein

Medikament verabreichen muß, die genaue Dosis jedoch vergessen hat. Allerdings fällt ihr ein, daß der diensthabende Arzt keine
gute Meinung von Praktikanten hat, die zu viele Fragen stellen.
Sie fürchtet also, ihre Frage könnte ihr einen Minuspunkt ein-
bringen und einige Minuspunkte könnten ihre weitere Laufbahn
beeinträchtigen. Also schätzt sie die Dosis ab und fragt nicht. Sie
liegt wahrscheinlich richtig oder richtig genug. Aber was geschieht, wenn sie sich verschätzen sollte? Die Befürworter einer
»Führung mit Herz« führen Untersuchungen an, wonach der
Einsatz von Macht mit menschlichem Antlitz kostendämpfend
wirke, die Produktivität erhöhe, Fehlermargen senke sowie Un-
fälle und Terminüberschreitungen verringere. Wenn sich Arbeitgeber beispielsweise die Mühe machen, taktvoll und konstruktiv
zu sein, wenn sie Kritik am Arbeitsplatz äußern, können sie
damit Abwehrhaltungen und Unmut vermeiden und ihre Mitarbeiter zu höherer Leistungsbereitschaft motivieren. Mitarbeiter
sind auch produktiver, wenn es ihren Chefs gelingt, den Streß
am Arbeitsplatz zu reduzieren, denn Streß ist – ebenso wie nicht
gestellte Fragen – jedem Lernprozeß abträglich und »macht
Menschen dumm«. Andere Untersuchungen zeigen darüber
hinaus, daß im Team oder in einer Gruppe arbeitende Menschen
in einer harmonischen Atmosphäre weit bessere Ergebnisse
erzielen als unter Konkurrenzbedingungen. Auch das sollte Vorgesetzte dazu veranlassen, ihre alten Machttaktiken zu überdenken und eine stärkere Zusammenarbeit im Arbeitsprozeß anzustreben.
    Autoritärer Führungsstil »fördert Apathie oder auch Wider-
stände, während man bei kooperativem Führungsstil von mehr
Originalität, weniger Aggressivität und höherer Produktivität
ausgehen kann«, so Horner. Der Psychologe David McClelland
bestätigt mit seiner umfangreichen Studie zu Kontrolle und
Macht diese Aussage. »Sklaverei ist die unproduktivste Wirt-
schaftsform, die je von Menschen erfunden wurde«, schreibt er.
»Wenn eine Führungskraft tatsächlich weitreichenden Einfluß
ausüben möchte, so muß sie ihren Mitarbeitern das Gefühl
geben, stark und auch fähig zu sein, eigene Ziele selbständig
erreichen zu können.« Einer meiner Freunde ist ein außerordentlich erfolgreicher Inhaber einer Reihe von Firmen und hat mir
berichtet, wie er seine Organisation führt: »Du kannst natürlich
darauf bestehen, alles zu kontrollieren. Aber die Leute, die für so
etwas eintreten, sind zweitklassig. Um die besten Mitarbeiter zu

halten, mußt du ihnen die Freiheit geben, Entscheidungen zu treffen und ihren eigenen Auftritt zu haben. Wenn du der Leithund einer erstklassigen Organisation sein willst, mußt du bereit sein, einiges von deiner Macht abzutreten.« Man muß also akzeptieren, nur begrenzte Macht auszuüben.

Doch selbst in Arbeitssituationen, in denen ein Vorgesetzter uneingeschränkte Macht beansprucht und nur Verachtung für dieses »moderne Management-Gerede« hat, wird sich dieser wenigstens einer neuartigen Einschränkung seiner Macht beugen müssen: Er kann nicht mehr unangefochten seine Mitarbeiterinnen sexuell belästigen. Obgleich er technisch gesehen die Macht hat, diejenigen zu befördern, die ihm gefallen und diejenigen auf Eis zu legen, welche es nicht tun, ist es doch riskant geworden, »gefallen« mit »Sex haben« gleichzusetzen. Denn obwohl sexuelle Belästigung nach wie vor existiert, ist sie doch heute nicht mehr auch nur annähernd so respektabel wie früher. Jeder Chef sollte sich demnach bei dem folgenden Ratschlag von Scott Adams vorsehen: »Witzig oder attraktiv brauchen Sie als Manager nicht mehr zu sein, wenn Sie bei den Leuten Eindruck machen wollen«, schreibt er in seinem »rückwärtsgewandten« Führer für Manager. »Selbst wenn Sie vom Äußeren her abstoßend sind, haben Sie durchaus eine Chance, eine ihrer attraktiven Angestellten ins Bett zu locken, und zwar mit Hilfe einer subtilen Einschüchterungsstrategie.« Adams räumt durchaus ein, das sei gesetzeswidrig. Aber dann fährt er fort: »Sie sind ja schließlich nicht nur Manager geworden, damit Ihnen der beste Parkplatz zugewiesen wird. Es ging Ihnen vielmehr darum, attraktive Frauen auf die ordinärste Weise anmachen zu können, ohne daß die Ärmsten etwas dagegen unternehmen können.«

Meine persönliche Erfahrung mit sprachlicher Anmache bei der Arbeit machte ich nicht mit einem Manager, sondern mit einem berühmten Literaten, mit dem ich ein Interview machen wollte. Bei unserem Treffen versicherte er mir, gerne alle meine Fragen beantworten zu wollen. Aber warum, fragte er sanft, schlafen wir nicht zuerst miteinander? In Wahrheit drückte er sich vulgär aus. Doch in meiner Rolle als kühne, junge Reporterin schien es unangebracht, schockiert zu reagieren. Statt dessen fuhr ich mit meinen Fragen fort, denen er schweigend zuhörte, bevor er mit einem »Aber wie wär's mit Sex?« antwortete. Und übrigens, ob ich nicht früher gern etwas auf den Hintern bekommen hätte? Dieses Interview hätte ich gern gemacht, antwortete ich. Aber ich mußte schließlich ohne meinen Artikel gehen. Er war von seinem Lieblingsthema einfach nicht abzubringen. Er war außerordentlich vulgär und anzüglich. Aber wir lebten in den sechziger Jahren und ich fühlte mich kaum befugt, mich zu beklagen. Nicht ihm gegenüber und schon gar nicht den Leuten gegenüber, für die er arbeitete.

1991 jedoch klagte die Rechtsprofessorin Anita Hill gegen ihren früheren Chef Clarence Thomas, den Kandidaten für den Obersten Gerichtshof, er habe sie auf sexuell anzügliche Weise angesprochen. Und 1993 gab Gena Hutton, die im 1980er Wahlkampf für Bob Packwood gearbeitet hatte, vor Gericht an: der Senator von Oregon »wirbelte (…) mich herum, packte mich und zog mich an sich« und hätte ihr dann einen Zungenkuß gegeben. 1996 gab es in den USA rund 15 000 Beschwerden über sexuelle Belästigung, die bei der Behörde für Gleichstellung am Arbeitsplatz eingingen. Das beweist, daß sexuelle Belästigung zwar nicht mehr so hingenommen wird wie früher, aber dennoch weiterhin genug Not am Arbeitsplatz schafft. Während viele Frauen, die von ihrem Vorgesetzten wegen ihres Jobs und damit wegen ihres Einkommens abhängig sind, derartige zweideutig-eindeutigen Reden und Zudringlichkeiten einfach überhören und wegstecken, legen viele andere Widerspruch ein und gehen den offiziellen Rechtsweg. Einige der angeschuldigten Männer protestieren dagegen und behaupten, sie seien die Opfer rachsüchtiger Frauen oder von Mimosen, deren freche Lügen oder auch Überreaktionen auf harmlose Gesten hin ganze Karrieren zerstören könnten. In David Mamets Theaterstück *Oleanna* zum Beispiel wird ein College-Professor zur Weißglut getrieben, weil ihn eine Studentin fälschlicherweise der sexuellen Belästigung bezichtigt hat. Im wirklichen Leben verlor der Geschichtsprofessor Richard Dinsmore an der Universität von Maine 1992 seine Stellung auf Lebenszeit, nachdem ihn eine Studentin beschuldigt hatte, sie belästigt zu haben, »indem er während einer Filmvorführung ihre Schulter berührte, ihr anschließend in den Mantel half und sich bei einer Einladung zum Kaffee übermäßig freundlich zu ihr verhielt«. Dinsmore ging später vor Gericht. Er bekam Schadensersatz und seine alte Stellung zugesprochen und die Anwaltskosten wurden ihm erlassen. Doch derartige Fälle lassen das Blut vieler Männer gefrieren. Ein Manager sagte mir: »Ich klopfe nicht auf die Schulter und mache keine persönlichen Komplimente. Ich gehe keinerlei Risiko ein mit dem, was ich sage. Denn wenn ich meiner Sekretärin erkläre, sie sähe heute gut aus, kann es passieren, daß sie sich entweder geschmeichelt fühlt oder einen Bericht aufsetzt, ich hätte mich an sie rangemacht.«

Wir sollten uns an dieser Stelle bewußt sein, daß Frauen viel häufiger belästigt werden, als daß sie Lügen darüber verbreiten. Im übrigen sind sie dafür bestraft worden – bis hin zur Entlassung –, wenn sie vor Gericht gingen. Wir sollten uns ebenso daran erinnern, daß die meisten Männer ihre Macht am Arbeitsplatz nicht dazu benützen, Frauen sexuell zu belästigen, zu verletzen, zu beleidigen oder zu bedrohen. Doch gerade weil es viele – darunter viele anständige – Männer gibt, die es, wie man so schön sagt, »einfach nicht kapieren«, wäre ein Sensibilitätstraining vielleicht genau das richtige. Darüber hinaus könnten angemessene Sanktionen für diejenigen, die Frauen gegenüber zudringlich werden, Machtmißbrauch am Arbeitsplatz verringern.

Wir alle – Frauen und Männer, Vorgesetzte und deren Mitarbeiter – haben uns mit Kontrolle und Macht am Arbeitsplatz auseinanderzusetzen. Wir können besser damit umgehen, wenn wir uns bewußt sind, was wir tun; wenn wir uns unseres Machtmißbrauchs bewußt werden und auch unserer Furcht, Macht zu beanspruchen und einzusetzen; sowie der vielen Einschränkungen unserer Macht durch das Gesetz, durch unsere früheren Konflikte und durch diejenigen, mit denen wir zusammenarbeiten. Auch in der Arbeitswelt müssen wir – wie überall – lernen, welche Bereiche wir eigentlich kontrollieren oder beeinflussen und welche nicht, wann wir Macht beanspruchen und wann wir uns von ihr lösen sollten. In der Arbeitswelt werden wir – wie überall – nur vorankommen, wenn wir wissen, wir wir Kontrolle und Macht erlangen und wie wir sie abgeben.

8 Opfer und Überlebende

Mit einem Messer an der Kehle ist das Opfer gezwungen,
die Macht des Angreifers und dessen Kontrolle anzuerkennen.

P. G. Zimbardo

Ich werde die ganze Nacht durch gehen. Ich werde nicht an Krebs
sterben. Nichts wird mir angst machen in dieser Dunkelheit.

Reynolds Price, *The Dream of Refusal*

Wenn wir uns gefunden haben und heiraten, unsere Kinder aufziehen und unserer Arbeit nachgehen, werden wir auch unseren Teil an bösen Überraschungen und schlechten Nachrichten abbekommen. Darunter können neben den leichter voraussehbaren Verlusten auch einige ganz unerwartete Angriffe auf Körper oder Seele stattfinden. Wir erleiden vielleicht einen »kleineren« Schlag und werden mit gezücktem Messer bestohlen, oder auch einen schweren und bleiben womöglich für den Rest unseres Lebens behindert. Jedenfalls befinden wir uns in der bedauernswerten Rolle eines Opfers.

Opfer zu werden – in diesem Zusammenhang als jemand verstanden, dessen Leben tiefgreifend durch ein negatives, oft völlig unerwartetes Ereignis beeinflußt wurde – ist eine Rolle, in der wir irgendwie die anderen sehen, aber nicht uns selbst. Doch auch wenn wir glauben, wir hätten unser eigenes Leben fest in der Hand und wir darauf auch allergrößten Wert legen, müssen wir früher oder später lernen, daß niemand gegen Verbrechen, Gewalt, Naturkatastrophen oder schweren Krankheiten immun ist. Niemand ist grundsätzlich ausgenommen vom Opferstatus. Und wenn etwas passiert, erinnert uns das daran, wie begrenzt und unvollkommen unsere Fähigkeit zu kontrollieren und Macht auszuüben ist.

Viktimologische Untersuchungen haben ergeben, daß die meisten von uns, bevor sie ein Opfer werden, drei – oftmals unbewußte – Grundannahmen teilen: Wir halten uns persönlich für unverwundbar. Wir gehen davon aus, daß uns die Welt, in der wir leben, verständlich ist. Und wir glauben letztendlich an unseren Wert als Person. Mit anderen Worten, obwohl uns beispielsweise Krebsstatistiken, Verbrechensraten oder Unfallzahlen sehr wohl gegenwärtig sind, leben wir nicht in der Furcht, überfallen oder vergewaltigt zu werden, mit dem Kopf voran durch die Windschutzscheibe zu knallen oder bei einer ärztlichen Untersuchung durchzurasseln. Selbst wenn wir schnell zuzugeben bereit sind, das Leben sei oft unfair und unvorhersehbar, neigen wir dennoch zu der Annahme, die Menschen bekämen im Grunde, was sie verdienten und umgekehrt. Wenn wir dann zum Opfer werden, wird dieses Sicherheitsgefühl (»Mir kann doch nichts passieren!«) plötzlich zerstört. Ein solches Ereignis entleert unsere Welt schlagartig von Ordnung und Sinn. Und es schlägt unser positives Selbstwertgefühl mit abträglichen Bildern eigener Machtlosigkeit, Schwäche, Wertlosigkeit, ja von völliger Entwurzelung. Es läßt uns mit der Angst zurück: Es könnte wieder passieren, ein zweiter Überfall, eine erneutes Erdbeben, noch ein Melanom. Das Leben ist sinnlos geworden und folgt nur noch unbekannten Regeln. Wir sind Narren des Schicksals, vom Unglück durch Kräfte weit jenseits unserer Einflußmöglichkeiten auserwählt.

Es mag zwar zutreffen, daß wir zum Opfer werden, ohne das Geringste dagegen tun zu können. Aber wir haben immerhin einigen Einfluß darauf, ob wir auch Opfer bleiben. Denn unserer völlig niederschmetternden Hilflosigkeit in der momentanen Konfrontation mit einem Schicksalsschlag muß doch nicht Hilflosigkeit nach Eintritt der Tatsache entsprechen. Natürlich treten Situationen auf, für die die beiden letztgemachten Aussagen schlicht und einfach nicht gelten, bei denen also die eingetretene Erschütterung unseres Körpers oder Gehirns, unserer Seele oder Psyche die Worte Kontrolle oder Macht absurd macht. Aber abgesehen von derartigen absoluten Katastrophen verfügen wir alle über gewisse Ressourcen für einen Neuanfang. Es liegt auf der Hand, daß es die verschiedensten Reaktionen auf das gibt, was uns zugestoßen ist. Aber es gibt Denk- und Handlungswege, die uns dabei helfen, uns wieder vom Opferstatus zu befreien. Zu meiner Überraschung wollen die meisten Menschen das. Ich war deshalb überrascht, weil ich immer wieder von Leuten höre, die bereit und willig Opfer sind. Nach dem Hörensagen leben wir in einer Opferkultur. Aber Untersuchungen zur Psychologie von Reaktionen auf tragische Ereignisse ergeben ein ganz anderes Gesamtbild. Danach lehnen es die allermeisten Menschen ab, als Opfer gesehen zu werden beziehungsweise sich selbst als Opfer zu fühlen.

Denn neben der geschädigten Selbstachtung, die der Opferstatus mit sich bringt, treten auch veränderte Verhaltensweisen anderer im Umgang mit Opfern auf. Dieser Umgang kann dazu führen, daß sich ein Opfer schwach, wertlos und zutiefst unzulänglich fühlt und wehleidig wird. Er kann dabei Formen von Verachtung, Ablehnung und manchmal sogar von offener Feindseligkeit gegenüber dem Opfer annehmen. Denn es ist unglücklicherweise eine Tatsache, daß es Leuten Furcht einjagt, wenn normalen Leuten wie ihnen Katastrophen zustoßen. Und eine Möglichkeit, diese Angst abzuwehren, besteht nun einmal darin, sich davon zu überzeugen, daß das Opfer eben nicht wie man selbst ist. Wobei wiederum ein Weg, sich dessen gewiß zu werden, in der Annahme besteht, daß das Opfer ein Verlierertyp ist und vielleicht auch schon immer war. Menschen, die zum Opfer geworden sind, wollen von anderen nicht in dieser schmerzlich stigmatisierenden Außenseiterrolle gesehen werden und wollen sich auch selbst nicht als Opfer sehen. Folglich unternehmen diejenigen, die zum Opfer geworden sind, meist sehr viel, um aus dieser Rolle wieder herauszukommen.

Niemand behauptet, daß dies einfach sei. Denn einige Opfer müssen mit körperlichen Folgen fertigwerden. Behinderungen, Verletzungen oder der Verlust materieller Güter können fast unvorstellbar furchtbar sein. Hinzu kommen möglicherweise eine ganze Reihe emotionaler Folgen, die bewältigt werden müssen: Angst und Depressionen, Schock, Verwirrung, Phobien, Schuldgefühle und nicht zuletzt wiederholtes Durchleben des traumatischen Ereignisses. Darüber hinaus muß das zerstörte Grundvertrauen wiederhergestellt werden. Vielen Opfern gelingt das auch, indem sie versuchen, den Ereignissen etwas Positives abzugewinnen. In der Tat liegen uns einige solcher »positiven« Berichte von Opfern vor, die zu dem Schluß kamen, es gäbe gar keine Opfer. Sie reden sich bespielsweise ein, es hätte noch schlimmer kommen können. Sie sind zwar beraubt, aber – zum Glück! – nicht auch noch zusammengeschlagen worden. Oder sie sind beraubt und zusammengeschlagen, aber wenigstens nicht vergewaltigt worden. Eine Freundin erzählte mir, wie sie von zwei Drogensüchtigen beraubt, geschlagen und vergewaltigt wurde und – was für ein Glück! – trotzdem am Leben blieb.

Die Psychologin Shelley Taylor und ihre Kollegen zitieren in ihrer Untersuchung *It Could be Worse* solche abwehrenden Äußerungen von Frauen, die sich einer Brustkrebsbehandlung hatten unterziehen müssen:

Dazu eine Frau, der ein Tumor operativ entfernt worden war: »Der chirurgische Eingriff war relativ klein. Wie schrecklich muß es für Frauen sein, wenn ihnen eine Brust abgenommen worden ist.«

Eine Frau, deren Brust abgenommen worden war: »Es war nicht tragisch. (…) Wenn der Tumor bereits im ganzen Körper gestreut hätte, dann müßte ich Ihnen jetzt eine ganz andere Geschichte erzählen.«

Eine 73jährige: »Diese jungen Frauen tun mir vor allem leid. Eine Brust in so jungem Alter zu verlieren muß schrecklich sein! Ich bin 73, wofür brauche ich noch eine Brust?«

Und eine junge Ehefrau: »Wenn ich nicht verheiratet gewesen wäre, hätte mich die Sache bestimmt umgehauen. Ich könnte mir überhaupt nicht vorstellen, einen Mann kennenzulernen und zu wissen, man hat diese Geschichte und weiß nicht, wie man es diesem Mann beibringen soll.«

Die Taylor-Studie vermerkt, daß eine erhebliche Zahl von Frauen »selbstbeschönigende« Vergleiche anstellt, wie es die Autoren nennen, wobei die Frauen sich mit denjenigen verglichen, die jeweils noch schlechter als sie selbst dran waren und nicht besser. »Selbst einige der Sterbenden betonten, sie hätten geistigen Frieden gefunden, während das anderen Menschen ewig unerreichbar bliebe«, so die Autoren. Ebenso fanden Brustkrebspatientinnen noch Trost darin, den Verlust einer Brust mit dem Verlust anderer Körperteile zu vergleichen: »Es kann einem Schlimmeres passieren. Du könntest einen Arm, ein Ohr oder ein Auge verlieren. Das ist doch wesentlich schlimmer«, äußerte eine Frau. An dieser Stelle fallen mir einige Verwandte ein, die eine Art endloses Spiel mit Leidenskonkurrenz spielten und nie zugestehen konnten, es hätte noch schlimmer kommen können. Unter den Meistern dieser Art medizinischer Stehaufmännchen-Kunst ragt besonders eine Frau heraus, die ich Ida nennen möchte:

Was immer mir auch passiert,
Ida ist es schon passiert, Ida, die leidet,
Nur schlimmer
Und mit Komplikationen,
Und ihr Arzt sagte, es sei ein Wunder, daß sie überlebt
    hätte,
Und ihr Anwaltsteam klagt auf eine halbe Million,
Und ihr Apotheker mußte schlucken, als er das
Rezept las,
Und ihr Ehemann erklärte, er hätte niemals solchen
    Mut erlebt,
Weil sie (obwohl das wie Angeberei klingen könnte)
Nie klagt,
Deshalb war es der Krankenschwester auch eine
    Freude, ihre
Bettpfanne zu tragen,
Und ihre Tochter flog direkt von dem Sit-in nach Hause,
    um
Sie zu besuchen,
Und völlig Fremde boten sich an, Blut
Zu spenden,
Und der Vertreter der Versicherung hatte sogar Tränen
    in den Augen,
Weil (obwohl das wie Angeberei klingen könnte)
Jeder sie liebt,
Deshalb riefen ihre Schwestern auch täglich
Aus Dayton an,
Und ihr Spezialist zwang sie förmlich, ihm zu erlauben,
Hausbesuche zu machen,
Und die Putzfrau bestand weiterhin darauf,
Sonntags zu kommen,
Und die Kusinen haben das Jahrestreffen des
Clubs der Kusinen abgesagt,
Und es ist ihr fast peinlich, all die Geschenke
Zu erwähnen,
Die immer noch von den Freundinnen eintreffen, die
    sie
landauf, landab so lieben,
Die sich aus Sorge um Ida fast umbringen,
Um Ida, die leidet, so wie andere
Froh sind.

Im Gegensatz zu meinen Verwandten in New Jersey waren die Opfer der Taylor-Studie nicht auf die Genugtuung aus, am meisten gelitten zu haben. Statt dessen war es ihnen wichtiger zu glauben, daß es ihnen nicht nur besser als den meisten anderen Opfern ginge, sondern daß sie mit dem erlittenen Unglück auch weit besser umgehen konnten:

»Manche dieser Frauen schienen mir völlig fertig zu sein und sie hatten wirklich geringere Probleme als ich.«

»Sie scheinen damit meiner Meinung nach gar nicht so gut zurechtzukommen. Ich verstehe das einfach nicht, denn mir macht das überhaupt nichts aus.«

»Ich finde, ich bin unter den gegebenen Umständen äußerst gut klargekommen. Ich weiß, es gibt hier einfach einige Frauen, die nicht stark genug sind.«

Taylor und ihre Kollegen waren fasziniert von der Tatsache, daß eine Reihe dieser Vergleiche beim Umgang mit Schicksalsschlägen nicht etwa solche zwischen Frauen, die etwas gut verkraften konnten, und anderen realen Frauen waren. Denn in ihrem Wunschdenken, doch äußerst gut zurechtzukommen, »erschufen« sich einige dieser Frauen eine Vergleichsperson, beispielsweise eine hypothetische Frau, die einen solchen Schicksalsschlag schlechter verkraftet hat, »um auf diese Weise (ihre) eigene Reaktion als außergewöhnlich erscheinen zu lassen«. Mit Hilfe solcher beschönigenden »selektiven Bewertungsverfahren«, mit der Einschätzung, Glück gehabt zu haben (es hätte schlimmer kommen können) oder das ganze gut zu verkraften (mir geht's prima), verkleinern Opfer ihr Leiden.

Menschen können ihr Leiden auch dadurch verkleinern, daß sie sich einreden, ihr Leiden diente einem größeren und wohltätigen Zweck. Tatsache ist, daß viele Opfer, die eine Antwort auf ihre zornige Frage »Warum ich?« suchen, zu dem Schluß kommen, daß dieses Erdbeben, dieser schwere körperliche Angriff, daß jene Krankheit oder jener Tauchunfall, den sie durchlitten haben, sie irgendwie zu besseren Menschen gemacht hätte:

»Ich fühle mich, als würde ich zum ersten Mal wirklich bewußt leben.«

»Die Fähigkeit, mich selbst besser zu verstehen, ist eine der größten Veränderungen in meinem Leben, die ich je erlebt habe.«

200

»Es hat mich glücklich gemacht zu erfahren, daß ich eine sehr starke Persönlichkeit bin. (…) Und ich höre jetzt stärker auf mich selbst.«

»Ich habe an jedem neuen Tag, jedem neuen Moment sehr viel mehr Freude.«

Eine 49jährige Frau mit AIDS im Endstadium erklärte mir: »Seit ich den Virus habe, habe ich mir Zeit für die Schönheiten der Natur genommen. Diese Bäume, diese Tulpen waren schon immer da. Aber jetzt sehe ich sie mir an.« Eine Frau, die schon seit 23 Jahren an Multipler Sklerose leidet, schrieb an die Redaktion einer Zeitschrift: »MS hat unsere Familie enger zusammengebracht. Heute machen wir Dinge eher jetzt, statt sie aufzuschieben. (…) MS ist wirklich keine Freude, aber es gibt schlimmeres. Ich betrachte mich als sehr glücklich.« Ein Mann mit Kinderlähmung sagte: »Ich weiß, daß sich meine Wahrnehmung von Menschen vertieft und intensiviert hat. Alle mir Nahestehenden können sicher sein, daß ich mich gegebenenfalls mit all meinem Verstand, meinem Herzen und meiner Aufmerksamkeit ihrem Problem zuwende. Das hätte ich nicht gelernt, wenn ich nur über den Tennisplatz gefegt wäre.« Ein Hochwasseropfer machte die Erfahrung, daß das Hochwasser nicht allein persönliche, sondern auch soziale Vorteile mit sich gebracht habe: »Vorher habe ich meine Nachbarn nicht gekannt. Es gab überhaupt keine nachbarschaftlichen Beziehungen. Aber in den vergangenen zwei Tagen habe ich alle kennengelernt. Wir rücken jetzt alle eng zusammen und kümmern uns umeinander. Das ist ein schönes Gefühl.« Selbst Inzestopfer – in einer Untersuchung immerhin rund 20 Prozent von ihnen – konnten im Rückblick ihren schrecklichen Kindheitserlebnissen noch etwas Positives abgewinnen: »Nach all den Jahren habe ich gelernt, daß nie wieder etwas so Schlimmes passieren wird wie das, was ich durchgemacht habe. Jetzt weiß ich, daß ich wirklich alles bewältigen kann.«

Ich halte es für sehr konstruktiv, einem negativen Ereignis auch etwas Positives abgewinnen zu können. Es ist bewundernswert, nobel und zeugt von Reife. Doch bevor wir beginnen, alle Verheerungen zu überwinden, um einen Nutzen aus Leiden und Krankheit zu ziehen, werden wir, glaube ich, doch wohl erst einmal fluchen, weinen, unsere Faust zum Himmel recken und unser früheres Leben zurückhaben wollen. Ich glaube auch nicht, wir sollten dankbar für die wundervollen Perspektiven sein, die uns Hochwasser, AIDS, MS oder Krebs eröffnen. Manche Menschen sind der Meinung, wir bräuchten das alles überhaupt nicht. »Mir wird regelrecht schlecht, wenn ich all diese Leute darüber reden höre, wie Krebs sie zu besseren Menschen gemacht hat«, sagt die Lyrikerin Nikki Giovanni, bei der 1995 Lungenkrebs diagnostiziert wurde. »Ich glaube nicht, daß ich umgänglicher oder liebenswürdiger geworden bin. Wenn man erst eine Erfahrung nahe am Tode machen muß, um sein Leben zu schätzen, dann verschwendet man wertvolle Zeit.« Dann fährt sie fort: »Ich bin froh, nicht tot zu sein, aber ich bin nicht der Auffassung, ein kosmisches Wesen hätte Krebs über mich gebracht, um mein Leben zu ändern. Falls doch, hätte es einfachere Wege gegeben, meine Aufmerksamkeit zu erregen. Ich lerne schnell.«

Anders als Nikki Giovanni reagieren aber viele Opfer auf ihr Leiden, indem sie dessen Auswirkungen verkleinern und ihm einen Sinn zuzuschreiben versuchen. Einige unter ihnen, wie David Gelernter, Professor für Computerwissenschaften an der Universität Yale, würden schon den Opferstatus an sich vehement zurückweisen:

»Jeder moralisch gesunde Mensch würde sich eher mit einem Holzprügel auf den Kopf schlagen, als sich selbst als Opfer zu bezeichnen«, erklärt Gelernter. Er spricht aus einer sehr persönlichen Erfahrung. Im Juni 1993 öffnete er ein Päckchen mit einer Bombe, das ihm der berüchtigte »Unabomber« geschickt hatte. Die Explosion riß ihm zwei Finger seiner rechten Hand ab, verursachte dauerhafte Hör- und Sehschäden und hinterließ Narben am ganzen Körper. Aber statt »vorzutreten, und meinen rechtmäßigen Anteil am Opferdasein einzufordern«, wozu ihn Reporter und TV-Produzenten zu drängen versuchten, hat es Gelernter nicht zugelassen, daß die Bombe oder der Bombenbauer sein Leben bestimmten. Er lehnt es ab, zu jenen Leuten zu gehören, die »entwürdigende und pathetische Geisteshaltungen« annehmen und will, wie er sagt, kein Teil der »Opferkultur« sein. Statt dessen vertritt er den Standpunkt, daß »ein Opfer zu sein eine selbst getroffene Entscheidung ist«. Er hat sich dazu entschieden, keines zu sein.

David Gelernter bekämpft den Opferstatus auch durch eine Bewertung der Bombenepisode. Er weigert sich nämlich, den Angriff gegen sich als etwas Besonderes oder Ungewöhnliches anzusehen. »Im körperlichen Sinne kriegt jeder auf seine Weise sein Fett ab. Ich bin auf besonders dramatische Weise verletzt worden, aber tagtäglich werden doch unschuldige Menschen zu Tausenden bei Autounfällen verletzt.« Gelernter hat es darüber hinaus verstanden, dem Unabomber-Erlebnis noch etwas Positives abzugewinnen, indem er »die außergewöhnlichen Freundlichkeiten unterschiedlichster Gemeinschaften (…) und sogar Fremder überall auf der Erde« betont. Auch wenn er nicht behauptet, die Bombe sei letztendlich zu seinem Besten gewesen, so kommt er doch zu folgendem Schluß: »Ernsthaft verletzt zu werden und das alles durchgestanden zu haben, hat eine heilsam klärende Wirkung darauf, wie ein Mensch sein Leben sieht. Was mich betrifft: Ich glaube nicht mehr daran, irgendwann einmal zu den entscheidenden Lebensfragen vorzudringen. Wie heißt es doch im Talmud: Was, wenn es gar kein ›irgendwann‹ gibt?«

Einige Opfer versuchen ihrem Leiden dadurch einen gewissermaßen tröstlichen Sinn zu geben, indem sie sich selbst für diesen oder jenen schlimmen Vorfall die Schuld geben:

»Ich hatte keinen Sicherheitsgurt angelegt.«

»Ich hatte zuviel getrunken.«

»Ich hätte nicht mehr so spät nachts auf der Straße sein sollen.«

»Ich hätte viel früher bemerken müssen, daß dieser Kerl sich merkwürdig verhielt.«

»So wie ich mir immer Sorgen mache, ist es kein Wunder, daß ich Krebs bekommen habe.«

Mit anderen Worten, mein Unglück war kein Zufall und es war nicht unvermeidbar, sondern ich habe es selbst auf mich gelenkt. Sogar in Situationen, in denen die Handlungen anderer eindeutig das Unglück verursachten, machen sich manche Opfer noch für das Geschehene verantwortlich. Ich denke dabei an einen Mann, der heute querschnittsgelähmt ist, weil der Fahrer des Wagens, in dem er saß, hinter dem Steuer einschlief und einen Unfall verursachte. Wieso war das sein und nicht dessen Fehler? Weil, wie das Unfallopfer erklärte, der Fahrer bis spät in die Nacht ausbleiben wollte und er selbst, obwohl er früher nach Hause wollte, nicht zum Aufbruch gedrängt habe. »Wenn ich zum Aufbruch gedrängt und er sich geweigert hätte, dann wäre es sein Fehler gewesen.«

Untersuchungen zu derartigen Formen der Selbstbezichtigung kommen zu zwei unerwarteten Ergebnissen. Erstens überschätzen viele Opfer ihre Verantwortung, statt die Schuld jemand anderem beziehungsweise etwas anderem zu geben. Zweitens fühlen sich Opfer – selbst auf Lebenszeit Gelähmte –, die sich selbst verantwortlich machen, nicht nur weniger schlecht danach, sondern sogar besser als solche Opfer, die sich keine Schuld geben. Allerdings gibt es eine Einschränkung. Es scheint, daß Selbstbezichtigungen nur dann helfen, wenn sich die Schuldzuweisung auf eine besondere Unglückshandlung bezieht, etwa ein momentanes Versehen oder ein dummes beziehungsweise unvorsichtiges, jedenfalls kontrollierbares Verhalten. Falls sich hingegen die Selbstbezichtigung auf irgendeinen grundlegenden, unveränderlichen Charakterfehler bezieht, kann sie sich kaum positiv auf die Moral des Opfers auswirken. Mit anderen Worten, Selbstbezichtigung ist ein Vorteil, wenn wir sagen können »Ich habe diesen spezifischen Fehler gemacht«. Sie ist von Nachteil, wenn wir nur allgemein sagen »Ich bin ein Dummkopf«.

Es fällt einem schwer, hier einen Vorteil zu sehen. Denn für mich – wie für die meisten, die ich kenne – ist es peinlich, einen Fehler einzugestehen. Und es würde mir noch um ein vielfaches schwererfallen, zuzugeben, daß mein Fehler dieses oder jenes Unglück über mich gebracht hätte. (Ich könnte vermutlich kaum mit der Schuld weiterleben, daß mein Fehler einem anderen ernsthaften Schaden zugefügt hätte). Warum also ziehen es viele Opfer geradezu vor, sich für ihren Status verantwortlich zu machen? Wissenschaftler bieten dazu eine Antwort an, die mich überzeugt: Sie sind der Ansicht, daß vielen Menschen das Gefühl, unfähig und schuldig zu sein, weit erträglicher und weniger beklemmend erscheint als das Gefühl, hilflos und ohne Einfluß zu sein.

Man hat beispielsweise herausgefunden, daß nach einer Vergewaltigung diejenigen Frauen extremste Formen der sogenannten »totalen Angstreaktion« zeigen, bei denen der Angriff in einer als vollkommen »sicher« empfundenen Situation stattfand, in der sie in keiner Weise ihr eigenes Verhalten mitverantwortlich machen konnten und deshalb aus ihrer Sicht »der Angriff einfach nicht hätte passieren dürfen«:

»Ich hätte doch nie für möglich gehalten, daß, wenn du um 18.30 Uhr einen Arzt aufsuchst, um dir von ihm deine Rückenschmerzen behandeln zu lassen, es bedeuten könnte, daß ...«.

»Wer rechnet denn damit, um 10.00 Uhr morgens vergewaltigt zu werden.«

»Ich dachte immer, zu zweit sei man sicher (auf der Straße).«
»Immer wird einem geraten ›Fahren Sie, laufen Sie nicht. Fahren ist sicherer.‹ Und da werde ich auf einmal in dem Auto angegriffen, in dem ich doch angeblich sicher sein sollte.«

Weil diese Frauen ihr Verhalten als absolut »untadelig« bezeichneten (in dem Sinne, nicht persönlich das Unglück herausgefordert zu haben), werden sie häufig das Gefühl haben, selbst wenig dazu beitragen zu können, damit sich ein so schreckliches Ereignis nicht wiederholt. Im Gegensatz dazu fühlen sich Opfer von Vergewaltigungen oder anderer Katastrophen in der Lage, »den Glauben an ein selbstbestimmtes Leben zu wahren« und weiterhin in der Überzeugung zu leben, »daß die Welt ›gerecht‹ und geordnet sei und daß schlimme Dinge nicht wahllos passieren«, wenn sie ihr eigenes Verhalten für ihr Schicksal verantwortlich machen konnten. Darüber hinaus helfen Selbstanklagen einem Opfer zu glauben, durch positiv verändertes Verhalten und durch Eigeninitiative könnten sie die Risiken zukünftiger Unglücksfälle abbauen. Das jedenfalls vermitteln uns einige Untersuchungen und, wie schon gesagt, es scheint mir auch sinnvoll. Aber sinnvoll nur bis zu einem gewissen Punkt, denn mir ist andererseits auch klar, daß eine Selbstanklage den Opferstatus durchaus verfestigen kann.

Keirsten Rain (genannt Rain) wurde mit 17 Jahren sexuell angegriffen und dabei sehr schwer verletzt. Sie widerspricht dieser »Es ist besser, sich selbst anzuklagen«-These und liefert uns statt dessen ein wichtiges Korrektiv gegenüber all diesen positiven Erlebnisberichten von triumphalen Bewältigungen des Opfertraumas. Sie erzählt, wie sie vor 20 Jahren eines morgens von einem Mann in einem Bahnhof von Philadelphia angegriffen und vom leeren Bahnsteig in einen Treppenschacht hinabgezerrt wurde. Der Täter schlug ihren Kopf gegen den Boden und vergewaltigte sie dann. Rain sagt heute, daß sie nach dem Verbrechen wohl eine weniger qualvolle Genesungsphase durchlebt hätte, wenn nicht verschiedene Menschen – einschließlich sie selbst – ihr die Schuld gegeben hätten. Sie lag zwei Wochen im Koma und erwachte schließlich mit Knochenbrüchen, Lähmungserscheinungen, Dauerschmerzen und Hirnverletzungen. Heute trägt sie eine Hals-Stütze, kann ihre rechte Hand nicht mehr benutzen und klagt über ein zeitweises Abreißen des Gedankenflusses. Doch die emotionalen Folgen waren noch

gravierender. Sie litt eine gewisse Zeit lang an Bulimie (»Ich
hatte mich wirklich verloren. Doch ich konnte wenigstens
noch bestimmen, wieviel Essen ich in mich hineinstopfte.«) und
nahm eine langanhaltende, ausbeuterische Beziehung hin, weil
sie, wie sie erklärte, »nicht wußte, daß ich eine wirkliche Beziehung hätte beanspruchen dürfen«. Rain verabredet sich
heute manchmal mit einem Kollegen an der Schule für Stumme,
wo sie als Sprachtherapeutin arbeitet. Doch trotz dieser Ge-
nesungsanzeichen hat sie mit wiederkehrenden Depressions-
schüben zu kämpfen. Sie glaubt, daß das Mädchen, daß sie einmal war, vor 20 Jahren ermordet worden sei und ihr Leben »nie
mehr dasselbe sein wird«. »15 Jahre lang sagte mein Vater immer,
wenn ich aus seinem Gesichtskreis verschwand: ›Laß' das nicht
wieder geschehen.‹« Und sie fährt fort: »Ich habe mich dann
immer gefragt, was kann ich nur tun, damit das nicht wieder
passiert?«

Rain konnte diese Frage nicht beantworten. Doch andere
Opfer, ob sie sich nun selbst anklagen oder nicht, reagieren auf
das Opferdasein, indem sie verschiedene Maßnahmen ergreifen,
»um es nicht wieder geschehen zu lassen«. Das Opfer eines Ein-
bruchs wird sich vielleicht ein Alarmsystem im Haus installieren
lassen, das einer Vergewaltigung eventuell einen Selbstver-
teidigungskurs besuchen. Und ein Erdbebenopfer wird vielleicht, wie meine Freundin Vera, ihr Haus in Los Angeles ver-
kaufen und nach New York ziehen. »Eine direkte Maßnahme
kann dem Opfer ein Gefühl von Einfluß auf sein Umfeld geben
und damit dieses neue Gefühl von Verwundbarkeit reduzieren«,
schreiben die Psychologinnen Ronnie Janoff-Bulman und Irene
Hanson Frieze.

Nehmen wir als weiteres Beispiel den Schauspieler Christo-
pher Reeve, den »Superman« des Kinos. Er ist heute im wirklichen Leben ein Held, weil er versucht, bei seiner Rekonvaleszenz
nach einem Reitunfall, der ihn zum Querschnittsgelähmten
machte, eine »aktive Rolle zu übernehmen«. Reeve versucht ständig die Zeit zu verlängern, in der er ohne Beatmungsgerät aus-
kommen kann (»Ich werde nicht für den Rest meines Lebens an
dieses Beatmungsgerät gefesselt bleiben!«) und er macht regelmäßig gymnastische Übungen mit seinen Beinen, um sie in Form
zu halten. Denn, so erklärt er, »ich bin fest davon überzeugt, daß
ich innerhalb eines Jahrzehnts wieder stehen und gehen werde«.
Mit einer niederschmetternden Katastrophe konfrontiert, weigert

sich Reeve, sich geschlagen zu geben oder – wie er sagt – mit seinem »Motor im Leerlauf« sitzen zu bleiben. »Du mußt dich antreiben, um dich aufzurichten«, sagt er; »du mußt etwas tun, was vorausweist«. Und er ergänzt, er halte seine sportlich wettbewerbsbetonte Einstellung in der Rekonvaleszenz aufrecht, als sei diese einfach nur »eine besondere Sportart«.

Manche Opfer werden aktiv, um anderen zu demonstrieren, daß sie nicht als Opfer angesehen werden wollen. Das kann beispielsweise bedeuten, daß man – wie Präsident Franklin D. Roosevelt – seine Behinderung versteckt oder auch Hilfe ablehnt (»Hilfe? Wer braucht Hilfe? Mir geht's doch prima!«). Andere geben sich vorlaut oder reißen über ihre Lage Witze, um damit zu unterstreichen, ihre Behinderung sei »keine große Sache«. Und wieder andere wollen unter allen Umständen am sogenannten »normalen« Leben teilnehmen oder weigern sich, nach Bewältigung zunächst unüberwindbar scheinender Hindernisse als etwas Besonderes zu gelten. John Craven ist ein Beispiel hierfür: An einem Augusttag 1971 wurde er beim Surfen von einem Brecher erfaßt. Die Wucht brach ihm den Hals zwischen dem dritten und vierten Wirbel und machte ihn vom Hals abwärts auf Lebenszeit querschnittgelähmt. Craven, der zum Zeitpunkt des Unfalls als junger Physiker bei der CIA arbeitete, brachte anschließend rund zehn Jahre in einem Pflegeheim zu, hat aber heute seine eigene Wohnung und ganztags einen Pfleger. Vor die Frage gestellt, »ob es sich lohne, weiterzumachen«, entschloß er sich dazu, »aus einer schlimmen Lage das beste zu machen«. Und so arbeitete Craven in den Folgejahren weiterhin für die CIA, schrieb mit einem Stift im Mund Schreibmaschine und später auf seinem PC. Er machte stetig Karriere bis hin zum Senior Intelligence Service. 1996 erhielt er mit 57 Jahren für seine Verdienste auf seinem Spezialgebiet die Auszeichnung »CIA-Wissenschaftler des Jahres«.
Man muß sich dabei vor Augen halten, daß er bei seiner Arbeit mit Fax-Gerät, Computer und stimmaktivierbarem Telefon überwiegend von einem Krankenhausbett aus arbeitet; daß er höchstens 15 Wörter pro Minute schreiben kann, weil es für den Kiefer anstrengend ist, den Stift zu halten; daß er, wie er einmal einem Reporter erklärte, jemanden bitten müßte, eine Fliege von seiner Nase zu verscheuchen, wenn sich dort eine niederließe. Und man muß sich klarmachen, daß seine Arme und Beine

gelähmt sind. Hören wir einmal, was Craven selbst dazu sagt: »Sie lesen diese Rührgeschichten wie ›Soundso triumphiert unter schwierigsten Bedingungen‹. Zu derartigen Rührstücken werde ich keinen Beitrag leisten, weil ich weder als eine arme, mitleiderregende Kreatur herausgestellt werden möchte noch als Held und in irgendeiner Hinsicht bemerkenswert. Ich glaube, daß es eine ganze Menge Leute unter gleichen Umständen ebensogut schafft, daß Menschen sehr zäh und wesentlich härter sind, als sie es je für möglich halten, bis dann einmal die Zeit kommt.« Manche sind wirklich zäh, manche aber auch nicht. Einige schaffen es, ihr Opferdasein zu überwinden und andere nicht.

Gelegentlich werden Sie sich bereits gefragt haben, ob Ihnen im bisherigen Leben die härteren Schicksalsschläge erspart geblieben sind und wie Sie gegebenenfalls damit fertigwerden würden. Ich stelle mir diese Frage zuweilen auch und weiß, daß jedesmal, wenn ich eine Mammographie oder einen Bluttest machen lasse oder meine Schwindelanfälle, ein Muttermal oder irgendwelche Schmerzen untersucht werden, die Diagnose mein ganzes Leben verändern könnte. Ich erlebte einmal, wie eine Frau mittleren Alters aus dem Behandlungszimmer meines Arztes und den langen, langen Gang hinunter zum Lift schwebte und dabei fröhlich sang »Ich bin gesund! Ich bin gesund, gesund, gesund!« Doch wir laufen einen sehr schmalen Pfad entlang – »la vie est fragile«, sagte einmal eine französische Freundin – und vielleicht sind wir schon nächstes Jahr nicht mehr gesund und statt dessen ein Opfer. Dann werden wir es entweder schaffen, unser Leid zu überwinden, oder eben nicht.

Wie kommt es, daß sich manche Menschen im Unglück dermaßen hoffnungslos und machtlos vorkommen und andere überzeugt sind, die Kraft zu haben, sich vom Opferstatus zu lösen? Bis zu einem gewissen Grad hängt die Antwort natürlich von der Schwere des Unglücks und von der Frage ab, ob wir die notwendigen finanziellen Mittel und die menschliche Unterstützung zu dessen Überwindung haben. Auch unser Alter kann in gewissen Fällen eine Rolle spielen. Jedenfalls ist von enormer Bedeutung, ob wir uns als taugliche, kompetente Menschen wahrnehmen, deren Handlungen und Entscheidungen das eigene Leben bestimmen können. Die Überzeugung, Kontrolle und Macht zu besitzen, wird uns sehr bei der Bewältigung der

Herausforderungen und Rückschläge des Alltags helfen. Sollten wir eine Prüfung nicht bestehen, unseren Job verlieren oder von unserem Partner sitzengelassen werden, können wir uns sagen, daß wir uns beim nächsten Mal intensiver vorbereiten, daß wir eine neue Beschäftigung oder endlich die wahre Liebe finden werden. Wenn wir von unserer eigenen Stärke überzeugt sind, können wir uns auch nach einem niederschmetternden, unbeeinflußbaren Schicksalsschlag aufrichten und uns trotz aller Widrigkeiten gegen den Opferstatus wappnen.

Diejenigen, die das Opferdasein verweigern, wollen den beschwerlichen Weg vom »Opfer« zum »Überlebenden« überwinden, obwohl ich bei beiden Wörtern zugegebenermaßen unbehaglich auf meinem Stuhl hin und her rutsche. Während David Gelernter und John Craven keinen Drang verspürten, der Öffentlichkeit ein paar Überlebenstips zu geben, schrieb der an einer unheilbaren Krankheit leidende Publizist Norman Cousins den Bestseller *Anatomy of an Illness* als Gegengift gegen die Verzweiflung. Er erklärt darin, wie wir unsere Überlebenschancen vergrößern können, indem wir – wie er selbst – unsere Kräfte mobilisieren und aktiv Einfluß auf unser Leben nehmen. 1964 wurde bei Cousins eine Wirbelsäulenversteifung (Bechterew-Strümpell-Marie-Krankheit) diagnostiziert, eine chronisch entzündliche Erkrankung des Achsenskeletts. Die Heilungsaussichten waren gering. Cousins, bestimmt kein passiver Mensch, entschied sich umgehend zur aktiven Teilnahme an seiner Behandlung und baute eine gleichberechtigte Partnerschaft mit seinem bemerkenswert aufgeschlossenen Arzt auf. Cousins richtete die ganze Kraft seines starken Intellekts auf die Frage, was seine Krankheit verursacht haben könnte (Schwermetallvergiftung in Moskau), was ihn anfällig gemacht haben könnte (Dysfunktion der Nebennieren mit Schwächung der Widerstandskräfte) und was er dagegen tun könnte (Wiederherstellung eines funktionstüchtigen endokrinen Drüsensystems, vor allem der Nebennierenfunktionen).

Cousins erinnerte sich daran, irgendwo gelesen zu haben, daß heruntergeschluckter Zorn, Frustrationen oder innere Anspannung mit geschwächten Nebennieren in Verbindung gebracht wurden, daß also negative Gefühle auch negative Auswirkungen auf die Chemie des Körpers haben könnten. Also entschied er sich, den Umkehrschluß aus dieser faszinierenden Vermutung zu ziehen: daß nämlich »positive Empfindungen positive chemische Veränderungen bewirken« können; daß »Liebe, Hoffnung, Glaube, Lachen, Vertrauen und der Wille zu leben von therapeutischem Wert sind«. Er stellte einen Behandlungsplan in der Hoffnung auf, daß »schon ein gewisses Maß an Kontrolle über meine Emotionen einen heilsamen physiologischen Effekt haben« könnte.

Cousins entschloß sich, verstärkt die Kontrolle zu übernehmen. Das hatte zur Folge, daß er bestimmte Medikamente absetzte, von denen er vermutete, daß sie eine toxische Wirkung auf seinen Körper hätten, und große Mengen an Vitamin C einnahm, nachdem er gelesen hatte, daß sich Ascorbinsäure entzündungslindernd auswirken und die Nebennieren »nähren« könnte. Er entschloß sich darüber hinaus, das Krankenhaus mit der unanfechtbaren Begründung zu verlassen, die dortige Atmosphäre sei seiner positiven Haltung nicht zuträglich. Aber der unkonventionellste Teil seines außergewöhnlichen Behandlungsplans war eine systematische »Diät« in Form von Klamauk- und Komödienfilmen sowie humoristischen Büchern.

Cousins war davon überzeugt, daß Lachen seiner Körperchemie sehr guttun würde. Genau das war auch so oder schien zumindest so zu sein. Denn er stellte fest, daß »zehn Minuten voll Lachen aus dem Bauch heraus eine narkotisierende Wirkung hat und mir mindestens zwei Stunden schmerzfreien Schlafs schenkte«. Er stellte ebenfalls fest, daß die Blutwerte unmittelbar nach einem Lachanfall stets besser ausfielen als die davor. Die Laborkräfte konnten tatsächlich mit Hilfe der sogenannten Absetzgeschwindigkeit die Vorteile des Lachens messen. Norman Cousins schrieb seinen erstaunlichen Genesungsprozeß einer Kombination aus Lachen und Vitamin C zu. Doch er war auch der Auffassung, seine Behandlung sei deshalb erfolgreich gewesen, weil er sich sicher war, damit erfolgreich zu sein.

In der Tat fühlte er sich ganz wohl bei der Vorstellung, seine Kur auf den sogenannten »Placebo-Effekt« zurückführen zu können. Das Placebo (lateinisch »Ich werde gefallen«) ist eine medizinisch eigentlich sinnlose Prozedur oder ein Scheinmedikament, das einem Patienten vom Arzt verabreicht wird, und das der Patient für echt hält. Der Placebo-Effekt tritt dann auf, wenn das Placebo ungeachtet nicht vorhandener objektiver Heileigenschaften auf den Patienten so wirkt, als hätte es wirklich Heilwirkung, wenn es also von Fall zu Fall auch meßbare biochemische Veränderungen nach sich zieht und in dokumentierten Fällen bei einem breiten Spektrum an Symptomen und Krankheiten heilend wirkt. »Das Placebo ist der Beweis dafür, daß es keine wirkliche Trennung zwischen Geist und Körper gibt«, folgert Cousins.

Ein Placebo bleibt dann wirkungslos, wenn der Patient Zweifel bezüglich dessen Authentizität und Wirkungskraft hegt, seinem Arzt mißtraut oder ihm ein »robuster Lebenswille« fehlt. Der Patient braucht jedoch nicht das Scheinmedikament selbst, also eine greifbare Behandlung, um vom Placebo-Effekt zu profitieren. Denn laut Cousins »kann der Geist seine letztendlichen Funktionen und seine Kontrolle über den Körper auch ohne die Illusion eines materiellen Eingreifens erfüllen«. Mit anderen Worten, wir benötigen keine Scheinmedizin oder Scheinbehandlung, um unseren Körper zugunsten einer Selbstheilung auszutricksen. Unser Geist vermag unseren »Lebenswillen von einer poetischen Konzeption hin zu einer physischen Wirklichkeit und einer leitenden Kraft« umzuformen. Cousins wollte damit nicht behaupten, die Mobilisierung positiver Gefühle werde immer Krankheiten heilen oder bestimmte Symptome beseitigen. Er wollte damit nur sagen, daß wir und unsere Ärzte »den Arzt in uns selbst« anerkennen und stärken müssen, also den »natürlichen Drang des menschlichen Geistes und Körpers hin zur Vervollkommnung und Regeneration. »Diesen natürlichen Drang zu hegen und zu pflegen ist die höchste Verwirklichung menschlicher Freiheit.«

Der Dreh- und Angelpunkt in Cousins Buch ist, daß Menschen, die an einer schweren Krankheit leiden, weit höhere Überlebenschancen haben, wenn sie bereit sind, persönliche Verantwortung für ihre Genesung zu übernehmen. Der Chirurg Bernie Siegel, Autor des Buchs *Love, Medicine & Miracles*, stimmt dem ganz nachdrücklich und geradezu überschwenglich zu. Er ergänzt, was mich allerdings unbehaglich stimmt, daß Patienten, die sich dafür verantwortlich fühlten, daß sie eine Krankheit bekamen, auch einen größeren Einfluß auf den Heilungsprozeß hätten. Er fügt hinzu, Patienten sollten nicht versuchen, sich selbst heilen zu wollen, sondern sie sollten nach Seelenfrieden streben. Diesen könnten sie seiner Meinung nach auch erreichen. Er werde ihnen auch dabei helfen, gesund zu werden, indem er »ein heilsames Umfeld im Körper« schaffe. Entspannung, Meditation, Hypnose und Visualisierung (die Vergegenwärtigung positiver mentaler Bilder) können Siegel zufolge zur Bildung dieses heilsamen Umfeldes beitragen und die Entwicklung einer »Überlebenspersönlichkeit« fördern. Diese wiederum befähigt Patienten, etwas »Besonderes« zu werden.

»Besondere« Patienten besitzen demnach neben einer ganzen Reihe positiver Eigenschaften die Fähigkeit zu vorbehaltloser Liebe, einer uneingeschränkten Liebe zum Ich und zu anderen, die – jedenfalls Siegels Überzeugung nach – »das stärkste uns bekannte Stimulans des Immunsystems ist«. Solche »besonderen« Patienten weigern sich, macht- und hoffnungslos zu sein, sie weigern sich, Opfer oder nur statistisches Material zu sein. Sie beteiligen sich sehr aktiv an ihrer Behandlung, informieren sich, stellen Fragen, sind Änderungen gegenüber aufgeschlossen. Indem sie auf ihrer »Würde, der Wahrung ihrer Persönlichkeit und ihren Einflußmöglichkeiten (bestehen), wie auch immer sich der Krankheitsverlauf gestaltet«, nehmen diese Patienten ihr Leben in die Hand, verbessern und verlängern ihr Leben, ja, sie bewirken manchmal »wundersame« Heilungsprozesse.

Siegel arbeitet mit »besonderen« Patienten. Der Endokrinologe Deepak Chopra arbeitet mit »Schöpfern der Geist-Körper-Verbindung«. Das sind Patienten, deren Geist durch Sprünge auf eine ganz neue Bewußtseinsebene zu sogenannter »Quantenheilung« fähig ist. Ein solcher Patient kann laut Chopra – mit weit mehr Optimismus als Beweisen, wie mir scheint – Diabetes, Krebs, Herzerkrankungen, überhaupt jede Erkrankung in den Griff bekommen, weil er

eine dramatische Veränderung des Bewußtseins erlebt. Er weiß, daß er geheilt werden wird und er fühlt, daß die treibende Kraft dazu in ihm selbst, wenn auch nicht auf ihn beschränkt ist. Sie erstreckt sich jenseits seiner persönlichen Grenzen auf die gesamte Natur. Plötzlich fühlt er: ›Ich bin nicht auf meinen Körper beschränkt. Alles, was um mich herum existiert, ist Teil meiner selbst.‹

Chopra zufolge wird dieser »Quantensprung« in ein höheres Bewußtsein wesentlich durch Ayurveda erleichtert, ein System östlicher Medizin mit einem Schwergewicht auf drei Heilverfahren. Zunächst gibt es die Meditation, die den Geist »seiner Grenzen enthebt« in eine »freie Zone« ohne jede Krankheit. Dann gibt es ein »Erleuchtungsverfahren«, das eine aktive Zuwendung umfaßt, die nach Chopra eine so wirkungsvolle Bewußtmachung erzeugt, daß »es keinerlei innewohnenden Grund gibt, warum (es) nicht überhaupt jede Krankheit heilen können sollte«. Um aber ganz sicher zu gehen, gibt es noch das »Urklangverfahren«, bei dem die Patienten ihre äußerste Konzentration auf ein bestimmtes Körperorgan, einen Tumor oder ein Gelenk richten, das sie heilen wollen.

Chopra und Siegel offerieren eine wundersame Heilungs- und Besserungsgeschichte nach der anderen: von Patienten, die noch jahrelang lebten, nachdem ihre Krankheit sie längst hätte töten müssen; von nachlassenden Schmerzen und zurückgebildeten Tumoren; von Heilungen, die eintraten, weil sich eine Patientin gesagt hatte: »Ich werde keinen Tag meines Lebens länger krank sein!« oder ein Patient »gerade beschlossen hatte, daß er sich nicht vom Krebs besiegen lassen werde«; oder wieder eine andere Patientin ihren Zorn »und ihre Depression abgeworfen hatte und nun ihr Geist, wie ein von unnötigem Ballast befreiter Ballon, aufsteigen konnte – und ihre Tumore sich zurückzubilden begannen. Sie wurde geheilt.« Uns wird von einem über 40jährigen erzählt, der dank Meditation und Erleuchtungsverfahren auch vier Jahre nach der Diagnose, HIV-positiv zu sein, lebte, »als gäbe es AIDS gar nicht«. Oder wir hören von der 88jährigen, deren Anginaanfälle nach dem Praktizieren des »Urklangverfahrens« aufhörten. Deepak Chopra und Bernie Siegel erscheinen vielen, so auch mir, über das Ziel hinauszuschießen, und der verstorbene Anatole Broyard nannte Siegel einmal »einen Donald Trump der schweren Krankheiten«. Doch obgleich ich beide Autoren mit vielen »Ja, aber ...« und »Moment mal, ...« gelesen habe, möchte ich die besagte Körper-Geist-Verbindung keinesfalls rundweg abweisen. Denn neben zahlreichen aufregenden, wenn auch nicht schlüssigen Anekdoten gibt es eine ganze Reihe mehr oder minder exakter Untersuchungen ausgewiesener Wissenschaftler, die die Auswirkungen der Geistesverfassung auf unsere körperliche Gesundheit zum Gegenstand haben. Einige Beispiele:

Ende der siebziger Jahre leiteten die Psychiater David Spiegel und Irving Yalom von der Universität Stanford in Kalifornien eine Gruppe zur Betreuung von Frauen, die an Brustkrebs litten, der bereits gestreut hatte. In einer Folgeuntersuchung der Kontrollgruppe fanden sie heraus, daß diejenigen Frauen, die an den wöchentlichen Gruppentherapiesitzungen teilgenommen hatten, doppelt so lange überlebten wie diejenigen, die das nicht getan hatten – immerhin durchschnittlich 36,6 Monate gegenüber 18 Monaten.

In den achtziger Jahren entdeckte der Psychiater Redford Williams von der Duke Universität in North Carolina durch verschiedene Untersuchungen eine hohe Korrelation von chronisch feindseligen Gefühlslagen und Herzerkrankungen. Eine Studie mit fast 2000 Männern ergab beispielsweise, daß die Wahrscheinlichkeit, an einer Herzerkrankung zu sterben, bei Männern mit dem höchsten Niveau an feindseligen Gefühlen eineinhalbmal so hoch lag wie bei Männern mit einem niedrigen Niveau. Williams schließt daraus: »Bei Feindseligkeit läßt sich ein frühzeitiger Tod besser voraussagen als bei jeder anderen spezifischen Ursache.«

1986 untersuchte die Krankenkasse Blue Cross-Blue Shield in Iowa 2000 Menschen, die regelmäßig meditierten und fand heraus, daß diese zu 87 Prozent weniger häufig mit Herzerkrankungen und zu 50 Prozent weniger häufig mit Tumoren ins Krankenhaus eingeliefert werden mußten als Patienten, die nicht meditierten.

1988 führte der Internist Dean Ornish mit 22 herzkranken Patienten im fortgeschrittenen Stadium eine Therapie durch, die aus einer Diät mit niedrigen Fettwerten, Meditation, zweimal pro Woche Gruppentherapie und weiteren Behandlungsmethoden bestand, »die Menschen helfen sollen, ihr Gefühl der Isolation zu benennen und zu durchbrechen«. Das Behandlungsprogramm basierte auf der Annahme, daß Entfremdung von den eigenen Gefühlen oder von anderen Menschen zu Streß und oftmals auch zu Herzerkrankungen führen könne, während »alles, was zu wirklicher Nähe und zu Gefühlen der Verbundenheit führt, heilsam sein kann«. Zwei Jahre nach dieser Therapie konnte Ornish von bisher nicht dagewesenen Verbesserungen bei 18 der 22 Herzpatienten berichten, während es der Mehrheit der Patienten aus der Kontrollgruppe schlechter ging. In einem späteren Interview mit Bill Moyers nannte Ornish seine Arbeit mit seinen Patienten »emotionales Operieren am offenen Herzen«.

Auch andere Untersuchungen legen nahe, daß Isolation gefährlich und die Nähe zu anderen Menschen heilsam sein könnte. Weitere, zuweilen widersprüchliche Studien erheben den Anspruch, eine Verbindung von Persönlichkeitsmerkmalen und bestimmten Krankheiten herausgefunden zu haben. Auch gibt es unterschiedliche Theorien über die Art und Weise, wie Gefühle in bestimmte körperliche Symptome übertragen werden. Alles was wir heute wirklich wissen, ist, daß unser Geist in einem Prozeß, den wir bisher nicht wirklich begriffen haben, Einfluß auf unsere körperliche Gesundheit nimmt. Der Geist kann den Körper »dazu auffordern«, bestimmte Symptome auszubilden. So berichten Wissenschaftler, daß Patienten mit gespaltener Persönlichkeit Symptome aufweisen können, die mit dem Wechsel ihrer Persönlichkeit ebenfalls wechseln, so daß eine Teilpersönlichkeit die Insulininsuffizienz des Diabetikers oder allergische Reaktionen gegen Orangensaft oder Katzen aufweist, während eine andere Teilpersönlichkeit keinerlei Diabetessymptome oder Allergien mehr zeigt – und das bei demselben Körper!

Der Geist kann dem Immunsystem »befehlen«, die Funktion einzustellen. Der Psychologe Robert Ader und der Immunologe Nicholas Cohen verabreichten Versuchstieren ein immunitätshemmendes Mittel, das die Produktion von Antikörpern verhindert. Neben diesem Präparat bekamen die Tiere auch Saccharin. Als das Präparat abgesetzt wurde und die Tiere nur noch Saccharin bekamen, blieb die Blockade ihres Immunsystems aufrechterhalten, als ob sie nach wie vor das Präparat erhielten.

Der Geist kann auch physiologischen Schaden verursachen. So reagierten US-Patienten, die ein Medikament namens Mephenesinum einnahmen, in einigen Fällen mit Übelkeit, Schwindel, Herzklopfen und anderen Negativsymptomen. Anschließend zeigten sie jedoch die gleichen Symptome, als ihnen statt des Medikaments ein Placebo verabreicht wurde. In einer dramatischen Reaktion bekam eine Frau beispielsweise zehn Minuten nach Einnahme des Placebos Bauchschmerzen und es bildete sich Körperflüssigkeit in den Hüften. Nicht zuletzt kann der Geist den Körper dazu bringen, keine Schmerzen zu fühlen. Die Kinderärztin Karen Olness unterzog sich einem 45minütigen chirurgischen Eingriff am Finger und benutzte dabei Selbsthypnose als Narkose. Sie rief sich eine Lieblingserinnerung von der Farm, auf der sie aufwuchs, vor Augen und erzählte: »Ich konzentrierte mich einfach während des gesamten Eingriffs auf dieses Bild von der Farm und dabei fühlte ich mich äußerst wohl.«

Schon diese Berichte und Untersuchungen zeigen uns, daß die Trennung von Geist und Körper offensichtlich unmöglich ist. Sie weisen uns darauf hin, daß beide miteinander »kommunizieren«, wenn auch diese »Zwiesprache« außerhalb unseres Wahrnehmungsvermögens stattfindet. Sie machen uns gleichfalls bewußt, daß es zielgerichtete Handlungen gibt, mit denen wir die Heilkräfte unseres Geistes verstärken können. Diese Kräfte könnten es uns ermöglichen, größeren Einfluß auf unseren Körper zu gewinnen, um Krankheitssymptome, Schmerzen und Krankheiten abzubauen. Heißt das nun, daß wir lernen könnten, uns willentlich mit unserem Geist regelrecht in die Gesundheit hineinzudenken? Können wir Krankheiten besiegen, indem wir bewußten Einfluß auf unser Immunsystem ausüben? Können wir also – das ist es doch, was wir alle eigentlich wissen wollen – positive Gefühle für die Bekämpfung von Krebs einsetzen? Es gibt einige anerkannte Wissenschaftler, die bereit sind, das als hypothetisch möglich anzusehen. Doch die meisten von ihnen schränken umgehend ein, daß wir zur Zeit keinen Beweis haben, daß so etwas wirklich möglich sei.

»In der medizinischen Fachliteratur ist spontanes Abklingen von Krebserkrankungen mehrfach dokumentiert«, erklärt Michael Lerner, Mitbegründer des Commonwealth Cancer Help Program, »aber (…) die Wahrscheinlichkeit, daß jemand mit streuendem Brustkrebs, mit Lungenkrebs oder Krebs an der Bauchspeicheldrüse durch seine/ihre inneren Ressourcen in der Lage sein sollte, diesen Krebs ausheilen und schließlich ganz verschwinden lassen zu können, nun, da bewegen wir uns auf sehr dünnem Eis«. Margaret Kemeny, eine Psychologin mit einer Zusatzausbildung in Immunologie und Psycho-Neuroimmunologie, ergänzt, daß es keine Forschungsdaten gebe, die die Annahme stützten, wir könnten eine Krebszelle dadurch abtöten, daß wir uns beispielsweise eine körpereigene Killerzelle vorstellen, die diese angreift und ausschaltet: »Nichts kann uns nach unserem derzeitigen Kenntnisstand in Physiologie (…) auch nur darüber spekulieren lassen, wie ein bestimmter Gedanke über einen bestimmten physiologischen Vorgang (…) in die Zelle gelangen und diese verändern könnte.«

Und natürlich gibt es all die Menschen, die, wie meine Schwester, tapfer gegen den Krebs gekämpft haben, positiv gedacht und sich geweigert haben, nur statistisches Material zu sein, fest entschlossen, keinesfalls zu sterben; Menschen, die mit jeder Faser gegen ihre Krankheit gefochten und schließlich verloren haben. Ihr Tod ist eine stumme Widerlegung der bedrückenden Behauptung Bernie Siegels, »es gibt keine unheilbaren Krankheiten, nur unheilbare Menschen«.

Eine nicht ganz so stumme Anklage gegen diese hochgeschraubten Behauptungen erhebt die Kritikerin, Erzählerin und Essayistin Susan Sontag in ihrem Buch *Krankheit als Metapher* mit einem prononciert gegenteiligen Standpunkt. Sie erklärt, es sei empörend, wenn den Patienten die Schuld an ihren Krankheiten gegeben würde; ihnen zu unterstellen, sie hätten einen unbewußten Wunsch, krank zu sein und ihnen schließlich zu suggerieren, ihre Unfähigkeit zur Selbstheilung sei im Grunde nichts anderes als mangelnder Wille. Voller Verachtung für die Anmaßung einer »wissenschaftliche(n) Verknüpfung zwischen Krebs und schmerzlichen Empfindungen« lehnt sie die Behauptung ab, Krebskranke hätten sich eigentlich nur durch ihre Depressionen oder Unzufriedenheit, durch Selbstmitleid, nicht ausgelebte Gefühle der Feindschaft, Hoffnungslosigkeit oder auch gefühlsmäßige Isolierung selbst zu Opfern gemacht. Sontag erinnert daran, daß diverse Kommentatoren die Krebserkrankungen von Napoleon, Ulysses S. Grant, Robert A. Taft oder Hubert Humphrey »als Reaktion auf politisches Scheitern und das Fehlschlagen ihrer Ambitionen« verstanden haben. Sie weist auf die Behauptung des Psychoanalytikers Wilhelm Reich hin, Sigmund Freuds Krebs hätte begonnen, als dieser »sehr unglücklich verheiratet(e)« und »genital äußerst unbefriedigt(e)« Mann resignierte und »seine persönlichen Freuden, seine persönlichen Vergnügungen« aufgab. Sie berichtet uns von Norman Mailers Überzeugung, daß, hätte er nicht aus einem »Nest mordlustiger Regungen« heraus gehandelt und auf seine – damalige – Frau eingestochen, er Krebs bekommen hätte und »in ein paar Jahren selbst tot gewesen wäre«. Schließlich zitiert sie W. H. Auden, dessen Gedicht über das verklemmte krebskranke *Fräulein Gee* die folgende Diagnose stellt – »Krebs ist eine lustige Sache«:

Kinderlose Frauen bekommen ihn
Und Männer, wenn sie in den Ruhestand gehen;
Es scheint, als müßte es eine Art Ventil geben
Für ihr vereiteltes kreatives Feuer.

Sontag haßt derartige Theorien. »Die unglücklichen Kranken« dafür verantwortlich zu machen, daß sie die Krankheit überhaupt bekommen haben und daß sie sie auch wieder loswerden, stellt ihrer Auffassung nach nicht nur eine Belastung dar, sondern auch eine grausame Irreführung. Diese Menschen würden nämlich veranlaßt zu glauben, sie könnten die »Erfahrungen und Ereignisse (wie schwere Krankheiten)« beherrschen, »über die die Menschen tatsächlich wenig oder keine Kontrolle besitzen«.

Irgendwo zwischen Siegel und Sontag kommen wir vermutlich der Wahrheit über das Körper-Geist-Problem näher. Sicherlich werden wir sagen können, daß unsere geistige Verfassung einen Einfluß auf unsere Gesundheit hat, ohne uns damit, sollten wir krank werden, selbst schuldig zu machen. Denn selbst wenn unsere Gefühle beim Ausbruch von Krebs eine Rolle spielen sollten, so gilt das ebenso für vielfältige andere und sehr einflußreiche Faktoren. Auf all diese Faktoren können wir gar nicht Einfluß nehmen, selbst dann nicht, wenn wir unsere Gefühle und Gedanken zielgenau gegen unsere Krankheiten richten könnten – was gerade nicht der Fall ist.

Zwei Experten auf dem Gebiet der Körper-Geist-Heilverfahren beantworten Fragen wie »Habe ich selbst meinen Krebs verursacht?« oder »Bin ich nicht selbst schuld, wenn es mir nicht besser geht?« folgendermaßen:

Lawrence LeShan, klinischer und auch in der Forschung tätiger Psychologe, der sich in jahrzehntelanger Pionierarbeit mit Krebspatienten und vor allem deren Selbstheilungskräften gewidmet hat, erklärt: »Gedanken und Gefühle verursachen keinen Krebs und können keinen heilen. (…) Jeder, der auch nur andeutet, eine Person sei selbst dafür verantwortlich, Krebs bekommen zu haben und/oder keine Besserung zu zeigen (…), sollte völlig ignoriert werden.« Und Andrew Weil, Arzt und Harvard-Absolvent, dessen Titelgeschichte im Nachrichtenmagazin *Time* ihn zu einem der führenden Gurus der »alternativen« Medizin gemacht hat, sagt: »Ich lehne jedoch die Vorstellung ab, wonach Krebs infolge unterdrückter Wut und anderer Emotionen ›hausgemacht‹ ist, ganz zu schweigen von jener, daß die individuelle körperliche Heilungsfähigkeit etwas über die psychische oder geistige Verfassung eines Menschen aussagt.« Er weist darauf hin, wie viele Heilige an Krebs gestorben seien – »als schiene Krebs geradezu eine Berufskrankheit der Heiligen« – und rät uns:»Denken Sie daran, wenn Sie versucht sein sollten zu glauben, Heilung hänge von Erleuchtung und Überwindung negativer Gefühle ab.«

Demnach ist es nicht unser Fehler und wir sind nicht daran schuld, wenn wir Krebs bekommen. Es ist auch nicht unsere Schuld, wenn unser Krebs nicht geheilt wird. Wir haben auch weder unsere Herzkrankheit, unsere Arthritis oder andere Leiden verursacht noch deren Heilung verhindert. Obgleich unsere psychologische Verfassung zweifellos – neben unseren Genen, unserer Umwelt und unseren persönlichen Gewohnheiten – die eigene körperliche Verfassung beeinflussen kann, gibt es doch Grenzen für die mentale Beeinflussung unserer körperlichen Gesundheit. Dennoch ist es möglich, abwegige eigene Schuldzuweisungen und absurde Selbstheilungserwartungen aufzugeben und trotzdem Wege zu finden, Verantwortung für die eigene Gesundheit zu übernehmen und diese zumindest etwas zu beeinflussen.

So wissen wir beispielsweise, daß unabhängig von unserer Wahrnehmung und ohne Beteiligung unseres Bewußtseins der Körper konditioniert werden kann, auf bestimmte Reize in bestimmter Weise zu reagieren, also – wie Robert Aders erwähnte Forschungsarbeit gezeigt hat – zum Beispiel auf »sinnloses« Saccharin, als wäre es tatsächlich ein immunhemmendes Medikament. Der nächste Schritt, so Karen Olness – die Ärztin, die ohne Narkose operiert wurde – ist, »Verantwortung zu übernehmen und zu sagen: Okay, wenn ich jetzt konditioniert werde, dann werde ich Einfluß darauf nehmen«. Olness ergänzt, daß unser Einfluß auf Krankheitssymptome, Schmerzen oder Angst damit beginnen könne, verschiedene Techniken der Selbststeuerung zu erlernen. Diese Techniken wie »Biofeedback«, Selbsthypnose, Visualisierung, Meditation und so weiter stehen Olness zufolge nicht nur einigen »Auserwählten«, sondern auch ganz gewöhnlichen Leuten wie Ihnen und mir zur Verfügung: »Meiner Meinung nach kann zweifellos jede durchschnittliche, hinreichend motivierte Person diese Selbststeuerungstechniken erlernen«, erklärt Olness. Das könne gerade bei jungen Menschen mit chronischen Erkrankungen besonders hilfreich sein: »Sie können keinerlei Einfluß nehmen, wann sie krank werden oder in ein Krankenhaus kommen, doch wenn sie diese Strategien erlernen, haben sie etwas, was sie beeinflussen können, um damit zum eigenen Heilungsprozeß beizutragen.«

Sind nun diese Selbststeuerungstechniken wirklich sinnvoll? Genau diese Frage wird von einer Bewertungskonferenz für Technologiefolgen vom Oktober 1995 bejaht, die unter anderem vom National Institutes of Health's Office of Alternative Medicine (OAM) gesponsert wurde. Ein unabhängiger, zwölfköpfiger Ausschuß kam zu dem Schluß, Entspannungstechniken (wiederholte Konzentration auf ein Wort, einen Klang oder einen Satz; gezielte Blockierung negativer Gedanken; die Vorstellung einer entspannten Körperlage in ruhiger Umgebung) könnten Blutdruck, Herz- und Atemfrequenz senken und »sind wirksam bei der Behandlung einiger chronischer Schmerzzustände wie zum Beispiel Kreuzschmerzen, Arthritis oder Kopfschmerzen«. Die Ausschußmitglieder kamen auch zu dem Ergebnis, daß Hypnose bei der Behandlung diverser Zustände wirksam sei (unter anderem Reizkolon, Übelkeit bei Chemotherapie, chronischer Schmerz bei Krebs). Schließlich fanden sie heraus, daß »Biofeedback«- und Entspannungstechniken bei der Behandlung von Schlaflosigkeit helfen.

Die spektakuläreren Fälle »selbsterzeugter« Heilungsprozesse, abklingender Krankheiten und Symptombeseitigungen sind nicht Gegenstand dieses OAM-Berichtes. Vielleicht werden sie aber später einmal untersucht, zumal eine der Hauptaufgaben des OAM in der Beurteilung von Forschungsarbeiten aus dem Bereich der »alternativen« Medizin liegt. Eine derartige Auswertung ist sehr wichtig, denn erstaunlicherweise unterzieht sich beispielsweise jeder dritte Amerikaner »alternativen«, also nicht schulmedizinischen Behandlungsmethoden. Wir brauchen mehr Informationen darüber, welche dieser Therapien wirkungsvoll sind und welche nicht; auch darüber, wie diese Therapien – wenn sie denn wirken – im einzelnen funktionieren.

Eines scheint jedoch klar: Die Nutzung von Selbststeuerungstechniken führt dazu, daß sich »Patienten gestärkt beziehungsweise weniger machtlos fühlen und einen leichteren Umgang mit Schmerzuständen erlangen«. Etwas im Griff zu haben kann die Gesundheit fördern. Diese Vorteile entstehen nicht allein dank »alternativer« Behandlungsmethoden, sondern auch aufgrund anderer Aktivitäten wie Gymnastik, maßvollem Essen, Rauchentwöhnung oder wichtigen – nicht notwendigerweise gesundheitsrelevanten – Entscheidungen für den weiteren Lebensweg. Viele Untersuchungen haben bestätigt, daß sich die meisten Patienten wie überhaupt die meisten Menschen körperlich wesentlich besser fühlen, wenn sie der Ansicht sind, zumindest einen gewissen Einfluß zu haben: Beispielsweise in Vergleichsuntersuchungen von Patienten mit Krebs im Endstadium, die vom Arzt oder von einer Krankenschwester Morphium verabreicht bekommen, und solchen Patienten, die sich ihre Injektionen selbst setzen durften, erreichten diejenigen Patienten eine stärker schmerzstillende Wirkung, die die Schmerzbehandlung in der eigenen Hand hatten, obwohl sie weniger Morphium dafür benötigten.

An der Medizinischen Fakultät der Universität von Wisconsin wurden Kinder mit schweren Verbrennungen in zwei Gruppen aufgeteilt. Die Kinder der einen Gruppe wurden rundum von Schwestern umsorgt, während man den Kindern der zweiten Gruppe beibrachte, wie sie ihre Kleider wechseln konnten. Die Kinder aus der Gruppe mit größerem Handlungsspielraum litten weniger an Komplikationen und brauchten weniger Medikamente als die der ersten Gruppe.

Wissenschaftler, die die Auswirkungen von Kontrolle und Einfluß beziehungsweise deren Verlust auf die Gesundheit von Pflegeheimbewohnern untersuchten, gestanden einer Versuchsgruppe große Freiheiten bezüglich einer ganzen Reihe von Alltagsentscheidungen zu (Gestalten der eigenen Räume, Knüpfen sozialer Beziehungen, Artikulieren von Beschwerden) und erklärten der anderen Gruppe, allein das Personal sei voll verantwortlich für ihr Wohlergehen. Gleichzeitig bekam jeder Bewohner eine kleine Pflanze, welche die Mitglieder der ersten Gruppe selbst versorgen durften, während das in der zweiten Gruppe wiederum ausschließlich Aufgabe des Personals war. Innerhalb von drei Wochen ging es 71 Prozent der Mitglieder in der vom Personal betreuten Gruppe schlechter, während in der ersten Gruppe mit größerer persönlicher Gestaltungsfreiheit 93 Prozent aktiver und zufriedener waren und eine größere geistige Präsenz zeigten. Eine Nachfolgestudie 18 Monate später ergab, daß 30 Prozent der streng beaufsichtigten Gruppenmitglieder bereits gestorben waren, während die Sterblichkeitsrate in der anderen Gruppe nur halb so hoch bei 15 Prozent lag.

40 Collegestudenten wurden einer Serie von jeweils sechssekündigen Elektroschocks ausgesetzt und sollten jeweils unmittelbar per Schalterdruck anzeigen, wann sie den Schock verspürten. Nach der ersten Versuchsfolge wurde der Hälfte der Studenten erklärt, sie könnten die Dauer jedes Schocks durch eine möglichst schnelle Reaktion auf drei Sekunden verkürzen. In Wahrheit jedoch hatten sie keinerlei Einfluß, denn die Dauer der Schocks wurde ausnahmslos und unabhängig von der jeweiligen Reaktionsgeschwindigkeit auf drei Sekunden verkürzt. Dennoch machte ihnen die Fehlannahme, selbst Einfluß darauf zu haben, die Elektroschocks erträglicher als der anderen Hälfte der Versuchsgruppe, die exakt gleich lange Schocks hinnehmen mußte, jedoch ohne glauben zu dürfen, sie könnte diese beeinflussen.

Die letztgenannte Untersuchung verdeutlicht einen weiteren zentralen Aspekt des Verhältnisses von Gesundheit, Kontrolle und Einfluß: daß uns allein schon der Glaube daran, selbst etwas beeinflussen zu können, uns besser fühlen läßt, unabhängig davon, ob wir nun tatsächlich über Einflußmöglichkeiten verfügen oder nicht. Eine Reihe von Wissenschaftlern hat diesen Aspekt in weiteren Studien vertieft und dabei festgestellt, daß der Glaube an Kontrolle und Einfluß einen Placebo-Effekt erzeugen kann, daß, wie der Psychologe Herbert Lefcourt es formuliert hat, »das Gefühl von Kontrolle, die Illusion, man hätte persönliche Entscheidungsfreiheit, eine definitive und positive Rolle in der Lebensbewältigung spielt«. Die Autoren der Elektroschock-Studie formulierten trocken: »Vielleicht ist die Illusion, seines Glückes Schmied zu sein, die zweitbeste Alternative nach derjenigen, es wirklich zu sein.«

Wie uns die Untersuchung über die Pflegeheimbewohner gezeigt hat, kann die Tatsache, wenigstens etwas persönlichen Einfluß zu haben, im buchstäblichen Sinn über Leben und Tod entscheiden. Umgekehrt kann ein völliger Verlust an Kontrolle oder Einfluß tödlich sein. Der Psychologe Bruno Bettelheim erzählt von den »Muselmännern«, jenen Gefangenen in den NS-Vernichtungslagern, die »am Ende den wiederholten Erklärungen der KZ-Wachmannschaften glaubten, wonach es für sie keinerlei Hoffnung gäbe, das Lager jemals zu verlassen, es sei denn als Leiche«; und die, zur Überzeugung gekommen, »daß sie auf ihre Umgebung keinerlei Einfluß mehr hätten«, zu wandelnden Leichnamen wurden und schließlich still dahinstarben.

Es gibt andere Arten des menschlichen Todes, zum Beispiel das »Syndrom des plötzlichen Todes«, das mit Gefühlen von Hoffnungslosigkeit und Machtlosigkeit in Zusammenhang gebracht wird, mit einem Zustand, in dem man weder über reale noch über eingebildete Kontrolle verfügt. Wir kennen einige berühmt gewordene Tierversuche, die einen Zusammenhang zwischen »plötzlichem Tod« und Machtlosigkeit herstellen. Doch selbst wenn es um weniger als um Leben und Tod geht, scheint es im großen und ganzen so, daß Einfluß zu haben besser ist als machtlos zu sein. Zahlreiche Untersuchungen bestätigen, wie vorteilhaft sich der Glaube auswirkt, wir hätten Einfluß: Menschen, die glauben, sie verfügten über ein ausreichendes Maß an Einfluß und Kontrolle, lassen sich weniger durch streßreiche Ereignisse beeinträchtigen und sind zufriedener. Diese Menschen kümmern sich besser um sich selbst als Menschen, die nicht daran glauben. Und sie fühlen sich seltener als Opfer, sie werden es seltener und sie bleiben gewiß auch weniger lang Opfer.

Schauen wir uns im folgenden die faszinierende Vergleichsuntersuchung von Einwohnern der Bundesstaaten Illinois und Alabama an. Diejenigen aus Illinois neigten wesentlich stärker als ihre Landsleute aus Alabama zu der Überzeugung, sie selbst – viel eher als Gottes Wille – bestimmten ihr eigenes Schicksal. Deshalb griffen die Einwohner von Illinois statistisch gesehen rund fünfmal häufiger zu Notmaßnahmen als die von Alabama, nachdem für diese Staaten jeweils Tornadowarnungen ausgegeben worden waren. Es kann deshalb nicht überraschen, daß die Zahl der anschließenden Todesopfer im fatalistischeren Alabama höher lag als in Illinois. Das soll nicht heißen, daß der Glaube an Gott unvereinbar sein müsse mit unserem Glauben, wir selbst hätten Einfluß beziehungsweise könnten ihn erlangen. Der amerikanische Schriftsteller Reynolds Price hielt dem quälend hingezogenen Leiden seines Rückenmarkkrebses mit einer sehr intensiven religiösen Vision stand. Ungeachtet dessen gibt er Schwerkranken oder Opfern anderer Katastrophen folgenden Ratschlag: »In deiner jetzigen Not stehst du allein, jedenfalls, was dieses Leben hier betrifft. Wenn du einen Ausweg suchst, so grabe ihn selbst, wenn du auch nur die Spur eines Weges findest. (…) Komm ins Leben zurück. (…) Nur du kannst es schaffen.« Und er fährt fort: »Eines ist klar, entweder Gott oder die Naturgesetze lassen dich letztendlich fallen und sterben. Bis dahin (…) heißt dein Auftrag, den du ja kennst: einfach nur zu leben. Schenke niemals dem Tod dein Ohr. (…) Und sorge dafür, daß du die Luft um dich herum atmen kannst.«

Wenn das Unglück zuschlägt und unseren Körper oder unsere Seele angreift, in unser Herz dringt, unsere Träume zerstört und das, was wir lieben, dann bluten, zittern und weinen wir. Wir werden fluchen und unser Schicksal beklagen, aber früher oder später werden einige von uns die zerbrochenen Scherben einsammeln und weiterziehen. Als Opfer schwerer Schäden oder Verluste, als Opfer der sinnlosen, wahllosen Scheußlichkeiten des Lebens stehen wir unter dem Joch unbeeinflußbarer Kräfte. Als Überlebende tun wir jedoch alles nur menschenmögliche, um nicht dem Schicksal, sondern uns selbst das letzte Wort zu sichern, um zu reparieren, was reparabel ist. Wir versuchen herauszufinden, wie wir mit dem leben können, was nicht mehr ist. Und wir versuchen so gut wie möglich dafür zu sorgen, daß wir die Luft um uns herum atmen können.

9 Varianten des Loslassens

Viele Theorien der Sozialpsychologie teilen die Grundannahme,
Kontrolle und Macht über das eigene Verhalten seien wünschenswert
und Individuen strebten nach Beherrschung ihrer Umgebung. (…)
Es gibt allerdings viele Lebenslagen, in denen hierzu keine Möglich-
keit besteht.

Wortman und Brehm,
Responses to Uncontrollable Outcomes

In guten wie in schlechten Zeiten gehen wir, die wir gern selbst
bestimmen, davon aus, die wichtigsten Gegebenheiten unseres
Lebens kontrollieren und beeinflussen zu können. Wir setzen
uns Ziele und versuchen aktiv, sie zu verwirklichen. Wir nehmen
Verantwortung auf uns, wenn wir etwas vermasselt haben, und
versuchen es wieder, wenn etwas nicht geklappt hat. Es gibt aber
auch Menschen, die keine Kontrolle und keinen Einfluß haben
wollen beziehungsweise nicht glauben, dazu überhaupt fähig zu
sein. Das Schicksal hat sie auf mysteriöse Weise im Griff. Dieser
Mangel kann – aber nicht immer und nicht notwendigerweise –
einen Verzicht oder ein moralisches Versagen darstellen. Denn
selbst wir Verfechter von Kontrolle und Macht können einsehen
oder sollten zumindest dazu in der Lage sein, daß wir manchmal
einfach loslassen, Abstand nehmen, zurücktreten, aufgeben,
nachgeben, uns unterwerfen, kapitulieren müssen.

Kontrolle und Macht aufzugeben geschieht auf vielfältige Weise,
es kann manchmal sinnvoll, zuweilen aber auch eine schlechte
Sache sein. Manchmal bereichert es uns oder bedeutet Einschrän-
kung und zerstört etwas. Es kann unbewußt oder bewußt sein, eif-
rig erstrebt oder zögerlich hingenommen werden oder uns aufge-
zwungen sein. Es gibt viele Gründe aufzugeben:
»Es ist nicht mein Fehler.«
»Die anderen haben mich dazu veranlaßt.«
»Ich hab's getan, weil ich Angst hatte, es nicht zu tun.«
»Ich bin hilflos und machtlos. Ich schaff' es nicht.«

»Ich kann das nicht tun, sonst tanze ich aus der Reihe.«
Wir sagen uns:
»Es ist ausgeschlossen, das zu schaffen!«
»Ich werde auf die Nase fallen, wenn ich's versuche.«
»Ich sollte das nicht machen müssen!«
»Das ist deren Problem, nicht meines.«
Oder wir erklären: »Um des lieben Seelenfriedens willen, hiermit trete ich als Hauptgeschäftsführer des Universums zurück.« Vielleicht verkünden wir pragmatisch »Jetzt kann ich nichts mehr tun.«; ehrfürchtig »Dein Wille geschehe.«; niedergeschlagen »Du hast gewonnen!«; abwehrend »Ich habe nur Anweisungen ausgeführt.« Eventuell sagen wir auch wie mein junger Freund Emmet zu seiner Courtney: »Ich schenk dir mein Herz in süßer Hingabe!« Es gibt viele Arten des Aufgebens, die sich nicht nur auf Kontrolle und Macht beziehen.

Wenn von unserem Gefühl von Kontrolle und Macht – oder vom Gegenteil – die Rede ist, sprechen Sozialpsychologen vom Konzept des »locus of control« (Ort der Kontrolle). Sie unterscheiden dabei zwischen Menschen mit »internaler« und »externaler« Kontrolle. Der Psychologe Herbert Lefcourt vergleicht die beiden Typen und erklärt, die Internalen führen Ereignisse weitgehend auf ihre eigenen Anstrengungen zurück, wohingegen Externale fatalistisch glauben, auf Geschehnisse keinen Einfluß zu haben. Wir sollten hierbei allerdings immer daran denken, daß der Glaube an Kontrolle und Einflußmöglichkeiten unterschiedlich ausfallen und umkehrbar sein kann.

Denn Menschen, die in bestimmten Situationen wie Internale handeln, verhalten sich in anderen wie Externale; so beispielsweise der mächtige Vorstandsvorsitzende, der immer wieder zum gehorsamen Kind wird, wenn er seine Mutter besucht. Auch können sich die Perspektiven von Einfluß und Macht für einen Menschen als Folge anderer Veränderungen in seinem Leben verschieben. Der eben erwähnte Vorstandsvorsitzende zum Beispiel würde sich vielleicht – und sei es mit etwas therapeutischer Unterstützung – in Gegenwart seiner Mutter durchaus selbstbewußter fühlen und ihr mit mehr oder weniger Zartgefühl klarmachen können, daß sie jetzt endgültig aufhören müsse, ihm ständig zu sagen, was er zu tun habe. Andererseits mag er im Zuge einer feindlichen Übernahme seines Unternehmens den Verlust beruflicher Macht spüren und fürchten, nie wieder ein Unternehmen führen zu können oder gar endgültig gescheitert zu sein. Ungeachtet dieser Verschiebungen und Änderungen ist es bei der Diskussion über den Glauben an eigene Kontrolle und Macht nützlich, bei Menschen davon auszugehen, sie neigten zu jeweils einer dieser beiden grundlegenden Sichtweisen. Es ist bei der Beurteilung ihres Verhaltens, ihrer Reaktionen und Erwartungen sinnvoll, davon auszugehen, sie hätten einen internalen und einen externalen »locus of control«.

Ich persönlich habe – mit gewissen Einschränkungen – das Gefühl, ich hätte dank eigener Bemühungen mein Leben gestaltet. Ich würde ohne weiteres als internaler Typ durchgehen und könnte mir kein Leben vorstellen, von dem ich annehmen müßte, es läge außerhalb meines Einflusses. Ich durfte allerdings mit den Freiheiten der Mittelklasse im Amerika des 20. Jahrhunderts aufwachsen, wo es keinen vorherbestimmten Platz und keine vorab festgelegte Rolle für mich gab, wo mich weder meine soziale noch meine persönliche Geschichte mit lähmenden »Du darfst aber nicht!«-Parolen kleingemacht hat. Bevor ich mir also dafür auf die Schulter klopfe, welch tolle Person ich doch geworden bin – aktiv, initiativ und, um ehrlich zu sein, ziemlich bestimmend –, möchte ich zunächst einmal sehen, warum andere nicht so sind.

Dafür gibt es gute Gründe. Eine Familiengeschichte ohne die Möglichkeiten, Entdeckungen zu machen, Entscheidungen zu treffen, Probleme zu lösen, Dinge anzupacken, kann eine externe Weltsicht fördern, wonach Verdienst oder Schuld dafür, was passiert, dem Schicksal, Glück, Gott oder einer anderen machtvollen Instanz zuzuschreiben sind. Eine derartige Weltsicht kann auch aus einer Sozialgeschichte resultieren, die keine Chancen für Status, Arbeit und einen festen Platz in der Gesellschaft geboten hat und die jene Art von Fatalismus gebiert, die von Manuel Sanchez so beschrieben wird:

Nach meinem Gefühl wird jedermanns Geschichte von einer geheimnisvollen Kraft bestimmt, die alles bewegt. Nur für die Auserwählten treten die Dinge wie geplant ein. Für diejenigen von uns, die wir geboren wurden, um Tamale-Esser zu werden, sendet der Himmel nur diese Teigröllchen. (…) Ich bin der festen

Überzeugung, daß einige von uns arm geboren werden und arm bleiben, egal, wie sehr wir kämpfen und in diese oder jene Richtung zu ziehen versuchen. Gott gibt uns gerade genug, um weiter zu vegetieren, oder nicht?

Menschen, die zu den gesellschaftlichen Gruppen gehören, die chronisch verarmt sind, ausgeschlossen bleiben und verunglimpft werden, werden vermutlich von ihrer Alltagserfahrung her annehmen, ihr Leben würde von unbeeinflußbaren Außenkräften bestimmt. Aber selbst unter denjenigen, die nach Manuel Sanchez zu den »Auserwählten« gehören, gibt es einige, die durch frühkindliche Erlebnisse oder spätere Erfahrungen die Lektion von Machtlosgkeit haben lernen müssen. Nach ihrer Weltsicht zu urteilen gehören sie trotz eines anscheinend privilegierten Lebens zu den Externalen. Legt man ihnen die folgenden, immer paarweise zugeordnete Alternativen vor und fordert sie auf, diejenigen zu benennen, mit denen sie am stärksten übereinstimmen, so werden sie wahrscheinlich A), B), A), A), B), B) wählen:

A) Viele der unglücklichen Dinge im Leben der Menschen sind teilweise einfach Pech.
B) Das Unglück der Menschen ist eine Folge selbstgemachter Fehler.

A) Langfristig gesehen bekommen die Menschen den Respekt, den sie verdienen.
B) Unglücklicherweise bleibt der Wert eines Menschen oft unentdeckt, wie sehr auch immer er sich bemüht.

A) Ohne echte Rückschläge kann niemand eine gute Führungskraft sein.
B) Fähige Menschen, die keine Führungskraft werden, haben ihre Möglichkeiten nicht ausgeschöpft.

A) Ich habe oft erlebt, daß das, was eintreten kann, auch tatsächlich eintritt.
B) Vertrauen ins Schicksal hat sich für mich nie als so günstig herausgestellt, wie eine Entscheidung zu treffen und sie dann unbeirrt umzusetzen.

A) Wenn ich einen Plan mache, bin ich fast sicher, ihn auch verwirklichen zu können.

B) Es ist nicht immer klug, zu weit im voraus zu planen, denn vieles erweist sich ohnehin als Glück oder Pech.

A) Was mir passiert, geschieht durch meine eigenen Handlungen.

B) Manchmal habe ich das Gefühl, nicht ausreichend Einfluß auf mein Leben zu haben.

Externale sehen sich als Bauern auf einem Schachbrett, dessen Figuren jemand anderer zieht. Sie können schwerlich glauben, daß ihre eigenen Entscheidungen zählen und sie haben eine geringere Neigung, durchzuhalten, denn sie sehen keine Verbindung zwischen Ausdauer und Erfolg. Einige Externale haben sich frühere Lektionen erlernter Hilflosigkeit zu Herzen genommen und erwarten, zu unterliegen, wo sie doch eigentlich gewinnen könnten, würden sie es nur weiter versuchen. Sie laufen Gefahr, viel zu häufig und viel zu bereitwillig aufzugeben. Mein Freund Lenny zum Beispiel war nie sehr erfolgreich in seiner Marketing-Karriere. Seiner Meinung nach lag das aber nie an ihm selbst. Sein erster Chef mochte ihn nicht, sein zweiter hat ihn ausgenutzt, sein dritter hat ihn bei der Beförderung übergangen. Und all seine anderen Vorgesetzten waren Lenny zufolge in ihrer Art ihm gegenüber »Hurensöhne« oder »wollten mich reinlegen« oder waren einfach »doof«. Lenny kann persönlich überhaupt nichts machen, denn seiner Meinung nach wird sein ganzes Berufsleben von ungerechten und irrationalen Kräften beherrscht. Seine Chefs sind die Spieler, und er ist der »Bauer«.

Auch John Marcher ist davon überzeugt, nichts gegen das besondere Schicksal tun zu können, für das er bestimmt sei, »für etwas Ungewöhnliches und Merkwürdiges (...), für etwas Ungeheuerliches und Schreckliches womöglich«, das ihn eines Tages anspringen werde »wie ein Raubtier im Dschungel«. Während er so das Eintreten dieses unbekannten, unausweichlichen Schicksals erwartet, durchläuft er gleichsam von sich losgelöst die Etappen seiner Existenz. Seine leeren Tage dehnen sich zu Jahrzehnten. Schließlich ist er alt. Erst am Ende dieses passiven, leidenschaftslosen Lebensleerlaufs begreift er jenes Schicksal, das ihm bestimmt war – das Leben eines Mannes zu führen, dem niemals etwas passiert. John Marcher ist die Schöpfung des

Romanciers Henry James. Er würde einen Begriff wie »locus of control« nicht verwenden. Doch seine Erzählung über einen Mann, der immer nur zusah, wartete, nie liebte und auch nie wirklich lebte, entwirft eine furchterregende Szenerie der Risiken, die wir eingehen, wenn wir unser Leben weder wählen noch ändern und unser Schicksal statt dessen »im Schoß der Götter« ruhen lassen.

Im Gegensatz zu »Apathie und Rückzug« bei denen, die an externe Einflüsse glauben, zeigen die »Internalen« das, was Lefcourt »Vitalität« nennt. Der Glaube an die eigene Handlungsfreiheit und an die Effektivität dieser Handlungen befördert »ein aktives Zupacken bei (…) Ereignissen«. Obgleich Lefcourt erklärt, er fühle sich unwohl bei der Idee, die Internalen seien »die Guten«, begründet er das wenig überzeugend. Die von ihm vorgestellten Forschungsergebnisse zeigen nämlich, daß Internale im Unterschied zu Externalen dazu neigen, »offen für Erfahrungen«, »selbstverwirklichend«, konzentrierter, neugieriger, aufgeweckter, einfühlsamer, lernbereiter, ausdauernder und leistungsstärker zu sein. Darüber hinaus seien sie widerstandsfähiger gegen Korruption, eher bereit, Verantwortung für eigene Fehler und Mißerfolge zu übernehmen und geschickter in Not- und Unglücksfällen.

In Anbetracht all dieser Vorteile der Internalen kann es kaum verwundern, daß Lefcourt uns gern auch zu einem solchen Menschentyp machen möchte. Er befürwortet, daß der Mensch »sich als Lenker seines Schicksals begreift« und vermeidet, sich »unbezähmbaren Kräften zu unterwerfen«. Aber wie bitte schaffen wir das genau? Wie gehen wir gegen diese Kräfte vor, wie das auch nur versuchen? In einer Kolumne mit dem Titel »Wir bestimmen unser Leben« bietet die fiktive Brenda Kovner gute Ratschläge an. Sie liefert uns gern eine konstruktive Antwort. Sie bemerkt, daß, »wenn Sie auf eine Ihren Weg versperrende Steinmauer stoßen, dann müssen Sie deren Undurchdringlichkeit anerkennen und dürfen nicht versuchen, mit Ihrem Kopf durch die Wand zu wollen«. Man könne statt dessen »einen Tunnel unter ihr hindurchgraben, sie umgehen, über sie hinwegklettern, sie abtragen oder einen anderen Weg zu (seinem) Ziel suchen«. Brenda weigert sich also aufzugeben und will hinaus auf die von ihr so genannte »Ich-kann-das-Haltung«, die »mir persönlich geholfen hat, Hunderttausenden Lesern – darunter rund zwei

Dutzend meiner engsten Freunde – mit ihren Ehekrisen, Erziehungskrisen, mit ihrer Midlife-crisis, mit alternden Eltern und geplatzen Träumen zu helfen«. Diese »Ich-kann-das-Haltung« ließe sich vielleicht als eine extreme Version von Lefcourts internalem »locus of control« kennzeichnen.

Elterlicher Rückhalt, Liebe, Wärme und Ermutigung sind einem internalen »locus of control« förderlich. Das gleiche gilt für die schützende Hand der Eltern, die uns vor den schmerzhafteren Schlägen des Lebens bewahrt. Es ist für diese »warme, stützende Mutter-Kind-Beziehung« jedoch auch von Bedeutung, daß ihr das mütterliche »Hinauswerfen aus dem Nest« folgen muß, das uns überhaupt erst erlaubt, Fertigkeiten zu erlernen und unsere Effektivität und unsere Fähigkeiten zu erfahren.

Wir hatten in Kapitel 2 gesehen, wie uns dabei geholfen oder auch nicht geholfen wird, dieses Gefühl von Können zu entwickeln. Als Kleinkind rufen wir bei unserer Mutter ein Reaktionsverhalten hervor und erlernen so, unser emotionales Umfeld zu beherrschen. Oder aber wir lernen, daß unsere Winke wahrscheinlich unbeantwortet bleiben oder mißverstanden werden, egal, wie deutlich oder hartnäckig sie auch sein mögen. Wenn wir dann erstmals mit unseren Eltern – die aufpassen, wenn wir so losziehen – laufend die Welt erkunden, lernen wir, einen Teil unseres physischen Universums zu beherrschen. Oder wir erfahren, daß unser eifriges Streben nach Eigenständigkeit als Fahnenflucht oder als lebensgefährlich angesehen wird. Als drei-, vier- und fünfjähriges Kind gehen wir unseren Aufgaben absichtsvoll und zielgerichtet nach. Wir lernen, gekonnt unsere Ziele anzusteuern, ermutigt von Eltern, die uns helfen, eine Balance zwischen Verzögerung und Belohnung, Zurückhaltung und Initiative zu finden. Oder aber sie erklären uns, das sollten wir nicht tun, brauchten es auch gar nicht zu tun, denn sie würden es schon machen. Oder wir lernen, daß es sich nur auf ihre Art machen ließe. Und falls wir uns sträuben und rebellieren sollten, würden sie uns ausschließen – »Dann stehst du alleine draußen« –, so daß wir allein auf uns gestellt, schlecht gerüstet und mit Schuldgefühlen gegen übermächtige Ereignisse kämpfen müßten. Wenn sie nicht auf uns reagieren oder uns nicht bestätigen, wenn sie uns zu wenig oder zu viel Freiheiten geben, so lassen uns unsere Eltern womöglich mit dem Gefühl zurück, ungefestigt, unfähig und machtlos zu sein. Doch wenn wir ermutigt werden, zu handeln und initiativ zu werden, wenn wir mit Handlungs- und Wertstrukturen, mit Maßstäben, Orientierung, Schutz, Grenzen und Beschränkungen ausgestattet sind, dann gewinnen wir die Überzeugung, im wesentlichen unsere Geschicke zu lenken, wirklich in unserem eigenen Leben zu Hause zu sein, Kontrolle und Macht zu besitzen.

Während jedoch Menschen, die an den beherrschenden Einfluß externer Kräfte glauben, damit ihre eigenen Kontroll- und Einflußmöglichkeiten verringern und weniger ausdauernd bei Problemlösungen sind, so irren Internale manchmal in die entgegengesetzte Richtung. Zuweilen erkennen sie nämlich nicht, daß auch noch so lange Anstrengungen nicht immer zum Erfolg führen, sondern vergeblich oder sogar zerstörerisch sein können. In der Fehlannahme, sie beherrschten jede beliebige Situation, sind sie dann blind gegenüber dem Unbeherrschbaren und strampeln sich immer weiter ab, nachdem sie längst – manchmal vor viel zu langer Zeit – hätten aufgeben müssen. Wie Ronnie Janoff-Bulman und Philip Brickman in ihrer einschlägigen Untersuchung herausgefunden haben, »ist die Fähigkeit aufzugeben ebenso wichtig, wie die Fähigkeit durchzuhalten«.

In der Tat bedeutet bei einem Problem durchzuhalten, das grundsätzlich unlösbar ist, manchmal »weniger anpassungsfähig« und krankhafter zu sein, als in solchen Fällen aufzugeben, in denen Beharrungsvermögen zum Erfolg führen könnte. Oder, um mit Lefcourt zu sprechen: »Der Mensch muß sich vielen verschiedenen Umständen anpassen, in denen die Erkenntnis der eigenen Machtlosigkeit klüger wäre, während der Glaube an eigene Einflußmöglichkeiten nachteilig sein könnte.« Die Psychologen Camille Wortman und Jack Brehm schreiben darüber in *Responses to Uncontrollable Outcomes*: »Wird ein Organismus mit Folgen konfrontiert, die absolut unbeeinflußbar sind, so kann die angemessenste Reaktion darauf sein aufzugeben.« In Ordnung, wir Internalen haben verstanden! Wirklich? Internale wie Externale werden früher oder später lernen, daß sie in Situationen machtlos sind, auf die sie wirklich keinerlei Einfluß haben. Da wir Internalen jedoch immer von der Möglichkeit ausgehen, Kontrolle und Macht zu haben, tun wir uns hier wesentlich schwerer. Deshalb verbeißen wir uns in etwas, wo wir doch aufgeben sollten und verharren endlos. Einige von uns zeigen ein enormes, ja exzessives Maß an Beharrungsvermögen – wie zum Beispiel Louisa.

Louisa hat Ed geheiratet, der nur mit äußerster Zurückhaltung in den Ehestand eingetreten war. Kurz nach den Flitterwochen beginnt er seine erste außereheliche Beziehung. Als Louisa schockiert dahinterkommt, erklärt ihr Ed, das ganze sei ohne weitere Bedeutung, sei nur Ausdruck seiner Furcht vor einer dauerhaften Beziehung. Louisa hält sich daran fest und hofft, mit dem ersten Kind werde er schon in ruhiges Fahrwasser kommen. Doch unmittelbar nach der Geburt des Kindes hat Ed eine zweite, dritte und dann vierte außereheliche Affaire. Diesmal erklärt er der weinenden Louisa, ihn hätte es aufgrund der niederdrückenden Verantwortung seiner Vaterschaft in fremde Betten getrieben. Jetzt klammert sich Louisa daran und ist sicher, daß, wenn sie erst einmal – wie geplant – in eine verschlafene Kleinstadt Neuenglands, weg von der Großstadt mit deren unternehmungslustigen Frauen, gezogen seien und dort freundschaftliche enge Beziehungen zu Ehepaaren mit Kindern aufgebaut hätten, Ed dann nicht mehr ein so drückendes Verantwortungsgefühl verspüren würde. Statt dessen aber hat Ed zwei aufeinanderfolgende Affairen mit Frauen aus genau jenen erhofften Familien mit Kindern, mit denen er auf seine Art freundschaftliche enge Beziehungen geknüpft hat. Doch – wie er der verletzten und gedemütigten Louisa nun nahebringt – bitte, wie anders sollte denn ein Mann seine Midlifecrisis bewältigen? Und sie klammert sich an diesen neuen Strohhalm, wartet darauf, daß Ed zu alt für eine Midlifecrisis wird. Als Ed 51 wird, erleidet ihr einziges Kind bei einem Verkehrsunfall schwere Verletzungen. Louisa kehrt für die lange Genesungszeit zu ihrer eigenen Familie zurück. Sie ist sich sicher, daß sie und Ed in dieser traurigen Situation wieder näher zueinanderfinden werden. Ed geht statt dessen erneut fremd und führt seiner traurigen Louisa diesmal aus, er brauche das, um von seinen Depressionen, die er wegen dieser traurigen Situation hat, loszukommen. Sie geht auch darauf ein und ist zuversichtlich, daß seine Depressionen schon irgendwann aufhören. Als Ed nahezu 56 ist, macht er Pläne für den Ruhestand. Mit einer üppigen Pension und einer schließlich wieder gesunden Tochter, die mittlerweile das Haus verlassen hat, können Louisa und Ed nun überallhin reisen. Wenn da nicht Ed – Sie ahnen es – einen weiteren Seitensprung machen würde. Er eröffnet seiner fassungslosen Louisa, er hätte nun wohl seine wahre Liebe gefunden und bittet um die Scheidung. Louisa blickt damit auf die Trümmer ihres Lebens, das sie unbedingt aufrechtzuerhalten versucht hat und fragt sich, wann sie wohl damit hätte aufhören sollen, sich ständig daran zu klammern.

Wenn es einigen von uns schwerfällt, zu dem Zeitpunkt aufzugeben, wo wir es wirklich tun sollten, so deshalb, weil Aufgeben einen ganz schlimmen Ruf hat und Assoziationen wie Schwäche, Scheitern, Enttäuschung anderer, Wortbruch weckt. Aus naheliegenden und ausreichenden Gründen hat man uns beigebracht, an etwas festzuhalten sei weit höher einzuschätzen als loszulassen, daß »Gewinner nie aufgeben und Aufgeber nie gewinnen« und daß wir uns nicht mit einem »Genug ist genug« zufriedengeben sollen. Auch zahlreiche Forschungsergebnisse aus der Psychologie unterstreichen, wie nützlich es ist zu glauben, wir hätten Einfluß und Macht und könnten sie ausüben. Es macht uns gesünder, zufriedener, weniger streßanfällig und produktiver, selbst wenn diese Kontrollfähigkeit reine Illusion ist. Nach Ansicht von Janoff-Bulman und Brickman ist bisher in jeder Hinsicht den Risiken sinnlosen Durchhaltens und der fälschlichen Annahme von Kontrolle und Macht zu wenig Aufmerksamkeit zuteil geworden. Und sie fügen sofort hinzu: »Wir sind für die unmöglichsten Träume zu haben, machen bereitwillig Narren aus uns und wollen weiter ausgreifen als unsere tatsächliche Reichweite zuläßt. Doch das funktioniert nur dann, wenn ein Mensch lernt, wie man scheitert und wie man erkennt, wann Einfluß und Macht verloren sind.« Es funktioniert nur, wenn jemand nicht der Gefangene krankhaften Beharrens ist. Das läßt uns nämlich in Sackgassen und hoffnungslosen Beziehungen zurück, läßt uns nicht gewinnbare Kriege führen und Dinge zu reparieren versuchen, die irreparabel sind. Es läßt uns einen guten, ziemlich guten oder gerade noch guten Partner zurückweisen, weil wir halsstarrig immer noch nach dem perfekten Menschen suchen oder nach der perfekten Karriere, der perfekten... was auch immer. Es ist dann ein Suchen, das uns mit ebenso leeren Händen zurücklassen könnte wie John Marcher, nachdem die besten Jahre unseres Lebens dahin sind.

Solch geradezu krankhaftes Durchhalten bringt uns dazu, etwas beherrschen zu wollen, was nie beherrschbar war und es auch nie sein wird, so daß wir am Ende leer, verzweifelt oder tot sind. »Die Schwachen mögen unentschlossen zwischen dem einen und dem anderen Ziel treiben, doch nur die Starken können sich nach Art von Kapitän Ahab selbst vernichten«, schreiben Janoff-Bulman und Brickman. Damit wir uns nicht selbst vernichten, dürfen wir nicht länger gegen Windmühlen kämpfen oder mit dem Kopf durch die Wand wollen. Wir müssen »wissen, wann wir durchhalten und wann wir aufgeben« und wir müssen lernen, wann wir sagen sollten: »Ich kann's nicht lösen«, »Ich kann's nicht reparieren«, »Ich kann's nicht gewinnen.« Wir müssen mit anderen Worten lernen, wann es für uns heißt: »Ich kapituliere!«

Manchmal jedoch geht Aufgeben Hand in Hand mit dem Gegenteil und wir entscheiden uns für beides. Die »Opfer« in Kapitel 8 überlebten ja deshalb, weil sie von Macht und Kontrolle nicht abließen. Cornelia »Neil« Biddle, 50, zeigt uns ein anderes Überlebensmodell. Aus Neil wurde eine »Behinderte« – den Begriff kann sie immer noch nicht voll und ganz für sich akzeptieren –, als sie nach der Entfernung eines Hirntumors absolut taub blieb. Sie ist gutaussehend, lustig, intelligent, scharfsinnig, lebhaft und freimütig, hat zweimal geheiratet und ist Mutter zweier Kinder (dazu Stiefmutter von sieben und Stiefgroßmutter von neun Kindern). Ihre Tätigkeitsbeschreibung war immer eine Kombination von Hausfrau und Bürgeraktivistin. Sie leidet an einem genetischen Defekt namens Recklinghausen-Krankheit (NF2), bei dem das Nervensystem von gutartigen Tumoren befallen wird. Diese Tumore können auf Nerven drücken und damit jederzeit in einem beliebigen Körperteil Behinderungen wie Taubheit, Blindheit oder Lähmungen verursachen. Den ersten dieser Tumore entdeckte man in ihrer Schulter, als sie 18 oder 19 war, andere fand man jeweils nach den Geburten ihrer Kinder im Gehirn. Es war schließlich einer dieser Tumore, der – sehr groß geworden – zu dem längsten ihrer vielen chirurgischen Eingriffe führte. Danach erlitt sie im Alter von 48 Jahren einen dauerhaften Gehörverlust. »Dummerweise dachte ich, Taubheit sei die schlimmste und traumatischste Sache, die dieser Krankheitszustand mit sich bringen könnte«, erzählt sie, »so daß ich glaubte, nach einer Anpassung an diese Veränderung würde ich mich auf keine weiteren Veränderungen einstellen müssen.« Sie täuschte sich. Ein späterer Eingriff zog einige Lähmungserscheinungen im Gesicht nach sich – »Darüber bin ich schrecklich wütend!« – und ihr Gleichgewichtsgefühl und damit ihre Gehfähigkeit, ohne zu schwanken und hinzufallen, »ist durch NF2 schwer angeschlagen«. Darüber hinaus hat sich herausgestellt, daß auch ihre Tochter diesen genetischen Defekt hat und mit 21 ebenfalls einen Hirntumor entfernen lassen mußte.

Neil hat bis heute mit schweren Depressionen zu kämpfen, mit Selbstmitleid und großen Frustrationen, die alle mit dem eben Dargestellten zu tun haben. Und damit, daß sie bei Familienzusammenkünften ihre Rolle »als diejenige, die im Zentrum des Gesprächs steht«, verliert; daß die Kommunikation mißverständlich wird oder nicht zustande kommt; daß manchmal (manchmal, nicht immer!) das Gefühl in ihr aufkommt, irgendwie »durch die Taubheit als Person weniger wert geworden zu sein«; daß sie Musik oder die allseits gerühmte sexy Stimme ihres Ehemannes nicht mehr hören kann und damit, »ein alter Hund (zu sein), der versucht, neue Tricks zu lernen«. Wie sie sagt, verläßt sie sich manchmal viel zu sehr auf ihren Mann und andere Familienmitglieder. Umgekehrt mag sie es dann nicht, wenn diese das Zepter in die Hand nehmen. Sie versucht unter großen Schwierigkeiten so wie früher zu leben, zu reisen, Gäste zu haben und einen Haushalt zu führen, »ziemlich die gleichen Sachen (zu machen) wie früher«. »Oftmals am Tage muß ich mich entscheiden, ob ich mich nun in eine Sache fügen oder sie beherrschen sollte«, erzählt sie.

Neils Konzept von Einflußnahme und Kontrolle läuft darauf hinaus, zuerst einmal etwas selbst zu versuchen. Das verleiht ihr ein »Gefühl von Kontrolle und Können«. Darüber hinaus versucht sie, in der NF2-Forschung immer auf dem laufenden zu sein und auf Gymnastik, Ernährung und andere präventive Gesundheitsmaßnahmen zu achten, mit denen der Körper ihrer Meinung nach die Krankheit eindämmen kann. Doch ein solches Konzept ist schwer durchzuhalten, wenn man mit der Bedrohung durch unberechenbare, verheerende Tumore leben muß, und Neil ist sich dessen natürlich vollauf bewußt. »Ich bin eine Expertin darin geworden, mich in bezug auf meine Gesundheit auf die unmittelbar vor mir liegende Aufgabe zu konzentrieren und mir keine Gedanken zu machen, was in der Zukunft sein könnte«, erzählt sie. »Jedesmal, wenn sich wieder ›etwas‹ entwickelt, erinnert mich das daran, daß ich sterblich bin und am besten wieder zu meinem normalen Leben zurückkehren sollte.« Ein tiefer, wenn auch »nicht sehr kirchlicher« Glaube gibt ihr bei diesem Unterfangen Halt. Dieser Glaube ermöglicht ihr, wenn sie in Bestform ist, das zu tun, was ihr wichtig ist und gleichzeitig »loszulassen und Gott machen zu lassen«. Sie ringt um die »›richtigen‹ Entscheidungen, am besten schön eine nach der anderen«. An ihren »guten Tagen« hat sie das Gefühl, genug Mut und Stehvermögen zu besitzen, um »die Hürden des Lebens zu schaffen«. Sie hat aber auch »die bittere Wahrheit« gelernt, daß nämlich Kontrolle und Macht – »Ergebnisse erzielen!« – eine Illusion sind. Sie hat, wie sie sagt, viel von ihrer Eigenständigkeit abzugeben gelernt.

Neils Beispiel lehrt uns in bezug auf Gesundheit das gleiche, was wir von Louisas Leben in Liebesfragen lernen können, daß wir nämlich manchmal besser fahren, wenn wir Macht abgeben. Das gilt ebenso für den Umgang mit Autorität. Denn etwas zu befolgen – das zu tun, worum wir gebeten, wozu wir aufgefordert werden, was man von uns erwartet –, wird ständig von Ihnen wie von mir verlangt. Die Unterordnung unter Autorität ist eine sehr wichtige Variante des Aufgebens, so wie auf etwas verzichten statt beharren oder wie »loszulassen und Gott machen zu lassen«, und kann in bestimmten Fällen positiv oder auch negativ sein.

In unserem Alltag müssen wir uns alle bis zu einem gewissen Grad fügen und den Spielregeln folgen, ob es uns nun gefällt oder nicht: den Gesetzen und Regeln, den Verpflichtungen und Erwartungen unseres Umfeldes. Wir halten an, wenn die Ampel auf Rot steht, selbst wenn wir das einzige Auto auf der Straße steuern. Wir drängeln uns nicht vor, auch wenn wir furchtbar in Eile sind. Wenn unser Chef eine Besprechung auf die aberwitzige Zeit von 6.15 Uhr ansetzt, sind wir eben da. Wir belegen Lehrveranstaltungen, die wir eigentlich gar nicht belegen wollten, um unseren Doktorgrad zu erwerben, den wir im Grunde für überflüssig halten, den wir aber unbedingt brauchen, um das tun zu können, was wir tun wollen. Wir danken Menschen, denen wir nicht wirklich dankbar sind und wir tragen einen Anzug bei 37 °C – und das alles, um unserem jeweiligen Gegenüber oder einer bestimmten Situation zu genügen, um einen anderen zufriedenzustellen oder um zu gefallen. Aus Furcht oder Respekt, aus Höflichkeit, Anstand oder pragmatischen Gründen werden wir uns willig oder widerstrebend, gerade so eben oder auch vorbehaltlos in etwas fügen. Natürlich gibt es Regeln, mit denen wir innerlich übereinstimmen oder die uns zulässig erscheinen, während wir anderen gegenüber Vorbehalte haben oder sie verachten.

Wie wir von dem Psychoanalytiker Joseph Braun in *The Healthy Side of Compliance* erfahren, entscheiden unsere Gefühle in bezug auf diese Regeln nicht nur darüber, ob wir ihnen überhaupt folgen, sondern wenn ja, ob wir dies innerlich überzeugt oder nur nach außen hin tun oder aber beides. Wir fügen uns bereitwillig, wenn unser Verhalten unseren Überzeugungen und Idealen entspricht. Dann stehen wir auf und begrüßen jemanden, weil wir die betreffende Person auch wirklich begrüßen wollen. Wir sind innerlich, wenn auch nicht nach außen hin folgsam, wenn wir zwar etwas dem Geiste nach anerkennen, aber sozusagen nicht buchstabentreu sind; wenn wir also ein zutiefst geistiges Leben führen, ohne in die Kirche zu gehen oder uns am kirchlichen Ritus zu beteiligen. Und rein der äußeren Form nach – somit eben nicht innerlich – sind wir dabei, wenn wir sämtliche erforderlichen und von uns erwarteten Schritte absolvieren: uns verbeugen, einen Knicks machen, grüßen oder jeden Sonntag in die Kirche gehen, während wir gleichzeitig das Getane oder denjenigen, für den wir es tun, verachten.

Wenn wir auch äußerlich die Erfüllung von Erwartungshaltungen verweigern, können wir uns womöglich strahlend vor Integrität fühlen, aber es ist in bestimmten Fällen einfach nur dumm, jemanden nicht zu grüßen. Bei derart nebensächlichen Sachen seiner inneren Überzeugung treu zu bleiben kann uns von wichtigeren Dingen ablenken. Wenn wir uns dazu bereit erklären, etwas nach der Façon anderer auszuführen und nicht auf unsere Art, muß das nicht heißen, daß wir uns »verkauft« hätten. Wir können uns viel unnötige Zeit und Energie ersparen, wenn wir uns nach außen hin anpassen. Also fügt sich Dolly der Autorität und macht diesen ätzenden Statistik-Schein, weil sie ihn für ihren Studienabschluß braucht. Und Caleb füllt 20 Formulare mit je drei Durchschlägen aus, weil das nun mal so für seine Baugenehmigung erforderlich ist. Und Sophie macht Botengänge für die Frau ihres Chefs, um »den besten Job, den's gibt« – abgesehen von diesen Botengängen natürlich – zu behalten. Und ich, ich stimme dem Polizisten zu, auch wenn er völlig unrecht hat und ich recht habe. Denn ich beuge mich viel lieber, als ein »Knöllchen« zu bekommen, obwohl ich meinen Kopf verwette, daß ich nicht bei Rot über die Ampel bin! Dazu Braun: »Paradoxerweise kann äußerliches Einverständnis eine notwendige Dosis für echte Kreativität, klares Erkennen von Prioritäten und innere Eigenständigkeit sein. Umgekehrt lebt oftmals echte innere Freiheit unter der Maske der Willfährigkeit und Unterordnung.«

Während sich Braun für die zuträglichen Seiten des Sich-Anpassens stark macht, kennt er doch auch die bedenklichen Aspekte. Dazu zählen »Unterwürfigkeit, Rückgratlosigkeit, würdelose Kriecherei, (…) und verwerfliches Paktieren«. Zu diesen Schattenseiten gehört nicht nur, aktiv durch bestimmte Vergehen Schaden zu verursachen, sondern auch einfach durch Nichtstun. Denn in gewissen Fällen kann äußerliche Übereinstimmung moralisch verwerflich sein, weil wir bewußt nicht in einer bestimmten Weise aktiv werden und mit dieser Passivität unsere heiligen Prinzipien und Ideale verraten. Natürlich werden wir kaum ruhig sitzen bleiben, wenn jemand »Bimbo!« oder »Verdammter Jude!« oder »Du Lesbe!« sagt. Vermutlich werden wir mit Leuten, die solche Ausdrücke gebrauchen, kaum ausgehen. Doch wie verhält es sich, wenn die gleichen Gefühle schön drapiert oder verkleidet daherkommen? Wie verhielt es sich denn früher, wenn jemand bei der Arbeit oder in einer anderen sozialen Situation eine abwertende Bemerkung über Ausländer fallen ließ, böse Witze über Juden oder Lesbierinnen machte oder eine anzügliche Wendung gebrauchte und uns damit wütend machte, anwiderte, abstieß – und wir dann nicht widersprachen? Wir protestierten nicht, weil – so zum Beispiel Ann – »doch jeder lachte und ich nicht sauertöpfisch danebenstehen wollte«; oder – wie Dale erzählt – »Ich nicht als unangehm rechthaberisch gelten wollte«; oder weil – so Elaine – »es der Person peinlich gewesen wäre, die die Geschichte erzählte«; oder auch – wie Lisa erklärt – »du dir überlegen mußt, wann sich ein Streit überhaupt lohnt«.

Wir sagen also kein Wort. Aber ein ungutes Gefühl im Magen und ein klares Bewußtsein im Kopf beschämen uns, weil wir geschwiegen haben, als soeben jemand in einer für uns moralisch inakzeptablen Weise gesprochen hat. Wir haben somit nach unseren eigenen Maßstäben versagt. Selbstverständlich will niemand von uns zur ständig eingeschnappten Gedankenpolizei einer eilfertigen politischen Korrektheit werden. Doch manchmal muß man öffentlich Widerrede halten. Von Fall zu Fall sind auch verhaltenere Formen des Protestes möglich und manchmal sollten wir uns auch einfach zurückhalten, höflich sein und dessen ungeachtet mutig zu unseren Überzeugungen stehen. Wenn wir hingegen aus dem Wunsch heraus schweigen, nur ungestört weitermachen und fortkommen zu wollen, geben wir unsere moralische Kontrolle einer Situation aus der Hand. Wenn wir es nicht fertigbringen, eine Position entschlossen zu vertreten, wenn dies moralisch zwingend ist, dann fügen wir uns den Tätern und stellen uns mit ihnen auf eine Stufe, zumindest aber fördern wir damit ein moralisches Klima, das Tätern entgegenkommt. »Immer dann, wenn Sie nicht gegen einen schwulenfeindlichen Aufschneider das Wort erheben«, sagte mir einmal ein junger Homosexueller, »verbünden Sie sich mit denjenigen, die uns wirklich was ›aufs Maul geben‹. Natürlich würden Sie selbst uns niemals wirklich schlagen, aber Sie machen es dadurch denjenigen leichter, die das tun.«

Allerdings werden wir manchmal doch zu denjenigen, die das tun. In bestimmten Fällen stoßen unsere moralischen Ansprüche mit den Forderungen einer äußeren Autorität zusammen. Dann verhalten wir uns in einer Weise, die uns unter normalen Umständen undenkbar erschiene. Wir überantworten unsere moralische Eigenständigkeit jener Autorität und gestehen uns damit moralisch verwerfliche Handlungen zu. Vielleicht begehen wir derartige Taten, weil wir um unser Leben fürchten oder weil wir dazu gezwungen werden. Doch es kann auch vorkommen, daß wir ohne jede Furcht vor Schaden unmoralisch handeln, willentlich unsere moralische Selbstbestimmung und damit die Verantwortung für unsere Handlungen abtreten. Wir gehorchen einer Autorität, die wir für rechtmäßig oder für unangreifbar halten.

In den sechziger Jahren führte der Psychologe Stanley Milgram an der Yale Universität in Connecticut eine zutiefst beunruhigende Versuchsserie durch. Er warb Versuchspersonen zur Teilnahme an einer angeblichen Studie über den Einfluß von Bestrafung auf den Lernprozeß an. Während er nun einige Teilnehmer zu »Lehrern« erklärte, schnallte Milgram einen »Schüler« an einem Stuhl fest und wies den jeweiligen »Lehrer« an, seinen »Schüler« einen Test durchführen zu lassen. Bei jeder falschen Antwort sollte der »Lehrer« dem »Schüler« einen Stromschlag verabreichen, wobei die Voltzahl mit jedem weiteren Fehler zu erhöhen war.

Die Stromschläge – von 15 Volt (»leichter Schock«) bis zu 450 Volt (»Gefahr – bedrohlicher Schock«) riefen zuerst Stöhnen beim »Schüler« hervor, zogen dann Bitten nach sich, aufzuhören

(»Versuchsleiter, holen Sie mich hier heraus! (…). Ich kann den Schmerz nicht aushalten!«), schließlich laute Schmerzensschreie, denen manchmal eine bedrohliche Stille folgte. Immer dann jedoch, wenn ein »Lehrer« zögerte, Besorgnis äußerte oder darauf bestand, aufzuhören (»Der Mann dort drüben hat doch Schmerzen.« Oder »Tut mir leid, aber ich kann das einem Menschen nicht antun!«), drängte die Autoritätsperson, also der Versuchsleiter Milgram, diesen Probanden, doch fortzufahren und das ganze Experiment durchzuführen.

Ungeachtet des scheinbar immer heftigeren Leidens und der eigenen Beklommenheit angesichts der verursachten Qualen fuhren zwei Drittel der »Lehrer« mit den Stromstößen bis zu den vollen 450 Volt fort! Wie Sie vielleicht wissen – die brillante Studie ist oft zitiert worden und in die Wissenschaftsgeschichte eingegangen –, täuschte der »Schüler« ohne Wissen der »Lehrer« seine Schmerzen nur vor! Er simulierte die Schmerzensschreie nur, während er tatsächlich keinerlei Stromstöße bekam. Doch die »Lehrer« waren überzeugt, große Schmerzen zu verursachen und auch – zumindest in einigen Fällen – moralisch falsch zu handeln. Und trotzdem waren sie unfähig, die Autoritätsperson in Frage zu stellen. Statt dessen fügten sie sich willentlich diesem »grausamen« Experiment.

Warum taten sie das? Bruno Batta, ein 37jähriger Schweißer, erklärte: »… weil ich ja bezahlt worden bin. Ich mußte mich nach Befehlen richten.« Der 35jährige Jack Washington, Arbeiter an einer Bohrmaschine, gab zu Protokoll: »Weil ich Befehlen folgte. (…) Man befahl mir weiterzumachen, und ich bekam keinen Hinweis, daß ich aufhören sollte.« Elinor Rosenblum, Hausfrau, gab zu Protokoll: »Es ist doch ein Experiment! Ich bin ja nicht ohne Grund hier. Also mußte ich es tun. Sie haben es doch gesagt. Ich wollte es nicht tun. (…) Ich war stark in Versuchung, abzubrechen und zu sagen: ›Hören Sie, ich mache das nicht weiter.‹ (…) Aber ich machte (…) also weiter, stark gegen meinen Willen.« Pasqual Gino, ein 43jähriger Inspektor der Wasserwerke, erklärte folgendes: »… ich überlegte mir (…), und Yale weiß, was dabei vorgeht, und wenn die es für in Ordung halten, dann (…). Also mache ich alles mit, was sie mir auftragen.« Gino, der nicht einmal daran gedacht hatte, den Instruktionen nicht zu folgen, selbst als er die Stromstöße für tödlich hielt, erklärte gleichfalls: »Also, ich glaubte wirklich fest, daß der Mann tot war, bis wir die Tür aufmachten. Als ich ihn sah, sagte ich: ›Großartig, das ist ganz großartig!‹ Aber es hätte mich nicht beunruhigt, wenn er tot gewesen wäre. Ich erfüllte eine Aufgabe.«

Milgram versuchte die Frage zu beantworten, warum die Versuchspersonen ihre moralische Selbstkontrolle abzutreten bereit waren. Er kam zu der Auffassung, »Gehorsam gegen Autorität ist eine starke und vorherrschende Anlage im Menschen«. Er vertritt tatsächlich die Überzeugung, daß wir ähnlich dem angeborenen Potential zur Spracherlernung mit einem Potential zum Gehorsam geboren würden, einem Potential, das – wie die Sprache – sich nur innerhalb eines menschlichen, sozialen Zusammenhangs entwickeln könne.

Er führt das interessante Argument an, Gehorsam sei die Voraussetzung eines stabilen und funktionierenden sozialen Organismus'. Dieser habe evolutionsgeschichtlich einen großen Überlebenswert und sei charakterisiert von Hierarchie, Arbeitsteilung und einem nennenswerten Verlust an persönlicher Kontrolle und Macht. Denn als Mitglieder einer Gesellschaft würden wir uns in zahllosen Situationen wiederfinden, in denen wir uns der Autorität anderer fügen. Das beginne mit unseren Eltern, über Lehrer bis hin zu unseren Vorgesetzten. Unser Verhalten werde in der Regel nur dann belohnt – mit liebevoller Bestätigung, guten Noten oder einer Beförderung –, wenn wir zu gehorchen bereit seien. Wenn Menschen, so Milgram, in dieser Weise »zivilisiert« worden sind, dann verinnerlichen sie das Konzept der Folgsamkeit. Es sei genau diese Neigung zur Willfährigkeit gewesen, die seine Versuchspersonen ins Labor gebracht hätte. Der dann einsetzende Prozeß entfaltet sich laut Milgram in folgenden Schritten:

Sie erklärten freiwillig ihre Bereitschaft zum Experiment.

Sie erkannten den Leiter des Experiments als berechtigte Autorität an.

Sie wollten für diese Autoritätsperson ihre Aufgabe gut erfüllen.

Sie akzeptierten deren Definition von »eine Aufgabe gut erfüllen«.

Und sie fühlten sich – ein sehr wichtiger Aspekt – gegenüber der Autoritätsperson verantwortlich, nicht jedoch für den Inhalt ihrer Aufgabe. Diejenigen, die früher oder später aufhören wollten, die »Schüler« mit Stromstößen zu traktieren, waren Milgram zufolge dann oft unfähig, auch diesem Willen entsprechend zu handeln, selbst wenn sie mit Nachdruck erklärten: »Er kann's nicht aushalten. Ich werde den Mann dort drin doch nicht umbringen!« Sie fuhren mit dem Experiment fort, weil sie ihre einmal gegebene Zusage nicht widerrufen wollten, die sie der Autoritätsperson gegeben hatten, oder weil sie fürchteten, deren Gefühle zu verletzen. Sie machten auch deshalb weiter, weil sie voller Furcht waren. Diese Furcht entsprang der »Unverfrorenheit«, auch nur daran gedacht zu haben, verbotenerweise eine grundlegende soziale Regel zu verletzen, nämlich einer Autoritätsperson allen Ernstes den Gehorsam aufkündigen zu wollen!

Vielleicht kann uns das alles bei der Erklärung helfen, warum diese anständigen, verantwortungsvollen Menschen und Versuchspersonen mit einer nach Milgrams Worten »betäubenden Regelmäßigkeit« fähig sein konnten, derart gefühllos und hartherzig zu handeln, »von (...) individuellen Moralvorstellungen nicht mehr eingeschränkt (...), von der Behinderung durch Gebote der Menschlichkeit befreit (...) und nur auf die Sanktionen seitens der Autorität« achtend. Er kam zu dem Schluß, daß seine Experimente »das Gefühl hervor(rufen), daß die menschliche Natur (...) keine Garantie dafür bietet, den Menschen und Bürger gegen die Möglichkeit, auf Weisung einer böswilligen Autorität brutal und unmenschlich zu handeln, zu immunisieren. Ein beachtlicher Bestandteil der Bevölkerung tut, was zu tun befohlen wird, ...«

Außerhalb des Laboratoriums gibt es vielfältige und erschreckende Beweise dafür, daß Menschen tun, was man von ihnen verlangt. Auch wenn Sie – wie auch ich – davon überzeugt sein sollten, nicht zu solchen Grausamkeiten fähig zu sein, so dürfen wir nie vergessen, daß auch die, die wirklich zur Tat schritten, ganz gewöhnliche Leute waren. Wie Adolf Eichmann, verurteilt und gehängt für seinen Anteil an der »Endlösung«, dem Plan der Nazis zur Ermordung der Juden. Dieser Mann, »ließ keinen Zweifel daran aufkommen«, wie Hannah Arendt in ihrem berühmten Buch *Eichmann in Jerusalem* über den Eichmann-Prozeß schrieb, »daß er seinen eigenen Vater getötet hätte, wenn es ihm befohlen worden wäre«. Denn in der Tat hätte, so fährt sie fort, da der pflichtbewußte Eichmann Befehle ausführte und damit den Gesetzen seines Staates folgte, »nur eins ein schlechtes Gewissen bereitet (...): wenn er den Befehlen nicht nachgekommen wäre und Millionen von Frauen, Männern und Kindern nicht mit unermüdlichem Eifer und peinlichster Sorgfalt in den Tod transportiert hätte«.

Als er seinen zunehmend selbstverständlichen Umgang mit dem Massenmord als Antwort auf »die jüdische Frage« erklären sollte, erinnerte sich Eichmann seiner Teilnahme an der berüchtigten Wannsee-Konferenz, auf der die »Endlösung« besprochen wurde. Als er mit seinen eigenen Augen die eifrige und weitgehende Unterstützung für diesen Plan gesehen hatte, habe er »eine Art Pilatusscher Zufriedenheit in mir verspürt, denn ich fühlte mich bar jeder Schuld«. Mit anderen Worten, so Arendt: »Wer war er, um sich ein Urteil anzumaßen?« Und Eichmann selbst: »Was soll ich als kleiner Mann mir Gedanken darüber machen?« Arendt argumentiert mit Milgram, Eichmann sei kein besonderer Fall gewesen, keine Ausnahme von der Regel, eben kein »sadistisches Monster«. Andere vertreten hierzu eine absolut entgegengesetzte Auffassung. Doch die Milgram-Experimente zeigen, was gewöhnliche Bürger zu tun bereit sind und wie überaus wenige dieser Bürger das besitzen, was man braucht, um einer »legitimierten Autorität« zu widerstehen.

Nur wenige widerstanden im Nazi-Deutschland der »legitimierten Autorität« Hitlers. Tatsächlich ließ sich Eichmanns Gewissen dadurch beruhigen, wie er erklärte, daß »er weit und breit niemanden, absolut niemanden entdecken konnte, der wirklich gegen die ›Endlösung‹ gewesen wäre«. Dennoch beanspruchten am Ende des Zweiten Weltkrieges zahlreiche Deutsche, gegen die »Endlösung« gewesen zu sein. Darunter befanden sich Menschen, die, obwohl sie im »Dritten Reich« wichtige Stellungen innegehabt hatten, darauf bestanden, »innerlich Gegner des Regimes« gewesen zu sein. Ihr Widerstand hätte sich nicht etwa in irgendeiner aufmüpfigen Handlung niedergeschlagen, sondern in ihrer sogenannten »inneren Emigration«. Unter diesen Entscheidungsträgern befand sich ein Mann, der die Ermordung von mindestens 15 000 Menschen überwacht hatte. Ein anderer, der 1946 für seine Verbrechen gehängt wurde, ging so weit zu behaupten, daß, obwohl seine »offizielle Seele« diese Verbrechen begangen hätte, seine »private Seele« stets dagegen gewesen sei. Wieder andere führten an, sie seien nur in ihren Positionen verblieben, um »Schlimmeres zu verhüten«, nur um zu verhindern, daß die »echten Nazis« ihre Stellungen übernähmen. Sie seien sogar zeitweise gezwungen gewesen – um sich keine Blöße zu geben, wie sie vortrugen –, sich mehr noch als die wirklichen Nazis wie Nazis zu verhalten. Doch ungeachtet ihrer äußerlichen Übereinstimmung seien sie nie von ihrer »inneren Opposition« abgewichen, behaupteten sie. Ungeachtet ihrer äußerlichen Übereinstimmung mit jedem Verbrechen des Hitlers-Regimes seien ihre Herzen, so etwa geht wohl dieses Märchen, rein geblieben.

Der Holocaust legt Zeugnis von der menschlichen Fähigkeit ab, auch noch den ungeheuerlichsten Forderungen Folge zu leisten. Ähnliches gilt für die »ethnischen Säuberungen« der Serben in Bosnien-Herzegowina oder für das unter Leutnant William Calley durchgeführte Massaker an den schutzlosen Zivilisten von My-Lai. Obgleich diese Ereignisse nicht zuletzt sehr unterschiedlicher Größenordnung sind, so ist ihnen doch der Verzicht auf Moral gemeinsam, die Bereitschaft, etwas zu tolerieren, zu erleichtern oder sogar aktiv zu unterstützen, von dem wir wissen oder doch bisher wußten – jedenfalls die Pflicht haben, es zu wissen –, daß es zutiefst verwerflich ist.

Der gezielt angestiftete Massenselbstmord und Massenmord des selbsternannten Predigers Jim Jones in Jonestown, Guyana, oder derjenige auf David Koreshs »Apocalypse-Ranch« in Waco, Texas, sind ebenfalls Ausdruck eines Bankrotts der Moral, Endpunkte einer Unterwerfung individueller Urteilsfähigkeit unter bösartigen Führungspersonen. Bei diesen beiden Todesriten opferten Mitglieder der beiden Kulte auf Geheiß ihrer jeweiligen Führer nicht nur sich selbst, sondern auch ihre Kinder. Jones forderte dabei: »Mütter, Ihr müßt Eure Kinder unter Kontrolle behalten! Sie müssen in Würde sterben!« Und bei aller auch hier bestimmt vorhandenen innigen Mutterliebe – die Mütter gehorchten ihm. »Wir müssen uns daran erinnern«, so der Psychoanalytiker Peter Olsson, »daß in Jonestown 260 Kinder die ersten waren, die starben. Auch auf der Ranch in Waco starben Kinder. (…) Die Eltern dieser Kinder beschützten ihre Kinder nicht nur nicht, sondern führten sie in die komplexe Gruppendynamik des Todes hinein, die eine solch apokalyptische Kultfamilie mit deren sogenanntem Gott-Vater durchdringt.«

Um die moralische Unterwerfung unter Führer wie einen Jim Jones zu verstehen, richtet der Therapeut Max Rosenbaum, Herausgeber des Buches *Compliant Behavior*, sein Augenmerk auf das »Versprechen einer Transzendenz, das sie ihren Anhängern bieten«. Dieses Versprechen läßt das Gefühl entstehen, daß sie als

Anhänger beziehungsweise Schüler zu etwas Größerem gehören, als sie selbst sind. Diesen Aspekt unterstreicht Olsson und schreibt, daß die »Lektion, die wir (von Jonestown und Waco, J. V.) lernen müssen, die unersättliche menschliche Sehnsucht nach Hingabe ist«. Diese Sehnsucht wurde 1997 erneut in dramatischer Weise bestätigt, als in San Diego, Kalifornien, Mitglieder des »Heaven's Gate«-Kultes ihrem Führer in den Massenselbstmord folgten und ihre Körper – »Container«! – wegwarfen, um eine höhere Ebene der Existenz zu erreichen. Diese Sehnsucht nach Unterwerfung läßt sich zuweilen, folgen wir dem Psychoanalytiker Braun, mit schwerwiegenden Fehlentwicklungen in der Kindheit erklären, die zu einem mangelnden Ich-Gefühl und zu einem alles durchdringenden Gefühl der Leere führen. Um diese innere Leere abzuschütteln, versuchen manche an einer »Gruppenidentität« teilzuhaben, indem sie in jemandem oder in etwas aufgehen, das »größer« ist als sie selbst. In anderen Fällen kann nach Annahme von E. Mansell Pattison eine solche Unterwerfungshaltung durch das Bedürfnis nach »einer alternativen Familienstruktur« genährt werden oder dem Therapeuten Rosenbaum zufolge auch durch das Gefühl, machtlos zu sein und »gesellschaftlich an den Rand gedrängt zu werden«. So werden Menschen zu Anhängern oder eben »Bauern« in der Hand fanatischer Führerfiguren, die deren Bedürfnissen entgegenkommen, aber auf totalem Gehorsam – einschließlich des Sterbens auf Befehl – bestehen. So werden diese innerlich leeren, entfremdeten und fanatischen Anhänger wie jenes Mitglied des Jones-Kultes sagen: »Ich habe mich entschlossen, dir zu folgen, wohin du auch gehst. Ich werde mit dir sein bis zum Ende. Wenn ich nicht an deiner Seite gehen kann (…), werde ich mich hinlegen und sterben.«

Obwohl die Hingabe an eine Macht, die größer als wir selbst ist, in bestimmten Fällen zu einem apokalyptischen Ende führen kann, gibt es aber noch eine andere, durchaus positive Seite eines derartigen Verhaltens. Einige Psychologen argumentieren sogar, unsere Bereitschaft zur Hingabe könne Ausdruck höchster menschlicher Reife sein. In seinem Buch über »die innere Erfahrung« von Macht bietet David McClelland eine psychologische Analyse des Prozesses an, in welchem wir dieses Stadium reifer Hingabe erreichen. Er definiert Macht als »das Bedürfnis, sich erstens stark zu fühlen und zweitens machtvoll zu handeln« und beschreibt vier verschiedene Entwicklungsphasen im Ausdruck von Machtbedürfnissen:

In Phase I bezieht unser kindliches Selbst Stärke von einer äußeren Quelle – unserer Mutter. Wenn wir sprechen könnten, so McClelland, würden wir unsere Gefühle etwa mit »Es gibt mir Kraft!« beschreiben. Wir fühlen uns innerlich stärker, weil wir ihre Muttermilch in uns aufgenommen haben, wie auch die anderen körperlichen und emotionalen Zuwendungen, die sie uns gibt. Unsere Macht erhalten wir über unsere Abhängigkeit. Dieses Machtgefühl kann sich bis in unser späteres Leben erhalten, wenn unser erwachsenes Selbst bei unseren Freunden oder Lebenspartnern nach Stärke sucht. Oder wir arbeiten für einen wichtigen Politiker oder für einen milliardenschweren Unternehmer. Eine Gefahr für Menschen in dieser Phase liegt darin, wenn sie die in privaten Beziehungen oder als Angestellter eines mächtigen Arbeitgebers gesuchte Macht nicht finden können, daß sie zum Beispiel zu trinken anfangen oder Drogen zu nehmen beginnen, um eben so von außen den Stoff zu bekommen, »der uns Kraft gibt«.

In Phase II lernen wir Selbstbeherrschung und Selbstbewußtsein und bewegen uns von externer zu interner Kontrolle. Wir können jetzt sagen »Ich stärke mich selbst!« und suchen unsere Stärke nicht außen, sondern in uns selbst. Wie wissen jetzt, wie man »Nein« sagt, wir beherrschen unseren Körper und können etwas durch unser eigenes Bemühen bekommen. Wir befriedigen unser Bedürfnis, uns stark zu fühlen, indem wir unseren Willen durchsetzen und eigenständig handeln. Eine der Gefahren in dieser Phase ist die Ausbildung einer obsessiv-kompulsiven Persönlichkeitsstörung, das Bedürfnis, sämtliche Handlungen und Gedanken zu beherrschen. Einige Menschen folgen dann zwanghaft Ritualen wie dem bekannten »Tritt nicht auf die Plattenritzen auf dem Gehweg!«. Es ist verschiedentlich gesagt worden, Phase-I-Menschen würden »stärker von Ereignissen mitgenommen, die Verlust an äußerer Unterstützung bedeuten«, während Phase-II-Menschen »stärker unter Vorkommnissen leiden, die zu einem Verlust an Kontrolle und Einfluß über das eigene Schicksal führen«.

In Phase III können wir sagen: »Ich beeinflusse andere«. Jetzt beginnen wir uns mächtig zu fühlen, indem wir über andere Kontrolle und Macht ausüben, sie beeinflussen, überzeugen, austricksen, kaltstellen, mit ihnen konkurrieren und sie dabei

247

überrunden. Manchmal bieten wir sogar unsere Unterstützung als eine Taktik zur Beherrschung an. Doch wie hilfreich wir auch sein mögen, wahrscheinlich werden wir erst einmal Phase IV erreichen müssen, bis wir ohne bewußte oder unbewußte Manipulationsabsichten oder Machtvorsätze zur Hilfe bereit sind. Krankhafte Entwicklungen können in dieser Phase Eltern dazu bringen, ihre Kinder emotional zu ersticken, indem sie deren Leben im Namen der Liebe unter ihre Kontrolle zu bringen versuchen. Daraus können aber auch Don Juans entstehen, die sich stark fühlen, wenn sie Konkurrenten ausstechen und sexuelle Macht über Frauen erreichen. Nicht zuletzt entwickeln sich daraus, so füge ich hinzu, Menschen wie jene Frau, die ich kenne (ich nenne sie hier »Der Geier«), deren Freunde nur dann Freunde sind, wenn sie leiden, machtlos, abgelehnt, krank oder in Schwierigkeiten sind oder wegen anderer Probleme dieser gesunden, fähigen und mächtigen Freundin bedürfen.

Wenn wir zuletzt bei Phase IV ankommen, »dem fortgeschrittensten Stadium des Machtverlangens«, sind wir – indem wir persönliche zugunsten »größerer« Ziele oder zugunsten einer höheren Autorität aufgeben – in der Lage, zum Beispiel zu behaupten: »Es treibt mich dazu, meine Pflicht zu tun.« Hier können wir also Stärke durch Unterwerfungshandlungen finden. Wir werden zum Instrument einer umfassenderen Macht oder eines höheren Zwecks, wir handeln im Namen einer Organisation, einer politischen Sache oder eines religiösen Glaubens. Wir können uns beispielsweise frei entscheiden, unser Leben für unser Land hinzugeben und bedauern dabei noch, nur ein Leben geben zu können. Oder wir können dankbar mit Psalm 18 ausrufen: »Ich will dich rühmen, Herr, meine Stärke, Herr, du mein Fels, meine Burg, mein Retter, mein Gott, meine Feste (…)« Einige der stärksten Menschen, die ich kenne, sind Frauen und Männer, die daran glauben, ihre Stärke von Gott zu beziehen.

McClelland weiß, daß das Krankhafte in Phase IV zu all den bereits genannten Schrecknissen führen kann – »Was er nicht aus sich selbst heraus zu tun wagt, wird er (…) aus Pflichterfüllung für die höhere Macht tun.« Er ist sich dessen bewußt, daß Machtkämpfen im Namen einer kollektiven Autorität eine größere Berechtigung anhaften kann und sie deshalb potentiell weit gefährlicher sein können als solche auf der Grundlage von persönlicher Autorität. Trotzdem würde McClelland zweifellos mit uns darin übereinstimmen, daß man Gott dienen kann, ohne

Inquisitor zu werden; oder der Französischen Revolution, ohne gleich zu Robespierre zu werden; oder auch der Frauenbewegung, ohne Mitglied in der »Köpft-alle-Männer-Gesellschaft« zu werden. Wenn wir demnach unsere eigenen Angelegenheiten zugunsten eines höheren Ideals aufgeben, müssen wir uns nicht notwendigerweise in diesem Prozeß verlieren. Die reife Hingabe an etwas, das über uns hinausweist, macht keineswegs ein Aufgeben unserer moralischen Kontrolle und Macht notwendig.

Geben wir aber die eigene moralische Kontrolle auf, so können wir natürlich unsere Regierung oder unseren Gott für welche unmoralischen Handlungen auch immer verantwortlich machen. Es gibt noch andere Möglichkeiten, um uns der Verantwortung für unsere eigenen Untaten zu entledigen. Wir können behaupten – und wir glauben selbst, daß es wahr ist –, wir seien in diesem besonderen Fall einfach nicht in der Lage gewesen, uns im Zaum zu halten, Selbstbeherrschung hätte jenseits unserer Möglichkeiten gelegen. Oder unsere Selbstbeherrschung sei durch unsere schlechten Eltern, durch schlechte Gene oder auch schlechte Medikamente beeinträchtigt worden, durch Dinge mithin, die man uns angetan habe. Oder wir wurden mißbraucht, wir waren ungeliebt, adoptiert, mißverstanden. Wir seien biochemisch durch schädliche Medikamente oder durch viel zuviel minderwertiges Junk-food durcheinandergeraten. Vielleicht wurden wir von der Person, mit der wir verheiratet sind, dazu gebracht, das zu tun. Oder es war die uns angeborene Natur, vielleicht aber auch der Streß der Wechseljahre, oder war es doch eher das feindselige Arbeitsplatzumfeld …

Wir lesen dergleichen alles in den Tageszeitungen: Von dem Mann, der vor Gericht zog, um nicht ins Gefängnis zu müssen, nachdem er sich für schuldig erklärt hatte, einer Regierungsbehörde – seinem Arbeitgeber – 1,6 Millionen Dollar gestohlen zu haben. Er behauptete, die Tat unter dem Einfluß des Antidepressivums Prozac verübt zu haben, das, bei gleichzeitiger Einnahme eines angsthemmenden Mittels, die geistige Verhaltenssteuerung des Mannes erheblich eingeschränkt hätte. Von der Funktionärin einer nationalen Organisation, die beschuldigt wurde, über 2 Millionen Dollar veruntreut zu haben: Obwohl sie kein ausdrückliches Schuldbekenntnis ablegte und behauptete, sich an kein Vergehen erinnern zu können, bot sie materielle Wiedergutmachung an. Sie erklärte, nach einem Zusammenbruch, der durch äußere Faktoren verursacht worden sei und mit ihrem Arbeitsplatz in Zusammenhang stehe, an dem sie sich mißbraucht und machtlos gefühlt hätte, in psychiatrischer Behandlung zu sein. Wir lesen von der Regierungsangestellten, die sich schuldig erklärte, Regierungsdokumente manipuliert und vernichtet zu haben und die zu 15 Monaten Gefängnis verurteilt wurde. Auf eindringliches Nachfragen des Richters erklärte sie einerseits, die volle Verantwortung für die Straftaten zu übernehmen. Andererseits machte sie laut Zeugenaussagen und Prozeßakten andere Personen für ihre Persönlichkeitsstörung verantwortlich: ihren Ehemann (wegen körperlichen Mißbrauchs), ihren Vorgesetzten am Arbeitsplatz (wegen sexueller Belästigung) sowie ihre Eltern, vor allem ihren beherrschenden Vater (der sie gezwungen hätte, Rechtsanwältin zu werden, wo sie doch eigentlich Tierärztin hatte werden wollen). Wir lesen schließlich von dem Mann, der, arbeitslos und deprimiert, des versuchten Mordes angeklagt wurde, weil er zwei Bombenattentate auf U-Bahn-Stationen verübt hatte. Auch er versuchte die Prozac-Verteidigungsvariante und behauptete, durch eine giftige Kombination dieses Antidepressivums und anderer Medikamente aus dem Gleichgewicht gebracht worden zu sein.

Dann haben wir da noch Dan White, der 1979 Harvey Milk, seinen Kollegen in der Stadtverwaltung von San Francisco und den Bürgermeister George Moscone ermordete. Seine Verteidigung argumentierte, »daß Mr. Whites übermäßiger Genuß von fast nur aus Zucker bestehenden Süßigkeiten (…) sein emotionales Leid bis zu einem Punkt vergrößerte, an dem er aus der Haut fuhr«. Oder Richard Davis, der 1993 die zwölfjährige Polly Klaas ermordete, nachdem er sie von einer Schlafanzugparty aus ihrem eigenen Zimmer entführt hatte. Er versuchte die Todesstrafe mit dem Argument abzuwenden, daß »seine Mutter distanziert gewesen ist, ihm einmal die Hand über eine offene Flamme gehalten hat und ihn nach der erbitterten Scheidung von seinem Vater nahezu sich selbst überlassen hat«, während sein Vater ihn »vernachlässigt und geschlagen hat, einmal so hart auf den Kiefer, daß dieser brach oder sich verschob«. Mit anderen Worten, »Davis war derart stark von seinem Milieu geschädigt, daß ihm gar nichts anderes übrigblieb, als in seinem Leben schlechte Entscheidungen zu treffen.« Und zum Schluß haben wir hier noch die beiden ach so armen, kleinen verwöhnten Jungen Erik und Lyle, die Brüder Menendez, die 1989 ihre Eltern zu Hause erschossen und danach den Terror der elterlichen Erziehung für die Morde verantwortlich machten. Wie andere auch, die eine schlimme Kindheit als Ausrede benützen, verteidigten sich diese beiden jungen Männer damit, es sei – obwohl sie die Täter seien – nicht wirklich ihre Schuld, sondern äußere Kräfte seien für ihren kriminellen Mangel an Selbstdisziplin verantwortlich.

Auch wenn wir zugestehen, daß diejenigen, die ihre Verbrechen gestanden, durch Umstände außerhalb ihrer Einflußmöglichkeiten zu ihren Taten getrieben wurden; daß diese Umstände ihr Urteilsvermögen geschädigt oder schwere seelische Schäden verursacht hätten, dann kann ich immer noch nichts in ihren Geschichten finden, das darauf hindeutet, es hätte keine Alternativen zu ihren jeweiligen Taten gegeben, daß sie also etwas getan hätten, was sie nicht auch anders hätten tun können. Und solange es diese Alternativen gab – und es gab sie eindeutig –, sind sie für die unternommenen Handlungen auch verantwortlich zu machen.

Wir haben es hier in der Tat mit Menschen zu tun, die andere zu Opfern gemacht haben, aber behaupten, sie selbst seien die eigentlichen Opfer. Es sind Menschen, die, wenn sie sich weh tun, anderen damit weh tun, etwas nicht schaffen, »kneifen«, jede eigene Schuld achselzuckend abtun; Menschen, die sich – wenn ihr Leben zu einer einzigen Katastrophe geworden ist – weigern, Verantwortung für die Fehler und Enttäuschungen zu übernehmen und statt dessen alle anderen dafür verantwortlich machen.

Wenn wir diese Unverantwortlichkeit beklagen, müssen wir allerdings auch einen anderen Blickwinkel in Betracht ziehen – daß nämlich verweigerte Verantwortung unter bestimmten Voraussetzungen nicht nur zulässig, sondern von grundlegender Bedeutung ist. Verantwortung abzulehnen kann bedeuten, Respekt vor den Grenzen des anderen zu zeigen; anzuerkennen, daß wir auf bestimmte Dinge keinen Einfluß haben oder uns von unnötiger Schuld zu entlasten. Es kann uns erlauben, »zugegebene Inseln der Inkompetenz« zu haben, wie es die Psychologin Shelley Taylor in *Mit Zuversicht* treffend genannt hat. Diese »Inseln« sind Bereiche, die funktionieren, indem wir bewußt erklären: »Das kann ich nicht!«, »Das weiß ich nicht!« »Das will ich nicht wissen!«, ja sogar ein schamloses »Das will ich gar nicht erst versuchen!«. Solche »Inseln« gestatten uns, andere um Hilfe zu bitten. Sie bewahren uns davor, öffentlich Narren aus uns zu machen und sie erlauben uns zu erklären, daß wir nicht die Absicht haben, etwas bestimmtes zu machen, selbst wenn es zweifellos machbar ist und gemacht werden muß. Und sie ermöglichen es einem ansonsten beherrschenden Menschen in ganz bestimmten Fällen, Kontrolle und Macht abzugeben.

Meine persönlichen »Inseln der Inkompetenz« sind unter anderem: Lesen einer Straßenkarte, Ausfüllen meiner Steuererklärung, die Geheimnisse der Elektrizität verstehen, Französisch sprechen, ganz zu schweigen von Tennisspielen, das metrische System verstehen lernen und Kaffee kochen. In all diesen Fällen bin ich gern bereit, zu verzichten und zu delegieren. Ich erkläre dann mit feierlichem Ernst, an geographischer Lesestörung zu leiden oder gebe ganz fromm zu verstehen, daß Gott keine Steuerberater geschaffen hätte, wenn er wollte, daß ich mit einer Steuererklärung zurechtkomme. Obwohl ich mich durchaus in vielen Aspekten meines Lebens für kompetent – und einflußreich – erachte, bin ich in bestimmten Bereichen bereit, mich gegen Einfluß zu entscheiden und unverfroren, mühelos und ohne zu zögern Kontrolle und Macht aufzugeben.

Menschen, die ihr Leben aufs Ganze gesehen im Griff haben, sind auch eher in der Lage, diese »Inseln« für sich zu bestimmen. Sie lassen dann andere dies und jenes machen – mein Mann spricht für uns beide Französisch, wenn wir in Frankreich sind –, ohne dabei Angst zu haben, diese anderen würden gleich die ganze Hand nehmen, wenn man ihnen den Finger reicht. Es gibt aber auch Menschen wie Vicky, deren Angst, die Kontrolle zu verlieren und kontrolliert zu werden, sie zu einer wahren Kontroll-Neurotikerin werden läßt. Sie besteht rigide darauf, die Betten müßten genau so und nicht anders gemacht werden, ihre Familie hätte präzise um 19.00 Uhr zu Abend zu essen, alle Rechnungen müßten jeweils bis zum zwölften Tag eines Monats beglichen sein, diese Lampen müßten an- und jene ausgeschaltet sein, keine Einladung dürfe ohne ihre vorherige Zustimmung ausgesprochen werden. Sie besteht darauf, daß ihr Ehemann und ihre Kinder nach ihrem Zeitplan und nach ihren Regeln zu leben haben.

Doch nicht jeder Kontroll-Neurotiker – wie wir bereits im 7. Kapitel erfahren haben – sieht sich von Kontrollverlustängsten getrieben. Einige sind nur deshalb so, weil sie sich gut fühlen, wenn sie »am Drücker« sind. Dann sind wir absolut von der Richtigkeit unserer eigenen Verhaltens- und Denkweisen überzeugt. Damit werden unsere Einmischungen auf einmal gar keine Einmischungen, sondern »konstruktive Interventionen«. Dann sehen wir den größten Nutzen darin – und fühlen uns dabei noch äußerst wohl –, Hansdampf in allen Gassen zu sein. Während also einige Kapitulanten durchaus mehr »Feuer unter dem Hintern« vertragen könnten, sollten Kontroll-Neurotiker ihre Angelegenheiten häufig vielleicht viel langsamer angehen. Einige Kapitulanten sollten durchaus lernen, durchzuhalten und Verantwortung zu übernehmen, und diejenigen unter uns, die übermäßig an Kontrolle und Macht hängen, sollten an die vielfältigen positiven Seiten des Aufgebens und der Hingabe erinnert werden.

Sich sexueller Leidenschaft hinzugeben – allerdings unter den »richtigen« Bedingungen, wie ich sie der Einfachheit halber nenne –, ist bestimmt ein positiver Akt der Hingabe. Auch wenn wir unsere individuellen Bedürfnisse einer Liebesbeziehung anpassen, ist das oft ein positiver Akt. Meist ist das auch der Fall, wenn wir unsere erwachsenen Kinder ihr eigenes Leben führen lassen, selbst wenn sie dabei ihre eigenen Fehler machen. Autorität zu delegieren oder – innerhalb moralischer Grenzen – sich einer Autorität zu fügen, stellt ebenfalls meist einen positiven Akt des Aufgebens von Macht dar. Loszulassen, falls das vernünftiger ist als blind auszuharren, ist eindeutig ein solcher Akt. Auch wenn wir einem größeren Ganzen oder einer höheren Macht dienen, kann das ein Akt von positiver Hingabe sein. Und nicht zuletzt wenn wir akzeptieren, daß wir bestenfalls unvollkommen über Kontrolle und Macht verfügen, so ist das – wirklich! – ein Akt positiver Hingabe und positiven Aufgebens.

Hier scheint es mir wichtig daran zu erinnern, daß Kontrolle und Macht aufzugeben keine Schwäche darstellt, wie auch umgekehrt auf Einfluß und Macht zu bestehen nicht notwendigerweise eine Stärke ist. Wichtig ist dabei aber, an einigen unserer realistischen – und auch unrealistischen – Träume festzuhalten, sich böswilliger Autorität nicht zu unterwerfen und uns vor verwerflichen Eingebungen unseres Herzens zu schützen, also bewußt Handelnde und keine »Bauern« auf dem Schachbrett zu sein. In dieser Welt vielfältiger Entscheidungsmöglichkeiten müssen wir beides lernen: uns zu zügeln und uns zu entfalten. Wir müssen uns Klarheit darüber verschaffen, wann wir frei sind und wann wir dazu getrieben werden, Kontrolle und Macht aufzugeben; wann das falsch ist und wann wir es wirklich tun sollten.

10 Unser Sterben beeinflussen

Zum ersten Male enthüllte sich mir heute morgen mein Leib,
dieser alte Freund und treue Gefährte, den ich soviel besser kenne
als meine Seele, als ein tückisches Ungeheuer, das gegen seinen
Gebieter aufbegehren will.

Marguerite Yourcenar, *Ich zähmte die Wölfin*

O Herr, gib jedem seinen eigenen Tod,
Das Sterben, das aus jenem Leben geht
Darin er Liebe hatte, Sinn und Not.

Rainer Maria Rilke, *Das Stunden-Buch*

Wir können aufhören Steaks zu essen und Zigaretten zu rauchen, wir können unseren Cholesterinspiegel niedrig halten, täglich joggen, ins Fitneß-Studio gehen, Hanteln stemmen und jede Menge Pillen nehmen, die gerade als das beste Verjüngungsmittel angepriesen werden – trotzdem müssen wir sterben. Dabei können wir – außer bei Selbstmord – weder den Moment noch die Todesursache bestimmen. Doch wir können immerhin in erheblichem Umfang die Umstände unseres Sterbens mitbestimmen. Wir sollten, falls wir mit unseren Ärzten (notfalls auch an ihnen vorbei) und unserer Familie zusammenarbeiten und mit unserer eigenen Konfusion, unseren zwiespältigen Gefühlen und Ängsten zurechtkommen, in der Lage sein, wenigstens etwas – hart errungenen, wenn auch unvollkommenen – Einfluß auf unseren Tod zu bekommen.

Wenn wir diesen Einfluß wollen, müssen wir uns natürlich vor unserem Tod über das Sterben und über die Tatsache unserer Endlichkeit Gedanken machen. Wir sollten uns dabei nicht nur dem rein mechanischen Vorgang des Sterbens zuwenden, sondern auch unseren Grundentscheidungen darüber, wie wir leben. Thomas a Kempis, ein Mönch aus dem 15. Jahrhundert, hat sich zu dieser Frage sehr beeindruckend geäußert:

> Deine Zeit hier ist kurz, sehr kurz. Wirf einmal einen
> Blick darauf, wie du sie genutzt hast. (…) Vielleicht hast

du schon einmal einen Menschen sterben sehen? Denke daran, daß auch du diesen Weg gehen mußt. (…) Wenn du gut und weise zu leben hoffst, so versuche, hier und jetzt der Mensch zu sein, der du auch auf dem Sterbebett sein möchtest. (…) Mein Freund, mein liebster Freund, denke nur, welchen Gefahren du entgehen und welche Ängste du vermeiden kannst, wenn du jetzt bewußt und innig auf den Gedanken an den Tod bedacht bist.

Fünf Jahrhunderte später bietet John Rau, Dekan einer betriebswirtschaftlichen Fakultät in den USA und früherer Vorstandsvorsitzender einer Bank, seine weltliche Version des gleichen Ratschlags an. Seine Worte richten sich an erfolgreiche Führungskräfte, doch ihre weit allgemeinere Bedeutung liegt auf der Hand:

Schreiben Sie Ihren eigenen Nachruf. Fassen Sie ihn ausführlich ab. (…) Stellen Sie sich vor, wie es sein wird, wenn Sie nicht mehr da sind und was er Ihrer Meinung nach dann – also nicht heute – ausdrücken soll. (…) Wenn Sie wie die meisten Menschen sind, werden Sie den ersten Entwurf zerreißen, weil darin die Rede von Ihren Erfolgen, von dem, was Sie erreicht haben und von Ihren Stellungen in den veschiedensten Organisationen sein wird. Sie werden nämlich feststellen, daß Sie gerne hätten, daß darin von Ihrem guten Charakter die Rede sein sollte, davon, ein guter Partner und außergewöhnlicher Freund gewesen zu sein. Legen Sie eine Kopie des Nachrufs in Ihre verschließbare Schreibtischschublade. (…) Lesen Sie ihn jeden Morgen.

Indem wir unseren Nachruf schreiben, lernen wir Rau zufolge, wer wir sein möchten, was uns wirklich etwas bedeutet, wie wir am liebsten erinnert werden wollen. Wir lernen, welche Richtung wir tatsächlich auf unserem Lebensweg einschlagen wollen. Wir werden daran erinnert, daß wir uns immer noch innerhalb gewisser Grenzen ändern und Entscheidungen treffen können, daß wir in diesem Augenblick noch damit beginnen können, das Leben aufzubauen, das demjenigen jener wundervollen Person in unserem Nachruf ähnlicher ist als unser bisheriges Leben. Doch wenn wir uns der eigenen Sterblichkeit stellen, bedeutet das mehr, als uns in die Zukunft zu projizieren. Es gilt, des Tages, des Augenblicks, des Jetzt innezuwerden. Es bedeutet, unser Leben mit einer intensiveren Wahrnehmung dessen zu führen, was wir soeben durchleben; was mit dem Wissen einhergeht, daß dieser Tag und dieser Augenblick nie wiederkehren werden. Natürlich können wir nicht immer derart intensiv leben. Andernfalls wäre unser Leben erdrückend und ermüdend. Schon ein kleines Memento mori genügt für eine ganze Weile. Doch das Bewußtsein von unserer Endlichkeit hilft uns dabei, erfüllter zu leben, bevor wir sterben – eben weil wir verstehen, daß wir sterben müssen. Edna St. Vincent Millay hat das so ausgedrückt:

Doch nicht als jemand, der dort niemals streifte,
Seh' ich die lieblichen Teile einer Vergangenheit
Ich lebte mit allen Sinnen, sehr bewußt,
Daß es so perfekt war, und daß es nicht dauern würde.

David Morowitz, ein Internist mit einem irdischeren Gefühl für Sterblichkeit, bringt den gleichen Gedanken in seinem Essay *Frische Brötchen am Sonntag* zum Ausdruck:

Ein angenehmes Ritual meines relativ unkomplizierten Lebens ist der morgendliche Einkauf von frischen Brötchen am Sonntag, eine überaus angenehme Pflicht, die sich mit stets gleichbleibendem Vergnügen wiederholt. Und warum auch nicht? Die Brötchen sind wunderbar, und die Bäckerei ist mit einer freundlich angeregten Kundenschar bevölkert, die in einer Reihe bis hinaus auf den Bürgersteig steht (…)

Doch gleich einem langsam größer werdenden dunklen Fleck im morgendlichen Rasierspiegel ist das mit fortschreitendem Alter stärker werdende Gefühl, wie zerbrechlich doch unser aller Glück in der heutigen Zeit und an diesem Ort ist. Während ich in der Reihe warte, ertappe ich mich bei der Frage, wer von uns eines fernen Sonntags als erster abwesend bleiben wird. Und gleichzeitig spüre ich das Wunder unserer Zusammenkünfte am Wochenende. (…) Denn wir alle hier in dieser Bäckerei haben es irgendwie geschafft, all die

historischen, medizinischen oder psychischen Katastrophen zu umgehen oder sie zu überleben. Und
indem wir das tun, vergessen wir nur allzu gerne, um
wieviel näher wir ihnen mit jedem Tag kommen. Wenn
sie auch nicht zu den Turbulenzen eines glückver-
heißenden Ladens an einem Sonntag gehören, lauern
die tragischen Möglichkeiten vielleicht gerade eben um
die Ecke auf uns.

Leben, Kameradschaft, Gesundheit, finanzielle Sicherheit – so heißen die Geschenke, die niemand so recht
begreift. Aber sollten wir uns nicht wenigstens das
Wundersame dieses Glücks bewußt machen? (...) Der
kurze Gang zu unserem Bäcker sollte mit Dankbarkeit
gemischt sein – für jeden noch kommenden Gang und
für das Leben und das Wohlbefinden, die sich damit
verbinden. Und für die Unbekümmertheit, mit der wir
zeitweise vergessen, daß das nicht für immer so bleibt –
nicht einmal eine so kleine und perfekte Sache wie ein
Brötchenkauf am Sonntag.

In Thornton Wilders Schauspiel *Unsere kleine Stadt* kehrt die verstorbene Emily zu einem glücklichen, »gewöhnlichen« Tag in
ihrer eigenen Vergangenheit zurück. Sie sieht ihrem jüngeren
Selbst und ihrer Familie zu, wie sie ihren Alltagsverrichtungen
nachgehen, ohne zu merken, daß es so, wie es ist, perfekt ist und
nicht lange dauern wird. Ihr Unvermögen wahrzunehmen, was
sie da besitzen, während sie es besitzen, überwältigt Emily mit
Schmerz und sie kehrt mit dem folgenden letzten Lebewohl in
ihr Grab zurück:

Leb wohl, leb wohl Welt. Leb wohl Grover's Corners (...)
Mama und Papa. Lebt wohl, tickende Uhren (...) und
Mamas Sonnenblumen. Und Frühstück und Kaffee.
Und frisch geplättete Kleider und warme Bäder (...)
und schlafen und aufwachen. O Erde, du bist zu schön,
als daß irgend jemand dich begreifen könnte.

»Begreifen die Menschen jemals das Leben, während sie's leben...?«, fragt Emily weinend. Die Lyrikerin Jane Kenyon tat es.
Sie starb mit 48 Jahren an Leukämie:

Ich erhebe mich vom Bett
auf zwei starken Beinen.
Es hätte auch
anders sein können. Ich aß
Müsli, süße
Milch, einen reifen makellosen
Pfirsich. Es hätte auch
anders sein können.
Ich führte den Hund hinauf
zum Birkenwald.
Den ganzen Morgen über tat ich
die Arbeit, die ich so sehr mag.

Gegen Mittag legte ich mich
mit meinem Gefährten hin. Es hätte
auch anders sein können.
Wir aßen gemeinsam zu Abend
an einem Tisch mit silbernen
Kerzenständern. Es hätte
auch anders sein können.
Ich schlief in einem Bett
in einem Zimmer mit Gemälden
an den Wänden und
plante einen neuen Tag,
genau wie diesen.
Doch eines Tages, ich weiß es,
wird es anders kommen.

Wenn wir dem Lebensende entgegengehen, neigen wir alle zu
Gefühlen des Bedauerns. Wir wünschen uns, wir hätten dies
getan und jenes nicht, wir hätten gehandelt oder von etwas
Abstand genommen. Wir können nicht immer die Umstände
beeinflussen, die diesen schmerzlichen Gefühlen des »Wenn ich
doch nur ...« Vorschub leisten. Aber vielleicht haben wir weniger
zu bedauern, wenn wir uns dort um Einflußmöglichkeiten
bemühen, wo das auch tatsächlich möglich scheint; wenn wir
mehr auf die schnellvergänglichen schönen Momente in unserem Leben achten; die Person zu werden versuchen, die wir am
Ende unseres Lebens sein möchten. Wir hätten wirklich weniger
zu bedauern, wenn wir uns für ein Leben entscheiden könnten,
in dem wir uns unserer Vergänglichkeit bewußt wären.

Die Poesie des Lebens läßt sich in ganz gewöhnlichen Dingen finden, in frischen Brötchen, in frisch gebügelten Hemden oder in tickenden Uhren. Aber es fällt schwer, diese Poesie in einem Krankenhaus zu finden. Und es fällt schwer, einen Weg der Einflußnahme auf unser Sterben in einer medizinischen Welt zu finden, welche die Lebensverlängerung über die Verringerung des Leidens stellt. »Jeder gestorbene Patient«, so der Arzt Sherwin Nuland in seinem gedankenreichen, einfühlsamen Buch *Wie wir sterben* »erinnert den Arzt daran, daß seine Macht und die Macht der Menschen über die Natur begrenzt ist.« Das ist eine Tatsache, die frühere Ärztegenerationen akzeptiert haben, während sie heute von vielen Ärzten abgelehnt wird. In der Tat haben laut Nuland die großen Fortschritte in der Medizin vielfach zur »Hybris des Arztes und zum Machbarkeitswahn« geführt. Sie sind entschlossen, wirklich fast alles zu versuchen, um uns – unter welchen Bedingungen auch immer – am Leben zu halten, selbst dann noch, wenn es Zeit wäre, uns abtreten zu lassen, ja sogar, wenn wir selbst sterben wollen.

Die amerikanische Studie SUPPORT über die Behandlung von sterbenskranken Patienten in fünf Großkrankenhäusern kommt zu dem beunruhigenden Ergebnis, daß viele Ärzte den Wunsch ihrer sterbenden Patienten, von »heroischen« medizinischen Maßnahmen zur Lebensverlängerung verschont zu bleiben, nicht verstanden und daß einige Ärzte ihn bewußt ignoriert haben. Fast 40 Prozent dieser Patienten lagen mindestens zehn Tage auf der Intensivstation; 50 Prozent der Patienten, die bei Bewußtsein waren, hatten Schmerzen und mußten in ihren letzten Lebenstagen leiden – eine Folge dieser massiven Interventionen. Und was noch mehr schockiert: systematische Versuche zur Verbesserung der Beziehungen zwischen Patient und Arzt führten in keiner Weise zu Verbesserungen bei der Behandlung im Endstadium. »Viele Amerikaner befürchten heute, die Kontrolle über ihr Leben zu verlieren, falls sie einmal schwer krank werden sollten, und daß ihr Sterben sich verlängern und unpersönlich werden könnte«, schreiben die SUPPORT-Autoren. Diese Untersuchung mit ihren Fallstudien von Ärzten, die im Sterben liegende Patienten einer Behandlung unterziehen, die diese Patienten niemals für sich selbst wählen würden, zeigt, daß diese Befürchtungen gerechtfertigt sind.

Meine Tante Florence beispielsweise erlebte, wie eine Freundin das Leben ihres armen Hundes weit über Maß verlängerte, und sagte ihr dann eines Tages: »Ich habe gerade Papiere unterzeichnet, die es Ärzten unmöglich machen wird, mir das anzutun, was du mit deinem Hund gemacht hast.« Als sie dann jedoch am Ende im Koma lag und ich als ihre nächste Verwandte darum bat, man möge alle medizinischen Maßnahmen außer den schmerzstillenden Mitteln absetzen, lehnte das der behandelnde Arzt mit den Worten ab: »Dafür brauchen Sie Dr. Kevorkian!« Erst als jener behandelnde Arzt abgelöst wurde (von einem Kollegen, nicht vom sogenannten »Selbstmord-Arzt« Jack Kevorkian), durfte Florence in den von ihr gewünschten Tod gehen. Ich war in juristischer Hinsicht in der Lage, für ihre Entscheidung zu kämpfen, weil ich die von ihr unterzeichnete Anweisung vorweisen konnte, und emotional war ich dazu fähig, da mir ihre Freundin von dem Hund erzählt hatte. Ich war allerdings nicht darauf vorbereitet, wie furchtbar schwer es ist, jemanden sterben zu lassen, selbst wenn Körper und Geist meiner Tante bereits zerstört waren, es keine realistische Hoffnung auf Besserung mehr gab und sie in ihrem Zustand fortleben zu lassen einem Verrat gleichgekommen wäre. Ich war innerlich nicht auf das quälende Zögern bei Entscheidungen vorbereitet, die ich rein rational als die richtigen ansah – auf meine erstickte Stimme, als ich darum bat, das Beatmungsgerät abzuschalten. Und mit dem unbehaglichen Gefühl, Gott zu spielen, beantwortete ich die letzten Fragen in einem grimmigen Katechismus:

Gibst du die Erlaubnis, ihre Antibiotika abzusetzen?

Ja.

Gibst du die Erlaubnis, ihre künstliche Ernährung einzustellen?

Ja.

Gibst du die Erlaubnis …

Ich erlaubte es.

Und wenn mir Zweifel an meiner damaligen Entscheidung kommen, denke ich an den Mann auf der Intensivstation mit den Schläuchen, die in seinen sterbenden Körper hinein- und aus ihm herausführten und dessen letzte Worte waren: »Sie betrügen mich noch um meinen eigenen Tod.« Ich denke daran, daß »sie« vielleicht – wie ich – Angehörige waren, die sich zu der schweren letzten Entscheidung nicht durchzuringen vermochten. »Sie« waren bestimmt überzeugt, das Richtige zu tun. Denn es ist doch völlig menschlich von Ehepartnern, Kindern oder anderen Verwandten, wenn sie sich besorgt fragen: »Vielleicht geben wir ihn zu früh auf.« Oder selbstzweifelnd in sich gehen: »Wollen wir ihm oder uns nur etwas ersparen?« Eventuell sind sie dann versucht zu hoffen: »Bloß noch eine Behandlung, nur noch eine einzige Maßnahme und dann wendet sich das Blatt!« Den hingebungsvollsten Familien kann es passieren, daß sie uns um unseren eigenen Tod betrügen – aus Liebe, Schuldgefühlen, Unsicherheit, falschem Optimismus oder wegen Fehlinformationen.

Nicht alle Menschen wollen, daß in solch einem Fall die Geräte abgeschaltet werden. Die SUPPORT-Studie legt den Schluß nahe, daß sich Patienten eher gegen die Fortsetzung ihrer Behandlung aussprechen, wenn sie die Trostlosigkeit ihres noch verbleibenden Lebens begriffen haben. Es zeigte sich allerdings, daß das nicht notgedrungen der Fall war. Unter denjenigen Patienten, die nach ärztlicher Auskunft vor dem Tode stehen, sind viele, die zum Weiterleben entschlossen sind. Und unter den heute Gesunden finden sich viele, die nicht die Absicht haben, einfach still abzutreten, wenn ihre Zeit einmal kommen wird. Der Geiger Nathan Milstein beispielsweise entgegnete auf die Frage, wie lange er denn gerne leben würde: »So lange wie möglich, und das umfaßt jede denkbare gesundheitliche Verfassung. Ich würde mich unter allen Umständen für das Überleben entscheiden. (…) Ich liebe das Leben.« Falls Milstein einmal Patient sein sollte, so wird er vermutlich jedes Argument für ein Aussetzen der Behandlung zurückweisen. Doch selbst Patienten, die vorher mitgeteilt hatten, sie seien für einen Behandlungsabbruch, können sich in einer medizinischen Krise anders entscheiden. Der Grund für diesen Gesinnungswandel liegt nach Russell Phillips vom Beth Israel Hospital in Boston vielleicht darin, daß »das, was wir für schlechte Lebensqualität halten, gar nicht mehr so schlecht aussieht, wenn einem gar nichts Besseres bleibt«. In ihrem verbissenen Festhalten am Leben, in ihrem Griff nach einer eigentlich aussichtslosen Behandlung ähneln solche Patienten dem bedauernswerten Mann, der wieder und wieder nach dem Tod rief und als er endlich kam, aufschrie: »Komm mir nicht näher, oh Tod! Oh Tod, laß mich in Frieden!« Nur diejenigen, die sich »unter allen Umständen« zum Weiterleben entschlossen haben, können beurteilen, ob ihre Entscheidung richtig war. Andere Patienten im Endstadium wollen alles nur mögliche für sich getan wissen, nicht etwa, weil sie sich eine Gnadenfrist versprechen, sondern weil sie sich Heilung erhoffen, weil sie im tiefsten Innern nicht wirklich glauben, sterben zu müssen.

Es gibt tatsächlich Menschen, gesunde und kranke, die nicht zu verstehen scheinen, daß wir alle sterblich sind. »Normalerweise leben wir, ohne wirklich an unseren eigenen Tod zu glauben, so als glaubten wir an unsere eigene körperliche Unsterblichkeit«, wie die Therapeutin Hattie Rosenthal schreibt. »Wir wollen den Tod bezwingen (…), wir raffen sämtliche Kräfte zusammen, um die Stimme zum Schweigen zu bringen, die uns an unser dereinstiges Ende gemahnt, und wir sind von dem Gefühl erfüllt, daß unser Leben ewig währt«. »Vorausgesetzt also, der Tod sei unvermeidlich…«, begann ich einmal eine Diskussion mit einem Freund, der mich sofort unterbrach: »Wer setzt das voraus?« Und ich las von dem Franzosen, der seinen Letzten Willen mit den Worten begann »Falls ich denn sterbe, …« Natürlich ist allen klar, daß hier »wenn« und nicht »falls« stehen müßte. Und daß der Tod nicht darauf wartet, bis wir ihn voraussetzen oder begrüßen, und daß er uns niederstrecken und ereilen wird, egal, wie niedrig unser Cholesterinspiegel ist oder wie weit wir rennen. Doch selbst diejenigen, die verstehen, daß jeder sterben muß, fühlen sich irgendwie als Ausnahme von der Regel und denken vielleicht mit Vladimir Nabokov: »Ein Syllogismus: andere Leute sterben; aber ich / Bin niemand anders; also sterb' ich nicht.« Und dann gibt es noch die paar, die der Meinung sind, daß es – bisher zumindest – zwar wahr ist, daß jeder sterben muß, daß das jedoch nicht für immer so bleiben müsse. Sie argumentieren, der wissenschaftliche Fortschritt könnte uns ja vielleicht irgendwann einmal körperliche Unsterblichkeit bescheren:

> Schon bald wird es möglich sein, menschliches Leben unbegrenzt zu verlängern. Nach jahrtausendelangem, erbittertem Kampf gegen den Tod und gegen den tiefen Schmerz über seine Unausweichlichkeit gibt es nun endlich Hoffnung, diesen Kampf zu gewinnen. In Forschungszentren rund um den Globus werden gegenwärtig die Anstrengungen verstärkt, um das Altern und – in nicht ferner Zukunft – den Tod selbst zu überwinden.

Menschen mit solch einer Wissenschaftsgläubigkeit lehnen die Anschauung ab, daß jede Art von Lebewesen eine natürliche, begrenzte und genetisch festgelegte Lebensspanne hat. Sie ignorieren auch die Tatsache, daß sich trotz der enormen Steigerung der durchschnittlichen Lebensspanne die maximale Lebenserwartung – die zwischen 100 und 110 Jahren liegt – kaum verändert hat. Diese Leute argumentieren, niemand sei je an hohem Alter gestorben, sondern immer nur – außer bei Selbstmord, Mord und Unfällen – an Krankheiten. Die aber würden am Ende vom medizinischen Kenntnisstand besiegt. Und mit dem Sieg über die Krankheiten würde schließlich auch der Tod besiegt. Bis dahin werden sich Patienten mit einem grenzenlosen Glauben an die Medizin aggressiven Behandlungsmethoden zuwenden, um am Leben zu bleiben. Wie lautet doch das Sprichwort: Wo Leben ist, da ist auch Hoffnung. Jeden Tag lesen diese Menschen über neue erstaunliche medizinische Durchbrüche. Wenn sie also nur lange genug durchhalten – eine Woche, einen Monat, noch ein Jahr –, vielleicht gibt es ja dann eine Heilungsmöglichkeit für diesen oder jenen bis auf weiteres noch unheilbaren Krankheitszustand. So kann es vorkommen, daß Patienten sich drastischen oder zwecklosen Eingriffen unterziehen, weil sie aus Furcht oder Hoffnung nicht aufgeben können. In anderen Fällen werden sie derartigen Eingriffen unterworfen, weil ihre Verwandten, ihre Liebsten, vor allem aber und viel zu häufig ihre behandelnden Ärzte – besonders die Spezialisten – nicht aufgeben können.

Timothy Quill beschäftigt sich mit dem Thema der übereifrigen medizinischen Eingriffe und gibt folgende schauerliche Parabel wieder:

Drei Seemänner stranden an einer einsamen Insel als Überlebende eines Schiffsunglücks und werden von einem einheimischen Stamm gefangengenommen, gefesselt und vor ein Tribunal der Stammesältesten gebracht. Sie stellen den ersten Gefangenen vor folgende Wahl: ›Willst du lieber den Tod oder Chi-Chi?‹ Der Seemann zögert nur einen Moment: ›Ich weiß, was der Tod ist und ich will ihn gewiß nicht wählen. Ich werde mich für Chi-Chi entscheiden.‹ Daraufhin wird er langsam bei lebendigem Leib gehäutet und sein Herz wird ihm, noch bei Bewußtsein, aus der Brust geschnitten.

Dann stirbt er. Nun wird der zweite Gefangene, Zeuge dieses schrecklichen Rituals, vor das Tribunal gebracht. Er war weitaus vorsichtiger und überlegte sich seine Antwort sehr genau: ›Gewißlich will ich nicht sterben. Aber ich will auch nicht gefoltert werden, um dann doch zu sterben. Doch vielleicht ändert sich Chi-Chi ja und ist ein relatives Phänomen. Vielleicht passiert es mir nicht. Also, in Abwägung dieser begrenzten Möglichkeiten wähle ich wohl Chi-Chi.‹ Daraufhin erleidet er das gleiche Martyrium, er wird lebendig gehäutet und sein noch schlagendes Herz wird ihm herausgeschnitten. Zuletzt wird der dritte Seemann vor die gleiche Wahl gestellt. Seine Perspektive ist durch das schockierende Ritual, dessen Zeuge auch er wurde, grundlegend geändert: ›Vielleicht ist der Tod gar nicht so schlimm. Bestimmt will ich kein Chi-Chi. Also, ich wähle wohl den Tod.‹ Die Stammesältesten schauen sich leicht überrascht an und sagen: »Gut, aber zuerst Chi-Chi.

Quill erklärt uns nun, die Seemänner seien in Wahrheit Patienten, die Stammesangehörigen praktizierende Ärzte und der Ältestenrat die vorgesetzten Ärzte, deren Therapieentscheidungen »unbeabsichtigt den Prozeß des Sterbens verlängern und entmenschlichen« können. Quill gesteht durchaus Fälle zu, bei denen Patienten dem Tode entrissen wurden und durch fast so qualvolle Eingriffe wie »Chi-Chi« für ein langes, produktives Leben gerettet werden konnten. Er rät uns jedoch, wir sollten zunächst einmal in Erfahrung bringen, was »Chi-Chi« überhaupt ist, welche Risiken wir eingehen und was für ein Leben uns im Falle des Überlebens bleibt, bevor wir uns dafür entscheiden. Und bevor unsere Ärzte – wie üblich – in aggressive Behandlungsmethoden abirren, sollten sie sich über die Folgen und Kosten klar sein. Ohne diese Klärung laufen wir Gefahr, unser Leben als »das Opfer eines brutalen medizinischen Todesrituals« zu beenden, leidend, zermürbt und ohne jede Hoffnung, einen »schönen«, »guten«, unseren »eigenen«, einen »würdevollen Tod« zu sterben.

Die Entscheidung, jede denkbare lebensverlängernde Behandlung auszuprobieren, kann es uns schwerer machen, in Würde zu sterben. Wenn wir erst einmal vom Beatmungsgerät, von Ernährungsschläuchen, chirurgischen Eingriffen und kardiopulmonaler Wiederbelebung und all dem anderen »Chi-Chi« abhängig sind, ist es nahezu ausgeschlossen, den Tod mit irgendeinem Gefühl von Einflußmöglichkeit und Kontrolle auf uns zukommen zu lassen. Aber wenn wir dieses Gefühl brauchen, müssen wir entsprechende Überlegungen lange vor unserem Todestag anstellen. Wenn wir einer unerwünschten medizinischen Behandlung mit einem Gebet entgegenzutreten versuchen, müssen wir uns zuvor einige grundlegende Gedanken über das Ende unseres Lebens machen. Vor allem müssen wir eine medizinische Anweisung unterzeichnen, die in den USA als »living will«, eine Art medizinischen Testaments, bekannt ist. Sie konfrontiert uns mit beunruhigenden Fragen zu unserer Sterblichkeit. So versucht beispielsweise die »Medizinische Verhaltensdirektive«, welche die US-Fachzeitschrift *Harvard Health Letter* anbietet, recht anschaulich vier schwerwiegende Krisenszenarien darzustellen, und der Leser wird gebeten, jeweils anzukreuzen, ob er mit einer bestimmten medizinischen Behandlung einverstanden ist oder nicht. Ein Beispiel: »Wenn ich einen Gehirnschaden oder eine Gehirnkrankheit habe, die (...) unheilbar ist (...) und wenn ich zusätzlich eine tödliche Krankheit habe ...« – wollen wir dann folgende Behandlungen oder wollen wir sie nicht: Wiederbelebung mit Hilfe der Herz-Lungen-Maschine? Künstliche Ernährung und Flüssigkeitsaufnahme? Mechanische Beatmung? Dialyse? Chirurgische Großeingriffe? Antibiotika? ... Würden unsere Antworten anders ausfallen, wenn die Frage anders formuliert wäre, zum Beispiel: »Wenn ich einen Gehirnschaden oder eine Gehirnkrankheit habe, die (...) unheilbar ist, und wenn es mir unmöglich ist, Menschen wiederzuerkennen, verständlich mit ihnen zu sprechen, eigenständig zu leben, und wenn ich keine tödliche Krankheit zusätzlich habe, ...«? Fänden wir dann wohl noch Lebensfreude?

Falls wir eine derartige Direktive unterzeichnen, sollten wir zusätzlich eine medizinische Behandlungsvollmacht unterschreiben, die im amerikanischen Gesundheitswesen manchmal auch als treuhänderische Dauervollmacht für medizinische Versorgung bezeichnet wird. Eine solche Vollmacht ermächtigt eine Person, alle gesundheitsrelevanten Entscheidungen in unserem Namen zu treffen, falls unsere Wünsche bezüglich medizinischer Fragen umstritten sind und wir sie nicht zweifelsfrei äußern können. Wir sollten selbstverständlich jemanden benennen, dem klar ist, unter welchen Bedingungen wir unser Leben höchstwahrscheinlich nicht verlängert sehen wollen. Ferner sollte es sich um jemanden handeln, der für unser Recht zu sterben eintreten würde, sollten wir selbst dazu nicht mehr in der Lage sein.

Wir haben erfahren, daß die Unterzeichnung solcher Dokumente keine absolute Garantie darstellt, daß unsere Wünsche zum Abbruch einer Behandlung auch wirklich erfüllt werden. Die beunruhigende SUPPORT-Studie dokumentiert, daß diese Wünsche tatsächlich zu häufig ignoriert werden. Aber immerhin werden heute bereits von jedem US-Bundesstaat die erwähnten »medizinischen Testamente« und vergleichbare Dokumente anerkannt. Erst kürzlich sind in den USA gegen eine Reihe von Ärzten und einige Krankenhäuser Klagen eingereicht worden, weil sie solche Direktiven, in denen der Patient sich das Recht zum Sterben vorbehalten hatte, übergangen hatten. Im voraus unterzeichnete Handlungsanweisungen können also potentiell das erreichen, was die erwähnte »Medizinische Verhaltensdirektive« des *Harvard Health Letter* beansprucht, nämlich »die größtmögliche Kontrolle über die eigenen letzten Tage zu erwirken«.

Selbst wenn es gelingt, daß wir uns vorab gegen fehlgehende ärztliche Interventionen wappnen, kann es passieren, daß – wie Nuland warnt: »Das Bemühen um Würde scheitert, wenn der Körper uns im Stich läßt«. Ungeachtet dessen werden viele Menschen nach wenigstens etwas Würde bei ihrem Sterben streben. Und so manche werden argumentieren, diese Würde ließe sich doch am besten sichern, indem wir dem Tod entgegengehen, bevor er zu uns kommt, also indem wir Zeitpunkt, Ort und Art unseres Sterbens selbst bestimmen.

Vor einigen Jahren arrangierten eine Freundin und ich ein Mittagessen für einen sehr bekannten älteren Herrn. Er war gerade in unsere Stadt gezogen und schien recht unglücklich mit seinem neuen Zuhause und den neuen Lebensumständen. Wir beide kannten ihn nicht gut, ich selbst war ihm nur einmal begegnet. Unsere Einladung sollte allerdings auch nicht nur eine freundliche Geste sein. Denn es handelte sich um Bruno Bettelheim, den herausragenden und umstrittenen Kinderpsychologen, und wir erwarteten uns einen anregenden Nachmittag. Doch es kam nie zu der Begegnung. Am Morgen jenes Tages riefen wir in seinem Büro an, um zu fragen, wann wir ihn abholen sollten. Man informierte uns, er sei unerreichbar. Später riefen wir nochmals an und erhielten die gleiche Antwort. Im Laufe des Tages erfuhren wir schließlich, daß Bettelheim nie mehr erreichbar sein würde, denn er hatte sich umgebracht. Da ich seine damalige geistige und körperliche Verfassung nicht kenne, weiß ich auch nicht, warum Bettelheim seinem Leben ein Ende setzte. Allerdings schwirrte lange eine anmaßende Phantasie in meinem Kopf herum: Wenn er doch nur das Essen abgewartet hätte ... Wenn wir drei doch nur einen angenehmen Nachmittag miteinander verbracht hätten ... Und wir dann Pläne für ein weiteres Treffen und noch eines gemacht hätten ... Wenn doch nur ... hätte er vielleicht ...

Aufgrund eines solchen Informationsmangels ist unsere allzu menschliche Reaktion auf einen Selbstmord das Gefühl, daß es doch wohl bessere Wege gäbe, »es« zu bewältigen, daß man etwas hätte tun können, um dieses nun beendete Leben lebenswerter zu gestalten. Doch eigentlich stimme ich mit denen überein, die an das Konzept eines rationalen Freitodes glauben, und ich bin der Meinung, daß es Situationen gibt, in denen wir am besten freiwillig aus dem Leben scheiden. Ich bin allerdings auch überzeugt davon, daß wir zu einer solchen Entscheidung – oder zu der Bitte um Hilfe bei deren Ausführung – nur unter ganz besonderen Bedingungen berechtigt sind: Wir müssen im Endstadium einer verheerenden Krankheit oder in allerschwerster Weise und ohne Aussicht auf Rettung behindert sein. Die Entscheidung zum Tode muß unsere sein, und wir müssen vollauf fähig sein, sie selbst zu treffen. Selbstverständlich sind wir in einer solchen Situation traurig, aber unsere Entscheidung sollte nicht durch eine Depression beeinträchtigt werden, die sich als vorübergehend und überwindbar erweisen könnte. Alle Anstrengungen, unsere hartnäckigen Schmerzen und unseren Alltag irgendwie erträglich zu machen, müssen ergebnislos geblieben sein; ebenso unsere Bemühungen, die wie auch immer gearteten nachlässigen, gefühllosen oder entwürdigenden Pflegebedingungen zu verbessern, die unseren Lebensmut brechen und unsere Seele niederdrücken.

Bevor wir uns entschließen, uns selbst zu töten, müssen wir verstehen lernen, was der Tod ist: das definitive Ende – dieser Welt voller Musik und Lilien, der Sonnenaufgänge und Sonnenuntergänge, die Welt mit dem Geschmack frischer Brötchen und der Berührung eines Menschen, den wir lieben. Wir müssen verstehen lernen, daß wir eine sehr lange Zeit tot sein werden! Wir müssen absolut klar realisieren, was genau und warum genau uns etwas dazu veranlaßt, aus dem Leben scheiden zu wollen. Wir müssen uns sicher sein: Eine andere Möglichkeit gibt es für uns nicht! Ich gebe zu, daß das fast unvernünftig rational klingt. Trotzdem scheint mir, sollte das idealerweise die einzige Art von verantwortbarem Selbstmord sein. In einem Entscheidungsprozeß, den der deutsche Psychiater Alfred Hoche einmal als »Bilanzselbstmord« bezeichnet hat, können wir das Pro und Contra von Leben und Sterben auflisten. Aber selbst die stärksten Befürworter solcher Lebensbilanzen würden eine Option auf Selbstmord für junge Menschen ausschließen, weil diese dazu neigen, Sorgen und Rückschläge als unerträglich zu empfinden, den Tod dann als endgültigen Ausweg anzusehen.

Eine 33jährige Frau, die mit jedem Aspekt ihres jetzigen Lebens sichtlich zufrieden war, schrieb einen Leserbrief zu einem Zeitungsartikel über »Selbsterlösung«: »Vor zehn Jahren (...) habe ich verschiedene Selbstmordversuche unternommen, ernsthaft davon überzeugt, daß der Tod die ›einzige befriedigende Erlösung‹ sei. Gottseidank hatte ich damals keinen Zugang zu irgendwelchen Ratgebern für angebliche Selbsterlösung. (...) Bitte (...) lassen Sie uns den Menschen die Chance zu einem neuen Leben in dieser Welt hier geben.« Diese Ansicht findet sich auch in einem Brief zweier Kinderpsychiater und eines Krankenhaus-Sozialarbeiters an das *Journal of the American Medical Association* wieder, in dem sie sich vehement gegen ein Buch über Selbstmord aussprechen. Sie vertreten die Auffassung, dessen »gespenstische Beispiele, direkte Ratschläge und heftige Befürwortung (...) können einen besonders schädlichen Einfluß auf Heranwachsende ausüben«. Wenn man bedenkt, daß 1991 eine Umfrage unter 11 631 High School-Schülern in den USA ergab, daß im Jahr zuvor auf ein Dutzend Schüler ein Selbstmordversuch kam, dann müssen wir bei jeder Rechtfertigung von Selbstmord auch die große Verletzbarkeit junger Menschen beachten.

Man braucht viele Jahre, viel Erfahrung und viel gesunden Menschenverstand, um zu dieser Art von Buchhaltung zu kommen, mit der man fähig ist, das Pro und Contra von Leben und Tod abzuwägen. Auch wenn also klar zu sein scheint, daß derartige Bilanzen nichts für Kinder und Jugendliche sind, so scheint ebenso klar, daß Selbstmord für bestimmte Erwachsene unter bestimmten Bedingungen eine legitime Alternative darstellen kann. Nietzsche schrieb sinngemäß, daß der Gedanke an Selbstmord ein großer Trost sei. Mit ihm käme man durch so manch böse Nacht. Aber wenn die Zukunft nur noch eine Abfolge böser Nächte für uns bereithält, kann der Augenblick kommen, wo wir vom Gedanken zur Tat schreiten. »Wenn selbst die Verzweiflung keinen kreativen Zweck mehr hat, dann ist Selbstmord sicherlich gerechtfertigt«, schrieb der englische Journalist und Kritiker Cyril Connolly.

Zweifellos gibt es nichts dem Selbstmord vergleichbares, wenn wir Kontrolle über unseren Tod erlangen wollen. Charlotte Perkins Gilman, eine bekannte amerikanische Schriftstellerin und Feministin, beendete ihr Leben mit 75 und erklärte in ihrer Selbstmordnotiz: »Ich ziehe Chloroform dem Krebs vor.« Sie hinterließ auch ein Manuskript, in dem sie den Selbstmord als eine Erlösung von »dem Leiden und der Erschöpfung, die wir sonst nur ruhig erdulden« verteidigte, und wo sie festhält, daß »die Summe eines bisher noblen Lebens genau das ist, was es zu einer schieren Beleidigung macht, einen Tod in bedauernswerter Erniedrigung zuzulassen«.

60 Jahre später, 1995, entschied sich Earl Blaisdell aus Falls Church in Virginia, nicht mehr länger in bedauernswerter Erniedrigung zu leben. Nach elf Jahren mit Multipler Sklerose hatte er fast 50 Kilo verloren und konnte nur noch sein Gesicht, seinen Nacken und seine linke Hand bewegen. Seine wundgelegenen Stellen verursachten quälende chronische Schmerzen, er begann zu erblinden und hatte keine Kontrolle mehr über seinen Verdauungstrakt und seine Blase. Earl wollte sterben. Doch seine Frau Carmi und sein Arzt hatten sich bereits geweigert, ihm mit einer Überdosis zu helfen. Zudem waren seine Bemühungen vergeblich gewesen, den Arzt Jack Kevorkian ausfindig zu machen, der in den USA für seine aktive Sterbehilfe bekannt ist. Eines Tages erklärte er dann seiner sprachlosen Frau, nachdem er gerade eine Scheibe Brot gegessen hatte: »Du sollst jetzt wissen, daß ich gerade zum letzten Mal etwas gegessen habe.« 40 Tage danach starb der 57jährige Earl im Kreise seiner Familie den Hungertod. Er hatte sich auf die einzige Art und Weise umgebracht, die ihm noch verblieben war. Auf einer Kassette, die er heimlich besprochen hatte und die seiner Familie nach dem Tod ausgehändigt werden sollte, verteidigte er mit allem Nachdruck seine Verzweiflungstat:

Ich weiß, daß ihr mich davon zu überzeugen versucht, daß ich am Leben bleiben soll. Aber wenn ihr wie ich in diesem Bett hier liegen würdet, dann würdet ihr es auch nicht länger wollen. (…) Wenn es einen Weg gibt, hier rauszukommen, werde ich ihn zu finden versuchen. (…) Ich will nicht mehr existieren. (…) Ich gehe durch die Hölle (…) Seid nicht traurig, wenn ich nicht mehr da sein werde. Denn mir wird es viel besser gehen.

Ein Jahr danach versuchten Earls Witwe und Elaine und Michael, Earls erwachsene Stiefkinder, immer noch, ihren Seelenfrieden mit seiner Todesart zu finden. Doch Elaine verstand, warum Earl den Selbstmord gewählt hatte. Sie sagte, daß »er zu guter Letzt das Zepter in die Hand genommen hat«. Michael gestand ein, Earl habe »Stärke und viel Willenskraft« gezeigt. Doch gleichzeitig meinte er, daß »er einen feigen Ausweg gewählt hat«. Er erklärte, »(ich) respektiere seine Entscheidung«, fügte aber hinzu: »Ich respektiere nicht, wie er es gemacht hat.« Manche mögen mit mir die Auffassung teilen, daß das einzig Falsche an Earl Blaisdells Selbstmord die Tatsache war, daß er ihn nicht weniger qualvoll durchführen konnte.

Es gibt eine Fülle leidenschaftlicher Argumente gegen Selbstmord – philosophische, psychologische und religiöse. Selbstmord ist feige, krank, eine große Sünde oder auch, wie Kant sagte, der »Selbstmord ist nicht verwerflich, weil Gott ihn verbietet, sondern Gott verbietet ihn, weil er verwerflich ist.« Doch Earl Blaisdell und andere würden vielleicht einwenden, wirklich abscheulich sei ein hinausgezögerter und entwürdigender Tod. Nachdem der Entschluß zu sterben gefallen ist, bleibt vielleicht nur noch als letzte entscheidende Frage das Wie. Die Antwort hierauf, so hat uns Blaisdells Tod klargemacht und so zeigt uns in etwas boshafter Weise Dorothy Parkers Gedicht *Resume*, ist erheblich schwieriger, als wir annehmen:

Rasierklingen tun weh;
Flüsse sind naß;
Säuren entstellen;
Und Drogen verursachen Krämpfe.
Schußwaffen sind nicht erlaubt;

Schlingen geben nach;
Gas riecht widerlich;
Du könntest also genauso gut weiterleben.

Wenn wir aber nicht weiterleben wollen, werden wir uns nach Möglichkeit schmerzlos und ohne brachiale Gewalt umbringen wollen. Gewöhnlich läuft das auf die richtigen Tabletten in ausreichender Menge hinaus. Es gibt bekanntermaßen Publikationen, die uns genau darüber informieren, wie man das macht. Und trotzdem ist es durchaus möglich, daß wir pfuschen und die ganze verdammte Sache nochmals anpacken müssen. Vielleicht möchten wir jemanden bei uns haben, nicht nur, weil es unsere Todesstunde ist, sondern auch um uns zu helfen, sollten unsere Bemühungen fehlschlagen. Um diese Hilfe direkt beim Selbstmord oder beim Erwerb der Mittel hierfür zu bekommen, wenden wir uns an unsere Familie, an Freunde oder an unseren Arzt. Allerdings ist Sterbehilfe auch in den meisten US-Bundesstaaten immer noch illegal, und diejenigen, die hier Hilfe leisten, riskieren ein Strafverfahren. Der Oberste Gerichtshof der USA hat entschieden, daß die amerikanische Verfassung dem Bürger kein Recht gebe, bei einer Selbsttötung auf die Unterstützung eines Arztes zurückzugreifen. Diese Rechtsprechung hat allerdings einzelne Bundesstaaten nicht davon abgehalten, Sterbehilfe zu legalisieren. Verantwortungsvolle Menschen haben im heftigen Für und Wider zu dieser Frage starke Argumente vorgetragen und werden das weiterhin tun.

Unter den wegweisenden Arbeiten zugunsten der Sterbehilfe ragt der tapfere Beitrag von Timothy Quill im *New England Journal of Medicine* heraus. Quill beschreibt auf zurückhaltende Weise, wie er einer im Sterben liegenden Frau – einer langjährigen Patientin – ein Rezept für eine tödliche Schlafmitteldosis ausstellte: Diana, so nennt er diese Patientin, will ihre akute Leukämie nicht behandeln lassen – die Therapie hat verheerende Belastungen für den Körper zur Folge und eine Mißerfolgsquote von 75 Prozent. Obgleich ein Verzicht auf Behandlung den sicheren Tod innerhalb einiger Monate oder sogar nur Wochen bedeutet, überzeugt Diana Dr. Quill wie auch ihre Familie von der Richtigkeit ihrer Entscheidung. Sie äußert darüber hinaus den Wunsch, die ihr verbleibende Zeit so gut wie möglich zu nutzen; freilich ein Wunsch, der von ihrer ständigen Angst vor einem qualvollen Siechtum durchkreuzt wird. Um also unter diesen Umständen menschlich leben zu können, muß sie sich sicher sein, auch dann sterben zu können, wenn sie sterben will. Sie bittet um Tabletten. »Ich stellte das Rezept mit einem beklemmenden Gefühl bezüglich der Grenzen aus, die ich hier abtastete – geistige, rechtliche, berufliche und persönliche Grenzen«, erklärt Quill. »Gleichzeitig jedoch fühlte ich intensiv, daß ich ihr die Freiheit gab, aus der ihr verbleibenden Zeit das beste zu machen und ihre Würde unter den von ihr gestellten Bedingungen bis zum Tode bewahren zu können.« Diana hat nun eine gewisse Zeit »relativer Ruhe und Stabilität«, sie kann ihre Zeit mit ihrem Sohn, ihrem Mann und mit Freunden gut nutzen. Und als deutlich wird, daß diese Zeit vorbei ist und die Zukunft nur noch Schlimmes bereithält, nimmt Diana das Schlafmittel und tötet sich. Quill schließt mit den Worten: »Diana ergriff die Initiative und traf aktiv Entscheidungen, die ihr in einer Art und Weise bei der Gestaltung ihres Schicksals halfen, die für sie Sinn und Zweck hatte. (...) Gegen Ende hatte Diana weniger Angst vor dem Tod als vor Abhängigkeit und zunehmendem Verfall. Obwohl sie den Tod nicht wünschte, wurde er doch zum kleineren Übel. Diana wollte weder krank werden noch vor diese schweren Alternativen gestellt werden. Aber sie wollte die Möglichkeit, ihr eigenes Schicksal zu bestimmen.«

Viele Menschen befürworten ärztliche Sterbehilfe sehr, doch sie werden Quill zweifellos darin zustimmen, daß wir es uns mit einer derartigen Hilfe nicht zu einfach machen sollten. Sie würden es wohl auch begrüßen, daß sie wie in dem hier geschilderten Fall im Kontext einer langen und vertrauensvollen Beziehung gegeben würde. Denn es ist genau dieser Mangel an Vertrautheit und einer echten Beziehung zwischen Patient und Arzt, die zu unserem unguten Gefühl einem Dr. Kevorkian gegenüber beiträgt, dessen Übereifer, Menschen beim Sterben beizustehen, dem Konzept vom »hilfsbereiten Fremden« einen üblen Beigeschmack gibt. Der in den USA berüchtigte Jack Kevorkian alias »Dr. Death« ist ein Kreuzfahrer der aktiven ärztlichen Sterbehilfe. Er reagiert auf Hilfsanfragen von Frauen und Männern, die sich umbringen wollen, weil sie eine tödliche Krankheit oder – wie Blaisdell – ein unheilbares und unerträgliches Leiden haben. Kevorkian schließt sie an ein Gerät an, das sie dann selbst betätigen können. Dabei hat er eine Injektionsmaschine zur Verabreichung einer tödlichen Dosis sowie eine Gesichtsmaske benutzt, die mit einem Kohlenmonoxyd-Behälter verbunden ist.

Und weit davon entfernt, in aller Stille und unspektakulär zu helfen, ist er bei seinen Eingriffen geradezu versessen auf Publicity. »Ich habe Thomas Hyde [ein 30jähriger Mann mit amyotrophischer Lateralsklerose – J. V.] bei einem Gnadenselbstmord geholfen«, verkündete er der Presse 1993. »Darüber gibt es keinen Zweifel. Ich sage das mit allem Nachdruck.« Kevorkian hat häufig Gefängnisstrafen riskiert und mit seiner Exzentrik und dem penetranten Kreuzzugsgebaren bei einigen Unterstützung und bei anderen Empörung geerntet.

Zu seinen Kritikern zählt Derek Humphry, Gründer der amerikanischen Euthanasie-Vereinigung *Hemlock Society*, die für die Entkriminalisierung der Sterbehilfe eintritt. Auf seine Auseinandersetzung mit Kevorkians »schrankenloser Euthanasie« angesprochen – in seinen Augen »voller Risiken« und »dünnes Eis« –, erwiderte Humphry: »Keine Bedingungen, keine Wartezeit (…) Jeder Arzt kann jedem unheilbar Kranken jederzeit an jedem Ort helfen. Die nachdenklichen Menschen unserer Organisation sind darüber entsetzt.« Und dennoch, wie viele Ärzte werden heimlich das getan haben, was Kevorkian öffentlich gemacht hat? Wie viele Patienten im Endstadium, die die Erlösung von einem qualvollen Siechtum suchen, sind auf das Wohlwollen ihres Hausarztes angewiesen? Und letztlich, wie vielen Männern und Frauen – entschlossen, Einfluß auf ihr Sterben zu nehmen – wurde von anderen Menschen geholfen, die sie kennen und lieben: von Kindern, Ehepartnern, Verwandten oder Freunden, die ihnen beim Sterben halfen und mit dieser Tatsache auch leben können?

In einem bewegenden Artikel über den Tod seiner Mutter schreibt Andrew Solomon von der Unschuld, die er bei der Unterstützung ihres Selbstmordes verloren habe – von dem Verlust »einer zerbrechlichen Unschuld«. Er verteidigt die Euthanasie und berichtet dem Leser, dies sei »eine legitime Art und Weise zu sterben und im besten Falle (…) ist sie voller Würde. Aber es ist immer noch Selbstmord, und Selbstmord ist die traurigste Sache der Welt«:

Seine Mutter – im Endstadium einer unheilbaren Krankheit – hat alle Details ihres Selbstmordes vorbereitet, obwohl auch ihre Söhne und ihr Mann wissen, was sie vorhat. Über einen Zeitraum von einigen Monaten hat sie die Tabletten gesammelt, die sie für ihren Tod benötigt, legt alte Familienstreitigkeiten bei, verbringt gemeinsame Stunden mit Freunden, läßt die Sitzmöbel neu aufpolstern, weil das Haus gut aussehen soll und wählt ihren Grabstein und die Inschrift aus. An dem Tag, den sie für ihren Selbstmord vorgesehen hat, kleidet sie sich in ein Nachthemd mit roten Rosen und zieht einen Morgenrock an. In Gegenwart ihres Ehemannes und ihrer Söhne nimmt sie erbrechenhemmende Mittel ein, dann einen leichten Imbiß und schließlich die Tabletten. Und in der verbleibenden Spanne von weniger als einer Stunde, so erinnert sich Andrew Solomon, sagen sie zueinander all die endgültig letzten Dinge, die zu sagen sind. Dann, so schreibt Solomon, wird die Stimme seiner Mutter langsamer und schläfrig. Sie sagt: »Ich bin traurig heute. Ich bin traurig, daß ich jetzt gehe.« Und trotz dieses traurigen Sterbens, so sagt sie, würde sie ihr Leben mit keinem anderen tauschen. »Ich habe ganz geliebt und ich bin ganz geliebt worden und ich hatte so ein gutes Leben.« Ihre Augen schließen sich, wie Solomon berichtet und öffnen sich nochmals und ihr Blick verweilt nach und nach auf jedem Familienmitglied, zuletzt auf ihrem Ehemann. »Nach so vielem habe ich in meinem Leben gesucht...«, sagt sie mit leiser Stimme. »Und die ganze Zeit war das Paradies in diesem Raum hier mit euch dreien.« Sie dankt ihrem Sohn David noch dafür, daß er ihren Rücken massiert hat. Dann schließt sie die Augen für immer.

Meine eigene Mutter dagegen starb erst nach Tagen der Agonie auf »natürliche« Weise. Der Vater einer lieben Freundin bat immer wieder um Erlösung, bis er keine Stimme mehr hatte. Eine fast 93 Jahre alte Frau, deren Geist grausam wach blieb, während ihr Körper ständig weiter verfiel, starb nach Aussage ihrer Kusinen »als schreckenserfüllte, gefangene, hellwache Zeugin ihres eigenen Verfalls«. Vergleicht man diese Todesfälle mit dem würdigen, leichten Tod Carolyn Solomons – diesem »guten« Tod der Fabeln, diesem würdevollen Tod –, so kann ich nicht aus vollem Herzen zustimmen, daß »Selbstmord die traurigste Sache der Welt« sei.

So traurig Solomon den Tod seiner Mutter auch empfunden hat, so sehr wünscht er sich nach seinen eigenen Worten, irgendwann einmal auf ähnliche Art sterben zu können. Auch sein Bruder und sein Vater haben diesen Wunsch. Falls sie nicht bei einem Autounfall, durch eine verirrte Kugel, einen Herzinfarkt oder Schlaganfall sterben sollten, »wird sich jeder von uns in Erfüllung dieser letzten Erbschaft meiner Mutter ganz bestimmt selbst umbringen«, schreibt Solomon. Als ein Zeuge der »Logik praktizierter Euthanasie« wundert er sich jetzt darüber, daß

Menschen auf jede andere erdenkliche Art sterben. Er erklärt schließlich, es würde ihn überraschen, falls er eines anderen Todes sterben sollte, nachdem »ich den Trost dieser Kontrolle über das Sterben erlebt habe«.

Kontrolle, Einfluß und Macht. Ein Selbstmord wie der von Carolyn Solomon läßt uns in einem umfassenden Sinne kontrolliert sterben. Andrew Solomon nennt das »den Trost dieser Kontrolle«. Quill spricht von »dem Recht eines Patienten, so kontrolliert und würdevoll wie möglich zu sterben«. Und ein Sozialarbeiter sagt, als er über Blaisdells Tod durch Verhungern spricht: »Das war eindeutig die letzte Sache, die er überhaupt kontrollieren konnte.«

Daniel Callahan ist ein Fachmann in Fragen medizinischer Ethik. Er zeigt sich besorgt über ein derartiges Insistieren auf Kontrolle und Selbstbestimmung. Ihn beunruhigt die Bewegung zur Legalisierung der passiven Sterbehilfe und der »aktiven Euthanasie«, also des Anspruchs, uns im Falle eines Leidens von jemandem töten zu lassen. Er weist auf den Konflikt zwischen zwei Geisteshaltungen hin. Auf der einen Seite gibt es den sehr ausgeprägten Individualismus der amerikanischen Gesellschaft, »der unser Recht auf Eigenständigkeit, auf Selbstbestimmung unseres Schicksals und damit auch über unseren Körper bestärkt«. Auf der anderen Seite steht die medizinische Tradition, deren Entschiedenheit, menschliches Leben zu retten, nach seinen Worten zu oft in »eine unkontrollierbare Neigung zu unbarmherziger, aggressiver, unbedachter medizinischer Behandlung« mündet.

Wie schaffen wir es, als Individuen Kontrolle über diesen medizinischen Moloch zu erlangen? Für viele liegt Callahan zufolge die Antwort auf der Hand – indem wir Sterbehilfe und »Gnadentod« legalisieren. Seiner Auffassung nach sollten wir verhindern, daß Ärzte unser Leben weiter und weiter »bis jenseits irgendeines Sinns oder gesunden Menschenverstandes« verlängern. Doch er streitet ganz entschieden das Recht ab, darum bitten zu können, getötet zu werden. Seiner Überzeugung nach ist es für eine Gesellschaft schädlich, »private Tötungen zwischen einzelnen ihrer Mitglieder« zuzulassen. Dies würde »den Wert der Selbstbestimmung und der Beherrschung der Natur zu hoch ansetzen und zu hohe soziale Kosten mit sich bringen«.

Daneben ist selbstverständlich das Argument zu hören, daß man sich bei einer Zulassung von Tötungen im privaten Rahmen

auf sehr dünnem Eis bewege und daß dies zu tödlichem Mißbrauch führen würde. Menschen könnten in den Tod gedrängt
werden, indem man ihnen das Gefühl vermittelt, eine Last zu
sein. Auf diese Weise könnte man sich aus Gründen wirtschaftli-
chen oder anderen persönlichen Gewinns der Alten, Machtlosen
oder auch der Geisteskranken entledigen. Einige Aktivisten der
Behinderten fürchten, Blinde oder Taube oder Rollstuhlfahrer
könnten von Ärzten eines Tages als »lebensunwert« erachtet
werden. Einige Kritiker des Krankenpflegebereichs in den USA
fürchten, private Krankenhausunternehmen könnten sich für
Sterbehilfe und damit gegen teuere lebenserhaltende Behandlungen stark machen, um so die Kosten zu drücken. Andere sind
besorgt, daß Angehörige, die ihr Erbe in einer 24-Stunden-
Betreuung durch einen Pfleger dahinschmelzen sehen, ihre
Eltern entmutigen könnten, am Leben festzuhalten. Und wiederum andere fürchten, die Belastungen bei der Pflege eines
schwer kranken Ehemanns oder einer Ehefrau könnten den
erschöpften Pflegenden veranlassen, anzudeuten oder sogar
darauf zu drängen, der oder die Pflegebedürftige hätte eine Verpflichtung zu sterben.

Das dünne Eis besteht also aus mehreren Schichten. Sehen wir
uns bespielsweise George Delury an, der ein Tagebuch über
seine allzu menschlichen Gedanken und Empfindungen in den
Monaten führte, bevor er seiner an Multipler Sklerose erkrank-
ten Frau beim Selbstmord half: »Jahrelang nur noch die körperliche Hülle eines geliebten Menschen zu pflegen, ist kein Leben,
das ich leben möchte.« In einem anderen Eintrag wendet er sich
direkt an seine Frau: »Du saugst das Leben aus mir wie ein Vam-
pir!« Er vertraute seinem Tagebuch auch an, daß er vier Alternativen hätte: seine Frau verlassen; sie weiterhin pflegen, was ihn
seinen Worten nach in den Wahnsinn oder Tod treiben müsse;
sich selbst töten; oder sie töten, »was eine Option bleibt, wenn
auch ohne ihre Kooperation eine viel schwierigere«. Nach dem
Tod von Myrna Lebov – Delurys Frau – äußerte ihre Schwester
Zweifel daran, ob sie denn tatsächlich bereit gewesen sei, zu
sterben. Diese Zweifel führten in Kombination mit Delurys brutal offenherzigem Tagebuch zu einigen beunruhigenden rechtlichen und moralischen Fragen: Half Delury seiner Frau zu sterben, um sie aus ihrem Elend zu erlösen oder vielmehr sich aus
seinem? Oder wie stellen wir uns zu ihm, wenn beides zutreffen
sollte?

Der Psychiater Herbert Hendin, Vorsitzender der *American Suicide Foundation*, die sich die Verhinderung von Selbstmorden zur Aufgabe gemacht hat, ist der Überzeugung, daß sich die Niederlande, wo ärztliche passive Sterbehilfe und aktive Euthanasie an der Tagesordnung sind, auf ganz besonders »dünnem Eis« bewegen. Dieses »dünne Eis«, so warnt er, »wird unerbittlich dünner: von passiver hin zu aktiver Sterbehilfe; von den Todkranken hin zu den chronisch Kranken; von den körperlich Kranken hin zu den Geisteskranken; schließlich von denjenigen, die Sterbehilfe erbitten hin zu denen, deren Leben nach ärztlichem Ermessen beendet wird«. Hendin erklärt, die niederländischen Erfahrungen lehrten, daß Sterbehilfe nur »eine scheinbar einfache Lösung für eine Unzahl von Problemen« sein könne.

Doch dünnes Eis beiseite – die Vorstellung, anderen beim Sterben zu helfen, ruft sofort eine Fülle heftiger Einwände auf den Plan. Eines der Hauptargumente – von Daniel Callahan und anderen vorgetragen – lautet, es gäbe einen wesentlichen Unterschied zwischen der tatsächlichen Tötung eines Menschen (aktive Euthanasie) einerseits und der Zurücknahme beziehungsweise dem Abbruch bestimmter lebenserhaltender Eingriffe andererseits, die es sterbenden Patienten erlaubte, »natürlich« zu sterben. Indem dieser Unterschied – so Callahan – verwischt werde, »verkörpert die Pro-Euthanasie-Bewegung die Annahme, tatsächlich aber die irreführende Einbildung, der Mensch sei jetzt ganz und gar Herrscher über alles, verantwortlich für alles Leben und Sterben«.

Callahan gibt zu, daß sich unser Wunsch nach Kontrolle über unseren Tod durch gezielte Vorbereitung auf unser Ende oder durch die Unterstützung anderer teilweise aus unserer Furcht vor einem mittels der modernen Medizin immer weiter hinausgezögerten Tod speist. Er gibt deshalb zu bedenken, daß wir uns vielleicht eher mit einem »natürlichen« Tod – ohne unser gezieltes Einwirken oder das anderer – vertraut machen könnten, wenn wir nicht so stark den gefahrvollen Seiten der Intensivmedizin ausgesetzt wären und uns schmerzstillender Medikamente in stets ausreichender Dosis sicher sein könnten. Unter solchen Voraussetzungen bräuchten wir seiner Auffassung nach vor dem Sterben weniger Angst zu haben und müßten infolgedessen auch nicht auf einer völligen Kontrolle des Sterbevorgangs bestehen.

Callahans Argument würde Earl Blaisdell und auch all jene bestimmt nicht zufriedenstellen, die sich nicht etwa fragten und fragen, was im Falle einer tödlichen Krankheit mit ihnen geschieht, sondern die sich ein unerträgliches Leben vorstellen. Auch würde es diejenigen nicht zufriedenstellen, die befürchten, keine Möglichkeit mehr zur Selbsttötung zu haben, falls sie nicht handeln, bevor ihr Leben irgendwann tatsächlich unerträglich wird. Selbstmord – allein oder mit Unterstützung – oder aktive Sterbehilfe kann einen verzweifelten Menschen aus einer Hölle befreien. Aber Menschen, die im Endstadium einer tödlichen Krankheit leben und bald sterben werden, ziehen wie Daniel Callahan dem Selbstmord vielleicht eine menschlichere Alternative vor. Für eine wachsende Zahl von Menschen heißt diese Alternative Hospizpflege.

Die Idee der Hospizbetreuung oder -pflege besagt, daß wir – ohne den Selbstmord wählen zu müssen – eine wirkliche, wenn auch begrenzte Möglichkeit bekommen, Einfluß auf unser Sterben zu nehmen. Hier können Menschen sterben, ohne nach Heilung zu suchen, ohne an Maschinen angeschlossen zu werden, ohne immer noch einem weiteren Eingriff ausgesetzt zu werden, sondern – die Mehrzahl zumindest – würdevoll, trostreich und in Frieden. Im Rahmen einer Hospizbetreuung können wir weder Stunde noch Tag unseres Todes bestimmen, jedoch den Ort und bis zu einem gewissen Umfang auch die Umstände. Hospizbetreuung bietet ein Versprechen, das sie für die meiste Zeit auch einzulösen vermag: daß wir nicht in Schmerzen oder einsam sterben müssen und daß uns dabei geholfen werden wird, so erfüllt wie irgend möglich »in dem Abschnitt unseres Lebens, der Sterben heißt«, zu leben. Die Hospizbetreuung bietet in der Regel Menschen, die nur noch sechs Monate oder auch weniger zu leben haben, schmerzlindernde Behandlungsmethoden und besondere Dienstleistungen an und ermöglicht ihnen, soweit es geht, ihre Alltagsverrichtungen selbst in die Hand zu nehmen.

Diese Form der Pflege findet in den meisten Fällen zu Hause statt, aber auch in speziellen Hospizeinrichtungen, wo – zumindest am Hospice of Washington, in dem ich als Freiwillige arbeite – Besucher einschließlich Haustiere täglich rund um die Uhr Zutritt haben. Ärzte, Schwestern und Pflegekräfte, Sozialarbeiter, ambulante Pflegekräfte für zu Hause, geistlicher Beistand und Freiwillige stehen den Patienten und deren Familien zur Verfügung. Die Angehörigen werden ermutigt, sich an jedem erforderlichen größeren Entscheidungsprozeß zu beteiligen. Eine der wichtigsten Entscheidungen betrifft die Schmerzbehandlung und die Überwachung der Symptome – Bereiche, in denen uns Krankenhäuser oft im Stich lassen. Im Hospiz dagegen können wir selbst bestimmen, wieviel schmerzstillende Mittel wir benötigen. »Wenn Sie Schmerzen haben und um stärkere schmerzstillende Mittel bitten, gibt es bei uns kein Nein«, erklärte mir eine Hospizschwester. (Hier muß ich an meine Mutter denken, die im Krankenhaus vor Schmerzen weinte, während ihr die Pflegekraft die schmerzlindernde Spritze vorenthielt, weil »es noch zu früh ist«. Ich war außer mir und versuchte vergeblich ihr klarzumachen, daß meine Mutter eine stoische Person sei, die wirklich überhaupt niemals geweint habe; und daß, wenn meine Mutter jetzt vor Schmerzen weinte, sie wirklich Schmerzen haben müsse UND MAN IHR DESHALB JETZT SOFORT DIESE VERDAMMTE SPRITZE GEBEN MÜSSE!)

Eine Hospizbetreuung stellt alles Notwendige bereit, um einen Sterbenden von Schmerzen zu befreien, ihn aber gleichzeitig geistig möglichst wach zu halten. Jede derartige Pflege geht allerdings weit über die Medikamentierung gegen Schmerzen hinaus. Denn ein Hauptaugenmerk liegt hier auf dem emotionalen Wohlbefinden der Patienten: bei ihnen sein, wenn sie sich ihres Lebens erinnern oder Fotoalben durchstöbern; ihnen zuhören, wenn sie sich mit unerledigten Angelegenheiten abmühen oder ihre Gedanken über den Tod äußern; ihnen beim Abfassen von Abschiedsbriefen an ihre Kinder behilflich sein oder bei der Vorbereitung ihrer Beerdigung; oder einfach im Gespräch über Nebensächliches, beim Lachen, beim Fernsehen oder schweigend mit ihnen zusammen sein.

Der Hospizgedanke ist »eine Bewegung, kein Ort«, hat ein Autor geschrieben. Menschen zu leben helfen, während sie sterben, bedeutet, »ihre hinfälligen Körper zu baden, ihr schütteres Haar zu kämmen, sie vorbehaltlos zu lieben oder sich ihnen zuzuwenden, ihre Schmerzen zu lindern, sie freudig zu stimmen und ihr zu Ende gehendes Leben zu erleichtern, als ob das nur eine Ehre und keine schwere Aufgabe sei«. Dieser Autor hat es genau getroffen! Geistlicher Beistand wird gegeben, wenn er erbeten wird, doch er wird weder aufgezwungen, noch ist er notwendigerweise in Feierlichkeit gehüllt. »Ich bin die Vikarin«, sagt Schwester Barbara Marie vom Holy Cross Hospice in Silver

Springs, Maryland, während eines Besuchs bei einem Patienten. »Also müssen wir jetzt wohl schnell feierlich werden, bevor ich mich hier wieder davonmache!«

Ob da nun etwas Frommes gschieht oder nicht, eine Hospizpflege kann die Endphase eines Lebens lebenswerter machen. Als eine Frau, die kurz davor war, an Krebs zu sterben, sich für ihre letzte Geburtstagsfeier besonders schön zurechtmachen wollte, suchte eine Hospizmitarbeiterin jedes Geschäft in der Stadt ab, bis sie die passende Kleidung gefunden hatte. Als ein bei sich zu Hause betreuter Patient von Austern schwärmte, verschaffte sich ein Hospizmitarbeiter verschiedene Rezepte, kaufte sie regelmäßig ein und bereitete sie zu, so daß der Mann einmal die Woche bis zu seinem Tod Austern auf den Tisch bekam. Als sich eine im Sterben liegende Frau nach ihrem geistig behinderten Kind sehnte, fuhr eine Betreuerin zwei Stunden lang, um das Kind zu seiner Mutter zu bringen. Und als ein Ehepaar sich Sorgen machte, da sie nicht in einer katholischen Kirche geheiratet hätten, organisierte eine Hospizschwester einen Priester, der an das Bett des sterbenden Ehemanns trat und eine kirchliche Trauung vollzog (die Hospizschwester hatte für die beiden sogar eine Kassette mit dem »Ave Maria« aufgetrieben).

Eine Hospizmitarbeiterin erinnert sich an eine der seltenen Bitten, die sie nicht erfüllen konnte: Ein Adventist, mit dem sie eine sehr warmherzige und enge Beziehung unterhielt, hatte sie ihr gegenüber geäußert. Sie erzählte, sie habe ihn gefragt, ob es etwas besonderes gäbe, das er gern wollte. Ja, es gab da etwas – sogar sehr viel. Und dann antwortete er zu ihrer Überraschung, er wolle einen … Kirchenübertritt am Sterbebett. Allerdings gab es ein Problem – er wollte nicht selbst konvertieren, sondern sie davon überzeugen; weil er sie so mochte und weil er ihre Seele retten wollte, »indem ich Jesus in mein Leben eintreten ließe. Er wollte mich auf seinem Sterbebett vom jüdischen zum christlichen Glauben bekehren!«

Obgleich sie ihm diese Bitte abschlagen mußte, fühlt sie sich gut bei jeder Art von Übererfüllung ihrer Aufgaben. Das scheint für alle im Hospiz Arbeitenden zu gelten: Sie sind sich sicher, daß die Kanten des Bettbezugs und des Lakens einfach genau aufeinanderliegen müssen, selbst wenn der Patient gar nichts mehr sehen kann. Sie erklären den Zweck jeder Spritze und jedes Zäpfchens, auch wenn der Patient nichts mehr hören kann. Sie machen einem Patienten keine falsche Hoffnung oder sagen auch nicht »Essen Sie! Sie müssen essen oder es geht Ihnen nicht besser!« Menschen, die im Hospiz engagiert sind, glauben daran, daß Respekt gegenüber dem Patienten angesichts des Sterbens zu einem würdevollen Tod beitragen kann.

Menschen, die vor ihrem Tod stehen und »für die diese Zeit eine Bedeutung hat«, kann eine solche Pflege auf dieser »emotionalen Reise« behilflich sein, wie Fran Dunphy erklärt, die am Hospice of Washington als Schwester in der häuslichen Pflege arbeitet. Daß diese »Reise« zwingend mit dem Tod endet, schließt ihr zufolge keineswegs aus, daß es zärtliche, erhebende, versöhnliche Momente geben kann, ja sogar Momente außerordentlicher Freude. Hier die Aussage eines Patienten: »Ich kam ins Krankenhaus und wäre fast gestorben. Ich kam ins Hospiz, um zu sterben und ich lebte wieder.« Und dies sind die Worte der Schwester eines Hospizpatienten: »Das Hospiz erlaubte meinem Bruder in einer Weise zu leben, die wir uns immer für ihn gewünscht hatten, zuversichtlich und mutig, würdevoll, mit etwas Barmherzigkeit und meistens auch… mit eigenen Wahlmöglichkeiten.«

Auch eine derartige Pflege ist alles andere als perfekt: Pflegekräfte kommen nicht, wenn sie vom Patienten zu Hause erwartet werden; die Medikamentierung reicht bei den Schmerzen nicht immer aus; die wichtigsten Betreuungspersonen – die Familie, andere nahestehende Menschen oder Freunde – können trotz Hospizunterstützung überfordert sein. Und auch wenn eine 24-Stunden-Versorgung in den Hospizeinrichtungen selbst bereitgestellt werden kann, machen die Bestimmungen der Krankenkassen eine längerfristige Unterbringung in diesen Einrichtungen immer schwerer. Wir sollten auch wachsam sein gegenüber Äußerungen wie der von Elisabeth Kübler-Ross, der Pionierin zum Thema Tod und Sterben, die behauptet, daß »viele meiner Patienten im Endstadium mir gegenüber betont haben, daß die letzten sechs Monate ihres Lebens die wichtigste Zeit ihrer gesamten Existenz gewesen seien«. Der frühere Vorsitzende der New York State Hospice Association hat demgegenüber nüchterner erklärt, daß das »für die meisten Hospizpatienten keine realistische Hoffnung ist«.

Ein Hospiz ist auch kein Ort, wo man Sterbehilfe erwarten darf. Die nationale Hospizorganisation der USA vertritt in dieser Frage einen eindeutigen Standpunkt und erklärt in ihren Publikationen: »Das Hospiz beschleunigt den Tod nicht und zögert ihn auch nicht hinaus.« Somit müssen wir uns beim Eintritt in eine solche Pflegeinstanz grundsätzlich mit weniger als einer vollständigen Kontrolle über unsere Lebensumstände zufriedengeben und gehen das – wenn auch sehr geringe, so doch vorhandene – Risiko ein, daß wir mit gewissen körperlichen Schmerzen oder Atemproblemen sterben müssen, die trotz aller Bemühungen nicht behoben werden können. Darüber hinaus werden wir uns höchstwahrscheinlich bestimmten Umständen beugen müssen, die schwer erträglich sein mögen: zunehmend bettlägerig und hilfsbedürftig zu werden, unseren körperlichen Verfall erleben oder – wie in vielen Hospizen – in Windeln sterben zu müssen.

Wir Anhänger des Hospizkonzeptes müssen eine Definition für »würdevollen Tod« finden, die nicht davon abhängen darf, daß es keine Windeln geben beziehungsweise daß der Patient von nichts abhängig sein soll. Morrie Schwartz, Soziologieprofessor im Ruhestand, der an amyotrophischer Lateralsklerose (ALS) starb, erzählte uns von seinen eigenen Erfahrungen mit diesem Thema. In einem ABC-Interview mit Ted Koppel 1995 sprach Morrie (so wollte er angesprochen werden) von der Aufrechterhaltung seiner menschlichen Würde, als er nicht mehr selbständig essen, aufrecht sitzen oder allein zur Toilette gehen konnte, sich nicht einmal mehr »den Hintern abputzen« konnte, wie er sagte. »Ich schäme mich nicht. (...) Meine Würde kommt aus meinem Innern und aus der Tatsache, daß ich Haltung wahren kann und die ganze Zeit (...) völlig menschlich, wirklich völlig menschlich sein kann.« Andere Männer und Frauen, die mit Menschen, die sterben werden, arbeiten, haben ihre eigenen Definitionen eines würdevollen Todes. Schwester Barbara Marie, die seit 17 Jahren den geistlichen Beistand am erwähnten Holy Cross Hospice koordiniert, erklärt, für sie bedeute würdevoller Tod »friedlich, schmerzfrei, zu Hause, im Kreis der geliebten Menschen zu sterben; seelisch und in jeder anderen Beziehung mit sich im reinen zu sein«. Fran Dunphys Definition lautet: »Sterben mit Fassung; sterben mit wenig Schmerzen, so daß man seinen Kopf beisammen hat; zu sterben und zu wissen, daß man stirbt, also aktiv am Sterbevorgang teilnehmen kann«. Timothy Quill betont in seinem Buch über würdevolles Sterben die Bedeutung von bewußter Kontrolle und von eigenen Wahlmöglichkeiten; von möglichst geringem körperlichen und seelischen Leiden; und davon, nicht von anderen verlassen zu sein und allein sterben zu müssen. Für Leonard Beerman, ehemaliger Rabbiner am Leo Baeck Temple in Los Angeles und Mitglied eines Ausschusses, der sich mit Fragen des Lebensendes beschäftigt, bedeutet würdevolles Sterben »eine Pflege zu haben, die einen in einer Art Umarmung sterben läßt«. Und, so fügt er hinzu, im Idealfall heißt das, das gelebte Leben auch tatsächlich als unser eigenes anzunehmen.

Von diesem letzten Gesichtspunkt wird die achte und letzte Phase in Erik Eriksons *Kindheit und Gesellschaft* bestimmt, in der es um »Ich-Integrität gegen Verzweiflung« geht. Unter Ich-Integrität versteht Erikson »die Hinnahme dieses unseres einmaligen und einzigartigen Lebensweges als etwas« – im Guten wie im Schlechten – »Notwendigem und Unersetzlichem«; als etwas also, das seine eigene Ordnung, Bedeutung und Gültigkeit besitzt. Wenn wir zu dieser Akzeptanz kommen, dann »verliert der Tod seinen Stachel«. Verzweiflung ist demgegenüber der Glaube, unsere verbleibende Zeit sei nun zu kurz, um noch ein neues Leben beginnen zu können, und gleichzeitig das bisher gelebte Leben nicht annehmen, es lieben und bedeutungsvoll finden zu können. Ohne dieses Annehmenkönnen jedoch werden wir Erikson zufolge an jenen »tausend kleinen Verdrüsse(n)« leiden. Ohne die Ich-Integrität werden wir den Tod fürchten.

Angst vor dem Sterben und vor dem Tod kann allerdings selbst diejenigen quälen, deren Ego wunderbar gut integriert ist. Die meisten haben furchtbare Angst vor dem Tod, der uns mit Verlassenheit, Ausgeliefertsein, Einsamkeit, der Hölle oder ewiger Verdammnis bedroht. Für viele ist er das alptraumhafte *weite Feld* aus Theodore Roethkes gleichnamigem bewegenden Gedicht *The Far Field*:

Ich träume immer wieder vom Reisen:
Wie eine Fledermaus in einen immer
Schmaler werdenden Tunnel hineinzufliegen;
Allein und ohne Gepäck auf eine Halbinsel
Hinauszufahren …
Um schließlich in einer hoffnungslosen Sandspur
Steckenzubleiben,
Wo der Motor verreckt,
Schlingernd in einer Schneewehe,

Bis die Scheinwerfer verlöschen.
Am Ende des Feldes, in der Ecke, die der
Mäher ausgelassen hat,
Wo der Rasen abfällt zu einem
Grasüberwucherten Wasserdurchlaß,
Lieblingsort der Spottdrossel und der Feldmaus,
Unweit des immer veränderlichen
Abfallhaufens für Blumen,
Mitten zwischen den Konservendosen,
Autoreifen, verrosteten Rohren, kaputten
Maschinenteilen –
Lernt man etwas über das Ewige;
Und in dem eingeschrumpften Kopf einer toten Ratte,
   Angefressen von Regen und Käfern
(Ich fand sie im Schutt eines alten Kohlebehälters)
Und von dem Kater, den es beim Fasanenrevier er-
   wischt hat,
Die Eingeweide über die frisch wachsenden Blumen
   verstreut,
Abgeknallt vom Nachtwächter.

Wie sollte der Tod bei so grauenvollen Bildern der Ewigkeit und Sterblichkeit wohl kein Stachel sein? Wie sollten wir uns auch mit dem Tod versöhnen? Als Evelyn Waugh Jessica Mitfords Buch *The American Way of Death* rezensierte, störte ihn die Tatsache, »daß sie keine klare Haltung zum Tod einnimmt«. Mitford ließ ihm daraufhin über ihre Schwester, eine Freundin Waughs, eine Entgegnung zukommen: »Sag' Evelyn, ich hätte sehr wohl eine Haltung zum Tod. Ich bin gegen ihn.« Die meisten sind gegen ihn. Aber wir können noch so viel gegen ihn sein, er kommt und kriegt uns! Der Tod ist »die Macht, über die wir keine Macht haben«, schreibt die Psychoanalytikerin Mary Chadwick. Alles, was wir uns überhaupt an Kontrolle erhoffen können, ist die Art und Weise, wie wir ihm entgegentreten. Und wenn er uns trifft, wenn wir ihn kommen fühlen und er seelisch nicht maßlos grausam ist, so können wir vielleicht »diesen äußersten Augenblick, in dem wir uns dem Tod ergeben (...), zu einer willentlichen Entscheidung, einer aktiven Wahl des Los- lassens« verwandeln, wie der Rabbiner Beerman schreibt. Eine willentliche Entscheidung. Eine aktive Wahl loszulassen. Es kann sein, daß die einzige Form von Kontrolle und Macht, die uns am Lebensende bleibt, ein Akt des Sich-Ergebens in unseren Tod ist.

Einige werden sich natürlich nicht fügen. Sie wüten gegen das Verlöschen des Lebenslichts und bekämpfen den Tod bis zuletzt. Oder sie unterwerfen sich ihm verbittert oder in ohnmächtiger Resignation, sehen sich als Opfer einer »primitiven biologischen Tatsache, die von Schmerz, Schrecken und Verzweiflung durchdrungen ist«. Oder aber sie sterben so früh oder so spät, so betrogen oder so erschöpft, daß sie ihren Tod weder selbst wünschen, noch wollen, noch wählen können. Oder aber sie werden bis zum letzten Atemzug nicht akzeptieren, daß sie sterben. Einige hingegen werden den Tod sterben, den Nietzsche einen »freien Tod« genannt hat, den er – vielleicht etwas zu pathetisch – als einen Tod definiert hat, »der zu mir kommt, weil *ich* will«. Nach diesem Verständnis ist der Tod ein Gefährte, jemand, mit dem wir gemeinsam etwas tun und nicht etwas, das uns nur zustößt. Wir ergeben uns in ihn …

Man sagt, Woodrow Wilsons letzte Worte seien gewesen: »Ich bin eine kaputte Maschine. Ich bin bereit abzutreten.« Ich nehme an, das ist eine Form der Ergebung. Ein japanischer Kamikaze-Pilot schrieb seinen Eltern vor seinem Selbstmord-Einsatz im Zweiten Weltkrieg und nahm seinen Tod mit folgenden erwartungsvollen Worten vorweg: »Bitte gratuliert mir. Mir ist eine herrliche Art zu sterben zuteil geworden. (…) Ich werde wie die Blüte eines strahlenden Kirschbaums fallen.« Diejenigen, welche ihrem Tod mit dem Vertrauen auf eine geistige oder auch diesseitige Unsterblichkeit entgegensehen, werden ihn in bestimmten Fällen in freudiger Erwartung auf den Eintritt ins Paradies oder in die Geschichte willkommen heißen. Und wir hören immer wieder, daß diejenigen, die das Gefühl haben, ein erfülltes Leben gelebt zu haben, wohlgemut ihren Tod annehmen: Sei denn willkommen, mehr ist nicht nötig, sagte Hölderlin sinngemäß.

Der Kritiker Anatole Broyard führte in den Monaten seines Sterbens ein Tagebuch und schrieb: » Am Ende stellt man sich für die Ewigkeit hin. Es ist dein letztes Bild. Laß dich nicht in den Tod tragen, spring hinein.« Roethkes Gedicht *The Far Field*, das so beängstigend beginnt, bewegt sich hin auf eine köstliche Vision der Fügung. Es lädt uns zu der Betrachtung ein, wie wir »durch den Tod, den Gedanken an meinen Tod erneuert« werden könnten, indem wir unser geängstigtes, sterbliches Selbst mit etwas

Umfassenderem als diesem Selbst vereinen, das gütig ist und
fortdauert:

Ein Mensch im Angesicht seiner eigenen Größe
Weckt alle Wellen, all ihr lose wandelndes Feuer.
Das Murmeln des Absoluten, das »Warum« des
Geborenseins bleiben stumm vor seinen nackten Ohren.
Sein Geist bewegt sich wie monumentaler Wind,
Der auf einer sonnigen, blauen Hochebene säuselt.
Er ist der Dinge Ende, der letzte Mensch.

All' endliche Dinge offenbaren Unendliches:
Der Berg mit seinem eigentümlich strahlenden Schatten,
Wie blauer Schimmer auf frisch gefrorenem Schnee,
Das Nach-Leuchten auf eisbemäntelten Kiefern;
Duft von Schwarzlinden an einem Berghang,
Wohlgeruch, den die Bienen so mögen;
Stilles Wasser über einem versunkenen Baum:
Die reine, heitere Erinnerung in einem Menschen –
Wellenkreise von einem einzigen Stein,
Sich um die Wasser der ganzen Welt legend.

Auch der im Sterben liegende Morrie Schwartz verwendet Was-
sermetaphern in der kleinen Geschichte, die um die gleiche
Frage kreist:

Da ist diese kleine Welle, diese männliche Welle, die auf
und nieder tanzt, vor dem Ufer, die auf dem Meer auf
und nieder tanzt, großen Spaß hat und plötzlich merkt,
daß er gegen dieses Ufer brandet … und vernichtet
werden wird. Und er wird so verzweifelt: »Mein Gott,
was wird mir geschehen?« und dabei hat er diesen
bitteren, hoffnungslosen Gesichtsausdruck. Da kommt
frohgemut eine weibliche Welle daher. Und die weibliche Welle spricht zur männlichen Welle: »Warum bist
du so niedergeschlagen?« Der Mann antwortet: »Du
verstehst nicht. Du wirst gegen das Ufer branden und
dann bist du nichts mehr.« Daraufhin erwidert sie: »Du
verstehst nicht. Du bist keine Welle. Du bist ein Teil des
Ozeans.

In seinem letzten Interview mit Koppel zitierte Morrie Schwartz einen eigenen Aphorismus, der wohl das letzte Sich-Ergeben ansprechen will: »Laß' nicht zu früh los, aber klammere dich nicht zu lang. Finde das Gleichgewicht.«

> *Ted Koppel:* Morrie, schon die Vorstellung, loszulassen, bedeutet ein gewisses Maß an Kontrolle.
> *Morrie Schwartz:* Genau.
> *Ted Koppel:* Glaubst du, du hast dieses gewisse Maß?
> *Morrie Schwartz:* Ich weiß nicht. Ich werd's versuchen.

Ich wollte Ted Koppel anrufen, um ihn zu fragen, wie Morrie wirklich gestorben sei. Doch während des Wählens hängte ich auf. Morrie Schwartz hatte ein schwerer Tod bevorgestanden, und ich wollte daran glauben, daß ihm wirklich sein eigener Tod gewährt worden sei. Ich wollte glauben, daß er ganz zum Schluß Trost, Menschlichkeit und Würde gefunden hatte, daß jemand bei ihm war und daß er noch genügend – wenn auch unvollkommene – Kontrolle besaß.

Nachwort

*Letztendlich könnte doch alles prima sein! Und wenn du bis zum
Umfallen schuftest (...) deine Eisen im Feuer behalten und deine
Freunde umsichtig aussuchen würdest – wenn du also darauf achten
würdest, daß alles genau so wäre – vielleicht würde das Leben dann
nicht aus dem Ruder laufen.*

Laurie Colwin

Wir können bis zum Umfallen schuften und unsere Eisen im
Feuer behalten. Wir können unsere Freunde und alles andere
umsichtig auswählen. Wir können fähig, vorsichtig, flexibel, ein-
fallsreich und stark, auf jede Möglichkeit vorbereitet, wachsam
und weise sein. Doch wir werden nicht immer verhindern können, daß unser Leben aus dem Ruder läuft. Wir können mit unserer eigenen Geschichte zurechtkommen oder um sie herumkom-
men. Wir können die Grenzen unserer Biologie übersteigen, uns
selbst von den grausamsten Schlägen erholen. Wir können Strategien entwickeln, um mit eiserner Hand unseren eisernen Willen durchzusetzen oder um mit Glacéhandschuhen zu überreden und zu manipulieren. Oft bekommen wir, was wir wollen,
doch nur solange wir keine absolute Kontrolle und Macht anstreben. Wir müssen die Möglichkeiten und die Grenzen unserer
Macht kennenlernen. Und wir müssen eine Balance zwischen
Macht und Hingabe finden.

Von unseren allerersten Jahren bis zu unseren letzten Tagen ist
Kontrolle und Macht ein Aspekt fast all unserer Erfahrungen: als
Selbstbeherrschung, als Begrenzung unserer Freiheit, als wachsende Beherrschung unseres Universums, als Selbstgewißheit,
als Einfluß auf die Menschen in unserem Leben. Kontrolle und
Macht als die initiierten Handlungen nach einem Unglück, als
Knoten in der Brust, als Messer des Räubers; als Annehmen
moralischer Verantwortung für unsere Versäumnisse, Grausamkeiten oder Verbrechen. Schließlich als Memento mori, denn wir
können in unserem Leben Entscheidungen treffen, die uns dabei

helfen, uns über die Bedeutung und die Art und Weise unseres Todes klarzuwerden, auch wenn wir weder dessen Ursache noch seinen Zeitpunkt bestimmen können.

Wir können auch wählen, wann wir loslassen wollen und wann wir es müssen; wann es das beste überhaupt ist, Kontrolle und Macht aufzugeben. Wir können uns auf positive Weise hingeben, an Gott oder sexuelle Leidenschaft. Wir können aufgeben, falls es zwecklos ist, durchzuhalten; zugeben, wenn wir verloren und die anderen gewonnen haben; entscheiden, daß uns etwas überhaupt nichts angeht. Und wir können in vernünftigem Rahmen den Schranken und Regeln unserer Gesellschaft folgen, anstatt uns ihnen halsstarrig entgegenzustellen. Im übrigen müssen wir uns manchmal, ob wir wollen oder nicht, unterwerfen, weil etwas schlicht unverrückbar, nicht verhandelbar oder nicht kontrollierbar ist. Wir müssen erkennen, was nicht kontrollierbar beziehungsweise beeinflußbar ist und wir müssen lernen, zum richtigen Zeitpunkt loszulassen. Doch wir müssen uns auch stets vor Augen halten: Die Ereignisse unseres zerbrechlichen Lebens werden ganz wesentlich von unseren eigenen Handlungen und Entscheidungen geformt, also durch die Ausübung unserer – wenn auch immer nur unvollkommenen – körperlichen, geistigen, emotionalen und moralischen Kontrolle und Macht.

Danksagung

Während der Arbeit an diesem Buch habe ich auf das Wissen, die Erfahrung und Unterstützung sehr vieler Menschen zurückgreifen dürfen. Einige kann ich nicht namentlich nennen, da sie ungenannt bleiben möchten. Sie wissen hoffentlich, wie dankbar ich ihnen verbunden bleibe. Den anderen möchte ich hier herzlich danken:

Den Therapeuten und Psychoanalytikern, die mich an ihren Gedanken und ihrem Sachverstand teilhaben ließen: Joan Willens Beerman, Ruth Caplin, Robert Gillman, Stanley Greenspan, Arlene Heyman, Joan Krash, Betty Ann Ottinger, Gerald Perman, Harvey Rich, Sheila Rogovin, Earle Silber und Anne Stephansky.

Ich danke Cornelia Biddle, Nell Minow und Larry Ramer für besondere Hinweise.

Ich bin meinem Rabbiner, Leonard Beerman, und meinem Internisten, David Morowitz, dankbar. Und den bemerkenswerten Menschen vom Hospice of Washington und von anderen Hospizen, die mir halfen, über Tod, Hingabe und Macht nachzudenken: Carol Atkins, Schwester Barbara Marie C.S.C., Jane Corrigan, Fran Dunphy, Susan Johnson, Karen Jones, Dorothy Kavanaugh, Helen Lindsey, Rita Paddack, Molly Sherwood, Mary Wassman, Les Whitten und weiteren guten Menschen – viel zu vielen, um sie alle hier zu nennen. Ich danke Nicholas Viorst, der die Erstfassung des Manuskripts mit seinem präzisen Redakteursblick und der gewohnten Kombination aus Strenge und Takt gelesen hat, und Ira Pastan für das hilfreiche Lesen des ersten Kapitels. Barbara und Lou Bergers Anmerkungen zum Manuskript waren unschätzbar, Lisbeth Schorr gab wichtige konzeptionelle Anregungen.

Ich danke meinem »Agenten auf Lebenszeit« Robert Lescher und seinem hervorragenden Partner Michael Choate. Dank auch an das glänzende Redaktionsteam von Fred Hills und Burton Beals für ihr unaufhörliches, umsichtiges, konstruktives Nachhaken – sie haben fast immer Recht behalten. Ich bedanke mich bei Sheila Betit von der Washington Psychoanalytic Foundation, die für mich Forschungsarbeiten mit einer Freundlichkeit ausfindig machte, die nur von ihrer Kompetenz übertroffen wurde. Dank auch an Euch, meine Söhne Anthony, Nick und Alexander und an meine Schwiegertochter Hyla. Ich bin meinen wunderbaren Freundinnen für ihre Ermutigung und ihr andauerndes Wohlwollen verbunden, darunter, aber nicht allein: Hanna Altman, Sunny Aurelio, Phyllis Hersh, Elinor Horwitz, Silvia Koner, Elaine Konigsberg, Leslie Oberdorfer, Sally Pitofsky, Shay Rieger, Barbara Rosenfeld und Judy Silber.

Und schließlich danke ich meinem Mann Milton für seine Liebe, sein unentwegtes Vertrauen, seine Geduld und nie erlahmende Unterstützung während der drei Jahre Arbeit an diesem Buch.

Quellenangaben und Anmerkungen

1. Kapitel Wie frei sind wir?

Seite 13

»Die Menschheit kann nicht einfach«:
Lewontin, Rose und Kamin, *Die Gene sind es nicht*, S. 7.

Seite 15

»Glücks-Gen«:
Der Wissenschaftler Dean Hamer zitierte in der Fachzeitschrift *Nature Genetics* Untersuchungen, wonach unsere Fähigkeit, Glück und Zufriedenheit zu empfinden, zu einem großen Teil genetisch bestimmt ist, wenn wir auch annehmen müssen, daß es sich um weit mehr als nur ein »Glücks-Gen« handelt. Mehrere Wissenschaftler berichteten im Wissenschaftsmagazin *Science* über die Entdeckung eines Gens, das in erheblichem Maße mit Neurosen, seelischen Spannungen und Pessimismus in Zusammenhang gebracht wird. Ein Team von Wissenschaftlern teilte in einem Bericht in *Nature Genetics* mit, daß es einen Zusammenhang zwischen einem bestimmten Gen und Neugierverhalten gefunden hätte. Und in einem Artikel der Associated Press, der in der *Washington Post* vom 27. Juli 1996 auf S. A2 abgedruckt wurde, lesen wir: »Wissenschaftler haben ein ›Gute-Mutter-Gen‹ entdeckt, Erbmaterial, das weibliche Mäuse dazu treibt, für ihre Jungen zu sorgen. Fehlt dieses Gen, zeigen die Mäuse kein Interesse an ihren Jungen.«

Seite 16

DNS:
DNS = Desoxyribonukleinsäure: die an bestimmte Proteine im Zellkern gebundene Grundsubstanz, aus der u. a. die menschlichen, tierischen und pflanzlichen Chromosomen und Gene bestehen.

Seite 16

»Ich bin der Herr meines Schicksals«:
Henley, Invictus. In: Felleman (Hg.), *The Best-Loved Poems of the American People*, S. 73.

Seite 16

»Jeder ist seines Glückes Schmied«:
Sallust (zugeschrieben), *De re publica ordinanda (Geschichte des Staates)*, I, 1. In: Kurt Böttcher u. a., *Geflügelte Worte*, S. 52 (Eintrag 230).

Seite 16

»Die Schuld, mein Brutus«:
Shakespeare, *Julius Caesar*, 1. Akt, 2. Szene. In: Friedmar Apel
(Hg.), 27 Stücke von William Shakespeare, Bd. 2, S. 325.

Seite 16

»Du und ich sind frei«:
Lawrence und Hart, Free to Be… You and Me. In: Hart u. a.
(Hg.), *Free to Be… You and Me*, S. 16.

Seite 16

umfangreiche Arbeiten über eineiige, getrennt aufgewachsene
Zwillinge:
Die bekanntesten Untersuchungen mit Zwillingen sind am
Minnesota Center for Twin and Adoption Research in Minneapolis unter Leitung von Thomas Bouchard durchgeführt worden. Seit 1979 haben Bouchard und sein Team fast 1000 eineiige
und zweieiige Zwillingspaare untersucht, darunter 128 getrennt aufgewachsene Paare.

Seite 16

»Gene und Drüsenfunktionen«:
Tellegen, Lykken, Bouchard, Wilcox, Segal und Rich, Persona-
lity Similarity in Twins Reared Apart and Together. In: *Journal of
Personality and Social Psychology*, Bd. 54, Nr. 8, Juni 1988, S. 1037.

Seite 16

grundlegende Forschungsarbeiten zeigen uns:
Ein Forschungsbericht über zehn Untersuchungsprojekte und
Ergebnisse von Zwillingsuntersuchungen findet sich in: Segal,
The Importance of Twin Studies for Individual Differences
Research. In: *Journal of Counseling & Development*, Bd. 68, Juli/
August 1990, S. 612-622. Segal faßt hier S. 616 zusammen: »Die
Mehrzahl der Zwillingsuntersuchungen über Persönlichkeit
und Temperament treffen sich in den Grundaussagen, daß:
1. genetische Faktoren ganz erheblich Verhaltensweisen beein-
flussen und 2. die wichtigen Einflüsse des sozialen Umfeldes
diejenigen sind, die auf Zwillinge unabhängig voneinander einwirken. Vgl. auch: Bouchard u. a., Sources of Human Psychological Differences: The Minnesota Study of Twins Reared Apart.
In *Science*, Bd. 250, 12. Oktober 1990, S. 223-28.

Seite 16

Traditionsbewußtsein oder Zufriedenheit in der Arbeit:
Vgl.: Bouchard u. a., Sources of Human Psychological Differences, a. a. O., S. 223-228.

Seite 16

persönliche Tricks:
Diese und weitere Beispiele der Wissenschaftler am Minnesota

Center for Twin and Adoption Research finden sich bei: Zanden, *Human Development*, S. 81, der die Arbeit beschreibt; bei Hamer und Copeland, *The Science of Desire*, S. 198; und bei: Lykken, McGue, Tellegen, Bouchard, Emergenesis: Genetic Traits That May Not Run in Families. In: *American Psychologist*, Dezember 1992, S. 1565f. Offensichtlich sind einige dieser gemeinsamen Charaktereigenschaften bzw. Verhaltensweisen von Zwillingen reine Zufälle. Diese Fälle werden auch von keinem Wissenschaftler so interpretiert, als gäbe es so etwas wie ein »Schmuck-Gen« oder ein »Kaffee-Gen«.

Seite 17

Zusammenspiel von Anlage und Umwelt:
Plomin, Owen und McGuffin, The Genetic Basis of Complex Human Behaviors. In: *Science*, Nr. 264, 17. Juni 1994. Um das Problem »Anlagen versus Umwelt« zu verdeutlichen, erklären die Autoren auf S. 1735: »Bis zu einem gewissen Grad schaffen sich Individuen aufgrund genetischer Ursachen ihre eigenen Erfahrungen.«

Seite 17

»hervorzubringen, auszuwählen, gezielt zu suchen oder zu schaffen«:
Bouchard u.a., Sources of Human Psychological Differences, a.a.O., S. 227.

Seite 18

sogenannte ungeteilte Umwelt:
Plomin, Owen und McGuffin, a.a.O., S. 1735: »Einflüsse des sozialen Umfeldes auf die meisten Verhaltensauffälligkeiten und andere Verhaltensaspekte bewirken, daß Kinder in derselben Familie unterschiedlich und nicht gleich aufwachsen. Diese Auswirkung nennt man ein getrennt erlebtes häusliches Milieu (ungeteilte Umwelt).«

Seite 18

rund 20 Prozent der Menschen:
Vgl.: Kagan, *Galen's Prophecy*, wo er erklärt, daß rund »eines von fünf gesunden weißen Kindern auf Stimulierung mit heftiger motorischer Aktivität und Unbehagen reagiert; und ca. zwei Drittel dieser hochaktiven vier Monate alten Babys werden zu gehemmten Kinder. Etwa zwei von fünf Kindern erben eine Neigung zu entspannter, minimal gestreßter Reaktion auf Stimulation; wiederum zwei Drittel hiervon werden im zweiten Lebensjahr hemmungsfrei.« Kagan fügt jedoch auf S. XIX hinzu, daß die »ursprüngliche Temperamentsneigung nicht deterministisch« zu verstehen sei. Auch weist er auf S. 168 darauf hin, daß »viele schüchterne, ruhige Heranwachsende diese Disposition nicht ererbt haben; sie haben sie vielmehr erworben. Nur ein Teil der

sehr schüchternen Kinder begann sein Leben mit einer ursprünglichen Temperamentsneigung.« Weitere Informationen
zum Thema finden sich auf S. 50-56 in Kagans Ausführungen zu
den biologischen Ursprüngen von Temperamenten; vgl. auch
Kapitel 5: »The Physiology of Inhibited and Uninhibited Children« und Kapitel 6: »Early Predictors of the Two Types«. Kagan
schreibt (S. XVIII), im Zentrum seines Buchs »werden unsere
Versuche der letzten 15 Jahre zusammengefaßt, die uns und
andere davon überzeugen sollen, daß Kinder des gehemmten
und ungehemmten Typs eine bestimmte Neurochemie ererben,
die ihre jeweiligen Reaktionsschwellen auf Neues beeinflußt«.

Seite 18

»auf unsere Stimmungen und unser Verhalten abfärben«:
In den Ausführungen über die späteren Aktivitäten von »gehemmten« oder »introvertierten« und »ungehemmten« oder
»extravertierten« Typen bemerkt Kagan, ebd., S. 41, »daß eine
große Zahl herausragender Autoren, Komponisten, Computer-
fachleute, Mathematiker und Naturwissenschaftler Introvertierte und eine Mehrheit der im Gefängnis lebenden Kriminellen
Extravertierte waren. Er stellt auf S. 17 fest, daß »Introvertierte
im US-Senat unterrepräsentiert sind« und daß »Heranwachsende des gehemmten Typs nur sehr unwahrscheinlich Test-
piloten, Angestellte im Vertrieb, Investment-Banker, Vorstandsvorsitzende oder Juristen an einem Gericht werden« (S. 252).
Kagan fand ebenfalls heraus, daß die vier furchtsamsten drei-
jährigen Jungen, die er untersucht hatte, »Berufe gewählt hatten, in denen sie den Kontakt mit großen Menschengruppen
vermeiden und unvorhersehbare Ereignisse in ihrem Alltags-
leben begrenzen konnten: einer war Musiklehrer, zwei waren
Professoren in naturwissenschaftlichen Disziplinen und einer
war Psychiater geworden. Demgegenüber hatten sich die vier
furchtlosesten Jungen für stark konkurrenzbetonte oder unter-
nehmerische Tätigkeiten entschieden: einer war Sportlehrer an
einer High School, einer arbeitete im Verkauf und zwei waren
selbständige Ingenieure.« (S. 114)

Seite 19

ebenso viele Temperamente wie Eissorten:
Kagan, a. a. O., S. 284 f., schreibt: »Fortschritte in der Neurobiologie werden zur Entdeckung neuer Temperamente beitragen.« Er
sagt voraus, daß sich die meisten Temperamentstypen von der
Neurochemie herleiten werden, einige von der Anatomie und
einige von vorgeburtlichen Ereignissen, die die Gehirnentwick-
lung beeinflussen. »Es wird überwiegend neurobiologische, anatomische und vorgeburtlich bestimmte Temperamente geben.«

Seite 19

Mein jüngster Sohn Alexander:
Fast dieselbe Beschreibung unseres Sohnes Alexander findet sich in Viorst, Is Your Child's Personality Set at Birth? In: *Redbook*, November 1995, S. 174 und 178.

Seite 20

Neueste Studien über Alkoholismus:
Vgl.: Plomin u. a., The Genetic Basis of Complex Human Behaviors, in: *Science*, Bd. 264, 17. Juni 1994. Vgl. im selben Heft: Holden, A Cautionary Genetic Tale. The Sobering Story of D2.

Seite 20

bei Schizophrenie in erheblichem Maß genetische Ursachen:
Plomin u. a., a. a. O., S. 1733, wo die Autoren Untersuchungen der Zwillings- und Adoptionsforschung zitieren, die diese Schlußfolgerung stützen.

Seite 20

»Fettleibigkeits-Gen«:
Wissenschaftler haben bei Mäusen ein sogenanntes »Fettleibigkeits-Gen« ausgemacht – wie auch dessen vermutliche Entsprechung beim Menschen –, das den Appetit des Körpers steuert, indem es Fettzellen das Hormon Leptin produzieren läßt. Man vermutet, daß Leptin über den Blutkreislauf ins Gehirn wandert, das dem Körper sodann signalisiert, Appetit und Stoffwechsel zu steigern oder zu dämpfen. Fehler in diesem Mechanismus könnten dazu führen, daß das Gehirn kein »Du hast genug!«-Signal an den Körper gibt, was dann zu Übergewicht führt. (Zwei weitere Hirnhormone sind ebenfalls als Appetitzügler identifiziert worden). Andere Untersuchungen legen nahe, daß Übergewicht die Folge eines anderen fehlerhaften Mechanismus' sein könnte. Die *New York Times* vom 10. November 1994, S. A30, berichtete über die November-Ausgabe von 1994 der Fachzeitschrift *Pediatrics* mit einer Untersuchung von drei- bis fünfjährigen Kindern. Danach hatten die Kinder mit dem höchsten Körperfettanteil auch die »kontrollierendsten« Mütter, kontrollierend in dem Sinn, daß sie die Eßgewohnheiten ihrer Kinder sehr stark kontrollierten. Die Wissenschaftler glauben, daß Kinder ihre Essensaufnahme selbst regulieren könnten, diesen Instinkt allerdings verlieren, wenn ihre Freiheit, diese körpereigenen Signale zu befolgen, eingeschränkt wird. Ohne diese inneren Signale wissen sie nicht, wann sie mit dem Essen aufhören sollten, und laufen deshalb Gefahr, übergewichtig zu werden.

Seite 20

Zusammenhang zwischen Genen und Kriminalität:
Es gibt erhebliche Bedenken, daß Untersuchungen, die eine Verbindung zwischen Genen und Verbrechen herstellen, zur Stereo-

typisierung und Kontrollierung von Minoritäten benutzt werden könnten oder um Mittel für wichtige Programme zum Abbau derjenigen sozialen Verhältnisse zu verweigern, die für die Entstehung von Kriminalität mitverantwortlich gemacht werden. Andere Wissenschaftler hingegen haben die Hoffnung, mit diesen Forschungsarbeiten brauchbare Informationen darüber zu erhalten, wer Unterstützung braucht und wie diese aussehen sollte.

Seite 20

22 Prozent der Söhne von kriminellen Vätern:
Vgl.: Hutchings und Mednick, Criminality in Adoptees and Their Adoptive and Biological Parents: A Pilot Study. In: Mednick und Christiansen (Hg.), *Biosocial Bases of Criminal Behavior*, S. 127-141. In der Studie werden außerfamiliäre Adoptionen im Großraum Kopenhagen, Dänemark, untersucht, wobei Adoptivsöhne, die ein Strafregister haben und deren biologische Väter und Adoptivväter bekannt waren, besondere Berücksichtigung fanden. Ein wichtiges Ergebnis war die Tatsache, daß, wenn sowohl der biologische als auch der Adoptivvater kriminell waren, der Anteil der kriminellen Söhne auf verblüffende 36,2 Prozent anstieg.

Seite 20

niedriger Anteil von Serotonin:
Vgl. die Ausführungen über einen Zusammenhang von Serotonin und Aggression in Margaret M. McCarthys Vortragsmanuskript »The Neurobiology of Affective Behaviors: From Animals to Man«, S. 16 f., das für eine Tagung am 22. bis 24. September 1995 zum Thema »The Meaning and Significance of Research on Genetics and Criminal Behavior« vorbereitet wurde. Diese Tagung wurde vom Institute for Philosophy and Public Policy mitfinanziert, das zur School of Public Affairs an der Universität von Maryland gehört. Vgl. auch: Peter Kramer, *Listening to Prozac*, S. 301-304. Kramer unterscheidet zwischen Dominanz (hoher Status), die mit einem hohen Serotonin-Niveau einhergeht, und Aggression sowie Impulsivität, die mit einem niedrigen Serotonin-Niveau korrelieren. Er weist auf S. 302 darauf hin, Untersuchungen an Affen hätten gezeigt, daß dominante Tiere mit hohem Serotonin-Niveau »sozial gut integriert« seien, während aggressive Affen mit niedrigem Niveau »eher sozial abweichend und ausgestoßen sind«.

Seite 21

niederländisch-amerikanische Forschungsgruppe:
Vgl.: Mann, »Behavioral Genetics in Transition«. In: *Science*, Bd. 264, 17. Juni 1994, S. 1689. Hier finden sich Anmerkungen zu der niederländisch-amerikanischen Studie.

Seite 21

»Monstermäuse«:
Der Ausdruck »Monstermäuse« ist einem Beitrag des Nachrichtenmagazins *Time* vom 4. Dezember 1995, S. 76, entnommen, der über die Untersuchungsergebnisse berichtet, die von Nelson u. a. im Artikel Behavioral Abnormalities in Male Mice Lacking Neuronal Nitric Oxide Synthase, in: *Nature*, Bd. 378, 23. November 1995, publiziert wurden. Zu »deutlich hörbaren Protesten«, »exzessiven und übersteigerten Kopulationsphasen«, vgl. dort S. 383.

Seite 21

»Was hier vorliegen könnte«:
Diese Aussage des Wissenschaftlers Solomon Snyder findet sich in einem Artikel über die aggressiven Mäuse im Nachrichtenmagazin *Newsweek* vom 4. Dezember 1995, S. 76 (vgl. vorherige Anmerkung).

Seite 21

»unsere genetische Konstitution umwerfen können«:
Gallagher, How We Become What We Are. In: *The Atlantic Monthly*, September 1994, S. 52. Gallagher zitiert den Psychologen Stephen Suomi.

Seite 21

wechselseitig beeinflussen und bedingen:
Wesentlich hierbei ist, daß sich die jeweiligen Anteile von Anlagen und Umfeld bei der Entstehung bestimmter Verhaltensweisen nicht einfach nur addieren. Vielmehr sind sie ineinander verwoben und bedingen sich wechselseitig bzw. rückkoppelnd.

Seite 21

»So wie es keinen Organismus«:
Lewontin, Rose und Kamin, a. a. O., S. 224.

Seite 22

OGOD:
OGOD: Die Chorea-Huntington beispielsweise, eine fortschreitende Form des Veitstanzes, wird von einem einzigen Gendefekt verursacht.

Seite 22

Was unsere Verhaltensweisen betrifft:
Nancy Segal, Abteilungsleiterin am Minnesota Center for Twin and Adoption Research, schreibt in *The Importance of Twin Studies for Individual Differences Research*, a. a. O., S. 615: »Die meisten Untersuchungen über die Persönlichkeit bei Zwillingen legen nahe, daß 50 Prozent der Varianzen auf genetische Einflüsse zurückzuführen sind, die anderen 50 Prozent auf Faktoren des sozialen Umfelds.«

bei Regelverletzungen weniger schuldig und unsicher fühlen:
In *Galen's Prophecy* behandelt Kagan auf S. 167 und 238-241 den
Einfluß des sozialen Umfeldes auf das Temperament, vor allem
auf die Gewissensbildung.

»Der Psychopath und der Held«:
Gallagher, a.a.O., S. 40. Sie zitiert den Psychologen David
Lykken.

»ein unnatürlicher Drang«:
Kagan, a.a.O., S. XXII.

»gut zu sich selbst zu sein«:
Gallagher, a.a.O., S. 54. Sie zitiert die Psychologin Megan
Gunnar.

Die Geschichte von Amy und Beth:
Lykken u.a., a.a.O., S. 1568.

»die Macht der Gene vorhanden«:
Kagan, a.a.O., S. 37.

»Ich meine, soll das heißen«:
Dew, *The Family Heart*, S. 32 f.

»Himmel-Herrgott nochmal«:
Ebd.

»sexuelle Orientierung«:
Die Definition des Psychiaters Richard Pillard für »Orientie-
rungssignal« lautet: »Ihre sexuelle Orientierung läßt sich an der
Antwort auf die Frage feststellen, wen Sie unwillkürlich mit
Ihrem Blick streifen, wenn Sie zur Mittagszeit durch die Straßen
schlendern – Männer oder Frauen?« In: Burr, *A Separate Creation*, S. 244.

sexuelle Orientierung bei Männern:
Einige Forschungsergebnisse weisen darauf hin, daß die sexuelle Orientierung von Frauen nicht so stabil zu sein scheint wie
die von Männern. Ein kleiner Anteil von Frauen kann deshalb
im Alter von beispielsweise 16 Jahren heterosexuell sein, mit
vielleicht 24 lesbisch, mit 38 bisexuell und im Alter von 55 wiederum heterosexuell. Laut Dean Hamer ist bei Männern »eine

derartige Entwicklung äußerst selten. Es handelt sich um ein fast ausschließlich auf Frauen beschränktes Phänomen.« Darüber hinaus stellen homosexuelle oder heterosexuelle Männer – im Gegensatz zu einigen Frauen – ihre jeweilige sexuelle Orientierung so gut wie nie in Frage. Hamers Kollegin Angela Pattatucci fügt hinzu: »Bei Frauen fragen wir uns: ›Ist diese Person aus politischen Gründen lesbisch?‹ Diese Frage stellen wir uns bei Männern nie«, wenn es um deren sexuelle Orientierung geht. Vgl. Burr, a. a. O., S. 169-181 zur Frage: »Wenn ein Homosexueller homosexuell ist, wie homosexuell ist er dann genau?« (S. 169). Hamers Aussage findet sich auf S. 169, die von Pattatucci auf S. 174.

Seite 24

Einer Studie zufolge:

Vgl.: Bailey und Pillard, A Genetic Study of Male Sexual Orientation, in: *Archives of General Psychiatry*, Bd. 48, Nr. 12, Dezember 1991, S. 1089-1096. Pillard und der Psychologe Michael Bailey untersuchten 56 eineiige männliche Zwillinge, 54 zweieiige männliche Zwillinge und 57 adoptierte, also biologisch nicht verwandte Brüder. Bailey u. a. berichten in Heritable Factors Influence Sexual Orientation of Women. In: *Archives of General Psychiatry*, Bd. 50, Nr. 3, 11. März 1993, S. 217-223, über eine Folgestudie zu homosexuellen Frauen, die zu denselben Erst-, Zweit- und Drittplazierungen kommt: Von 71 eineiigen Zwillingspaaren waren bei 48 Prozent beide Schwestern lesbisch; von den 37 zweieiigen Zwillingen waren bei 16 Prozent und von den 35 adoptierten, biologisch nicht verwandten Schwestern waren nur bei 6 Prozent der Paare beide Schwestern lesbisch.

Seite 25

Eine andere Forschungsarbeit:

Diese Untersuchung wurde von dem Neurowissenschaftler Simon LeVay durchgeführt und ist Thema eines Artikels in: *Science*, Bd. 253, 30. August 1991, S. 1034-1037. Eine Erörterung dieser Forschungsarbeit findet sich bei: Barinaga, Is Homosexuality Biological?, in derselben Ausgabe von *Science*, S. 956 f. Vgl. auch: The Hypothalamic Hypothesis, in: Hamer and Copeland, *The Science of Desire*, S. 160-163. Achtung: Nach einer anderen Hypothese hat die sexuelle Orientierung Einfluß auf die Größe des Hypothalamus, und nicht umgekehrt. So gibt es beispielsweise eine Untersuchung der National Institutes of Health, wonach bei Erblindeten, die nun Blindenschrift lesen, der Hirnteil größer wurde, mit dem der beim Lesen der Blindenschrift benutzte Finger gesteuert wird.

Seite 25

»Homosexualitäts-Gen«:
Um diese Entdeckung zu verstehen, erinnern wir uns noch-
mals, daß alle Menschen zwei Sexualchromosomen besitzen:
XX, wenn wir weiblichen Geschlechts und XY, wenn wir männlichen Geschlechts sind. Jeweils ein Chromosom erben wir von
unserer Mutter und eines von unserem Vater. Dieser muß ein
Y beitragen, wenn daraus ein Sohn entstehen soll, das heißt,
ein Sohn erbt das X immer von seiner Mutter. Jedes dieser
Sexualchromosomen wie alle übrigen Chromosomen enthält
Gene, die sämtliche Erbinformationen in Form von DNS-
Molekülen enthalten. Hamer fand nun heraus, daß derselbe
kleine Xq28-Abschnitt der DNS auf dem X-Chromosom in 33
von 40 untersuchten homosexuellen Brüderpaaren auftauchte.
Hamer entdeckte bei der Untersuchung der Familienstamm-
bäume dieser homosexuellen Männer darüber hinaus einen
hohen Anteil von homosexuellen Verwandten auf mütterlicher
Seite. Eine Beschreibung seiner Suche nach dem »Homosexualitäts-Gen« findet sich in Hamer und Copeland, The Science of
Desire.

Seite 25

ist es polygenetisch:
Vgl. Mann, Behavioral Genetics in Transition, a.a.O., S. 1688,
wo vom gleichzeitigen Einfluß mehrerer Gene gesprochen
wird. Dabei handelt es sich entweder um »polygenische (von
vielen Genen verursachte) oder um oligogenische (von einer
kleinen Gengruppe verursachte)« Einflüsse. Vgl. auch Plomin,
The Role of Inheritance in Behavior. In: *Science*, Bd. 248, 13. April
1990, S. 183 f. Hier erklärt der Autor, daß »die meisten Verhal-
tenszüge offensichtlich von vielen Genen mit jeweils kleinem
Anteil beeinflußt werden«.

Seite 25

auch Umweltfaktoren die Entstehung von Homosexualität:
Vgl. Burr, Homosexuality and Biology. In: *The Atlantic Monthly*,
März 1993, S. 64, wo er Pillard mit den Worten zitiert: »In Einzelfällen haben zweifellos die meisten oder alle Gene Einfluß, in
anderen wiederum hat wohl nur das soziale Umfeld Einfluß.
Unsere Analyse (von Zwillingen) sagt nichts über das Individuum aus.«

Seite 26

gewisses Vermögen besitzen, sich zu ändern:
Viele Wissenschaftler argumentieren, sexuelle Orientierung sei
– was immer auch deren Ursache ist – keine Frage des freien
Willens; Einflüsse des sozialen Umfeldes könnten das Gehirn

manchmal auf Dauer verändern; »Biologie versus freier Wille« sei eine falsche Dichotomie; und ein Charakterzug könne unveränderbar, ohne angeboren zu sein. Vgl. Burr, a. a. O., S. 82 u. 91.

Seite 26

unsere Hirnströme neu verknüpfen:
Vgl.: Kramer, *Listening to Prozac*, S. 149. Der Autor spricht über Traumata, die biologische Veränderungen auslösen und argumentiert, daß »die neurale Chemie, mit der wir auf die Welt kommen, unausbleiblich durch die weitere Entwicklung, das soziale Umfeld, durch Lebensereignisse und heute auch durch gezielte Medikamentierung verändert wird«. Vgl. auch S. 107, wo Kramer von psychischen Traumata spricht, die zu einem »biologisch chiffrierten Charakterzug« werden können; und S. 298: »Wenn sie erwachsen werden, haben sich Menschen auch biologisch bezüglich ihres Glücks oder Pechs in kritischen Lebensphasen verändert.«

Seite 28

»Grundstörung«:
Eine kurze Darstellung von Balints Konzept findet sich in: Grotstein, The Psychology of Powerlessness: Disorders of Self-Regulation and Interactional Regulation as a Newer Paradigm for Psychopathology. In: *Psychoanalytic Inquiry*, Bd. 6, Nr. 1, 1986, S. 95.

Seite 28

»als weißes Blatt geboren«:
Rapaport, The Theory of Ego Autonomy: A Generalization, in: Merton Gill (Hg.), *The Collected Papers of David Rapaport*, S. 726. Rapaport beschreibt – ohne sich diese zu eigen zu machen –, was er die »Cartesianisch-Hume'sche Weltsicht« nennt.

Seite 28

»Sklaven der sozialen Umwelt«:
Ebd.

Seite 28

»an der Existenz des freien Willens gezweifelt wird«:
Darwin wird zitiert in Wright, *The Moral Animal*, S. 349.

Seite 28

Zwei Schulen der Psychoanalyse:
Vgl. Lewy, Responsibility, Free Will, and Ego Psychology, in: *The International Journal of Psycho-Analysis*, Bd. 42, 1961, S. 262.

Seite 29

verschiedene »Arten von Druck«:
Waelder, Psychic Determinism and the Possibility of Predictions. In: *The Psychonanalytic Quarterly*, Bd. 32, Nr. 1, 1963, S. 22.

Seite 29

»die Hinnahme der Beschränkungen«:
Rapaport, a. a. O., S. 741.

Seite 29

Und doch scheint es sinnvoll und wertvoll:
Wilson schreibt in: *Moral Judgment*, S. 41, das Bestehen auf persönlicher Verantwortung »signalisiert den Menschen, die gerade lernen, wie sie sich zu verhalten haben, daß sie besser diejenigen Verhaltensweisen und Einstellungen lernen sollten, die
ihre Anpassung an die Grundregeln zivilisierten Zusammen-
lebens erleichtern«. Er erinnert auf S. 41 diejenigen daran, »die
zwischen verschiedenen Handlungsalternativen schwanken,
daß eine falsche Entscheidung wahrscheinlich erhebliche Konsequenzen hat«.

Seite 29

»Doktrin der Notwendigkeit«:
Vgl.: Neely, Freedom and Desire. In: *Philosophical Review*, Bd. 83,
1974, S. 32-54. Das zitierte Material von Mill findet sich auf S. 52 f.

Seite 30

»Das Selbst ist nicht«:
Vgl. Shields – mit dem Pulitzer-Preis ausgezeichneten – Roman
The Stone Diaries, S. 231-234, mit Alices Geschichte und dem
zitierten Material.

Seite 31

»notwendige Illusion«:
Berlin wird zitiert von Waelder, a. a. O., S. 25.

Seite 31

»Würden freier Wille und Verantwortlichkeit«:
Lewy, a. a. O., S. 268.

2. Kapitel Der Reiz von Kontrolle und Macht

Seite 32

»Es gibt wohl kaum einen Bereich«:
Das Zitat von Mill findet sich in Wright, *The Moral Animal*,
S. 361.

Seite 32

»Alle diese sogenannten menschlichen Eigenschaften«:
Fraiberg, *Die magischen Jahre*, S. 99.

Seite 32

Die zweieinhalbjährige Jannie:
Fraiberg, a. a. O. Sie erzählt Jannies Geschichte auf S. 117.

Seite 33

»gleich anfangs durch ernstliches Schelten«:
Alice Miller, *Am Anfang war Erziehung,* S. 25 f. Miller zitiert
J. Sulzer, Versuch von der Erziehung und Unterweisung der
Kinder, 2. Aufl. 1748, nach: Katharina Rutschky (Hg.), Schwarze
Pädagogik, 1977, S. 173 ff.

Seite 33

»das sie gern haben möchten«:
Sulzer, a. a. O., S. 25.

Seite 34

»einen genaue(n) Gehorsam«:
Sulzer, a. a. O., S. 27.

Seite 34

»ist ganz natürlich«:
Sulzer, a. a. O., S. 28.

Seite 34

»Man muß also gleich anfangs«:
Ebd.

Seite 34

»Soweit wie möglich befriedigen«:
Fraiberg, a. a. O., S. 67.

Seite 35

»Schuldgefühl«:
Vgl.: Emde, Johnson und Easterbrooks, The Do's and Don'ts of
Early Moral Development: Psychoanalytic Tradition and Current Research. In: Kagan und Lamp (Hg.), *The Emergence of
Morality in Young Children.* Dort auf S. 261 einige Bemerkungen
zu Stolz, Scham und dem Gefühl des Verletztseins als »einem
möglichen Vorläufer von Schuldgefühl«.

Seite 35

Nach der klassischen Psychoanalyse:
Freuds Bemerkungen zum Über-Ich sind über eine ganze Reihe
seiner Schriften verstreut, sämtlich in: Anna Freud u. a. (Hg.),
Sigmund Freud, *Gesammelte Werke in achtzehn Bänden mit einem
Nachtragsband.* Darin: Das Ich und das Es (Bd. XIII), Das Unbehagen in der Kultur (Bd. XIV) und Neue Folge der Vorlesungen
zur Einführung in die Psychoanalyse (Bd. XV). In der klassischen Psychoanalyse wird das Über-Ich als mentale Struktur
beschrieben, die in einem bestimmten Entwicklungstadium
und als Folge der Auflösung des Ödipus-Komplexes in Erschei-
nung tritt. Aus der Furcht vor seelischen Verletzungen und dem
Entzug elterlicher Liebe weisen wir unsere unbewußten Wünsche nach Ermordung des gleichgeschlechtlichen Elternteils
wie auch nach sexuellem Besitz des andersgeschlechtlichen

305

Elternteils zurück, verinnerlichen deren moralische Maßstäbe und Verbote und fühlen uns schuldig, wenn wir diesen Maßstäben nicht genügen können oder die Verbote übertreten.

Seite 35

Neueste Studien weisen darauf hin:
Vgl.: Emde, Johnson und Easterbrooks, a. a. O., S. 245-276, mit einer Darstellung der kindlichen Verinnerlichung »unter den wachsamen Augen der fürsorgenden Person«. Dieser Beitrag beschäftigt sich ebenfalls mit den nicht konfliktträchtigen »positiven« Gefühlen wie Empathie, die zur Verinnerlichung moralischer Maßstäbe und Verbote beitragen. Weitere Ausführungen zur kindlichen Entwicklung finden sich im selben Band bei: Dunn, The Beginnings of Moral Understanding: Development in the Second Year, S. 91-112; bei Snow, Language and the Beginnings of Moral Understanding, S. 112-122; sowie bei Kagan, *The Nature of the Child*, S. 112-153, Kapitel: Establishing a Morality; und bei Wilson, *The Moral Sense*.

Seite 35

Ein eineinhalbjähriges Mädchen:
Die ersten beiden Mädchen in diesem Abschnitt werden beschrieben in: Emde, Johnson und Easterbrooks, a. a. O., S. 267; Julia, das dritte Mädchen, in: Fraiberg, a. a. O., S. 113.

Seite 36

»Ich liebe, liebe, liebe«:
Viorst, I Love Love Love My Brand-New Baby Sister. In: Dies., *Sad Underwear and Other Complications*, S. 66.

Seite 36

»hemmungsloses Streben nach sofortigem Genuß«:
Wilson, a. a. O., S. 87.

Seite 37

Ab dem Augenblick unserer Geburt:
Vgl.: Brazelton, Neonatal Assessment, S. 203-233; und Murphy, Psychoanalytic Views of Infancy, S. 313-363, beide in: Greenspan und Pollock (Hg.), *The Course of Life*, Bd. 1. Murphy schreibt auf S. 324: »Wir sehen das Baby nicht nur als Organismus, der sich der Umgebung anpaßt, sondern als aktive Kreatur mit eigenem Antrieb, die andere Menschen – insbesondere die Mutter – stimulieren und Veränderungen im sozialen Umfeld herbeiführen kann, und zwar ab ihrem ersten Augenblick auf dieser Welt.« Eine sehr detaillierte Beschreibung der Fähigkeiten eines Neugeborenen und der Mutter-Kind-Interaktionen findet sich in: Brazelton und Cramer, *The Earliest Relationship*, S. 89 f. Darin liegt »der Akzent auf Aktivitäten und weniger auf Hilflosigkeit (…); auf dem Hervorrufen von Verhalten bei anderen

statt auf Passivität. Insofern wurde das Kleinkind als aktiver Teilnehmer beim Aufbau einer Eltern-Kind-Beziehung verstanden.«

Seite 37

»Manchmal möcht' ich geschunkelt«:
Aus: Amy Schwartz, *A Teeny Tiny Baby* (ohne Seitenzählung).

Seite 38

»Ich hatte nicht erwartet«:
Viorst, First Baby. Es handelt sich um ein – leicht abgeändertes – Lied aus dem Musical *Love and Shrimp*, Text von Viorst, Musik von Shelly Markham.

Seite 39

»kompetente liebevolle Hege«:
Cath, Fathering from Infancy to Old Age: A Selective Overview of Recent Psychoanalytic Contributions. In: *The Psychoanalytic Review*, Bd. 73, Nr. 4, S. 65, 469-475, 479. Das zitierte Material steht auf S. 68 u. 472.

Seite 39

subtiles Gefühl persönlicher Wirksamkeit:
Murphy, a. a. O., S. 327, schreibt, die Erfolge des Kindes bei »der Bewältigung der Schwierigkeiten, die bei diesen frühesten Erfahrungen mit der mütterlichen Zuwendung auftauchen, sind auch die ersten Erfolgserlebnisse«. Sie stellt fest, daß »sich in eine bequeme Lage zu bringen; zu versuchen, so viel wie möglich zu sehen; (…) die Mutter (…) dazu zu bringen, zu kommen und es aus dem Bettchen zu nehmen, (…) sind für das Baby verschiedene Arten, die eigenen Fähigkeiten zu erleben«, und indem es mit vier, fünf Monaten angestrengt versucht, sich umzudrehen, Dinge mit den Händchen zu erreichen, die Laute seiner Eltern nachzumachen und sie zum Lächeln zu bringen, »erfährt es immer stärker, daß es erfolgreich Ereignisse bewirken kann« (S. 336).

Seite 39

»Ich bin ein winziges Baby«:
Schwartz, a. a. O.

Seite 39

»Menschenkinder«:
Seligman, *Helplessness*, S. 137.

Seite 39

mütterliche Vernachlässigung:
Ebd., S. 141-146. Seligman zieht die Arbeiten von Spitz (mit mutterlos in Heimen aufwachsenden Kindern) und Harlow (mit mutterlosen Affen) heran, um zu begründen, daß beim Kleinkind »eine Vernachlässigung durch die Mutter zu einem

besonders kritischen Mangel an Kontrolle und Macht führt«. Vgl. auch S. 143, wo er Murphy in bezug auf die Folgen von schwerer Asynchronität zitiert: »Die entmutigte, apathische Mutter sitzt nur so da, hält das Kind passiv ohne Augenkontakt, vor allem ohne ein aktives, spielerisches und wechselseitiges Reaktionsspiel mit dem Baby. Das vernachlässigte Kind macht nicht die Erfahrungen, die (…) es zu der realistischen Erwartungshaltung führen könnte, ein Erforschen der Umgebung und der Versuch, diese zu beeinflussen, sei im Ergebnis angenehm.«

Seite 40

»Geister des Kinderzimmers«:
Fraiberg wird von Brazelton und Cramer, a. a. O., S. 139 zitiert.

Seite 40

»schreckliches kleines Mädchen«:
Ebd., S. 178. Vgl. den Fall von »Lisa: ›Angry Already‹«, S. 175-184.

Seite 41

»keine Brücke schlagen«:
Vgl.: Gallagher, I. D., S. 124, für dieses Zitat und weitere Zitate. Monicas faszinierende Geschichte zieht sich über das ganze Buch hin.

Seite 41

»Urvertrauen«:
Erikson, *Kindheit und Gesellschaft*, S. 242. Im Kapitel »Die acht Phasen des Menschen« schreibt Erikson über die Ich-Entwicklung als einer Serie von phasenspezifischen Konflikten. Seine Ausführungen zur ersten Phase »Vertrauen gegen Urmißtrauen« S. 241-245.

Seite 41

In einem Experiment mit drei Gruppen:
Seligman, a. a. O., S. 139 f. Er beschreibt J. S. Watsons Experiment.

Seite 42

Schauen wir uns zum Beispiel das Baby an:
Diese tapferen Bemühungen beschreibt Murphy, a. a. O., S. 353.

Seite 42

»Neugierverhalten«:
White, Motivation Reconsidered: The Concept of Competence. In: *Psychological Review*, Bd. 66, Nr. 5, 1959, S. 299. White setzt sich darin mit Butler u. a. auseinander, die dieses Konzept favorisieren.

Seite 42

»Handlungsdrang«:
Ebd., S. 302. White schreibt über Kagan u. a., die diesem Konzept anhängen.

Seite 42

»Manipulationstrieb«:
Ebd. White bezieht sich auf Harlow u. a., die dieses Konzept vertreten.

Seite 42

»Beherrschungsinstinkt«:
Ebd., S. 307. White schreibt über Hendricks Konzept des Beherrschens.

Seite 42

»Beherrschungswille«:
Alfred Adler, Individual Psychology. In: Murchison (Hg.), *Psychologies of 1930*, S. 399.

Seite 42

»Überlegenheitsstreben«:
Ebd., S. 398.

Seite 42

»Funktionslust«:
White, a. a. O., S. 312. White bezieht sich hier auf Buhler u. a., die von »Vergnügen an Aktivitäten um ihrer selbst willen« sprechen.

Seite 42

»Kompetenzdrang«:
Ebd., S. 323.

Seite 42

»Zielgerichtet, selektiv und anhaltend«:
Ebd., S. 318.

Seite 42

»ein Gefühl von Macht«:
Ebd., S. 322.

Seite 42

»das Thema Beherrschung, Macht oder Kontrolle«:
Ebd., S. 320.

Seite 43

»Instinkt zum beherrschen«:
Ebd., S. 307. White zitiert Hendrick.

Seite 43

»Prozeß der Selbstausdehnung«:
Ebd., S. 324. White zitiert Angyal.

Seite 43

Entdeckungsreisen:
Ebd., S. 316. White zitiert Groos.

Seite 43

»Freude, etwas verursacht zu haben«:
Ebd.

Seite 43

»So hilflos (ein Kind) scheinen mag«:
Ebd., S. 326.

Seite 43

fast so wichtig wie Essen:
White, a. a. O., bemerkt jedoch, daß der Drang nach Kompetenz nicht so stark und dominierend sei wie Hunger, der Geschlechtstrieb oder Angst. Er schreibt auf S. 321, daß, obwohl »es viele Fälle gibt, in denen Kinder sich weigern, ihr selbstvergessenes Spiel zu unterbrechen, um zu essen oder zur Toilette zu gehen«, die Motivation hier häufiger »gedämpft, aber anhaltend« sei (S. 330).

Seite 44

In den folgenden Lebensmonaten:
In einer bahnbrechenden Studie von Mahler, Pine und Bergman: *The Psychological Birth of the Human Infant* über den Abtrennungs- und Individuationsprozeß spricht Mahler von vier sich überlappenden Teilphasen bei dieser Abtrennung und Individuation. Die erste heißt »Differenzierung« (S. 52-64), beginnt mit vier, fünf Monaten und endet ungefähr im neunten Lebensmonat. In diesem Zeitraum erreicht das Kleinkind eine »entwickelte« geistige Wachheit. Dieser Teilphase folgt die »Erprobungs«-Phase (S. 65-75), die etwa im 16. Lebensmonat endet.

Seite 44

»Annäherungskrise«:
Mahler, a. a. O., bezeichnet die dritte Teilphase des Abtrennungs- und Individuationsprozesses, die um das zweite Lebensjahr endet, als »Annäherung« (S. 76-108). Auf S. 291 schreibt sie, die »optimale Distanz«, welche durch die Auflösung der Annäherungskrise hergestellt wird, erlaubt es dem Kleinkind, »zu kommen und zu gehen, die Mutter in der Nähe zu wissen, ohne daß diese störend wäre«.

Seite 44

»Gefühl verlorener Selbstkontrolle«:
Erikson, a. a. O., S. 248. Die Ausführungen zur zweiten Phase »Autonomie gegen Scham und Zweifel« findet sich auf S. 245-249.

Seite 45

Selma Fraiberg berichtet:
Fraiberg, a. a. O., S. 94 ff, mit einer reizenden Darstellung des Spracherwerbs. Fraiberg schreibt über die Kleine mit den

Selbstgesprächen: »In der Dunkelheit schafft sie ihre verlorene Welt neu, holt die abwesenden Menschen und Dinge zurück, indem sie ihren Namen ausspricht.« (S. 96)

Seite 45

»Gute Nacht, Zimmer«:
Margaret Wise Brown, Goodnight Room, in: Dies., *Goodnight Moon* (ohne Seitenangabe).

Seite 46

»Herr, vielleicht erkennst DU«:
Glück, The Gift. In: Dies., *The First Four Books of Poems*, S. 144.

Seite 47

Die Fähigkeit zu sprechen:
Katan, Some Thoughts About the Role of Verbalization in Early Childhood. In: *The Psychoanalytic Study of the Child*, Bd. 16, S. 184-188. Sie erklärt auf S. 186: »Es wird jetzt deutlich, daß die Verbalisierung von Gefühlen zu einem stärkeren Gefühl des Beherrschens im Ego führt. Das junge Ego zeigt seine Stärke, indem es nicht unmittelbar in Reaktion auf Gefühle handelt, sondern solche Handlungen aufschiebt und statt dessen diese Gefühle durch Worte ausdrückt.« Vgl. auch Furman, *Helping Young Children Grow*, S. 155-172, bezüglich der Rolle der Sprache.

Seite 47

Wir sehen uns selbst als Schauspieler:
Kagan schreibt in *The Nature of the Child*: »Die Zweijährige hat begriffen, daß sie die Fähigkeit besitzt, zu handeln und andere Menschen zu beinflussen und daß sie ihren eigenen Maßstäben genügen kann.« (S. 137)

Seite 47

festigt sich unser Ich-Gefühl:
Die Entwicklung eines stabilen Ich-Gefühls vollzieht sich in der vierten Teilphase zwischen dem 24. und 36. Lebensmonat. Mahler, Pine und Bergman, a. a. O., S. 109-120, bezeichnen sie als »Konsolidierung der Individualität und beginnende emotionale Objektkonstanz«. Vgl. Mahler u. a.: *The Psychological Birth of the Human Infant*, S. 109-120. Wilson, a. a. O., S. 129 f., weist beiläufig darauf hin, daß dieses entstehende Ich-Gefühl mit dem Trotz und der Auflehnung einhergehe, welche die »fürchterlichen Zweijährigen« kennzeichnen. Er schreibt auf S. 130: »Auflehnung und Charakterbildung treten gleichzeitig auf, denn ein Gefühl für Moral setzt ein Ich-Gefühl voraus. (…) Das Tauziehen zwischen den Ansprüchen eines neuen Selbst und der Anerkennung der Ansprüche anderer ist genau das, was diese Lebensetappe so stürmisch macht.«

Seite 47

stabileres inneres Bild unserer Mutter:
Die Verdichtung dieses inneren Bildes – genannt Objektkonstanz – hat gleichfalls in der vierten Teilphase ihren Anfang. Nach McDevitt und Mahler, Object Constancy, Individuality, and Internalization. In: Greenspan und Pollock (Hg.), *The Course of Life*, Bd. 1, S. 408, ist Objektkonstanz durch eine primär positive Bindung an ein verinnerlichtes Mutterbild gekennzeichnet, indem die »liebe« und die »böse« Mutter zu einem Bild zusammengeführt werden, wie auch durch die psychische Verfügbarkeit des Mutterbildes »in der gleichen Weise, wie die wirkliche Mutter libidinös verfügbar war – als Beistand, Trost und Liebe«.

Seite 48

mit einer weiteren Krise fertigwerden:
Eriksons Erläuterungen zur dritten Phase »Initiative gegen Schuldgefühl« in *Kindheit und Gesellschaft* finden sich auf S. 249-253. Er schreibt, das Konzept der »Initiative fügt zur Autonomie die Qualität des Unternehmens, Planens und ›Angreifens‹ einer Aufgabe um der Aktivität und Beweglichkeit willen ...« (S. 249). Seine Bemerkung über die Gefahr unseres »primitiv(en), grausam(en) und unnachgiebig(en)« Über-Ichs, das uns »bis zur Selbstvernichtung« treibt, steht auf S. 251. Es ist jedoch wichtig darauf hinzuweisen, daß dieses grausame und übermäßig strafende Gewissen, welches harte Gegenmaßnahmen zur Disziplinierung unserer »bösen« Impulse sowie die schrecklichsten Strafen für den Fall bereithält, sollten wir nicht »gut« sein, nicht notwendigerweise den Schluß zuläßt, unsere Eltern wären in ihren Erziehungsmaßnahmen uns gegenüber besonders drakonisch gewesen. Vielmehr kann die Härte unseres Über-Ichs – vor allem in den Frühstadien der Gewissensbildung – einfach einen Maßstab dafür bieten, wie intensiv unsere verbotenen Impuse sind und wieviel Kraft deren Bekämpfung erfordert.

Seite 48

»Marshmallow-Test«:
Vgl.: Goleman, *Emotionale Intelligenz*, S. 109 ff., mit Erläuterungen zu diesem Test, der in den sechziger Jahren von dem Psychologen Walter Mischel begonnen wurde. Golemans Formulierung »Mikrokosmos ...« findet sich auf S. 109.

Seite 49

Reihe kleiner und großer Kriege:
Parens, Psychic Development During the Second and Third Years of Life. In: Greenspan and Pollock (Hg.), a. a. O., S. 459-500, behandelt dieses Kräftemessen des kindlichen Willens.

Seite 51

»meine Mutter so wütend wurde«:
Diese Anekdote findet sich erstmals in Viorst, What's a Good
Mummy? In: *Redbook*, Oktober 1974, S. 38 u. 40.

Seite 51

»im Glauben« lassen sollten, »er sei der Meister«:
Alice Miller, a. a. O., S. 118. Sie zitiert Rousseaus *Emile oder die
Erziehung.*

Seite 52

»die Mutter, die immer alles besser weiß«:
Horner, *The Wish for Power and the Fear of Having It*, S. 96; zum
Thema Doppelbindung siehe S. 97.

Seite 52

daß wir uns zurücknehmen:
Erna Furman, *Helping Young Children Grow*, schreibt auf S. 343
über »die schädlichen Folgen von übermäßig stark unterdrückten Aggressionen, was Kinder um den Schwung und die Eigeninitiative bringt und zu Gefühlen der Macht- und Hoffnungslosigkeit bei der Bewältigung der alltäglichen Aufgaben und
Herausforderungen beiträgt und einem Grundgefühl der Zuversicht und Freude zuwiderläuft«.

Seite 52

wenn die vergrabenen Gefühle ausbrechen:
Miller, a. a. O., schreibt auf S. 65: »Menschen, denen es von
Anfang an in der Kindheit möglich und erlaubt war, auf die
ihnen bewußt oder unbewußt zugefügten Schmerzen, Kränkun-
gen und Versagungen adäquat, d. h. mit Zorn, zu reagieren, werden diese Fähigkeit der adäquaten Reaktion auch im reiferen
Alter behalten. Als Erwachsene werden sie es spüren und verbal
ausdrücken können, wenn man ihnen wehgetan hat. Aber sie
werden kaum das Bedürfnis haben, dem anderen deshalb an die
Gurgel zu fahren. Dieses Bedürfnis kommt nur bei Menschen
auf, die immer auf der Hut sein müssen, daß ihre Staudämme
nicht reißen. Wenn diese reißen, ist alles unberechenbar.« Daher
werden einige, »aus Angst vor unberechenbaren Folgen, jede
spontane Reaktion fürchten«; »beim anderen Teil (kommt es) zu
gelegentlichen Entladungen auf Ersatzpersonen im unverständ-
lichen Jähzorn oder zu regelmäßigen Gewalttaten in Form von
Mord oder Terroranschlägen«.

Seite 53

übertriebene Hygienevorschriften:
Neubauer, Phase-Specific Disorders of the Second and Third
Years of Life. In: Greenspan und Pollock (Hg.), a. a. O., S. 543,
äußert sich folgendermaßen über Konflikte beim Toilettentrai-

ning: »Wir finden entweder penible Verhaltensmuster und das
Bestehen auf Reinlichkeit vor oder eine anhaltende Schmudde-
ligkeit, die den Wunsch beinhaltet, unsauber und unordentlich
zu sein. Wenn diese Streitereien anhalten (...), kann das zu einer
obsessiv-kompulsiven Persönlichkeitsstörung führen oder (...)
zu einer unterwürfigen und konfliktvermeidenden Haltung oder
auch zu einer negativen Einstellung, die sich aus Opposition,
Halsstarrigkeit und Isolierung zusammensetzt. Es kann dann
passieren, daß die bestimmende Stellung an andere abgetreten
wird oder daß ausschließlich Selbstbestimmung toleriert wird.«

Seite 55

»Ich mag es überhaupt nicht«:
Horner, a. a. O., S. 147.

Seite 55

»In ihrer berechtigten Reaktion«:
Erikson zitiert Shaw in: Das Problem der Ich-Identität. In: Ders.,
Identität und Lebenszyklus, S. 130 f.

Seite 56

Auch in den Befragungen:
Viorst, What's a Good Mommy?, a. a. O., S. 38 u. 40; die Zitate
finden sich auf S. 40.

Seite 57

»mit einer verzögerten intellektuellen Entwicklung«:
Fraiberg, *Die magischen Jahre*, S. 131 f.

Seite 57

»was in besseren Zeiten kommen wird«:
Murphy, Psychoanalytic Views of Infancy. In: Greenspan und
Pollock (Hg.), a. a. O., S. 341.

Seite 57

Eltern, die meinen, Liebe müsse zügellos sein:
Fraiberg, a. a. O., schreibt: Ein »Kind, das Liebe fordert ohne die
Verpflichtung, selbst zu lieben, wird zu einem egozentrischen
Kind.« Viele solcher Kinder seien später »zu verdrießlichen Liebhabern und mürrischen Ehepartnern geworden«. Diese würden
dann in der Tat sagen: »Ich weiß, ich bin selbstsüchtig und habe ein
scheußliches Temperament. Ich bin launenhaft und verschwende-
risch, aber du solltest mich trotz meiner Fehler lieben!« (S. 232)

Seite 58

»Eltern neigen dazu«:
Furman, a. a. O., S. 231.

Seite 58

Eine Studie über die Praxis der Kindererziehung:
Wilson, a. a. O., schreibt auf S. 150: »Sehr vieles spricht dafür,
daß man eine warmherzige und zärtliche Beziehung in Verbin-

dung mit konsequenter und umsichtiger Disziplin in Familien
mit wenigen – falls überhaupt – straffällig gewordenen Kindern
antreffen wird«. Die diesbezügliche, von Wilson zitierte Untersuchung von Diana Baumrind von der University of California
at Berkeley, wird auf S. 149f. beschrieben. Vgl. auch Yahraes
Bericht über Baumrinds Studie in: Parents as Leaders. The Role
of Control and Discipline. In: Corfman (Hg.), *Families Today*,
Bd. 1, S. 289-297.

3. Kapitel Sich selbst gehören

Seite 60

Teenager zu den Eltern:
Bell und Wildflower, *Talking with Your Teenager*, S. 21.

Seite 61

»eure Kinder sind nicht eure Kinder«:
Gibran, *Der Prophet*. Das ganze Zitat lautet: »Eure Kinder sind
nicht eure Kinder. Sie sind die Söhne und Töchter der Sehnsucht
des Lebens nach sich selbst.« (S. 16)

Seite 61

Latenzperiode:
Freud befaßt sich erstmals mit der Latenzperiode in: Drei
Abhandlungen zur Sexualtheorie, a.a.O., Bd. V. Vgl. auch Ben-
son und Harrison, The Eye of the Hurricane: From Seven to Ten.
In: Greenspan und Pollock (Hg.), a.a.O. Bd. 2; Shapiro und
Perry, Latency Revisited. The Age 7 Plus or Minus 1. In: *The Psy-
choanalytic Study of the Child*, Bd. 31.

Seite 61

Eriksons vierte Entwicklungsphase:
Auf S. 253-255 von *Kindheit und Gesellschaft* spricht Erikson über
die vierte Entwicklungsphase »Leistung gegen Minderwertigkeitsgefühl«. Dies sei für das Kind der »Eintritt ins Leben«
(S. 253), wenn es »lernt, die von den Großen verwendeten Ge-
brauchsgegenstände, das Werkzeug und die Waffen, zu gebrauchen« (S. 254). (Anm. d. Übersetzers: Erikson befaßt sich im
zweiten Teil seines Buchs ausführlich mit der »Kindheit in zwei
amerikanischen Indianerstämmen« – daher »Werkzeug und
Waffen«).

Seite 61

Leben außerhalb unserer Familie:
Schecter und Combrinck-Graham, The Normal Development of
the Seven-to-Ten-Year-Old Child. In: Greenspan und Pollock

(Hg.), a.a.O., Bd. 2. Die Autoren beziehen sich auf Sullivan und schreiben, daß das Kind »nunmehr in einen größeren interpersonalen Kontext eintritt, eine Reihe neuer Erfahrungen macht, mit denen es lernen muß umzugehen. Vor allem handelt es sich um das Zusammensein mit Gleichaltrigen, mit denen es nicht verwandt ist und die das Kind mit Verhaltensweisen konfrontieren, die sich von denen in seiner Familie unterscheiden...« Um sich dem anzupassen, muß es lernen, »sein eigenes Verhalten einzuschätzen (...), um ›Leitfiguren‹ erkennen zu können (...), um kritisch über seine eigenen Eltern nachzudenken und (...) um sich stärker auf die Realität seiner Existenz in der Gesellschaft zu konzentrieren« (S. 94 f.).

Seite 61

zum Beispiel im Mittelalter:
Die historischen Fakten über siebenjährige Pagen, Lehrlinge usw. sind entnommen aus: Shapiro und Perry, a.a.O., S. 80 f.

Seite 62

Hirnmasse von Siebenjährigen:
Diese und die folgenden Informationen stammen größtenteils aus: Schecter und Combrinck-Graham, a.a.O., S. 90 f. u. 98 f. Detailliertere Ausführungen zu dem, was Shapiro und Perry das »biologische und/oder kognitive Substrat zur Erhaltung der Latenzperiode« nennen, findet sich in ihrem Beitrag, a.a.O., S. 86. Ausführungen zu Spielen und Regeln in der Latenzperiode in Elkind, *The Hurried Child*, der auf S. 106 den Begriff »Kultur der Kindheit« benutzt.

Seite 63

Geschwisterrivalitäten:
In Sulloway, *Born to Rebel*, S. 83-118, finden sich Ausführungen zu dieser Nischenbildung in der Familie. Sulloway argumentiert, die Konkurrenz um familiäre – insbesondere elterliche – Zuwendung schaffe Rivalität unter Geschwistern; jedes der Geschwister entwickelt deshalb Strategien, um möglichst viel elterliche Zuwendung abzubekommen; diese Strategien funktionieren am besten, wenn sie nicht in direktem Wettbewerb mit denen anderer Geschwister stehen; und die Geburtsfolge ist ein mächtiger Bestimmungsfaktor für die Art der Strategien. Sulloway trägt eine Fülle von Quellen zusammen, wonach sich Erstgeborene »stärker mit Macht und Autorität identifizieren«, und »bestimmter, sozial dominanter, ehrgeiziger, ihren Status eifersüchtiger verteidigend und abwehrender« sind (S. XIV), während Nachgeborene eher den Status quo in Frage stellen und rebellische Persönlichkeiten entwickeln.

Seite 63
»Auf Wiedersehen, Sechs – Hallo Sieben«:
Viorst, Good-bye, Six – Hello, Seven. In: Dies., *If I Were in Charge of the World and Other Worries*, S. 51.

Seite 64
es einfach nicht packen:
Erikson schreibt in *Kindheit und Gesellschaft*, daß wenn »das Kind verzweifelt, weil es mit den Werkzeugen und Handfertigkeiten nicht zurechtkommt oder weil es unter seinen Werk-Gefährten keinen eigenen Stand finden kann«, es sich dann »zur Mittelmäßigkeit oder zu einem Krüppeldasein verdammt« glauben könnte. (S. 254)

Seite 64
»erlernte Hilflosigkeit«:
Dieses Konzept wird so benannt und diskutiert in: Seligman, *Helplessness*.

Seite 64
in Tier- und Menschenexperimenten:
Ebd., Kapitel »Experimentelle Versuche«.

Seite 64
»Menschen und Tiere«:
Ebd., S. 36. Allerdings stellt Seligman fest, daß wir sehr wohl über gewisse Fähigkeiten verfügen, um Situationen der Machtlosigkeit von solchen zu unterscheiden, in denen wir nicht machtlos sind. Wenn wir das nämlich nicht könnten, und »jedesmal vor Angst zergingen, wenn wir mit dem Flugzeug fliegen, wäre das Leben ein Irrenhaus«.

Seite 64
Kinder, die von ihrer eigenen Hilflosigkeit:
Seligman, a. a. O., S. 137, schreibt, daß »wenn ein Kind glaubt, es sei machtlos, es sich dann auch, ungeachtet seines I.Q., dumm verhält. (…) Wenn umgekehrt ein Kind glaubt, daß es Einfluß, Macht und Können besitzt, dann kann es talentiertere Kinder ausstechen, die diesen Glauben nicht haben.«

Seite 64
»lernte Victor sehr langsam«:
Ebd., S. 4.

Seite 65
Wenn wir immer die schlechtesten Noten:
Selma Kramer und Rudolph schreiben in The Latency Stage. In: Greenspan und Pollock (Hg.), a. a. O., Bd. 2, S. 112: »Das Beherrschen der Grundfertigkeiten läßt im Kind ein Gefühl von Leistungsfähigkeit entstehen (…), was zu Verhaltenskonstanz und gesteigertem Selbstwertgefühl führt. Bei den notwendigen Fer-

tigkeiten zu scheitern führt zu niedrigem Selbstwertgefühl und Verhaltensproblemen.«

Seite 65

»intrinsische Stärke«:
Horner, a. a. O., S. 68.

Seite 65

Mit einem Selbstbewußtsein ausgestattet:
Im Laufe unserer Erfahrungen mit Gleichaltrigen und anderen Erwachsenen als unseren Eltern verändert sich unser Gewissen, unser Über-Ich also. In der Tat unterteilen viele Forschungsarbeiten die Latenzperiode in zwei Hauptphasen, wonach unser Gewissen in der ersten Phase strikt und harsch urteilt, um dann in der zweiten nachgiebiger und sanfter zu werden.

Seite 66

Eine Fünfjährige:
Diese Definitionen von Kontrolle und Macht finden sich in: Weisz, Understanding the Developing Understanding of Control. In: Perlmutter (Hg.), *The Minnesota Symposia on Child Psychiatry*, Bd. 18, S. 223.

Seite 66

Der Wissenschaftler John R. Weisz:
Weisz, ebd., S. 221, schreibt: »Kontrolle und Macht heißt, ein Ereignis willentlich herbeizuführen« und fügt hinzu, seine Definition schließe das Eintreten gewünschter Ereignisse, die wir nicht herbeigeführt haben sowie das Eintreten unerwünschter Ereignisse, die wir herbeigeführt haben, aus.

Seite 66

»Kontingenz« und »Kompetenz«:
Ebd. Weisz schreibt: »Kontingenz definiert die Bedeutung von Eigenschaften und Verhalten für ein beabsichtigtes Ereignis, während Kompetenz den Grad definiert, in dem das Individuum relevante Eigenschaften und relevantes Verhalten eintreten lassen kann. Kontrolle stellt somit eine gemeinsame Funktion aus Kontingenz und Kompetenz dar. (...) Eine exakte Beurteilung der Fähigkeit eines Individuums, ein Ereignis zu beherrschen, stellen wir uns somit in Abhängigkeit von einer genauen Einschätzung a) der Kontingenz dieses Ereignisses und b) der Kompetenz des betreffenden Individuums vor.« (S. 227)

Seite 67

Je jünger wir sind, desto stärker:
Ebd. Weisz führt Experimente mit Kindern an und schreibt, er habe »kaum Beweise dafür gefunden, daß Kinder im Vorschulalter in irgendeiner Weise zwischen kontingenten und zufälligen Folgen unterscheiden können. Die Kinder im Grund-

schulalter scheinen sich grob des Unterschieds von Zufall und Kontingenz bewußt zu sein. (…) Junge Heranwachsende und College-Studenten konnten kontingente und zufällige Ereignisse definitiv unterscheiden.« (S. 245). Zum Beispiel spielten Kindergarten-Kinder und Viertklässler Karten und wurden zu einem Zufallsspiel (die Aufnahme blau- und gelbgesprenkelter Spielkarten von einem Kartenstoß) befragt. Obgleich die Kinder keinerlei Einfluß auf dieses reine Ratespiel hatten, glaubten die Kindergarten-Kinder, die älteren, geübteren und klügeren Kinder würden öfter gewinnen als die jüngeren, weniger geübten und noch nicht so intelligenten. Obwohl die Viertklässler dieses Spiel als nichtkontingentes – also als Glücksspiel – erkannten, waren sie doch der Meinung, daß Alter, Übung und Intelligenz einen gewissen Einfluß auf das Ergebnis haben könnten. Und sie schienen genauso stark wie die kleineren Kinder zu glauben, daß es schon einen Unterschied ausmacht, wenn man sich mehr anstrengt. »Diese Daten legen nahe, daß die meisten vorpubertären Kinder außerstande sind, zufällige Spielergebnisse als völlig nichtkontingent zu erkennen«, schreibt Weisz S. 247.

Seite 67

Und je jünger wir sind, desto höher:
Weisz, a.a.O., erklärt: Die »Beweise aus dem gesamten Zeitraum von der frühen bis hin zur späteren Kindheit belegen eindeutig, daß die Selbsteinschätzung der eigenen Kompetenz mit zunehmendem Alter bescheidener ausfällt« (S. 249). So sanken beispielsweise in einer Untersuchung von Erst-, Dritt- und Fünftklässlern bei einem Spiel, in dem alle drei Altersstufen die gleiche Punktzahl erreicht hatten, die Selbstbewertungen der Kinder drastisch von der ersten über die dritte bis zur fünften Klasse.

Seite 67

Informationen über Kontingenz und Kompetenz zu kombinieren:
Weisz, ebd., fand heraus, daß 12- bis 16jährige sowie 18- bis 25jährige (nicht jedoch 6- bis 10jährige) Kontrolle und Macht als eine Funktion von »Kontingenz und Kompetenz in Kombination« verstehen, »die stärker bewertet wurde als jeweils einer der beiden Teilfaktoren für sich genommen« (S. 261).

Seite 67

Wir geben diesen Glauben also auf:
Weisz, ebd., S. 240 f. Er hatte sich mit Kindern auf einem großen Jahrmarkt darüber unterhalten, warum sie bei einem ausschließlich zufallsgebundenen Spiel (z.B. einem elektronischen Pferderennen) einen Preis gewonnen oder nicht gewonnen hatten, und schreibt: »Wie viele Erwachsene auch (…), zeigte sich

die überwiegend aus Heranwachsenden bestehende Gruppe anfällig für eine subtile Form von illusionärer Kontingenz, nämlich für den Glauben, daß Faktoren (…) wie Höhe der Schulklasse, Übung etc. (…) zumindest mit gewissen kleinen Unterschieden im Spielergebnis in Verbindung ständen. Attributionstheoretiker sollten die Tatsache vermerken, daß selbst diejenigen Heranwachsenden, welche die von ihnen erzielten Ergebnisse ausdrücklich dem Glück zuschrieben, zu solchen Kontingenzurteilen neigten.«

Seite 67

In Untersuchungen zum Glücksspiel:
Taylor beschreibt in *Mit Zuversicht* diese von dem Soziologen Erving Goffman und der Psychologin Ellen Langer durchgeführten Untersuchungen auf S. 53-55.

Seite 67

»Jede Situation, in der eine Person«:
Ebd., S. 55.

Seite 68

wir beginnen in der Latenzperiode zu verstehen:
Weisz, a. a. O., S. 258, schreibt: »Die bislang untersuchten Beweise legen nahe, daß sich zumindest bestimmte Arten von Kontingenz- und Kompetenzurteilen zwischen der mittleren Kindheit und der frühen Adoleszenz festigen könnten.«

Seite 68

»Ich kann mit fast allem fertigwerden«:
Taylor, a. a. O., zitiert die Forschungsarbeit des Lerntheoretikers Albert Bandura S. 118.

Seite 69

»Sobald ich im Behandlungsstuhl sitze«:
Ebd., gleichfalls mit Bezug auf Bandura.

Seite 69

Doch dann schlägt plötzlich die Pubertät zu:
Aussagen über die körperlichen und psychologischen Veränderungen, die die Latenzperiode enden lassen, finden sich in: Kestenberg, Eleven, Twelve, Thirteen: Years of Transition from the Barrenness of Childhood to the Fertility of Adolescence; Sklansky, The Pubescent Years: Eleven to Fourteen; und Beiser, Ages Eleven to Fourteen. Alle in: Greenspan und Pollock (Hg.), a. a. O., Bd. 2. Kestenberg nennt diese Phase »Vorpubertät«; Beiser nennt sie »Vorpubertät« und stellt sie der »Präadoleszenz« gleich; Sklansky bezeichnet sie – wie ich selbst – als »Pubertät«.

Seite 70

»… muß man sich erst gewöhnen«:
Clampitt, Gooseberry Fool. In: Dies., *What the Light Was Like*, S. 13.

wie Erikson es nennt, vor eine Identitätskrise:
Erikson erklärt in *Jugend und Krise*, »daß das Individuum erst in der Adoleszenz (...) die Vorbedingungen entwickelt, um die Krise der Identität zu erleben und zu durchlaufen« (S. 91). Seine Ausführungen zur fünften Phase (»Identität gegen Rollenkonfusion«) in *Kindheit und Gesellschaft*, S. 255-258.

Die meisten kämpfen jetzt darum:
Sklansky, a. a. O., schreibt: »Der junge Mensch durchlebt in der Adoleszenz eine intensive Sehnsucht nach Autonomie und setzt diese mit Erwachsenwerden gleich – sein eigener Mann oder seine eigene Frau zu sein. (In unserer Kultur wird es als fair und richtig angesehen, daß es einem Individuum erlaubt sein soll, er oder sie selbst zu sein, daß es einen Anspruch, ein verfassungsmäßiges Recht auf Gleichheit mit den Erwachsenen hat)« (S. 280 f.).

»Das läßt sich doch überhaupt nicht mit dem vergleichen«:
Norman und Harris, *The Private Life of the American Teenager*, S. 26. Der Norman-Harris-Bericht wertete Befragungen von 160 000 amerikanischen Teenagern aus. Viele der Kommentare von Jugendlichen über ihre Eltern in diesem Kapitel sind diesem Bericht entnommen.

»Ich versteh' ja«:
Ebd., S. 22.

»Zumindest können sie nicht mit 160 fahren«:
Aus: Jane Shapiro, Poltergeists. In: Kenison und Hirsch (Hg.), *Mothers*, S. 238.

»berauschende Sache, einen reifen Körper zu bekommen«:
Noshpitz, Disturbances in Early Adolescent Development. In: Greenspan und Pollock (Hg.), a. a. O., Bd. 2, S. 329.

»Meine Eltern versuchen mich von allem fernzuhalten«:
Norman und Harris, a. a. O., S. 22 f.

Wir müssen auch ein paar Dinge tun:
Eugene Kaplan, Adolescents, Age Fifteen to Eighteen: A Psychoanalytic Developmental View. In: Greenspan und Pollock (Hg.), a. a. O., Bd. 2, unterscheidet drei Phasen der Adoleszenz und kommt zu dem Schluß: »Der Jugendliche in der frühen Adoleszenz muß sich und sein Verhältnis zu seinen Eltern als

Folge seiner gerade stattfindenden körperlichen Veränderungen neu definieren. Der Jugendliche in der mittleren Adoleszenz muß sich von den schützenden Stützen seiner Gleichaltrigen-Gruppe zur Zweisamkeit heterosexueller Liebesbeziehungen vorwagen. Der Jugendliche in der späten Adoleszenz schließlich muß seine geistigen und lebenspraktischen Maßstäbe und Zielsetzungen bestimmen, während er deren Umsetzung angeht. Diese entwicklungsmäßigen Neubestimmungen umfassen: zunächst seinen Körper und seine Familie; zweitens seine sexuelle Identität und Intimität; drittens Maßstäbe, Ziele und seine Beziehung zur Gesellschaft.« (S. 393).

Seite 72

entwicklungsmäßigen Aufgaben der Adoleszenz:
Staples und Smarr, Bridge to Adulthood: Years from Eighteen to Twenty-Three. In: Greenspan und Pollock (Hg.), a. a. O., führen auf S. 479 eine Aufgabenliste für die Adoleszenz auf.

Seite 72

Festigung unserer sexuellen Identität:
Esman, Mid-Adolescence – Foundations for Later Psychopathology. In: Greenspan und Pollock, a. a. O., Bd. 2, unterscheidet zwischen kultureller Geschlechtsidentität und sexueller Identität. Er bemerkt, daß, obwohl die kulturelle männliche oder weibliche Geschlechtsidentität »offenbar in den prä-ödipalen Jahren festgelegt wird«, die Bildung der sexuellen Identität in der Adoleszenz stattfindet, die er als »eine klare Wahrnehmung des eigenen Selbst als maskulin oder feminin wie auch der besonderen Funktionsweise im eigenen Sexualleben« definiert (S. 423).

Seite 72

immer noch strammen Über-Ichs:
Esman, a. a. O., weist darauf hin, daß die »Adoleszenz eine Möglichkeit zur Umbildung des Ich-Ideals« wie auch für eine Veränderung der harten, »kategorischen Alles-oder-nichts-Qualität« des Über-Ich bietet (S. 427).

Seite 72

»In dem Prozeß des Erwachsenwerdens«:
Loewald, The Waning of the Oedipus Complex. In: *Journal of the American Psychoanalytic Association*, Bd. 27, Nr. 4, S. 756.

Seite 72

»In einem tieferen Sinn«:
Ebd., S. 758.

Seite 72

»nicht nur symbolisch«:
Ebd., S. 764.

Seite 73

>>Es gab da diese Frage der Loyalität<<:
Horner, a. a. O., S. 75.

Seite 73

>>ohne diese schuldbeladene Tat des Elternmordes<<:
Loewald, a. a. O., S. 762.

Seite 73

>>Was wissen wir denn über Mütter und Töchter?<<:
Anne Roiphe, *Lovingkindness*, S. 120.

Seite 74

>>Meine Tochter ist so schön<<:
Bell und Wildflower, a. a. O., S. 10.

Seite 74

>>Mein Sohn fährt mein Auto<<:
Ebd., S. 14.

Seite 74

mögen die Eltern unsere Geschmeidigkeit und Kraft beneiden:
Anthony, The Reactions of Adults to Adolescents and Their
Behavior. In: Caplan und Lebovici (Hg.*)*, *Adolescence: Psy-
chosocial Perspectives*, schreibt: >>Es ist klar, daß (...) der
Jugendliche in der Adoleszenz im Aufstieg ist, während die
ihn erziehenden Erwachsenen im Abstieg begriffen sind. Die-
ser (...) Unterschied löst verständlicherweise im Erwach-
senen Neid über die Vitalität des Jugendlichen mit all ihrer
Freiheit, Frische und ihrem ausgelassenen Herumalbern aus<<
(S. 68).

Seite 74

>>Ich bin die einzige Tochter meines Vaters<<:
Norman und Harris, a. a. O., S. 20.

Seite 74 f.

wie eine Untersuchung über Eltern-Kind-Streitigkeiten zeigt:
Vgl. Csikszentmihalyi und Larson, *Being Adolescent*,
S. 131 f., wo Davis' Analyse der Faktoren, die zu Spannungen zwischen Eltern und Jugendlichen führen, diskutiert
wird.

Seite 75

>>Mein Vater gibt mir nie die Chance<<:
Norman und Harris, a. a. O., S. 10.

Seite 75

>>häufig (...) zu Haltungen und Behauptungen<<:
Noshpitz, a. a. O., S. 318.

Seite 76

>>Meine Eltern sind nie zu Kompromissen bereit<<:
Norman und Harris, a. a. O., S. 8.

Seite 76

»Wenn ihr schon rumhuren müßt«:
Melindas Geschichte erschien in: *The New York Times*, 6. Dezember 1994, S. B6.

Seite 76

»Die Jugend liebt heutzutage den Luxus«:
Anthony, a. a. O., zitiert Sokrates, S. 77.

Seite 76

zum Generationskonflikt beiträgt und »Eltern dazu bringt«:
ebd., S. 54.

Seite 77

»Dinge für mich zu behalten«:
Norman und Harris, a. a. O., S. 11.

Seite 77

»wissen wollen, wer, was, wo«:
Ebd.

Seite 77

»Mein Vater gibt mir«:
Ebd., S. 10.

Seite 77

zum Beispiel »wütend«:
Ebd., S. 14.

Seite 77

»Ich würde ihnen doch niemals gestehen«:
Ebd., S. 106.

Seite 77

»auf mich herabsehen würde«:
Ebd.

Seite 77

ehemaliger »sehr wilder Teenager«:
Bell und Wildflower, a. a. O., S. 28.

Seite 78

»Für dich gemacht, Mama«:
Ebd., S. 21.

Seite 78

ganze Reihe von Auflehnungsformen:
Noshpitz, a. a. O., beschreibt solche Formen der Rebellion: »Es kann eine Folge phantasierter Verurteilungen und vernichtender Angriffe gegen Eltern und Lehrer geben, die niemals von einem Jugendlichen verbalisiert werden, der nach außen hin einverständig und folgsam ist. Denkbar sind auch sich abwechselnde Phasen halsstarriger Opposition und eifriger Regelbefolgung. Man kann eine chronisch übellaunige, negative Einstellung, gepaart mit Widerspenstigkeit und Verdrießlichkeit im Rahmen

eines – alles in allem – hinlänglich guten Betragens antreffen. Und es kann die offen feindselige Verweigerung jeden Befolgens selbst einfachster Erfordernisse einer altersgemäßen Anpassung stattfinden, verbunden mit zerstörerischen Ausbrüchen, schulischem Scheitern, Weglaufen von zu Hause und mit allen sonstigen Herausforderungen von Autoritätspersonen.« (S. 318). Blos, *On Adolescence*, schreibt auf S. 208 über die so ganz anderen Auflehnungsformen zweier heranwachsender Jungen. Der eine »akzeptiert das Wertesystem und die schichtspezifischen Ansprüche seiner Familie« und rebelliert, indem er »sich so schnell wie möglich die genußvollen Privilegien der Erwachsenen aneignet«. Der andere empfindet alles – »Taten, Denken und Fühlen – (…) als seinem eigenen Milieu fremd«.

Seite 78

»Trotz-und-Motz-Bindungen«:
Isay, Late Adolescence: The Second Separation Stage of Adolescence. In: Greenspan und Pollock (Hg.), a.a.O., Bd. 2, S. 514.

Seite 78

»illusionäre Macht«:
Horner, a.a.O., S. 88. Sklansky, a.a.O., S. 282, spricht über die Verschiebung von Abhängigkeiten von den Eltern hin zu anderen Führungspersonen und Gruppen. Coppolillo, The Tides of Change in Adolescence. In: Greenspan und Pollock, a.a.O., Bd. 2, fügt hinzu, daß die Unabhängigkeitserklärungen des Jugendlichen in der Adoleszenz bei seiner Hinwendung weg von den Eltern hin zu Gruppen von Gleichaltrigen ihm das Gefühl von Eigenständigkeit und Freiheit vermitteln, das »zum Teil illusorisch ist. Die Gruppe schreibt Kleidung, Verhaltensweisen und Maßstäbe vor, die zuweilen kompromißloser sind, als es seine Eltern je zu sein wagten« (S. 405).

Seite 78

Magersucht:
Horner, a.a.O., S. 85, beschreibt Eßstörungen als »Versuch, omnipotente Kontrolle über den Körper, seine Form und seine Impulse zu gewinnen«, um »dem Terror der Machtlosigkeit angesichts unbeeinflußbarer Kräfte etwas entgegenzusetzen. Die neue Machtlosigkeit ruft erneut den früheren Schrecken der Machtlosigkeit im Umgang mit den bestimmenden und sich einmischenden Eltern herauf.« Wertvolle Hinweise zur Magersucht finden sich in: Bruch, The Sleeping Beauty: Escape from Change. In: Greenspan und Pollock (Hg.), a.a.O., Bd. 2; Louise Kaplans Kapitel über Magersucht in: *Adolescence: The Farewell to Childhood*; Casper, Treatment Principles in Anorexia Nervosa.

In: Feinstein, Looney, Schwartzberg und Sorosky (Hg.), *Adolescent Psychiatry*, Bd. 10. Übermäßig bestimmende Eltern sind zwar oft als eine Hauptursache für Magersucht benannt worden, aber das können andere Untersuchungen – vgl. Goleman, *Emotionale Intelligenz*, S. 311-314 – nicht bestätigen. Anmerkung: Eine andere, weit verbreitete Eßstörung junger Frauen in der Adoleszenz, Bulimie, ist charakterisiert durch den folgenden Freß-Entleerungs-Zyklus: Die Kranke konsumiert zwanghaft innerhalb einer kurzen Zeitspanne riesige Mengen an Eßbarem (womöglich mit einigen tausend Kalorien). Anschließend entleert sie sich wieder über selbst herbeigeführtes Erbrechen, harntreibende oder abführende Mittel, durch Fasten oder zwanghafte Körperübungen. Bulimie wird oft von Teenagern – zumindest in der Entleerungsphase – als eine andere Möglichkeit wahrgenommen, Kontrolle und Macht auszuüben und eigene Unabhängigkeit zu bestätigen.

Seite 79

»Schlank zu sein ist für mich das wichtigste«:
Johnson und Connors, *The Etiology and Treatment of Bulimia Nervosa*, geben auf den S. 223 ff. einen Ausschnitt aus Marcia Millman, *Such a Pretty Face*, wieder, um die lebenslange Obsession einer Frau mit Essen und Gewicht zu illustrieren.

Seite 79

»glaubt, ihre dünne Figur«:
Casper, Treatment Principles in Anorexia Nervosa. In: Feinstein, Looney, Schwartzberg und Sorosky (Hg.), a. a. O., S. 433.

Seite 79

»formale Operationen«:
Vgl. Jean Piaget, The Intellectual Development of the Adolescent. In: Caplan und Lebovici (Hg.), a. a. O. Er macht hier Ausführungen zu den »formalen Operationen«; der Begriff selbst findet sich auf S. 24. Kaplan, a. a. O., S. 378, bemerkt, daß das Fortschreiten von »dem Konkreteren, stärker Gegenwartsorientierten, simplen Richtig-Gut versus Falsch-Schlecht hin zum Allgemeinen, Formalen, Logischen und Abstrakten« in der mittleren Adoleszenz zu »der Fähigkeit führt, über das Denken selbst nachzudenken; mit Ideen zu arbeiten, die nicht unmittelbar an konkrete Beispiele gebunden sind; Ursache, Wirkung und diese vorangehende Ursachen besser bewerten zu können…; ein Gefühl für die kausale Bedeutung der Vergangenheit in der Beurteilung der Gegenwart zu entwickeln« (S. 378). Noshpitz, a. a. O., schreibt, daß dank eben dieser »Fähigkeit – abstrakt zu denken; immer präzisere Unterscheidungen zu treffen; grundlegende Übereinstimmungen bei

oberflächlichen Unterschieden zu erkennen; Ursache-Wir-
kungsfolgen fest im Bewußtsein zu haben und Konzepte als
manipulierbare Einheiten zu benutzen« – der Jugendliche in
der Adoleszenz »bei seinen Schulaufgaben immer wirksamer
nachdenkt und in seinen Auseinandersetzungen mit Eltern,
Lehrern und anderen Autoritäten immer genauer argumentiert« (S. 311).

Seite 80

vergleichen boshaft unsere wirklichen Eltern:
Skalnsky, a.a.O., spricht davon, »daß in der frühen Adoleszenz die kognitive Reifung, der Zuwachs an Erfahrungen im
Umgang mit anderen Erwachsenen und die innere Abstoß-
ungskraft gegen die infantilen und ödipalen Objekte zusammenkommen und den Heranwachsenden in die Lage versetzen, auf die gemachten Einschränkungen und Fehler mit
verärgerter Enttäuschung zu reagieren. Diese Reaktion folgt
aus der Nichtübereinstimmung zwischen den wirklichen
Eltern und dem verinnerlichten idealisierten Imago der
Eltern.« (S. 277).

Seite 81

»Es gibt nur wenige Situationen im Leben«:
Anna Freud, Adolescence. In: *The Psychoanalytic Study of the
Child*, a.a.O., S. 276.

Seite 81

leidenschaftlich ihre Liebe und Bestätigung suchen:
Horner, a.a.O., bemerkt, daß »wahrscheinlich kein noch so
großes Maß an intrinsischer Kraft die fortgesetzte (elterliche)
Liebe und Anteilnahme für den erwachsenen Sohn oder die
erwachsene Tochter irrelevant macht« (S. 88).

Seite 81

»Mutter, Mutter«:
Lowell, During Fever. In: Gilbert, Gubar und O'Hehir (Hg.),
MotherSongs, S. 114 f.

Seite 82

Zeit schmerzlicher Ambivalenzen:
Kaplan, a.a.O., drückt es so aus: »Jeder heftigen Ablehnung,
jeder Zurückweisung läuft die leidenschaftliche Sehnsucht entgegen, zurückzukehren, wieder in die kindlichen Leidenschaften zurückzufallen.« (S. 116 f.)

Seite 82

»Bis ich sie bat«:
Aus: C. K. Williams, My Mother's Lips. In: Gilbert, Gubar und
O'Hehir (Hg.), a.a.O., S. 118 ff.

Seite 83

Grauzone zwischen verlängerter Adoleszenz:
Blos, *On Adolescence*, schreibt auf S. 12 und S. 220 ff. über die von
ihm so genannte »verlängerte Adoleszenz«, welche diejenigen
Heranwachsenden kennzeichne, die »im Zwielicht eines ver-
harrenden Übergangs leben« (S. 220).

Seite 84

unsere eigene Identität:
In *Kindheit und Gesellschaft* schreibt Erikson auf S. 256, Ich-
Identität »ist mehr als nur die Summe der Kindheits-Identifi-
kationen. Es ist die gesammelte Erfahrung über die Fähigkeit
des Ich, diese Identifikationen mit den Libido-Verschiebungen
zu integrieren, ebenso wie mit den aus einer Grundbegabung
entwickelten Fähigkeiten und mit den Möglichkeiten sozialer
Rollen. Das Gefühl der Ich-Identität ist also die angesammelte
Zuversicht des Individuums, daß der inneren Gleichheit und
Kontinuität seines Wesens auch die Gleichheit und Kontinuität seines Wesens in den Augen anderer entspricht, ...«
Vgl. auch Blos, a. a. O., S. 175, und Staples und Smarr, a. a. O.,
S. 484-487. In GAP (= Group for the Advancement of Psychiatry), *Psychotherapy with College Students*, wird Identitätsfesti-
gung definiert als die Entwicklung »einer soliden zusammen-
hängenden Identität, die als die eigene und nicht als eine von
einer äußeren Macht oder Person oktroyierte wahrgenommen
wird, und die dauerhaft Bestand hat« (S. 55). Und Lidz, The
Adolescent and His Family. In: Caplan und Lebovici (Hg.),
a. a. O., bemerkt, daß sich die Eltern-Kind-Schwierigkeiten oft
in der späten Adoleszenz legen und daß der Heranwachsende, indem er »für sich selbst verantwortlich zu werden
beginnt, (...) unwissentlich (ich würde auch sagen, wissent-
lich – J. V.) die Art und die Verhaltensweisen seiner Eltern
übernimmt, die er so kurz zuvor noch zurückgewiesen hat«
(S. 110).

Seite 84

bei dem »seelen- und sinnenfreien« Künstler:
Joyce, *Ein Portrait des Künstlers als junger Mann*, S. 280.

Seite 84

»Ich fürchte nicht, allein zu sein«:
Ebd., S. 278.

Seite 84

»Willkommen, Leben«:
Ebd. Joyce legt die folgenden klassischen Worte des Erwachsen-
werdens seinem Alter ego Stephen Dedalus in den Mund:
»Mutter bringt meine neuen altgekauften Kleider in Ordnung.

Sie betet jetzt, sagt sie, daß ich in meinem eignen Leben und fern von Zuhaus und Freunden lernen möge, was das Herz ist und was es fühlt. Amen. So sei es. Willkommen, Leben! Als Millionster zieh ich aus, um die Wirklichkeit der Erfahrung zu finden und in der Schmiede meiner Seele das ungeschaffne Gewissen meines Volkes zu schmieden.« (S. 285)

Seite 85

»Du hast Verstand im Kopf«:
Seuss, *Oh, the Places You'll Go!* (ohne Seitenangabe).

4. Kapitel Die Macht der Sexualität

Seite 86

»Bei allem, was du tun willst«:
Michael, Gagnon, Laumann und Kolata, *Sexwende*, S. 285.

Seite 86

»Männer beherrschen die Welt«:
Nicky Silver, *The Food Chain* (in einer Theateraufführung gehört).

Seite 87

»Ich hatte über alles nachgedacht«:
Katie Roiphe, *The Morning After*, S. 168.

Seite 88

»unsere Phantasien an der kurzen Leine«:
Dieses Zitat wie auch die folgenden Zitate von Meghan Daum erschienen in ihrem Artikel Safe-Sex Lies. In: *The New York Times Magazine*, 21. Januar 1996, S. 32 f.

Seite 88

»Spontanfick«:
Jong, *Angst vorm Fliegen*, S. 22.

Seite 88 f.

Sex »von uns dreien zusammen«:
Lobell, *John & Mimi*, S. 71.

Seite 89

»Mimi und Ava«:
Ebd., S. 79.

Seite 89

Sex mit »anderen Paaren«:
Ebd., S. 119.

Seite 89

»freie Ehe«:
Ebd., aus dem Untertitel des Buches.

Seite 89

»nichts Ungewöhnliches mehr«
Ebd., S. 8.

Seite 89

»Mrs. Coolidge«:
Diese Anekdote wird wiedergegeben von Burr, *A Separate Creation*, S. 175.

Seite 90

So dürfen sich Jungen nicht zu stark:
Vgl. meine Ausführungen hierzu in *Mut zur Trennung*, S. 141 f.

Seite 90

»Festgebunden, abhängig, verschlungen«:
Ross, *The Male Paradox*, S. 253.

Seite 90

»ungebundene Lust«:
Levant, *Masculinity Reconstructed*; siehe Kapitel 9, Untertitel und folgende Ausführungen.

Seite 90

»Wenn ich nur eine Frau kennen würde«:
Lawrence, I Wish I knew a Woman, in: Ders., *Selected Poems*, S. 111.

Seite 91

»Ich habe nicht nur ihn, sondern auch mich selbst«:
Jean Baker Miller schreibt in *Toward a New Psychology of Women*, daß »die Selbstwahrnehmung von Frauen sich sehr stark auf die Fähigkeit konzentriert, Verbindungen und Beziehungen aufzubauen und dann aufrechtzuerhalten. Schließlich wird die drohende Möglichkeit, daß solche Verbindungen unterbrochen werden, nicht allein als Verlust einer Beziehung wahrgenommen, sondern als etwas, das dem völligen Verlust des Selbst nahekommt.« (S. 83)

Seite 91

33 Prozent der Männer:
Michael u. a., a. a. O., S. 306.

Seite 91

Gefühl, einem Mann etwas zu geben:
Miller, a. a. O., behandelt diese Idee auf S. 50 f.

Seite 91

sehr hoher Anteil der befragten Frauen:
Michael u. a., a. a. O., S. 289; die 3 Prozent-Angabe steht auf S. 295.

Seite 91

»meisten Männer, die eine Frau sexuell nötigten«:
Ebd., S. 229.

Seite 92

»Soll das etwa heißen«:
Weinberg und Biernbaum, Conversations of Consent: Sexual
Intimacy without Sexual Assault. In: Buchwald (Hg.), *Trans-
forming a Rape Culture*, S. 92.

Seite 92

»Nun, sie war doch einverstanden«:
ebd.

Seite 92

»Ich seh' das so«:
Katie Roiphe, a.a.O., zitiert den Romanschriftsteller Martin
Amis, S. 80.

Seite 92

»Mit dieser neuen Definition«:
Weinberg und Biernbaum, a.a.O., S. 91.

Seite 92

»Sie hat sich doch vergewaltigen lassen«:
Ebd., S. 92.

Seite 93

»Ich mag es, eine Frau zu beherrschen«:
Die Befragung wird zitiert in: Wolf, *Der Mythos Schönheit*, S. 165.

Seite 93

Nach einer anderen Untersuchung:
Diese Umfrage mit dem Titel The Fantasy Project wird vorgestellt in: Person, Male Sexuality and Power, in: *Psychoanalytic
Inquiry*, Bd. 6, Nr. 1, S. 10. Im Rahmen des Projekts hat man
gleichfalls herausgefunden, daß 11 Prozent der befragten Männer von Phantasien berichteten, in denen sie ihre Sexualpartne-
rinnen quälen, und 20 Prozent davon, daß sie diese schlagen
oder peitschen. Die Vegleichszahlen für Frauen waren 0 Prozent
bzw. 1 Prozent.

Seite 93

lehnt »die weitverbreitete Ansicht ab«:
Ebd., S. 6.

Seite 94

»niederschmetternd erfahrene genitale Unzulänglichkeit«:
Ebd., S. 18. Person weist auf die Bedeutung der Kastra-
tionsangst für die Entwicklung von Männern und ihres Phan-
tasielebens hin, schreibt allerdings, daß »das, was wir in
herkömmlichen Interpretationen vermissen, der Einfluß der
Mutter-Sohn-Beziehung in unterschiedlichen Entwicklungsphasen ist sowie das Wesen der sexuellen Wirklichkeit der
Männer zu unterschiedlichen Zeitpunkten im Lebenszyklus.«

Seite 94

>>Ich habe mich früher nie behaglich<<:
Vgl. Lisa Bannon, How a Risky Surgery Became a Profit Center for Some L. A. Doctors. In: *The Wall Street Journal*, 6. Juni 1996, S. 1 (mit Whiteheads Erklärung) u. S. 8.

Seite 94

>>ein Gewehr und Munition zu haben<<:
Person, a. a. O., S. 21.

Seite 95

>>Nach meinen Erfahrungen<<:
Ebd., S. 19.

Seite 95

>>Übermaß an Frauen<<:
Ebd., S. 11.

Seite 95

>>kompensatorische Mechanismen<<:
Ebd., S. 7.

Seite 96

eine der wichtigsten Bruchstellen:
Ebd.

Seite 96

Stereotyp >>eines großen, starken, ermüdungsfreien Phallus'<<:
Ebd., S. 3.

Seite 96

>>Ich spür dich unter der Haut<<:
Porter, I've Got You Under My Skin. In: Kimball (Hg.), *The Complete Lyrics of Cole Porter*, S. 142. Hier gleichfalls: >>Ich würde alles geben, ...<<

Seite 96

>>Verhöhne und verletze mich<<:
So taunt me and hurt me,
Deceive me, desert me,
I'm yours 'til I die ...
Porter, So in Love, a. a. O., S. 274.

Seite 97

>>stark von sexueller Bestätigung und Aktivität durchtränkt<<:
Person, a. a. O., S. 5, zitiert May.

Seite 97

>>Gelegenheitsvergewaltigung<<:
Katie Roiphe, a. a. O., plädiert für eine enger gefaßte Definition von >>Gelegenheitsvergewaltigung<<.

Seite 98

>>Kultur der Vergewaltigung<<:
Vgl. Buchwald u. a. (Hg.), a. a. O.

Seite 98

»geflissentliches Übersehen, als Erzwingen, Aufdrängen«:
Kimmel, Clarence, William, Iron Mike, Tailhook, Senator Packwood, Spur Posse, Magic … and Us. In: Buchwald u. a. (Hg.),
a. a. O., S. 125.

Seite 98

»Die Frauen haben hier ein Machtmonopol«:
Danon wird zitiert im Artikel von Sarah Crichtons, Sexual Cor-
rectness. In: *Newsweek*, 25. Oktober 1993, S. 56.

Seite 98

97 464 Vergewaltigungen:
Diese Zahlen für 1995 sind dem *Uniform Crime Report* der amerikanischen Bundespolizei FBI entnommen.

Seite 98

Tatsache, »daß einige Männer vergewaltigen«:
Brownmiller, *Gegen unseren Willen*, S. 172.

Seite 99

»die tödlichen männlichen Vergewaltigungsmythen«:
Ebd., S. 226.

Seite 99

»Du weißt doch, was eine Vergewaltigung«:
Ebd., S. 228. Brownmiller zitiert aus John Updikes Roman *Unter
dem Astronautenmond*.

Seite 99

»Akt des Meisters«:
Ebd., S. 229. Das Zitat stammt aus Ayn Rands Roman *Der ewige
Quell*.

Seite 99

»Ich bin vergewaltigt worden«:
Ebd.

Seite 99

»Die Eskalation eines intimen Beisammenseins«:
Kimmel, a. a. O., S. 128.

Seite 99

»Jede Frau setzt einen Faschisten an«:
Brownmiller, a. a. O., S. 241. Sie zitiert aus Sylvia Plaths Gedicht
Daddy:
Every Woman adores a Fascist,
The boot in the face, …

Seite 99

»geheimes erotisches Bedürfnis«:
Ebd., S. 240. Sie zitiert aus *Tagebücher der Anaïs Nin*.

»primärer erogener Masochismus«:
Blum, Masochism, the Ego Ideal, and the Psychology of
Women. In: *Journal of the American Psychoanalytic Association*,
Bd. 24, Nr. 5, S. 158. Er zitiert Freud, Das ökonomische Problem
des Masochismus, a.a.O., Bd. XIII.

Seite 99

»tiefes weibliches Bedürfnis danach«:
Brownmiller, a.a.O., S. 231. Das Zitat stammt aus Helene
Deutschs Buch *Psychologie der Frau*.

Seite 99

»enorm masochistische Phantasien«:
Millett, *Sexual Politics*, S. 205. Sie zitiert aus Bonapartes Buch
Female Sexuality.

Seite 100

»Antizipation von und die Erfahrung mit Menstruation«:
Blum, a.a.O., S. 166.

Seite 100

»anatomische Schicksal einer Frau«:
Barglow und Schaefer, A New Female Psychology? In: *Journal of
the American Psychoanalytic Association*, Bd. 24, Nr. 5, S. 311.

Seite 100

Weiblichkeit karikiere:
Blum, a.a.O., S. 180. Blum bezieht sich auf einen Kommentar
des Psychoanalytikers Robert Waelder.

Seite 100

»Was will das Weib«:
Ebd., S. 160. Freuds Unsicherheit über die psychosexuelle Entwicklung von Frauen drückt sich Blum zufolge gleichfalls in
seiner Erklärung aus, daß »unsere Einsichten in diese Entwick-
lungsprozesse von Mädchen unbefriedigend, lücken- und
schattenhaft sind« und in seiner Bezeichnung der Sexualität erwachsener Frauen als »dark continent« (S. 159f.). Vgl.
S. Freud, *Der Untergang des Ödipuskomplexes*; Die Frage der
Laienanalyse.

Seite 100

Frauen hätten einen schwächeren sexuellen Trieb:
Ebd., S. 163. Blum zitiert Freuds und Bonapartes Charakterisie-
rungen der weiblichen Libido als schwächer gegenüber der
männlichen.

Seite 100

»asexuelle Torwächterin«:
Kimmel, a.a.O., S. 123f.

Seite 100
>>ständiges Summen und Brummen männlicher Lust<<:
Ebd.

Seite 101
Und es gibt durchaus Beweise:
Vgl. Wolf, *Promiscuities*. Sie spricht hier über die Kulturen, welche Frauen als sexuell stärker ansehen als Männer. Ihre Quellen werden auf S. 241 zitiert.

Seite 101
>>Weißt du, wie (...) man einen Handel schließt<<:
Das Material entstammt dem Spielfilm *Das Piano*, die Beschreibung der Szene ist von der Autorin.

Seite 102
>>Selbst die dümmste Ehefrau<<:
Landers, *Wake Up and Smell the Coffee*, S. 49.

Seite 102
>>Also, ich glaube<<:
Loos, *Gentlemen Prefer Blondes*, S. 18 f.

Seite 103
tauschen Sex gegen Erfahrungen:
Sharon Thompson, *Going All the Way*, S. 235.

Seite 103
>>er ist wie ein Vater zu mir<<:
Ebd., S. 236.

Seite 103
>>würde alles besser machen<<:
Ebd., S. 29.

Seite 103
>>für ihn jederzeit verfügbar<<:
Ebd., S. 29 f.

Seite 103
>>könne zu Fürsorglichkeit und Liebe führen<<:
Ebd., S. 24.

Seite 103
als eine Art >>Lasso (dienen)<<:
Ebd., S. 264.

Seite 103
Zwischen 1967 und 1969:
Ebd., S. 7. Tompsons Zahlen sind entnommen aus: Hofferth, Kahn und Baldwin, Premarital Sexual Activity Among U.S. Teenage Women Over the Past Three Decades. In: *Family Planning Perspectives*, Bd. 19, Nr. 2, März/April 1987, S. 49.

Seite 104

»Jungen zeigen's den Mädchen«:
Landers, a. a. O., S. 92 f.

Seite 104

über die Hälfte derjenigen:
Thompson, a. a. O., S. 7.

Seite 104

»Verstehen Sie, die können einfach nicht mehr«:
Ebd., S. 19.

Seite 105

»Ich habe versucht, meine Gedanken«:
Scott Spencer, *Endless Love*, S. 73. Obwohl »David« eine fiktionale Figur ist, haben junge Männer in der Adoleszenz sicherlich die von ihm durchlebten Gefühle in Wirklichkeit erlebt.

Seite 106

»Waffe, die das Selbst einsetzt«:
Horner, a. a. O., S. 92.

Seite 106

Dazu eine Statistik:
Michael u. a., a. a. O., S. 114.

Seite 107

»Sie halten das wahrscheinlich für unfair«:
Ebd., S. 113.

Seite 108

»Kreativ, intelligent, amüsant«:
New York, 10. Juli 1995, S. 132 f.; 11. September 1995, S. 197.

Seite 108

»Wenn Frauen verbittert feststellen«:
Michael u. a., a. a. O., S. 305.

Seite 109

»Als sich Baines in Ada verliebt«:
Das Material entstammt dem Spielfilm *Das Piano*, die Beschreibung der Szene ist von der Autorin.

Seite 109

»körperlich und emotional am zufriedensten«:
Michael u. a., a. a. O., S. 160.

Seite 111

»Mein Ehemann findet mich sexuell«:
Landers, a. a. O., S. 52 f.

Seite 111

»Es war demütigend«:
Ebd., S. 46.

Seite 111
      doch nicht normal:
      Ebd., S. 48.
Seite 111
      »Wo kommen bloß all diese müden Männer her«:
      Ebd., S. 49.
Seite 111
      »kann uns etwas über den Grad von Macht«:
      Blumstein und Schwartz, *American Couples*, S. 206.
Seite 111
      »seiner Männlichkeit entsagen«:
      Ebd., S. 225.
Seite 111
      »zum Familienoberhaupt entwickelt«:
      Ebd.
Seite 112
      »ein ständiger Balanceakt«:
      Ebd.
Seite 112
      »Wenn ich es ihr unten mache«:
      Ebd., S. 232.
Seite 112
      »Manchmal, wenn ich ihm einen blase«:
      Ebd., S. 236.
Seite 112
      »Ich glaube, er mag das«:
      Ebd., S. 232.
Seite 113
      »Bitte, wie pervers«:
      Landers, a. a. O., S. 41.
Seite 114
      »zur Geisel zu werden«:
      Scharff, *The Sexual Relationship*, S. 134.
Seite 115
      »Intimität gegen Isolierung«:
      In Eriksons *Kindheit und Gesellschaft* finden sich die Erläuterun-
      gen zur sechsten Entwicklungsphase »Intimität gegen Isolie-
      rung« S. 258-261.
Seite 115
      »wilden Orgasmen der Liebe«:
      Lawrence, Fidelity. In: de Sola Pinto und Roberts (Hg.), *The
      Complete Poems of D. H. Lawrence*, S. 476 f.

Seite 115

»wild und wiederum nicht wild«:
Katie Roiphe, *Last Night in Paradise*, S. 193.

5. Kapitel »Wer hat in der Partnerschaft die Hosen an?«

Seite 116

»Es ist schlechterdings unmöglich«:
Michael Vincent Miller, *Liebe macht Angst*, S. 12.

Seite 117

»Auf der Basis des Familienlebens«:
Rose, *Parallele Leben*, S. 13.

Seite 117

»Die Ehe und andere erwachsene Zweierbeziehungen«:
Miller, a. a. O., S. 22.

Seite 118

»Das tiefe Bedürfnis (…), seinen Willen unterzuordnen«:
Rose, a. a. O., beschreibt die Ehe von John Stuart Mill und Harriet Taylor S. 113-161. Sie bemerkt hierzu: »Das Grundmuster
für die Liebe wurde von seinem Vater entworfen – und
zwar kraftvoll entworfen, der seinen Sohn auf einer Ebene
lehrte, selbständig zu denken, ihm auf einer anderen Ebene
aber das genau entgegengesetzte Verhalten einbleute, ihn
mit jeder Lektion zwang, seinen Willen einem Wesen
zu unterwerfen, das stärker war als er. (…) Es scheint
daher unausweichlich, daß Mill sich zu einer Frau hin-
gezogen fühlte, die reichlich Gebrauch von Vorwurf und
Tadel machte, die stärker war als er, dominierend; …«
(S. 154)

Seite 119

»Liebe bereitet Angst«:
Miller, a. a. O., S. 13.

Seite 119

»Angst des Liebens«:
ebd., S. 13.

Seite 119

»aufs engste vertraut«:
Toews, Adolescent Developmental Issues in Marital Therapy.
In: Feinstein (Hg.) *Adolescent Psychiatry*, Bd. 8, S. 244.

Seite 119

»endlose Debatten«:
Ebd.

Seite 120
Männer eher Autonomie anstreben:
Vgl. Gilligan, *In a Different Voice*, mit einer ausgezeichneten Darstellung der Gefühlsunterschiede zwischen Männern und Frauen in bezug auf Autonomie und Intimität.

Seite 120
»Prinzip des geringeren Interesses«:
Blumstein und Schwartz, a. a. O., S. 283. Das »Prinzip des geringeren Interesses« wurde von dem Soziologen Willard Waller benannt.

Seite 120
»Mom', erklärte sie mir«:
Wallerstein und Blakeslee, *Gute Ehen*, S. 146.

Seite 121
Etwas ältere Ehefrauen möchten mehr Zeit:
Vgl. Blumstein und Schwartz, a. a. O., S. 176 f. u. 183-187 mit einer Thematisierung der frei verfügbaren Zeit bei Männern und Frauen.

Seite 122
»Wünsche an den anderen«:
Miller, a. a. O., S. 74f.

Seite 123
»welches Geld – wenn überhaupt – als persönliches gilt«:
Blumstein und Schwartz, a. a. O., S. 51.

Seite 123
Bei verheirateten, bei unverheiratet zusammenlebenden:
Ebd. Zur Frage des Verhältnisses von Paaren und Geld siehe S. 53-56.

Seite 123
»bemerkenswerte Ausnahme«:
Ebd., S. 55. Die Autoren fügen auf S. 75 hinzu: weil »lesbische Paare sich nur zu bewußt sind, wie Geldangelegenheiten in einer heterosexuellen Beziehung funktionieren können, wo der Besserverdienende Privilegien genießt, während der Schlechterverdienende untergeordnet ist, nehmen (sie) davon Abstand, um zu verhindern, daß Geld solch eine Macht in ihrem Leben hat«.

Seite 123
»Entscheidungsträger für die wichtigsten Familienentscheidungen«:
Ebd., S. 58.

Seite 123
»wenn sie voll berufstätig ist«:
Ebd., S. 56.

Seite 124
»ein Zeichen weitergehender Befugnisse«:
Ebd., S. 63.

Seite 124
>>meist als Gütergemeinschaft<<:
Ebd., S. 79.

Seite 124
>>durchaus noch verbesserungswürdig<<:
Ebd., S. 81.

Seite 124
>>hängen sämtlich mit der Machtfrage zusammen<<:
Ebd., S. 102.

Seite 124
>>Ich mußte mich immer erklären<<:
Ebd.

Seite 124
Untersuchung der Psychiaterin Ann Ruth Turkel:
Vgl. Turkel, Money as Mirror of Marriage. In: *Journal of the American Academy of Psychoanalysis*, Bd. 16, Nr. 4, S. 525-535.

Seite 125
>>Nate ist so knickerig<<:
Blumstein und Schwartz, a. a. O., S. 103.

Seite 125
>>Wenn ein Partner zu beherrschend ist<<:
Ebd., S. 93.

Seite 126
>>Er ist so gut zu mir<<:
Sylvia und Zach Newman werden erwähnt in: Klagsbrun, *Married People*, S. 59f.

Seite 126
1996 verdienten schon immerhin 26 Prozent:
Die Zahl stammt vom Bureau of Labor Statistics, Januar 1997.

Seite 126
>>Sie wollen nicht etwa ihre Männer beherrschen<<:
Blumstein und Schwartz, a. a. O., S. 327.

Seite 127
>>Taxonomien der Macht<<:
Vgl. z. B. Raven, A Taxonomy of Power in Human Relations. In: *Psychiatric Annals*, Bd. 16. Nr. 11. Die folgenden Kategorien und Machttechniken sind eine Zusammenfassung von persönlichen Interviews, von Ravens Aufsatz und von einigen anderen Arbeiten, darunter: Ostow, The Control of Human Behavior; Marwell und Schmitt, Dimensions of Compliance-Gaining Behavior: An Empirical Analysis; Falbo und Peplau, Power Strategies in Intimate Relationships; Falbo, Multidimensional Scaling of Power Strategies; Howard, Blumstein und Schwartz: Sex, Power, and Influence Tactics in Intimate Relationsships; Kipnis, The Use of

Power in Organizations and in Interpersonal Settings; Kipnis, Castell, Gergen und Mauch: Metamorphic Effects of Power (vgl. die Bibliographie mit vollständigen Nachweisen).

Seite 127

»gemein« und »hinterlistig«:
Tannen, *Du kannst mich einfach nicht verstehen*, S. 248.

Seite 127

»Wenn man seinen Willen«:
Ebd.

Seite 127

»Freizeitlücke«:
Hochschild, *Der 48-Stunden-Tag.*, S. 12. Sie fand bei der Auswertung von Zeitstudien aus den sechziger und siebziger Jahren heraus, daß Frauen 15 Stunden mehr pro Woche für Kindererziehung und Hausarbeit aufbringen als Männer, was sich im Jahr auf eine Mehrarbeit von einem Monat mit 24-Stunden-Tagen summiert. In ihrem Buch von 1989 erklärt Hochschild, einige jüngere Studien hätten keine Erhöhung des Männeranteils erbracht. Demgegenüber fanden Barnett und Rivers in: *She Works/He Works*, heraus, daß, während »Frauen zwar immer noch mehr Hausarbeit verrichten und mehr in der Kindererziehung tätig sind als Männer, sich die Lage erheblich ändert« (S. 177). Danach verrichten heute in den USA Frauen 55 Prozent und Männer 45 Prozent der Hausarbeit. Allerdings hat diese Forschungsarbeit gleichzeitig folgende Schatten auf dieses rosigere Bild geworfen: Jobs mit geringem Einfluß wie Kochen, Putzen und Waschen, die nicht auf einen anderen Zeitpunkt verschoben werden können, sind streßiger als einflußreiche Tätigkeiten – wobei »Frauen mehr Zeit für einflußarme Verrichtungen einsetzen als ihre Ehemänner« (S. 179). Frauen, die außerhalb ihrer Wohnung arbeiten, haben immer noch so starke Schuldgefühle, daß »es eine Neigung gibt, zu versuchen, eine Superfrau zu sein« (S. 183). Die Untersuchung zeigt ebenfalls, »daß sowohl Frauen als auch Männer die Tätigkeit des Mannes höher bewerten« (S. 199).

Seite 128

»Viele Männer lobten ihre Frauen«:
Hochschild, a.a.O., S. 243. Hier auch die Formulierungen »äußerst angenehm« und »solches Lob«.

Seite 128

»ich brauche unbedingt ein paar Sachen«:
Tannen, a.a.O., S. 248. Sie schreibt: »Indirektheit an sich ist noch kein Zeichen von Machtlosigkeit. (…) Ein wohlhabendes Ehepaar zum Beispiel, das weiß, daß das Personal seinen Forderungen nachkommen wird, muß keine direkten Befehle ausspre-

chen, sondern kann einfach einen Wunsch äußern: Wenn die
Frau des Hauses sagt: ›Es ist kühl hier‹, wird der Bedienstete die
Heizung höher stellen.« (S. 249)

Seite 129

»über irgend etwas aufregen müssen«:
Ford, *The Good Soldier*, S. 16.

Seite 129

»Ich glaube Nicole ist weniger krank«:
Fitzgerald, *Zärtlich ist die Nacht*, S. 295.

Seite 129

»Schema der weiblichen Macht durch Schwäche«:
Rose, a. a. O., S. 16.

Seite 129

»Mittel, um menschliches Verhalten zu beeinflussen«:
Ostow, The Control of Human Behavior. In: *The International
Journal of Psychoanalysis*, Bd. 40, Teil 5 u. 6, S. 276.

Seite 131

»genauestes bewußt sind«:
Tannen, a. a. O., S. 115.

Seite 132

»Was soll schon sein«:
Blumstein und Schwartz, a. a. O., S. 82.

Seite 132

»Ich verdiene das Geld«:
Ebd., S. 58.

Seite 132

»die verunsichert sind und über mangelndes Selbstbewußtsein«:
Raven, a. a. O., S. 636.

Seite 133

»Und plötzlich griff«:
Denise Browns Zeugenaussage vom 3. Februar 1995; nach einer
Meldung von *The Associated Press*, laut Westlaw, West Publish-
ing Co.

Seite 133

»Jemand, der gegen seinen Lebensgefährten«:
Miller, a. a. O., S. 61.

Seite 133

»Geschirr auf den Kopf knallt«:
Landers, a. a. O., S. 294 f.

Seite 135

Marilyn war zu Anfang:
Marilyn und Larry laut Horner, a. a. O., S. 112 f.

Seite 136

   »Mauern«:
   Gottman, *Why Marriages Succeed or Fail*, S. 93-97, S. 145-149,
   schreibt über das »Mauern«. Er weist darauf hin, daß in ehelichen Streitgesprächen der Blutdruck eines Ehemanns und dessen Herzfrequenz weit höher steigen als jeweils bei der Frau
   und er deshalb diese physiologische Erregung – von Gottman
   als »Überfluten« bezeichnet – durch »Mauern« zu umgehen
   versucht. Vgl. S. 94 f. mit dem zitierten Material.

Seite 138

   Es gibt eine Theorie:
   Diese Theorie wird vorgestellt von Kipnis, a. a. O. In: S. Oskamp
   (Hg.), *Applied Social Psychology Annual*, Bd. 5, S. 186.

Seite 138

   »Selbst wenn ich einen Doktortitel«:
   Viorst, So My Husband and I Decided to Take a Car Trip
   Through New England. In: *The New York Times*, 15. Februar 1989
   (Op-Ed-Seite).

Seite 139

   »das Gefühl des Mächtigen für dessen Macht stärkt«:
   Kipnis, a. a. O., S. 200.

Seite 139

   »metaphorische Auswirkungen von Macht«:
   Kipnis, Castell, Gergen und Mauch, a. a. O., S. 127.

Seite 139

   »die glauben, sie verfügten letztendlich«:
   Ebd., S. 132.

Seite 139

   »einseitige Verfügung über Entscheidungsgewalt«:
   Kipnis, a. a. O., S. 201.

Seite 140

   Verhältnis von Machtverbindung und ehelicher Zufrieden-
   heit:
   Vgl. Gray-Little und Burks, Power and Satisfaction in Marriage:
   A Review and Critique. In: *Psychological Bulletin*, Bd. 93, Nr. 3,
   S. 513-538.

Seite 140

   »sie sich zur Null macht«:
   Horner, a. a. O., S. 113; Harriet und Roger, S. 113 f.

Seite 141

   »Puppenfrau« Nora et al:
   Ibsen, *Ein Puppenheim*, Frankfurt/M., Insel, 1979, S. 12 f., 99, 101,
   103 ff.

Seite 141

»jede Ehe gründet sich«:
Rose, a. a. O., S. 14.

Seite 142

»durch Verhandlungen und Kompromiß«:
Wallerstein und Blakeslee, a. a. O., S. 149.

Seite 142

»Fairneß (…) viel wichtiger«:
Ebd., S. 152.

Seite 142

»Die kameradschaftliche Ehe gründet«:
Ebd., S. 147.

Seite 142

»nach dem Prinzip der Fairneß gelöst«:
Ebd., S. 149.

Seite 142

»Meine Mutter war wunderbar«:
Hochschild, a. a. O., S. 66; Nancy und Evan Holt S. 59-86; hier auch die weiteren Zitate.

Seite 143

statt dessen »schrie und weinte (sie)«:
Ebd., S. 213; Michael und Adrienne S. 211-220.

Seite 143

»härter, sichtbar unabhängigerer Typus von Frauen«:
Miller, a. a. O., S. 84.

Seite 144

»Je mehr sich ein Mann ökonomisch«:
Hochschild, a. a. O., S. 265. Die folgenden Zitate in ihrer Reihenfolge im Hochschild-Text: S. 241 (zweimal), S. 120, S. 268, S. 265

Seite 144

»Verschränkungen von Liebe und Macht«:
Miller, a. a. O., S. 85.

Seite 145

Tatsache, daß »eine Ehe über weite Strecken«:
Horner, a. a. O., S. 111.

6. Kapitel Ewige Elternschaft

Seite 147

»Genau in diesem Augenblick«:
Suskind, An Aging Generation of Jewish Mothers Finds a Place in Lore. In: *The Wall Street Journal*, 6. Mai 1994, S. A9; der vollständige Artikel S. A1 u. A9.

Seite 147

»Elternschaft als psychobiologischer Prozeß«:
Benedek, Parenthood During the Life Cycle. In: Anthony und Benedek (Hg.), *Parenthood. Its Psychology and Psychopathology*, S. 185.

Seite 148

»Voller Wärme und Weisheit«:
Viorst, *Murdering Mr. Monti*, S. 127 f.

Seite 150

»Retterphantasien«:
McBride, *The Secret of a Good Life with Your Teenager*, S. 84.

Seite 150

»Riesenfehler«:
Ebd., S. 85.

Seite 150

»Entscheidungsträger«:
Ebd., S. 91.

Seite 150

»geschätzte Berater«:
Ebd.

Seite 150

»Wir wollen schließlich Dinge für unsere Kinder«:
Suskind, a. a. O., S. A1.

Seite 150

»Unser Problem ist«:
Ebd.

Seite 150

»Mein Sohn sagt«:
Ebd., S. A9.

Seite 150

»Jeder braucht doch jemanden«:
Ebd.

Seite 150

»Es ist die bei weitem wichtigste Aufgabe«:
Okimoto und Stegall, *Boomerang Kids*, S. 91.

Seite 154

ist »das Kind das Zeugnis der Eltern«:
McBride, a. a. O., S. 92 f.

Seite 154
>>ihre eigenen unerfüllten Träume in ihren Sprößlingen<<:
Kiell, *The Adolescent Through Fiction*, S. 234. Er fährt fort: >>Zu
viele Söhne und Töchter tragen als Erwachsene einen tiefen
Groll in sich, weil sie mit der beruflichen Tätigkeit unglücklich
sind, die ihnen von ihren Eltern aufgezwungen worden ist.<<
(S. 234)

Seite 154
>>Sie laden mich nicht mehr auf ein paar Urlaubstage ein<<:
Heidi Spencer, *Did I Do Something Wrong?*, S. 86.

Seite 154
>>Ich habe das Gefühl<<:
Ebd., S. 88.

Seite 155
>>die Wonnen früher Elternschaft<<:
Viorst, The Messes, the Stresses, the Strains ... the Joys ... Kids.
In: *Redbook*, Juni 1976, S. 89, 141, 143 f.

Seite 156
>>Stiftung und Erziehung der nächsten Generation<<:
Erikson, *Kindheit und Gesellschaft*, S. 261. Seine Ausführungen zu
>>Zeugende Fähigkeit gegen Stagnation<< finden sich auf S. 261 f.

Seite 156
>>ist eine besonders schwere Phase für die Mütter<<:
Dewald, Adult Phases of the Life Cycle. In: Greenspan und
Pollock (Hg.), a. a. O., Bd. 3, S. 49.

Seite 156
>>übermäßigen Engagement von Müttern<<:
Benedek, a. a. O., S. 199.

Seite 156
>>wollen (solche Mütter) an jeder Einzelheit<<:
Ebd., S. 197.

Seite 157
>>kein Gebot ›Ehre deinen Sohn‹<<:
Blum, The Maternal Ego Ideal and the Regulation of Maternal
Qualities. In: Greenspan und Pollock (Hg.), a. a. O., Bd. 3., S. 105.

Seite 158
>>Unsere politischen Aussichten, unsere Werte<<:
Jane Adams, *I'm Still Your Mother*, S. 62 f.

Seite 160
>>Ich habe meine Tochter so lange unterstützt<<:
Ebd., S. 134.

Seite 160
Ein anderes Elternpaar ergänzt:
Ebd., S. 135.

Seite 161
»Nichtsnutz«:
Spencer, a. a. O., S. 154.
Seite 161
»wenn ein Elternteil ein unbewußtes«:
Ebd.
Seite 163
»Immer Zeit für ihn«:
Viorst, Did I Do Something Wrong? Es handelt sich um ein Lied
aus dem Musical *Love and Shrimp*, Text von Viorst, Musik von
Shelly Markham.
Seite 164
»Tief im Innern«:
Brans und Smith zitieren Slater in: *Mother, I Have Something to
Tell You*, S. 26.
Seite 164
»Was hätte ich anders machen können«:
McGovern, *Terry*, S. 36.
Seite 164
»Wenn Ihr Kind große Probleme bekommt«:
Ebd., S. XII f.
Seite 165
»Wissen Sie was«:
Brans und Smith, a. a. O., S. 84.
Seite 165
»Immer klage ich mich an«:
Ebd.
Seite 165
»Ich frage mich ständig«:
Spencer, a. a. O., S. 5.
Seite 165
»Was habe ich bloß schlimmes getan«:
Ebd., S. 10.
Seite 165
»Verurteilen Sie mich«:
Serial Killer Apologizes, Asks Judge for Mercy. In: *The Washington Post*, 30. März 1994, S. A4.
Seite 165
»Ich habe lange mit Schuldgefühlen«:
Anne Roiphe, *Fruitful*, S. 228.
Seite 165
»Vorstellung von einer genetischen Programmierung«:
Ebd., S. 226.

Seite 166

»Gene nur eine Ausrede sind«:
Ebd.

Seite 166

»Ich bin nicht verantwortlich«:
Ebd., S. 227.

Seite 166

»schwer, Verantwortung für ihr Leben zu übernehmen«:
McGovern, a. a. O., S. 21.

Seite 166

»dazu neigte, sich eine übertriebene Vorstellung«:
Ebd.

Seite 167

»trotzdem ist es nicht meine Schuld«:
Adams, a. a. O., S. 35.

Seite 168

»Ich glaube nicht, daß Terry es jemals schaffen wird«:
McGovern, a. a. O., S. 14.

Seite 168

»daß wir sie über diese gewisse Distanzierung«:
Ebd., S. 9.

Seite 168

»jeden nicht gemachten Telefonanruf«:
Ebd.

Seite 168

»Ein Zuviel an Mitgefühl«:
Ebd., S. 19.

Seite 168

»Rückblickend gesehen«:
Ebd., S. 144.

Seite 168

»Wenn es dein Kind wirklich nicht«:
Adams, a. a. O., S. 134.

Seite 169

»traditionell« eingestellte Mütter:
Brans und Smith, a. a. O., S. 2.

Seite 169

»unerwartete«, »unkonventionelle«:
Ebd.

Seite 169

»die wichtigen Bindungen«:
Ebd., S. 5.

Seite 169
»ein überwältigendes Gefühl«:
Ebd., S. 6.
Seite 169
»das wirkliche Kind hinter«:
Ebd.
Seite 169
»sucht nach Hilfen für sich selbst«:
Ebd.
Seite 170
»erkennt die Grenzen ihrer Verantwortung«:
Ebd., S. 6 f.
Seite 170
»kehrt in das einzige Leben zurück«:
Ebd. S. 7.
Seite 170
schmiedet »an einer neuen Bindung«:
Ebd., S. 283.
Seite 170
»Alles hing von mir ab«:
Ebd., S. 181.
Seite 170
»daß ihr Kind nicht sie selbst ist«:
Ebd., S. 188.
Seite 170
»sie weder kontrollieren noch«:
Ebd.
Seite 170
Im Idealfall »befreit«:
Ebd., S. 189.
Seite 170
»Er hat immer noch haufenweise Probleme«:
Ebd., S. 194.
Seite 170
»Ich werde ihn nie aufgeben«:
Ebd., S. 196.
Seite 171
»Im Grunde sind wir doch alle«:
Ebd., S. 197.
Seite 171
»fähig, uns etwas anderem zuzuwenden«:
Ebd., S. 252. Die Autoren zitieren aus Gordon, *Men and Angels.*

Seite 171

>»überwältigende Gnade‹ der Eigenständigkeit«:
Ebd., S. 251.

Seite 171

»Beziehung auf der Grundlage beiderseitiger Achtung«:
Ebd., S. 286.

Seite 171

»Es gibt Momente«:
Galinsky, *Between Generations*, S. 316.

7. Kapitel Kontrolle und Macht am Arbeitsplatz

Seite 173

»Wenn man für andere und mit anderen arbeitet«:
Tannen, *Job-Talk*, S. 231 f.

Seite 174

»Was wollen Menschen von anderen«:
Zaleznik, *Learning Leadership*, S. 4; hier auch die weiteren Zitate
dieses Abschnitts.

Seite 174

Da der Arbeitsplatz »eine Situation darstellt«:
Horner, a. a. O., S. 156.

Seite 175

»Ihr Ziel als Angestellter ist es«:
Scott Adams, *Das Dilbert-Prinzip*, S. 110.

Seite 177

»so herausragend qualifiziert«:
Gerald Piaget, *Control Freaks*, S. 83. Es handelt sich um Piagets
Beschreibung von Alan.

Seite 177

»Naja, vielleicht sollte ich nicht ganz so«:
Ebd., S. X.

Seite 177

»Menschen, die zu vieles bestimmten«:
Ebd., S. 8.

Seite 177

»um unser Leben so erfolgreich, interessant«:
Ebd., S. 12.

Seite 177

»Kontroll-Neurotiker nicht aufhören können«:
Ebd.

Seite 178
>>unserer Moral nicht eben zugute kommt«:
Ebd., S. 6.
Seite 178
>>Ein Ausrutscher und ich könnte alles«:
Ebd.
Seite 178
>>Egomanen mit Minderwertigkeitsgefühlen«:
Ebd. S. 81.
Seite 178
>>Rausch der Macht«:
Ebd., S. 87.
Seite 178
>>Vater kennt sich doch am besten aus«:
Ebd., S. 3.
Seite 179
>>Taktiken der Einflußnahme«:
Kipnis, a. a. O., S. 185.
Seite 179
>>Ich fordere sie / ihn einfach auf«:
Ebd.; die vollständige Antwortliste findet sich dort auf S. 186.
Seite 180
>>Trittbrettfahren«:
Piaget, a. a. O., S. 36.
Seite 180
>>Über-die-Bande-spielen«:
Ebd., S. 41 f.
Seite 181
>>man schubst zwei Sporttaucher«:
Scott Adams, *Dogberts Top-secret-Management-Handbuch.* Die
kleine Parabel findet sich unter »2.17 Steigerung der Produk-
tivität« auf S. 69.
Seite 181
>>Ihr Eifer erinnert dabei«:
Ebd. Die Bemerkung und der folgende Dialog im Abschnitt
>>7.7 Gespräch unter vier Augen« steht auf S. 158 f.
Seite 182
>>Verantwortung von sich auf Mitarbeiter« abwälzen:
Ebd., im Abschnitt »4.4 Empowerment« auf S. 115. Vgl. auch
>>4.1 Sich mit fremden Federn schmücken« auf S. 111 f.
Seite 182
>>Es macht keinen Spaß«:
Ebd., im Abschnitt »6.2 Die Leute zum Kündigen bewegen« auf
S. 135.

Seite 182

»jeder jeden beeinflußt«:
Kipnis, Schmidt und Wilkinson, Intraorganizational Influence
Tactics: Explorations in Getting One's Way. In: *Journal of Applied
Psychology*, Bd. 65, Nr. 4, S. 451.

Seite 185

»Einfluß darauf hat, wer gehört wird«:
Tannen, a. a. O., entsprechend dem Untertitel der amerikanischen Originalausgabe des Buches.

Seite 185

»wenn sie ihre Meinung behauptet«:
Ebd., S. 44.

Seite 186

»Caval sprach leiser«:
Ebd., S. 227.

Seite 186

Ron hingegen »sprach (...) nicht nur laut«:
Ebd., S. 228.

Seite 187

»Es ist schon schwer«:
Ebd., S. 224.

Seite 187

»offenbar deutlich bewußt«:
Ebd.

Seite 187

»Bei meinen Vorgesetzten«:
Ebd., S. 238.

Seite 187

manchmal »Scheiße« sagte:
Auch andere amerikanische Ärztinnen haben darüber geklagt,
ebenfalls einen Preis dafür gezahlt zu haben, fordernd oder
brüsk gewesen zu sein oder ihre Stimme erhoben zu haben; also
genau die Eigenschaften gezeigt zu haben, die bei Männern oft
als »energisch« gelobt werden. Eine Ärztin äußerte: »Was bei
einem Mann als stark gewertet wird, gilt bei Frauen als feind-
selig.« Eine Chirurgin erzählte mir, daß, »wenn sie uns abwesend glauben, wir hin und wieder einen Kollegen dabei ertappen, wie er einen scharfen Ton von uns oder eine hitzige Reaktion
– je nach unserem Alter – auf das Prämenstruelle Syndrom oder
auf die Wechseljahre zurückführt«.

Seite 187 f.

»das Verdammte-wenn-du's-als-Frau«:
Tannen, a. a. O., S. 254 f.

Seite 188

>>Fähigkeit (ist), andere zu beeinflussen<<:
Ebd., S. 406.

Seite 188

>>Lange hat in der Unternehmerhierarchie<<:
Goleman, *Emotionale Intelligenz*, S. 191.

Seite 188

>>Kommandostil<<:
Vgl. Trip Gabriel, Personal Trainers to Buff the Boss's People
Skills. In: *The New York Times*, 28. April 1996, Redaktioneller
Teil 3, S. 1, 10; die Zitate S. 10.

Seite 189

>>du ja selbst eher einen Diktator<<:
Ebd., S. 10.

Seite 189

>>meine Leute mich einfach nicht ausstehen konnten<<:
Ebd.

Seite 189

>>sie für ihren Job auch verantwortlich sind<<:
Ebd., das zitierte Material S. 10. stammt von Frau Piecherowski.

Seite 189

>>Überlassen Sie das Denken den Pferden<<:
Ebd.

Seite 189

>>Vor Jahren ließ man es<<:
Ebd.; das zitierte Material auf S. 10 stammt von Blanton.

Seite 189

>>Ein klinischer Psychologe<<:
Ebd.

Seite 190

Image des >>netten Kerls<<:
Zaleznik, a. a. O. Alle Zitate finden sich auf S. 160.

Seite 190

>>Das Cockpit ist ein verkleinertes Abbild<<:
Goleman, a. a. O., S. 190. Der Autor bemerkt hier auch: >>In 80
Prozent aller Flugzeugabstürze machen Piloten Fehler, die ver-
meidbar gewesen wären, insbesondere wenn die Besatzung
besser harmonisiert hätte.<<

Seite 191

>>Führung mit Herz<<:
Ebd. So lautet die Überschrift von Golemans Kapitel 10.

Seite 191

>>macht Menschen dumm<<:
Ebd., S. 191. Goleman zitiert einen Managementberater.

Seite 191

>Autoritärer Führungsstil »fördert Apathie«:
Horner, a. a. O., S 157.

Seite 191

>Sklaverei«:
McClelland, *Power: The Inner Experience*, S. 263.

Seite 192

>Witzig und attraktiv«:
Scott Adams, a. a. O., im Abschnitt »1.5 Charakter und Persönlichkeit des Managers«, S. 15 f.

Seite 193

>wirbelte (...) mich herum«:
Vgl. Tannen, a. a. O., S. 313. Sie zitiert den Bericht der *New York
Times* über den Fall Hutton.

Seite 193

rund 15 000 Beschwerden:
Die Zahl stammt von der Equal Employment Opportunity
Commission. Vgl. auch Frank Swoboda und Kirstin Downey
Grimsley, For Worker and Employer, Sexual Harassment Is a
New Era of Law. In: *The Washington Post*, 23. Dezember 1996,
S. A6. Diese Zahl liegt weit über der von 6 100 Beschwerden
im Jahre 1990, teilweise deshalb, weil Frauen heute eher bereit sind, solche Fälle öffentlich zu machen und weil derartige
Beschwerden ernster genommen werden. Der *Washington Post*
zufolge »ist das allgegenwärtige Problem sexueller Belästigung
heutzutage der am schnellsten wachsende Beschwerdefaktor
wegen Diskriminierung am Arbeitsplatz«. Derartige Beschwerden nehmen in allen Arbeitsbereichen zu: von Bergwerken über
Rechtsanwaltskanzleien, von Fließbandarbeitsplätzen bis hin
zu Universitäten und zum Militär.

Seite 193

>ihre Schulter berührte«:
Vgl. Kirstin Downey Grimsley, In Combatting Sexual Harassment, Companies Sometimes Overreact. In: *The Washington Post*,
23. Dezember 1996, S. A1, A6; das zitierte Material steht auf S. A6.

8. Kapitel Opfer und Überlebende

Seite 195

>Mit einem Messer an der Kehle«:
P. G. Zimbardo wird zitiert bei: Wortman und Brehm, Responses to Uncontrollable Outcomes: An Integration of Reac-

tance Theory and the Learned Helplessness Model. In: Berkowitz (Hg.), *Advances in Experimental Social Psychology*, Bd. 8, S. 278.

Seite 195

»Ich werde die ganze Nacht«:
Price zitiert diese Verse aus seinem Gedicht The Dream of Refusal in: Ders., *A Whole New Life.*, S. 30.

Seite 195 f.

drei – oftmals unbewußte – Grundannahmen:
Diese Grundannahmen werden dargelegt und diskutiert in Janoff-Bulman und Frieze, A Theoretical Perspective for Understanding Reactions to Victimization. In: *Journal of Social Issues*, Bd. 39, Nr. 2, S 1-17.

Seite 196

vom Opferstatus zu befreien:
Der Ausdruck »de-victimize« – sich aus dem Opferstatus befreien – stammt von Taylor, Wood und Lichtman, It Could Be Worse: Selective Evaluation as a Response to Victimization. In: *Journal of Social Issues*, Vol. 39, No. 2, S. 20.

Seite 197

Aber Untersuchungen zur Psychologie von Reaktionen:
Ebd. Die Autoren erklären, daß die »wissenschaftliche Literatur über den Umgang mit persönlichen Tragödien (…) nahelegt, daß relativ wenige Leute sich sehr lange als Opfer fühlen«. Das sei deshalb so, weil »man (…) im Vergleich mit den greifbaren Verlusten und dem erlittenen (…) Leid noch stärker abgeneigt ist, sich selbst als Opfer zu sehen und zu glauben, andere Menschen sähen einen als Opfer« (S. 20 f). Vgl. S. 21-26 mit Ausführungen zum Verhältnis Opferstatus und Abneigung.

Seite 197

zu dem Schluß kamen, es gäbe gar keine Opfer:
Ebd., S. 20.

Seite 198

»Der chirurgische Eingriff war«:
Ebd., S. 29.

Seite 198

»Es war nicht tragisch«:
Ebd.

Seite 198

»Diese jungen Frauen«:
Ebd.

Seite 198

»Wenn ich nicht verheiratet«:
Ebd.

Seite 198
>>selbstbeschönigende<< Vergleiche:
Ebd., S. 30.
Seite 198
>>Selbst einige der Sterbenden<<:
Ebd.
Seite 198
>>Es kann einem Schlimmeres passieren<<:
Ebd.
Seite 199
>>Was immer mir auch passiert<<:
Viorst: Ida, The One Who Suffers. In: Dies., *People and Other Aggravations*, S. 24.
Seite 200
>>Manche dieser Frauen schienen mir<<:
Ebd., S. 34; hier gleichfalls: >>Sie scheinen damit meiner Meinung nach...<< und >>Ich finde, ich bin unter den gegebenen Umständen...<<.
Seite 200
>>erschufen<< sich einige dieser Frauen:
Ebd.; hier gleichfalls: >>um auf diese Weise (ihre) eigene Reaktion<<.
Seite 200
>>selektiven Bewertungsverfahren<<:
Ebd.
Seite 200
>>Ich fühle mich, als würde<<:
Ebd., S. 32.
Seite 200
>>mich selber besser zu verstehen<<:
Ebd.
Seite 201
>>Es hat mich glücklich gemacht<<:
Ebd.
Seite 201
>>Ich habe an jedem neuen Tag<<:
Ebd., S. 33.
Seite 201
>>MS hat unsere Familie<<:
Suzanne Thompson, Will It Hurt Less If I Can Control It? A Complex Answer to a Simple Question. In: *Psychological Bulletin*, Bd. 90, Nr. 1, S. 98.

Seite 201

»Ich weiß, daß sich meine Wahrnehmung«:
Taylor, Wood und Lichtman, a. a. O., S. 20.

Seite 201

»Vorher habe ich meine Nachbarn«:
Ebd.

Seite 201

rund 20 Prozent:
Diese Zahl stammt aus der Studie von Silver, Boon und Stones: Searching for Meaning in Misfortune. Making Sense of Incest. In: *Journal of Social Issues*, Bd. 39, Nr. 2, S. 90. Die Autoren fanden heraus, daß »diejenigen Frauen, die ihren Erfahrungen einen gewissen Sinn zuzuschreiben vermochten, nach ihren Aussagen weniger psychologische Probleme hatten (...), sozial besser angepaßt waren (...), eine höhere Selbstachtung (...) und eine bessere Verarbeitung ihrer Erfahrungen hatten (...), als die Frauen, welche außerstande waren, einen Sinn für sich zu finden und immer noch danach suchten« (S. 92). Vgl. die Abschnitte »Wertvolle Sinnfindung« (S. 91 ff.) und »Bedeutungsvolle Sinnfindung« (S. 93 f.).

Seite 201

»Nach all den Jahren«:
Ebd., S. 90.

Seite 202

»Mir wird regelrecht schlecht«:
Vgl. das Interview von Felicia R. Lee mit Giovanni, Defying Evil, and Mortality. In: *The New York Times*, 1. August 1996, S. C9.

Seite 202

»Jeder moralisch gesunde Mensch«:
Jack Schwartz, Hurt but Unbroken. In: *The Washington Post*, 16. April 1996, S. B1.

Seite 202

»meinen rechtmäßigen Anteil am Opferdasein«:
Ebd., S. B6.

Seite 202

»entwürdigende und pathetische Geisteshaltungen«:
Ebd., S. B1.

Seite 202

»Opferkultur«:
Ebd., S. B6.

Seite 202

»ein Opfer zu sein«:
Ebd., S. B1.

Seite 203

»Im körperlichen Sinne«:
Ebd., S. B6.

Seite 203

»die außergewöhnlichen Freundlichkeiten«:
Ebd.

Seite 203

»Ernsthaft verletzt zu werden«:
Ebd., S. B6.

Seite 203

»nicht zum Aufbruch gedrängt habe«:
Wortman, Coping with Victimization: Conclusions and Implications for Future Research. In: *Journal of Social Issues*, Bd. 39, Nr. 2, S. 206.

Seite 203

zwei unerwartete Ergebnisse:
In Dale Miller und Porter, Self-Blame in Victims of Violence. In: *Journal of Social Issues*, Bd. 39, Nr. 2, S. 139, erklären die Autoren, daß »Opfer negativer Ereignisse oft das Maß ihrer eigenen Verantwortung für ihr Schicksal übertreiben« und daß »das bei Opfern negativer Ereignisse beobachtbare Maß an Selbstbezichtigung in der Auswertung positiv mit der folgenden Verarbeitung« dieser Ereignisse korrelierte. Der gegenteilige Befund, daß einige der Opfer auf Selbstbezichtigung mit Gefühlen der Niedergeschlagenheit, Machtlosigkeit und Unfähigkeit reagieren, wird interpretiert als »charakterologisches Bezichtigen, als Identifizieren einer fortbestehenden Qualität in einem selbst, die zu dem negativen Ereignis geführt hat« (S. 147).

Seite 204

»totale Angstreaktion«:
Scheppele und Bart, Through Women's Eyes: Defining Danger in the Wake of Sexual Assault. In: *Journal of Social Issues*, Bd. 39, Nr. 2., S. 77.

Seite 204

»einfach nicht hätte passieren dürfen«:
Ebd.

Seite 204 f.

»Ich hätte doch nie«:
Ebd; hier stehen auch die drei Folgezitate von vergewaltigten Frauen.

Seite 205

weiterhin in der Überzeugung zu leben:
Miller und Porter, a. a. O., S. 140.

Seite 205

»Keirsten Rain«:
Joyce Purnick gibt Rains Geschichte wieder in: A Victim Says Attack Injuries Never Heal. In: *The New York Times*, 17. Juni 1996, Metro Section, S. B1, B3.

Seite 206

»Eine direkte Maßnahme«:
Janoff-Bulman und Frieze, a. a. O., S. 10.

Seite 206

»aktive Rolle zu übernehmen«:
Liz Smith, We Draw Strength From Each Other. In: *Good Housekeeping*, Juni 1996, S. 86-89, 172 f. Alle Reeve-Zitate finden sich auf S. 89.

Seite 207

»ob es sich lohne, weiterzumachen«:
Peter Maass, From His Bed, CIA's Best Makes His Breakthroughs. In: *The Washington Post*, 21. April 1996, S. A20.

Seite 207

für seine Verdienste:
Ebd., S. A1.

Seite 208

»Sie lesen diese Rührgeschichten«:
Ebd., S. A20.

Seite 210

»positive Empfindungen positive chemische Veränderungen«:
Cousins, *Anatomy of an Illness*, S. 34 f.

Seite 210

»Liebe, Hoffnung, Glaube«:
Ebd., S. 35.

Seite 210

»ein gewisses Maß an Kontrolle«:
Ebd.

Seite 210

»zehn Minuten voll Lachen aus dem Bauch«:
Ebd., S. 39.

Seite 210

Absetzgeschwindigkeit:
Ebd., S. 40. Die »Absetzgeschwindigkeit« ist laut Cousins, a. a. O., S. 28, »die Geschwindigkeit, mit der sich rote Blutkörperchen in einem Reagenzglas ablagern«. Je kürzer die Zeitspanne, desto stärker ist die Entzündung bzw. Infektion. Cousins Senkungsgeschwindigkeit verlangsamte sich nach einer Lachepisode um mindestens fünf Punkte, wobei diese Verlangsamung jeweils anhielt und akkumulierte.

»Placebo-Effekt«:

Ebd. Cousins diskutiert Placebos auf S. 45-69. Er zitiert eine Studie, in der die Wirksamkeit von Ascorbinsäure als einem Mittel zur Vorbeugung gegen Erkältung getestet wurde. Hierbei glaubten diejenigen, die ein Placebo einnahmen, ihnen würde Ascorbinsäure verabreicht; umgekehrt glaubten diejenigen, die Ascorbinsäure einnahmen, ihnen würde ein Placebo verabreicht. Die erste Gruppe hatte weniger Erkältungen. Dazu bemerkt Cousins auf S. 47: »Als ich schwerkrank war, war ich absolut davon überzeugt, daß intravenöse Dosen von Ascorbinsäure vorteilhaft sein könnten – und so war es auch. Es ist durchaus möglich, daß diese Behandlung wie alles sonst, was ich unternahm, eine Bestätigung des Placebo-Effekts war.« Der Placebo-Effekt wird in Einzelfällen möglicherweise durch die stimulierte Ausschüttung von Endorphinen – natürlichen, körpereigenen Substanzen – begünstigt, die positive Stimmungen fördern und körperliche Schmerzen verringern.

»Das Placebo ist der Beweis«:

Ebd., S. 56.

»robuster Lebenswille«:

Ebd., S. 66.

laut Cousins »kann der Geist«:

Ebd., S. 67.

»Lebenswillen von einer poetischen Konzeption«:

Ebd., S. 66.

»Arzt in uns selbst«:

Ebd., S. 69.

»natürlicher Drang des menschlichen Geistes«:

Ebd., S. 48.

»Diesen natürlichen Drang zu hegen«:

Ebd.

»heilsames Umfeld im Körper«:

Siegel, *Love, Medicine & Miracles*, S. 112.

Seite 211 f.

Entspannung, Meditation:
Ebd. Siegel führt diese Techniken im 6. Kapitel »Den Geist auf Heilung konzentrieren« und im Anhang aus.

Seite 212

»Überlebenspersönlichkeit«:
Ebd., S. 161.

Seite 212

»Besondere« Patienten besitzen:
Ebd. Vgl. 8. Kapitel »Außergewöhnlich werden«. Siegel bemerkt auf S. 22-24, daß in jeder Patientengruppe mit schweren Erkrankungen rund 15-20 Prozent bewußt oder unbewußt sterben wollen; 60-70 Prozent tun, was sie machen sollen, arbeiten jedoch nie aktiv an ihrer Gesundung mit; die verbleibenden 15-20 Prozent sind »außergewöhnlich«.

Seite 212

»stärkste uns bekannte Stimulanz«:
Ebd., S. 181.

Seite 212

»Würde, der Wahrung ihrer Persönlichkeit«:
Ebd., S. 24.

Seite 212

»Schöpfer der Geist-Körper-Verbindung«:
Chopra, *Quantum Healing*, S. 17.

Seite 212

»Quantenheilung«:
Ebd. Chopra schreibt: »Ich möchte den Ausdruck ›Quantenheilung‹ einführen« und fährt fort, daß »vielen Heilungen mysteröse Ursachen gemeinsam sind – Heilung durch Glauben, spontane Besserungen und wirksamer Einsatz von Placebos (…) und auf einen Quantensprung (…) im Heilungsmechanismus hindeuten« (S. 16).

Seite 212

»dramatische Veränderung des Bewußtseins«:
Ebd., S. 15.

Seite 213

den Geist »seiner Grenzen enthebt«:
Ebd., S. 223.

Seite 213

»freie Zone«:
Ebd., S. 189.

Seite 213

»Erleuchtungsverfahren«:
Ebd., S. 223.

Seite 213
»keinerlei innewohnenden Grund«:
Ebd., S. 225.
Seite 213
»Urklangverfahren«:
Ebd., S. 223.
Seite 213
»keinen Tag meines Lebens länger krank«:
Ebd., S. 98.
Seite 213
»gerade beschlossen hatte«:
Ebd., S. 21.
Seite 213
»sie den selbstgewählten Weg«:
Siegel, a.a.O., S. 40.
Seite 213
»ihren Zorn und ihre Depression«:
Ebd., S. 201.
Seite 213
»als gäbe es AIDS gar nicht«:
Chopra, a.a.O., S. 238.
Seite 213
88jährigen:
Ebd., S. 124.
Seite 213
»einen Donald Trump«:
Broyard, *Intoxicated by My Illness*, S. 16 f.
Seite 213 f.
David Spiegel und Irving Yalom:
Die Spiegel-Studie wird dargestellt in: Tony Schwartz, *What Really Matters*, S. 211-215. Auch Bill Moyers, *Healing and the Mind*, S. 67-69, diskutiert diese und eine weitere Untersuchung Spiegels. Moyers Buch enthält auf S. 157-170 auch ein Interview mit Spiegel. David Felton, Professor für Neurobiologie und Anatomie an der Medizinischen Fakultät der University of Rochester, sagt – in Moyers Buch auf S. 222 – folgendes über die durch die Krebs-Forschungsgruppe um Spiegel erreichten Verbesserungen: »Wenn jemand ein Medikament entwickelt hätte, das dazu fähig ist, wären ihre Gesichter als der neue Jonas Salk der Medizin auf jedem wichtigen Nachrichtenmagazin der Welt zu sehen.«
Seite 214
»Bei Feindseligkeit läßt sich«:
Die Williams-Studie wird vorgestellt in: Tony Schwartz, a.a.O., S. 207 f.; hier auch das zitierte Material.

Seite 214
Blue Cross-Blue Shield:
In der Studie der amerikanischen Krankenversicherung Blue Cross-Blue Shield wurden 2 000 Meditierende erfaßt. Die Studie wird in Chopra, a. a. O., S. 181 vorgestellt.

Seite 214
»die Menschen helfen sollen«:
Die Dean-Ornish-Studie wird diskutiert in: Tony Schwartz, a. a. O., S. 226-230; das zitierte Material ist auf S. 228 aufgeführt.

Seite 214
»alles, was zu wirklicher Nähe«:
Ebd., S. 229.

Seite 214
»emotionales Operieren«:
Moyers, a. a. O., S. 69. Ein Interview mit Ornish findet sich auf S. 87-113.

Seite 215
Auch andere Untersuchungen:
Andere Studien zeigen beispielsweise, daß Krebspatienten länger leben, wenn sie verheiratet sind und nicht allein leben; daß Singles und alleinstehende Witwen ein höheres Krebsrisiko haben; daß Einsamkeit die Wahrscheinlichkeit einer schwächeren Immunreaktion erhöht. Andererseits kommt eine Untersuchung von Cassileth, Lusk, Miller, Brown und Miller: Psychosocial Correlates of Survival in Advanced Malignant Disease? In: *The New England Journal of Medicine*, Bd. 312, Nr. 24, S. 1555 zu dem Schluß, daß »Untersuchungen mit Vorsicht interpretiert werden müssen, die behaupten, es gäbe eine positive Verbindung zwischen psychosozialen Faktoren« – Sozialbindungen, Hoffnungslosigkeit, Machtlosigkeit, Arbeitszufriedenheit etc. – »und dem Überleben bei bösartigen Tumoren«. Man »kann zwar darüber spekulieren, daß psychosoziale Faktoren unter bestimmten Umständen und bei einzelnen Personen eine Rolle bei der Verursachung oder Beeinflussung des Verlaufs einer bösartigen Tumorerkrankung spielen können (...), es (dennoch) wahrscheinlich ist, daß solche Faktoren nur ein Glied in einer sehr langen Kausalkette darstellen« und daß »bei Patienten mit fortgeschrittenen, hoch risikobehafteten bösartigen Erkrankungen (...) allein die inhärente Biologie der Krankheit die Prognose bestimmt und dabei potentiell abschwächende Einflüsse psychosozialer Faktoren übertrifft«.

Seite 215
Verbindung von Persönlichkeitsmerkmalen und bestimmten Krankheiten:
Zum Beispiel Taylor, *Mit Zuversicht*, S. 150: »Die krebsanfällige Persönlichkeit wird als gehemmt, konformistisch, zwanghaft

und depressiv beschrieben«. Hinzu kommen bei ihr »Schwierigkeiten, Anspannung, Angst oder Zorn zu äußern und (sie)
präsentiere sich statt dessen als umgängliche, ausgeglichene,
entgegenkommende und passive Person«.

Seite 215

wie Gefühle in bestimmte körperliche Symptome:
Eine weitverbreitete Theorie besagt, Streß könne Änderungen
in der Funktionsweise des Immunsystems herbeiführen. Vgl.
hierzu Rogers, Dubey und Reich: The Influence of the Psyche
and the Brain on Immunity and Disease Susceptibility: A Critical Review. In: *Psychosomatic Medicine*, Bd. 41, Nr. 2. Vgl. auch
Siegel, a. a. O., S. 68, der hier von der »Überwachungs«-Krebs-
theorie spricht, wonach unser Körper ständig Krebszellen produziert und unsere weißen Blutkörperchen diese zerstören,
bevor sie gefährlich werden können, und wonach eine Schädi-
gung des Immunsystems es unmöglich macht, mit dieser »Rou-
tinebedrohung« fertigzuwerden. Die Kehrseite dieser Theorie
– Taylor, a. a. O., S. 205 – besagt, eine »zufriedene und glückliche
Stimmung könnte zum Beispiel ein verändertes biochemisches
Milieu in unserem Körper hervorrufen, das Heilungsvorgänge
begünstigt; auch direkte Einflüsse auf die immunologischen
Funktionen scheinen denkbar«.

Seite 215

Der Geist kann den Körper:
Der Psychologe und Wissenschaftspublizist Daniel Goleman
führt ein Kind mit vielen verschiedenen Persönlichkeiten an,
darunter eines, das auf das Trinken von Orangensaft mit Nes-
selausschlag reagierte, während das Auftauchen einer anderen
Persönlichkeit das Verschwinden des Nesselausschlags bewirkte
(Chopra, *Quantum Healing*, S. 116). Der Molekularbiologe Can-
dace Pert spricht von Menschen mit multiplen Persönlichkeiten,
die »manchmal überdeutliche Körpersymptome haben, die sich
je nach Persönlichkeit verändern« und führt Allergien gegen Katzen oder Diabetessymptome an. Dabei »produziert (...) eine Persönlichkeit soviel Insulin wie erforderlich«, während »die nächste, die eine halbe Stunde später auftaucht, kein Insulin produzieren kann« (Moyers, *Healing and the Mind*, S. 182).

Seite 215

Der Geist kann dem Immunsystem:
Ader diskutiert diese Untersuchung in einem Interview mit Bill
Moyers. In: Moyers, a. a. O., S. 239-248.

Seite 215

Der Geist kann auch physiologischen Schaden:
Cousins beschreibt diese Studie in: *Anatomy of an Illness*, S. 61.

364

Seite 216

»Ich konzentrierte mich einfach«:
Olness diskutiert diese Erfahrung in ihrem Interview mit Bill
Moyers in: Moyers, a. a. O., S. 73.

Seite 216

»In der medizinischen Fachliteratur«:
Lerners Erklärung ist wiedergegeben in: Moyers, a. a. O., S. 325.

Seite 216

keine Forschungsdaten gebe:
Kemenys Erklärung ist wiedergegeben in: Moyers, a. a. O., S. 207.

Seite 217

»es gibt keine unheilbaren Krankheiten«:
Siegel, a. a. O., S. 99.

Seite 217

Anmaßung einer »wissenschaftliche(n) Verknüpfung«:
Sontag, *Krankheit als Metapher*, S. 54.

Seite 217

»Reaktion auf politisches Scheitern«:
Ebd., S. 53.

Seite 217

»sehr unglücklich verheiratet(e)«:
Ebd., S. 26.

Seite 217

»Nest mordlüstiger Regungen«:
Ebd., S. 25.

Seite 217

»Krebs ist eine lustige Sache«:
Ebd., S. 52 f. Audens Gedicht heißt *Miss Gee*.

Seite 218

Kinderlose Frauen:
… ›Childless women get it,
And men when they retire;
It's as if there had to be some outlet
For their foiled creative fire.‹

Seite 218

»Die unglücklichen Kranken«:
Ebd, S. 62.

Seite 218

»Erfahrungen und Ereignisse«:
Ebd., S. 60.

Seite 218

»Gedanken und Gefühle«:
LeShan, *Cancer as a Turning*, S. IX f.

Seite 218

»Ich lehne jedoch die Vorstellung ab«:
Weil, *Spontane Heilung*, S. 164.

Seite 219

»Verantwortung zu übernehmen und zu sagen«:
Olness' Erklärung ist in einem Interview mit Moyers wiedergegeben. In: Moyers, a. a. O., S. 85.

Seite 219

»kann zweifellos jede durchschnittliche«:
Ebd., S. 75.

Seite 220

»sind wirksam bei der Behandlung«:
Presseerklärung der National Institutes of Health (NIH) – Tech-
nology Assessment Conference – vom 8. Oktober 1995, S. 1. Eine
ausführliche Darstellung der Ergebnisse in: NIH-Technology
Assessment Conference Statement: *Integration of Behavioral and
Relaxation Approaches into the Treatment of Chronic Pain and Insom-
nia*, 16.-18. Oktober 1995.

Seite 220

jeder dritte Amerikaner:
Die Zahl stammt von: Eisenberg, Kessler, Foster u. a., Uncon-
ventional Medicine in the United States. In: *The New England
Journal of Medicine*, Bd. 328, Nr. 4, S. 246.

Seite 220

»Patienten gestärkt beziehungsweise weniger machtlos fühlen«:
National Institutes of Health-Studie, a. a. O., S. 15.

Seite 221

Viele Untersuchungen haben bestätigt:
Vgl. beispielsweise Suzanne Miller, Controllability and Human
Stress: Method, Evidence and Theory. In: *Behaviour Research and
Therapy*, Bd. 17, S. 287-304; Marks, Richardson, Graham und
Levine: Role of Health Locus of Control Beliefs and Expecta-
tions of Treatment Efficacy in Adjustment to Cancer. In: *Journal
of Personality and Social Psychology*, Bd. 51, Nr. 2, S. 443-450; und
Affleck, Tennen, Pfeiffer und Fifield: Appraisals of Control and
Predictability in Adapting to a Chronic Disease. In: *Journal of
Personality and Social Psychology*, Bd. 53, Nr. 2, S. 273-279.

Seite 221

Morphium verabreicht bekommen:
Felten diskutiert diese Patienten in seinem Interview mit Bill
Moyers, in: Moyers, a. a. O., S. 223.

Seite 221

Kinder mit schweren Verbrennungen:
Siegel, a. a. O., S. 52.

Seite 221

Pflegeheimbewohner:
Die erste Studie wird diskutiert in: Langer und Rodin, The Effects of Choice and Enhanced Personal Responsibility for the Aged: A Field Experiment in an Institutional Setting, in: *Journal of Personality and Social Psychology*, Bd. 34, Nr. 2, S. 191-198. Die Folgestudie wird vorgestellt in: Rodin und Langer, Long-Term Effects of a Control-Relevant Intervention with the Institutionalized Aged. In: *Journal of Personality and Social Psychology*, Bd. 35, Nr. 12, S. 897-902.

Seite 222

40 Collegestudenten:
Dieses Experiment wird beschrieben in: Geer, Davison und Gatchel: Reduction of Stress in Humans Through Nonveridical Perceived Control of Aversive Stimulation. In: *Journal of Personality and Social Psychology*, Bd. 16, Nr. 4, S. 731-738.

Seite 222

»das Gefühl von Kontrolle«:
Lefcourt, The Function of the Illusions of Control and Freedom. In: *American Psychologist*, Mai 1973, S. 424.

Seite 222

»Vielleicht ist die Illusion«:
Geer, Davison und Gatchel, a. a. O., S. 738.

Seite 222

»Muselmänner«:
Das Bettelheim-Material wird zitiert in: Langer und Rodin, a. a. O., S. 192.

Seite 223

»Syndrom des plötzlichen Todes«:
Von dem Psychiater George Engel erstmals dokumentiert, scheint das Syndrom des plötzlichen Todes »auf zwei Hauptfaktoren zu beruhen. Der erste ist eine präexistente körperliche Schwäche, (...) Der zweite ist (...) normalerweise ein unerwarteter, unkontrollierbarer und schwerer Schock«, der »ein Gefühl des totalen Kontrollverlustes auslöst« (Taylor, *Mit Zuversicht*, S. 148).

Seite 223

berühmt gewordene Tierversuche:
Seligman beschreibt in *Helplessness* auf S. 169 f. das folgende Experiment: Wilde Ratten, in einem Wasserbottich ohne Fluchtmöglichkeit ausgesetzt, schwimmen durchschnittlich 60 Stunden, bevor sie aus Erschöpfung ertrinken. Wenn sie in der Hand eines Wissenschaftlers auf Hilflosigkeit trainiert worden sind, schwimmen die Ratten nur wenige Minuten, bis sie auf den Bottichboden sinken und ertrinken.

Seite 223

weniger durch streßreiche Ereignisse beeinflussen:
Taylor, a. a. O., S. 116: »Werden die Belastungen durch Streßerfahrungen reduziert, wenn man Kontrollmöglichkeiten in belastende Situationen einführt? Dies scheint bejaht werden zu können.«

Seite 223

und sind zufriedener:
Ebd., S. 80: »Menschen, die glauben, daß sie ein hohes Maß an Kontrolle über ihr Leben haben und daß die Zukunft ihnen noch mehr Glück bringen wird, sind nach eigenen Angaben glücklicher als jene, die diese Wahrnehmungen nicht haben.«

Seite 223

kümmern sich besser um sich selbst:
Ebd., S. 136: »Erstens kann die Überzeugung, widrige Ereignisse im Leben kontrollieren zu können, Menschen dazu bringen, gesunde Lebensgewohnheiten zu pflegen und die Belastungen des Lebens effektiv zu bewältigen, wodurch schädliche Auswirkungen auf die Gesundheit minimiert oder gemildert werden.«

Seite 223

Schauen wir uns im folgenden:
Die Untersuchung wird beschrieben in: Lehman und Taylor, Date with an Earthquake: Coping with a Probable, Unpredictable Disaster. In: *Personality and Social Psychology Bulletin*, Bd. 13, Nr. 4, S. 553.

Seite 223

»In deiner jetzigen Not«:
Price, *A Whole New Life*, S. 182; »Komm ins Leben zurück« steht auf S. 184, »Eines ist klar ...« auf S. 186.

9. Kapitel Varianten des Loslassens

Seite 225

»Viele Theorien der Sozialpsychologie«:
Wortman und Brehm, Responses to Uncontrollable Outcomes: An Integration of Reactance Theory and the Learned Helplessness Model. In: Berkowitz (Hg.), *Advances in Experimental Social Psychology*, Bd. 8, S. 279 u. 330.

Seite 226

»Ort der Kontrolle«:
Dieses Konzept wird ausführlich diskutiert in: Lefcourt, *Locus of Control: Current Trends in Theory and Research*.

Seite 226

die Internalen (d. h. die »Ursprünglichen«):
De Charms, *Personal Causation,* schreibt, er benutze »die Ausdrücke ›Ursprünglicher‹ und ›Bauer‹ als Stehgreifbezeichnun-
gen mit der unterscheidenden Konnotation ›erzwungen‹ und
›frei‹. Ein Ursprünglicher ist demnach eine Person, die ihr Verhalten als ein selbstbestimmtes begreift, während ein Bauer
jemand ist, der sein Verhalten durch äußere Kräfte jenseits des
eigenen Einflusses bestimmt sieht.« (S. 273 f.)

Seite 226

führen Ereignisse weitgehend:
Lefcourt, *Locus of Control,* S. 148. Die formale Begrifflichkeit:
»Die verallgemeinerte Erwartung einer internen Kontrolle
bezieht sich auf die Wahrnehmung von – positiven oder negativen – Ereignissen als Folge eigener Handlungen und damit als
potentiell eigenem Einfluß unterliegend« (S. 35).

Seite 226

Externale (d. h. »Bauern«):
Vgl. die vorletzte Anmerkung zu »Ursprünglicher«.

Seite 226

fatalistisch glauben:
Lefcourt, a. a. O., S. 148: Die formale Begrifflichkeit: »Die verallgemeinerte Erwartung einer externen Kontrolle (...) bezieht
sich auf die Wahrnehmung positiver oder negativer Ereignisse, die in keiner Beziehung zum eigenen Verhalten stehen
und damit als außerhalb persönlichen Einflusses liegend«
(S. 35).

Seite 226

unterschiedlich ausfallen und umkehrbar:
Ebd. Vgl. Lefcourts Kapitel »Veränderungen im »locus of control«, S. 148-167.

Seite 226

mit etwas therapeutischer Unterstützung:
Lefcourt (vgl. vorherige Anmerkung) zitiert Hilda Bruch, die
schreibt, daß »die Aufgabe der Therapie im allgemeinen die ist,
einem Patienten bei der Entwicklung eines inneren Schwer-
punktes behilflich zu sein, so daß er sich als selbstbestimmt
erfahren kann (...), um frei und selbstgewiß im Sinne seiner
selbstgesetzten Lebensziele ein Gefühl der Zufriedenheit anzustreben« (S. 150)

Seite 227

Tamale-Esser:
Ebd., S. 19 f. Lefcourt zitiert aus dem sozialwissenschaftlichen
Werk über Mexiko von Oscar Lewis, *Children of Sanchez.*

Seite 228
>>Viele der unglücklichen Dinge<<:
Ebd., S. 210 ff. Die Statements sind dem >>Rotter Internal-External Locus of Control Forced-Choice<<-Fragebogen entnommen, der sich im Anhang von Lefcourts Buch findet.

Seite 229
geringe Neigung, durchzuhalten:
Lefcourt (vgl. vorherige Anmerkung) schreibt auf S. 98: >>Individuen, die kaum erwarten, daß die Erfüllungen und Enttäuschungen des Lebens von persönlichen Bemühungen bestimmt seien, sind weniger geneigt, sich anzustrengen oder über längere Zeiträume die Verfolgung weit entfernter Ziele durchzuhalten.<<

Seite 229
erlernte Hilflosigkeit:
Vgl. das 3. Kapitel des vorliegenden Buchs.

Seite 229
>>Ungewöhnliches und Merkwürdiges<<:
Henry James, Das Tier im Dschungel. In: Ders., *Erzählungen*, S. 404: >>Sie sagten, Sie hätten seit frühester Jugend im tiefsten Innern das Gefühl, für etwas Ungeheuerliches und Schreckliches womöglich, das Ihnen früher oder später widerfahren werde, das Sie vorausahnten und von dem Sie mit Sicherheit glaubten, daß es Sie überwältigen werde.<<

Seite 229
>>wie ein Raubtier im Dschungel<<:
Ebd., S. 409: >>Irgend etwas wartete auf ihn inmitten der Windungen und Verschlingungen all der Monate und Jahre wie ein Raubtier im Dschungel.<<

Seite 230
>>im Schoß der Götter<<:
Ebd., S. 414: >>Hier gibt es nichts zu wählen, keine Änderung zu beschließen. Hier kann es überhaupt keine Änderungen geben. Es liegt im Schoß der Götter.<<

Seite 230
>>Apathie und Rückzug<<:
Lefcourt, a. a. O., S. 184.

Seite 230
>>Vitalität<<:
Ebd.

Seite 230
>>ein aktives Zupacken<<:
Ebd.

Seite 230

»die Guten«:

Ebd., S. 182.

Seite 230

»offen für Erfahrungen«:

Ebd., S. 61.

Seite 230

»selbstverwirklichend«:

Ebd.

Seite 230

»sich als Lenker seines Schicksals begreift«:

Ebd., S. 3.

Seite 230

vermeidet, sich »unbezähmbaren Kräften«:

Ebd.

Seite 230

»Wir bestimmen unser Leben«:

Viorst, *Murdering Mr. Monti*, S. 5.

Seite 230

»wenn Sie auf Ihren Weg versperrende«:

Ebd.

Seite 230

»Ich-kann-das-Haltung«:

Ebd., S. 6.

Seite 230

die »mir persönlich geholfen hat«:

Ebd., S. 5.

Seite 231

»Elterlicher Rückhalt, Liebe, Wärme«:

Lefcourt, a.a.O., S. 139. Er zitiert Virginia Crandall, die Daten zum Einfluß mütterlichen Verhaltens auf diesen sogenannten »locus of control« vorstellt.

Seite 231

»Hinauswerfen aus dem Nest«:

Ebd. Er zitiert Crandall, die schreibt, daß »der internale Erwachsene irgendwann in seiner Kindheit einen kräftigeren Stoß aus dem Nest erlebt hat als der externale Erwachsene« (S. 139).

Seite 232

»Fähigkeit aufzugeben ebenso wichtig«:

Janoff-Bulman und Brickman, Expectations and What People Learn From Failure. In: Feather (Hg.), *Expectations and Actions*, S. 207.

Seite 232

manchmal »weniger anpassungsfähig«:

Ebd.

Seite 232
»Der Mensch muß sich vielen verschiedenen«:
Lefcourt, a. a. O., S. 8. Er paraphrasiert hier Averill.
Seite 232
»Wird ein Organismus«:
Wortman und Brehm, a. a. O., S. 330 f.
Seite 234
»Gewinner nie aufgeben«:
Janoff-Bulman und Brickman, a. a. O., S. 219. Die Autoren stellen fest, daß »Signale, die Menschen an die Bedeutung des Aufgebens erinnern, wesentlich seltener sind als die Signale, die uns predigen durchzuhalten. Gewinner geben nie auf und Aufgeber gewinnen nie. Helden fordern das Schicksal heraus. Admiral Peary wuchs mit einem Schild an seiner Zimmerwand auf: ›Ich werde einen Weg finden oder selbst einen bauen.‹ Menschen, die durchhalten, werden deshalb geschätzt, weil sie zum Wohlergehen anderer beitragen, wenn es nicht ihr eigenes ist. Menschen, die aufgeben, werden nicht allein deshalb abschätzig beurteilt, weil aufgeben scheitern heißt, sondern oftmals auch, weil sie sich weigern, mit einer Handlungskette fortzufahren, die andere tradiert sehen möchten.«
Seite 234
Forschungsergebnisse aus der Psychologie:
In Wortman und Brehm, a. a. O., S. 282, halten die Autoren fest: »Die bis hierhin diskutierten Theorien und empirischen Arbeiten legen also nahe, daß Individuen zur Aufrechterhaltung der Kontrolle ihres Umfeldes motiviert sind und daß die von einem selbst wahrgenommene Kontrollfähigkeit dem Organismus förderlich ist. Die vorliegenden Forschungsarbeiten implizieren, daß, falls Menschen zu der Annahme gebracht werden können, sie hätten Einfluß auf Ergebnisse, die in Wirklichkeit von ihnen unbeeinflußbar sind, sie dann wohlwollender auf die eintretenden Ergebnisse reagieren.«
Seite 234
zu wenig Aufmerksamkeit zuteil geworden:
In Janoff-Bulman und Brickman, a. a. O., S. 220, schreiben die Autoren, daß die Forschungsberichte über »die psychologische Literatur zur subjektiv wahrgenommenen Kontrolle (eine) allgemeine Einstellung (zeigen), daß es gut ist, wenn jemand glaubt, daß er etwas im Griff hat. Es ist wirklich bemerkenswert, daß die Literatur derart feinfühlig die Folgen einer falschen Selbsteinschätzung von Menschen vermerkt hat, die glauben, sie hätten keine Kontrolle bzw. keinen Einfluß, und so wenig die Konsequenzen der Fehleinschätzung, sie hätten Einfluß, Kontrolle und Macht.«

Seite 234
>Wir sind für die unmöglichsten Träume«:
Ebd., S. 227.

Seite 234
>Die Schwachen mögen unentschlossen«:
Ebd., S. 212.

Seite 235
>wissen, warum wir durchhalten«:
Ebd., S. 218. Die Autoren zitieren aus Kenny Rogers, *The Gambler*, einem Country & Western-Song.

Seite 235 f.
Cornelia »Neil« Biddle:
Meine Interviews mit Cornelia »Neil« Biddle datieren vom Sommer 1996.

Seite 238
>The Healthy Side of Compliance«:
Vgl. Brauns Abhandlung über internale und externale Folgsamkeit in seinem Beitrag: The Healthy Side of Compliance. In: Rosenbaum (Hg.), *Compliant Behavior*.

Seite 238
>Paradoxerweise«:
Ebd., S. 146.

Seite 239
>Unterwürfigkeit, Rückgradlosigkeit«:
Ebd., S. 137.

Seite 239
einfach durch Nichtstun:
Das Gespräch bis »..., die das tun« basiert auf Viorst, Are You a Moral Wimp? In: *Redbook*, September 1993, S. 72 u. 74. Die Zitate von Ann, Dale, Elaine, Lisa und dem homosexuellen Freund stehen auf S. 72.

Seite 240
zutiefst beunruhigende Versuchsserie:
Vgl. Milgram, *Das Milgram-Experiment*, mit der Darstellung dieser Experimente.

Seite 241
(»Versuchsleiter, holen Sie mich hier heraus«):
Ebd., S. 40.

Seite 241
(»Der Mann dort drüben hat doch Schmerzen«):
Ebd., S. 48.

Seite 241
Bruno Batta:
Ebd., S. 63.

Seite 241
>   Jack Washington:
>   Ebd., S. 67.

Seite 241
>   Elinor Rosenblum:
>   Ebd., S. 102.

Seite 241
>   Pasqual Gino:
>   Ebd., S. 107 f.

Seite 242
>   »eine starke und vorherrschende Anlage«:
>   Ebd., S. 145. Vgl. 10. Kapitel »Warum Gehorsam? – Eine Ana-
>   lyse«, S. 145 ff., und 11. Kapitel »Der Gehorsamsvorgang: An-
>   wendung der Analyse auf das Experiment«, S. 158 ff.

Seite 242 f.
>   »Er kann's nicht aushalten«:
>   Ebd., S. 173.

Seite 243
>   »betäubenden Regelmäßigkeit«:
>   Ebd., S. 145.

Seite 243
>   »durch Gebote der Menschlichkeit befreit«:
>   Ebd., S. 216.

Seite 243
>   »das Gefühl hervor(rufen), daß die menschliche Natur«:
>   Ebd., S. 217.

Seite 243
>   »ließ keinen Zweifel daran aufkommen«:
>   Arendt, *Eichmann in Jerusalem*, S. 94.

Seite 243
>   »nur eins ein schlechtes Gewissen bereitet«:
>   Ebd., S. 98.

Seite 244
>   »eine Art Pilatusscher Zufriedenheit«:
>   Ebd., S. 205.

Seite 244
>   kein »sadistisches Monster«:
>   Milgram, a. a. O., S. 22.

Seite 244
>   »absolut niemanden entdecken konnte«:
>   Arendt, a. a. O., S. 208.

Seite 244
>   »innerlich Gegner des Regimes«:
>   Ebd., S. 220.

Seite 244

>innere Emigration«:
Ebd. Arendt vermerkt auf S. 221, daß dieses »Schlagwort« »(in
sich selbst bereits zweideutig (ist), weil es ebensogut ein Sich-
Zurückziehen ins Innenleben bedeuten kann wie eine Verhaltensweise, die dem Emigrantenleben in der Fremde entspricht)…«

Seite 244

»offizielle Seele«:
Ebd., S. 222. Hier findet sich auch der Ausdruck »private Seele«.

Seite 244

um »Schlimmeres zu verhüten«:
Ebd., S. 223.

Seite 244

»echte Nazis«:
Ebd.

Seite 245

»inneren Opposition«:
Ebd., S. 220.

Seite 245

schutzlosen Zivilisten von My-Lai:
Ein Mittäter des My-Lai-Massakers während des Vietnam-
kriegs 1968 schätzte die Zahl der zusammengetriebenen und
erschossenen Männer, Frauen und Kinder auf 370. »Sie flehten
und sagten: ›Nein, nein.‹ Und die Mütter drückten ihre Kinder
an sich (…) aber sie schossen einfach immer weiter« (Milgram,
a. a. O., S. 214). Vgl. S. 211-214, wo Milgram dieses Interview
ausführlich zitiert, das in The New York Times vom 25. November
1969 erschien.

Seite 245

»Mütter, Ihr müßt Eure Kinder«:
Rosenbaum, Compliance. In: Rosenbaum (Hg)., a. a. O., S. 26. Er
zitiert aus – in Jamestown aufgenommenen – Tonbändern.

Seite 245

»Wir müssen uns daran erinnern«:
Olsson, In Search of Their Fathers-Themselves. Jim Jones and
David Koresh. In: Mind and Human Reaction, Bd. 5, Nr. 3, August
1994, S. 85.

Seite 245

»Versprechen einer Transzendenz«:
Rosenbaum, a. a. O., S. 26.

Seite 246

daß die »Lektion, die wir«:
Olsson, a. a. O., S. 95.

Seite 246
»Heaven's Gate«-Kult:
Die Anhänger des Sektenführers Marshall Herff Applewhite
– viele von ihnen seit zwei Jahrzehnten Sektenmitglieder – be-
gingen Massenselbstmord in dem Glauben, sie könnten an einen
besseren Ort gelangen, indem ein hinter dem Kometen Hale-
Bopp verstecktes Raumschiff sie nach ihrem Tod in das Reich
Gottes bringen würde.

Seite 246
»Gruppenidentität«:
Braun, a. a. O., S. 143.

Seite 246
»alternative Familienstruktur«:
Pattison, Religion and Compliance. In: Rosenbaum (Hg.), a. a. O.,
S. 122.

Seite 246
»gesellschaftlich an den Rand«:
Rosenbaum, Compliance. In: Ders. (Hg.), a. a. O., S. 27.

Seite 246
»Ich habe mich entschlossen«:
Olsson, a. a. O., S. 87. Er zitiert aus Restons Buch *Our Father Who
Art in Hell.*

Seite 246
»die innere Erfahrung«:
David McClellands Buch *Power* trägt den Untertiel *The Inner
Experience.*

Seite 246
»Bedürfnis, sich erstens stark zu fühlen«:
Ebd., S. 77.

Seite 247
vier verschiedene Entwicklungsphasen:
McClelland, *Power*, orientiert seine Stufenfolge an den erstmals
von Freud, danach von Erikson aufgestellten Stufen beziehungsweise Phasen: I. Freuds Orale Stufe, II. die anale Stufe, III.
die phallische Stufe und IV. die ödipale Auflösung. Eriksons
Terminus für die IV. Stufe ist die generative Phase der Ich-Integrität.

Seite 247
»Es gibt mir Kraft«:
Ebd., S. 13.

Seite 247
über unsere Abhängigkeit:
McClelland (vgl. vorletzte Anmerkung) schreibt auf S. 15, daß
»es so etwas wie ein Bedürfnis nach Abhängigkeit nicht gibt, ein
Bedürfnis, sich schwach und abhängig zu fühlen. Was zuweilen
als Bedürfnis nach Abhängigkeit beschrieben wird, ist der Akt,
abhängig oder schwach zu sein, der als Ziel hat, sich stark zu
fühlen.«

Seite 247
»Ich stärke mich selbst«:
Ebd.

Seite 247
»Verlust an äußerer Unterstützung«.
Ebd., S. 16. Er zitiert aus Stolorows Forschungsarbeiten.

Seite 247
»Verlust an Kontrolle und Einfluß über das eigene Schicksal«:
Ebd.

Seite 247
»Ich beeinflusse andere«:
Ebd., S. 17.

Seite 248
»fortgeschrittenstem Stadium des Machtverlangens«:
Ebd., S. 20. McClelland stellt allerdings fest, daß »Reife die
Fähigkeit einschließt, einen – welchen der Lage auch immer
angemessenen – Handlungsmodus zu wählen«, was in bestimmten Fällen bedeuten könne, Machtbedürfnisse mittels
Abhängigkeiten der Phase I oder Autonomieformen der Phase
II oder aber Einfluß- und Wettbewerbsformen der Phase III auszudrücken. »Unreife bedeutet, daß womöglich nur ein Modus
in sämtlichen Situationen zur Anwendung kommt oder daß ein
unpassender Modus in einer bestimmten Situation zum Tragen
kommt.« Er betont, daß »die früheren Modi verfügbar bleiben
sollten, um die Möglichkeiten für ein reichhaltigeres und ab-
wechselungsreicheres Leben offenzuhalten« und daß »es ab-
normal ist, irgendeine Ausdrucksform von Macht völlig zu-
rückzuweisen oder einen Modus zu Lasten aller anderen einzusetzen« (S. 24).

Seite 248
»Es treibt mich dazu, meine Pflicht zu tun«:
Ebd., S. 20.

Seite 248
»Was er nicht aus sich selbst heraus«:
Ebd., S. 21.

Seite 249

ungeliebt, adoptiert, mißverstanden:
Joel Rifkin, der laut Geständnis 17 Frauen ermordet hatte, versuchte in einer Prozeßphase das sogenannte Adoptivkind-Syn-
drom zu seiner Verteidigung anzuführen. Er argumentierte,
wegen eines nicht mehr heilbaren psychologischen Schadens,
der durch seine Adoption entstanden sei, getötet zu haben. Vgl.
Dershowitz, *The Abuse Excuse*, mit den Verteidigungstaktiken à
la »Es ist nicht meine Schuld!«

Seite 249

Streß der Wechseljahre:
Ein Programmüberblick faßte eine Folge der amerikanischen
Sitcom *Picket Fences* wie folgt zusammen: »Die Stadt muß über
das Schicksal einer Frau entscheiden, die auf Wahnsinn infolge
ihrer Wechseljahre plädiert, als sie ihren Mann mit einer Dampf-
walze überfuhr.« (Da ich diese Sitcom nicht selbst gesehen habe,
bin ich mir nicht sicher, ob es sich um Ernstgemeintes oder um
Humbug handelte).

Seite 250

Dan White:
Clyde Haberman, Firebombing: Putting Blame on Prozac. In:
The New York Times, 6. Februar 1996, S. B1.

Seite 250

Richard Davis:
Jury Recommends Execution for Klaas's Killer. In: *The Washington Post*, 6. August 1996, S. A5.

Seite 251

Erik und Lyle, die Brüder Menendez:
Vgl. Ron Rosenbaum, Staring into the Heart of the Heart of Dark-
ness. In: *The New York Times Magazine*, 4. Juni 1995, S. 36-72. Der
Mendendez-Fall wird hier kurz auf S. 41 erwähnt und war in
der gesamten US-Presse Thema.

Seite 251

für die unternommenen Handlungen auch verantwortlich:
Andererseits: »Einige Vertreter für Geisteskranke (…) setzen sich
dafür ein, daß Menschen (…) mit schwerwiegenden Störungen
in der Lage sein sollten, auch auf Geistesstörung zu plädieren. Sie
werden jedoch durch ein althergebrachtes Rechtsverständnis
daran gehindert, das durch den heutigen psychiatrischen Kenntnisstand überholt ist. Nach einem Rechtsverständnis, das aus
dem 19. Jahrhundert stammt, können Geisteskranke in Florida
und vielen anderen US-Bundesstaaten nur dann für geisteskrank
befunden werden, wenn sie nicht zwischen richtig und falsch
unterscheiden können. »›Das ist ein von Juristen und nicht von

Psychiatern aufgestelltes archaisches Kriterium‹, erklärte Dorothy Otnow-Lewis, eine Professorin für Psychiatrie an der Medizinischen Fakultät der New York University.« »Darüber hinaus erklären die Rechtsanwälte, Richter seien oft nicht bereit oder seien im rechtlichen Sinn nicht in der Lage, psychiatrische Diagnosen zu würdigen, wenn sie über das Strafmaß befinden.« Fox Butterfield, This Way Madness Lies: A Fall from Grace to Prison. In: *The New York Times*, 21. April 1996, S. 14.

Seite 251

>»zugegebenen Inseln der Inkompetenz«:
>Taylor, *Mit Zuversicht*, S. 219-222.

Seite 253

>»konstruktive Interventionen«:
>Die bestimmend auftretende Protagonistin von Viorsts Roman *Murdering Mr. Monti*, bezeichnet ihre häufigen Einmischungsversuche in das Leben ihrer nächsten Angehörigen und der ihr liebsten Menschen gern als »konstruktive Interventionen« (S. 16).

10. Kapitel Unser Sterben beeinflussen

Seite 255

>»Zum ersten Male«:
>Yourcenar, *Ich zähmte die Wölfin*, S. 7.

Seite 255

>»O Herr«:
>Rilke, *Das Stunden-Buch*, S. 94.

Seite 255 f.

>»Deine Zeit hier ist kurz«:
>Thomas a Kempis wird zitiert in: William Griffin (Hg.), *Endtime*, S. 17 f.

Seite 256

>»Schreiben Sie Ihren eigenen Nachruf«:
>Rau, On Top of the World – and Afraid to Fall. In: *The Wall Street Journal*, 8. Januar 1996, S. A18.

Seite 257

>»Doch nicht als jemand«:
>Millay, Those Hours When Happy Hours Were My Estate. In: Dies, *Collected Poems*, S. 719.

Seite 257 f.

>»Ein angenehmes Ritual«:
>Morowitz, Bagels on Sunday. In: *The American Scholar*, Bd. 65, Nr. 1, Winter 1996, S. 121 f.

Seite 258

»Leb wohl, leb wohl Welt«:
Wilder, *Unsere kleine Stadt*, S. 83 f.

Seite 259

»Ich erhebe mich vom Bett«:
Kenyon, Otherwise. In: Dies., *Otherwise*, S. 214.

Seite 260

»Jeder gestorbene Patient«
Nuland, *Wie wir sterben*, S. 381.

Seite 260

»Hybris des Arztes«:
Ebd.

Seite 260

SUPPORT:
Die SUPPORT-Studie (=The *S*tudy to *U*nderstand *P*rognoses
and *P*references for *O*utcomes and *R*isks of *T*reatments) ist
Thema in: A Controlled Trial to Improve Care for Seriously Ill
Hospitalized Patients. In: *Journal of the American Medical Associa-
tion*, Bd. 274, Nr. 20, 22.-29. November 1995, S. 1591-1598. Die
Untersuchung bestand aus zwei Abschnitten: In der ersten
Phase dokumentierte die Befragung von 4 301 schwerkranken
Patienten »Mängel in der Kommunikation, die Häufigkeit mas-
siver Therapien bzw. Eingriffe sowie die charakteristischen
Begleitumstände des Sterbens im Krankenhaus« (S. 1591). In
der zweiten Phase wurden 4 804 Schwerkranke befragt. Die
Hälfte davon nahm an einem Interventionsprogramm teil, in
dem die Ärzte »stichhaltige Prognoseinformationen und recht-
zeitige Patientenberichte erhielten, die beiden wichtigsten Faktoren (…) bei der Beurteilung lebensverlängernder Maßnahmen«. Die »Interventionspflegekraft (…) führte zeitraubende
Gespräche, arrangierte Treffen, stellte Informationen zur Verfügung, verteilte Fragebögen und tat alles mögliche, um den Patienten und seine Familie in einen Entscheidungsprozeß auf der
Basis verläßlicher Informationen in die Zusammenarbeit mit
einem gut informierten Arzt einzubeziehen« (S. 1596). Trotz all
dieser Bemühungen erging es der Hälfte der Patienten in diesem Sonderprogramm nicht besser als der anderen Hälfte. Die
Wahrscheinlichkeit, daß Patientenwünsche ignoriert würden,
war in beiden Gruppen gleich hoch, wie auch die, auf der Intensivstation zu landen oder unter Schmerzen zu sterben.

Seite 260

»Viele Amerikaner befürchten heute«:
Ebd., S. 1591.

Seite 261

»Sie betrügen mich noch«:
Ariès, *The Hour of Our Death*, S. 567. Ariès zitiert die letzten Worte von Père F. de Dainville zu Père Ribes aus dem Jahr 1973.

Seite 262

Nathan Milstein:
Milstein wird zitiert in: Goodman, *Death and the Creative Life*, S. 39.

Seite 262

»was wir für schlechte Lebensqualität halten«:
Phillips wird zitiert in: Geoffrey Cowley und Mary Hager, Terminal Care. Too Painful, Too Prolonged. In: *Newsweek*, 4. Dezember 1995, S. 75.

Seite 262

»Komm mir nicht näher«:
Ariès, a. a. O., S. 15.

Seite 263

»Normalerweise leben wir«:
Rosenthal, Psychotherapy for the Dying. In: Ruitenbeek (Hg.), *The Interpretation of Death*, S. 87.

Seite 263

»Falls ich dann sterbe«:
Enright (Hg.), *The Oxford Book of Death*, S. 26.

Seite 263

»Ein Syllogismus«:
Nabokov, *Fahles Feuer*, S. 42.

Seite 263

»Schon bald wird es möglich sein«:
Goodman, a. a. O., S. 5. Sie zitiert aus einem Artikel in der *New York Times* von 1974.

Seite 264

Lebensspanne:
Nuland, a. a. O., S. 138 f., mit Zahlen zu Lebensdauer und Lebenserwartung.

Seite 264 f.

»Drei Seemänner«:
Quill, *Death and Dignity*, S. 57 f.

Seite 265

»unbeabsichtigt den Prozeß des Sterbens«:
Ebd., S. 58.

Seite 265

»Opfer eines brutalen medizinischen Todesrituals«:
Ebd., S. 59.

Seite 266

»Medizinische Verhaltensdirektive«:
Diese Medizinische Direktive wurde erarbeitet von Dr. Linda
Emanuel und Dr. Ezekiel Emanuel. Sie wird von Linda Emanuel
beschrieben als »ein umfassender Fragebogen, der es dem Patienten und dem Arzt ermöglicht, detailliert über Optionen und
Ziele einer Behandlung zu sprechen, die Ergebnisse festzuhalten und sich darüber hinaus über persönliche Werte auszutau-
schen. Er wird in Zusammenhang mit einer Behandlungsvollmacht ausgefüllt.«

Seite 267

gegen eine Reihe von Ärzten:
Vgl. Tamar Lewin, Ignoring »Right to Die« Directives, Medical
Community Is Being Sued. In: *The New York Times*, 2. Juni 1996,
S. 1 u. 28.

Seite 267

»größtmögliche Kontrolle«:
Aus der Medizinischen Direktive (siehe vorletzte Anmerkung).

Seite 267

»Das Bemühen um Würde scheitert«:
Nuland, a. a. O., S. 18.

Seite 269

»Bilanzselbstmord«:
Portwood, *Common Sense Suicide*, S. 33.

Seite 269

»Vor zehn Jahren«:
Dieser Brief von Jean M. Haslam aus dem Jahre 1980 ist abgedruckt in: Enright (Hg.), a. a. O., S. 98.

Seite 269

»gespenstische Beispiele«:
Phillip Chappell, Robert King und Michael Enson: Final Exit
and the Risk of Suicide. In: *Journal of the American Medical Association*, Bd. 267, Nr. 22, 10. Juni 1992, S. 3027. Morgan, *Dealing
Creatively with Death*, befaßt sich auch mit Selbstmord bei Heranwachsenden: »Mit der Zeit und mit wachsenden Erfahrungen lernen die meisten von uns, daß selbst schwerer Kummer
nicht anhält und Licht schließlich wieder in unser Leben
zurückkehren wird. Heranwachsenden fehlt diese Perspektive
oft und sie reagieren mit hoher Wahrscheinlichkeit extrem auf
Verlust, besonders, da die Adoleszenz einfach aufgrund ihrer
Natur eine Zeit der Extreme ist. (…) Wenn dann das Leben sinnlos oder voller Schmerz und Streß zu sein scheint, kann der Tod
als logische Möglichkeit erscheinen.« (S. 38)

Seite 269

auf ein Dutzend Schüler ein Selbstmordversuch:
Nuland, a.a.O., S. 239. Er erhielt diese Zahl von den *Centers for Disease Control* in den USA.

Seite 270

Gedanke an Selbstmord ein großer Trost:
Enright (Hg.), a.a.O., S. 99.

Seite 270

»Wenn selbst die Verzweiflung«:
Tripp (Hg.), *The International Thesaurus of Quotations*, S. 940.

Seite 270

»Ich ziehe Chloroform«:
Gilman wird zitiert von Portwood, a.a.O., S. 29.

Seite 270

»Leiden und der Erschöpfung«:
Ebd., S. 30.

Seite 270

»Du sollst jetzt wissen«:
Colburn, Earl's Way. In: *The Washington Post*, 9. Januar 1996, Health Section, S. 12.

Seite 271

»Ich weiß, daß ihr mich«:
Ebd., S. 13

Seite 271

»zu guter Letzt das Zepter«:
Ebd., S. 16.

Seite 271

»Stärke und viel Willenskraft«:
Ebd.

Seite 271

»Selbstmord sei nicht verwerflich«:
Kant wird von Nuland zitiert, a.a.O., S. 234.

Seite 271

»Rasierklingen tun weh«:
Parker, Resume. In: Dies., *The Portable Dorothy Parker*, S. 154.

Seite 272

Oberste Gerichtshof der USA:
Zwei US-Bundesgerichte entschieden in zwei unabhängigen Verfahren, die Gesetze der US-Bundesstaaten Washington und New York zum Verbot von ärztlicher Sterbehilfe seien verfassungswidrig. In dem New Yorker Fall wurde diese Entscheidung mit der Gleichheit vor dem Gesetz begründet. Es wurde argumentiert, daß, falls es Menschen legal möglich sei – was der Fall ist –, den Tod mittels Zurückhaltung künstlicher lebenser-

haltender Maßnahmen schneller herbeizuführen, es dann anderen Menschen auch möglich sein müsse, den Tod mit Hilfe eines Rezeptes für tödliche Medikamente schneller herbeizuführen. In dem Washingtoner Fall vertrat das Gericht die Auffassung, es läge »im Interesse der Freiheit, Zeit und Art des eigenen Todes zu wählen«. Der Oberste Gerichtshof der USA hörte beide Seiten in dieser Frage an. Dabei waren die Gegner ärztlicher Sterbehilfe die US-Bundesstaaten Oregon und New York, die US-Bundesregierung unter Clinton, die American Medical Association und die Catholic Health Association. Die Befürworter waren Timothy Quill (der den Prozeß im Staat New York angestrengt hatte), die American Medical Student Association, 36 religiöse Gruppierungen, Kirchenführer und Religionswissenschaftler sowie eine Gruppe von Angehörigen Kranker im Endstadium, welche Selbstmord begangen hatten. Im Juni 1997 entschied der Oberste Gerichtshof, ärztliche Sterbehilfe sei kein verfassungsmäßiges Recht und bestätigte die Gesetzeslage in den Staaten Washington und New York, ließ jedoch die Legalisierung von Sterbehilfe durch einzelne Bundesstaaten ausdrücklich zu.

Seite 273
>Ich stellte das Rezept«:
Quill, Death and Dignity: A Case of Individualized Decision Making. In: *The New England Journal of Medicine*, Bd. 324, Nr. 10, 7. März 1991, S. 693.

Seite 273
Zeit »relativer Ruhe und Stabilität«:
Ebd.

Seite 273
»Diana ergriff die Initiative«:
Quill, *Death and Dignity*, S. 215.

Seite 274
»Ich habe Thomas Hyde«:
Judith Graham (Hg.), *Current Biography Yearbook*, 1994, S. 299 f.

Seite 274
»schrankenlose Euthanasie«:
Ebd., S. 299.

Seite 274
»einer zerbrechlichen Umschuld«:
Andrew Solomon, A Death of One's Own. In: *The New Yorker*, 22. Mai 1995, S. 68.

Seite 275
»Ich bin so traurig heute«:
Ebd., S. 66.

Seite 275

>>Nach so vielem habe ich<<:
Ebd.

Seite 275

>>schreckenserfüllte, gefangene, hellwache Zeugin<<:
Dudley Clendinen schreibt über seine Kusine und andere in:
When Death Is a Blessing and Life Is Not. In: *The New York Times*,
5. Februar 1996, Op-Ed, S. A15.

Seite 275

>>in Erfüllung dieser letzten Erbschaft<<:
Solomon, a.a.O., S. 69; hier auch die weiteren Zitate dieses
Abschnitts.

Seite 276

Quill spricht von >>dem Recht<<:
Quill, Death and Dignity: A Case of Individualized Decision
Making, a.a.O., S. 692.

Seite 276

>>Das war eindeutig die letzte Sache<<:
Colburn, a.a.O., S. 15.

Seite 276

>>der unser Recht auf Eigenständigkeit<<:
Callahan, *What Kind of Life*, S. 225.

Seite 276

>>Gnadentod<<:
Ebd., S. 222. >>Gnadentod<< (>>mercy killing<<) wird hier definiert
als >>die Tötung einer Person durch eine andere als ein Akt des
Wohlwollens, nicht als böswilliger oder eigennütziger Akt<<. Es
muß allerdings unterschieden werden zwischen der Bitte, getötet zu werden (freiwillige Euthanasie), und dem Fall, wo jemand
über den Tod ohne unsere ausdrückliche Bitte, uns aus Gnaden-
gründen zu töten, entscheidet (unfreiwillige Euthanasie).

Seite 276

>>bis jenseits irgendeines Sinns<<:
Ebd., S. 226.

Seite 276

>>private Tötungen<<:
Ebd., S. 231.

Seite 276

Dies würde >>den Wert der Selbstbestimmung<<:
Ebd., S. 242.

Seite 277

>>Jahrelang nur noch die körperliche Hülle<<:
Editorial von *The New York Times*, 20. Dezember 1995. Vgl. auch
den Artikel von Pam Belluck, Man Will Get Prison Term for

Helping His Wife Kill Herself. In: *The Times*, 16. März 1996, Metro Section, S. 23 u. 26.

Seite 278

die Niederlande:

Obwohl ärztliche Sterbehilfe in den Niederlanden nicht legal ist, wird sie nicht verfolgt, falls sich der Arzt an einige allgemeine Richtlinien hält: Der Patient muß eine unheilbare Krankheit haben und sein Leiden nicht mehr ertragen können. Er muß voll über die Diagnose, Prognose und Behandlungsmöglichkeiten informiert sein. Der Wunsch nach Sterbehilfe muß ohne jeden Druck von anderer Seite allein der des Patienten sein, er darf weder von Familienmitgliedern noch vom Arzt vorgeschlagen werden. Der Wunsch muß mehrmals in einem gewissen Zeitraum geäußert worden sein und sollte dokumentiert werden. Der Arzt muß den Patienten als im Besitz seiner Geisteskräfte stehend und den Wunsch als nachvollziehbar ansehen. Der Arzt muß sich mit einem Kollegen beraten. Vgl. Morgan, a.a.O., S. 37f. und Quill, Death and Dignity, S. 147. Hendin, *Seduced by Death*, ein leidenschaftlicher Kritiker der von ihm so genannten »holländischen Heilung«, argumentiert, daß »faktisch jede von den Niederländern zur Regulierung der Euthanasie erstellte Richtlinie ungestraft abgeändert oder mißachtet worden ist« (S. 23).

Seite 278

Dieses »dünne Eis«, so warnt er:
Hendin, a.a.O., S. 48.

Seite 278

»eine scheinbar einfache Lösung«:
Ebd., S. 214.

Seite 278

Zurücknahme beziehungsweise dem Abbruch:
Quill bezeichnet das als »passive« Euthanasie. Der Oberste Gerichtshof der USA sprach sich neben seiner Verneinung eines verfassungsmäßigen Rechts auf Sterbehilfe auch dagegen aus, ärztliche Sterbehilfe mit dem Recht des Patienten gleichzusetzen, eine Behandlung zu verweigern, oder mit dessen Recht, lebenserhaltende Geräte abschalten zu lassen.

Seite 278

»verkörpert die Pro-Euthanasie-Bewegung«:
Callahan, a.a.O., S. 242.

Seite 279

»in dem Abschnitt unseres Lebens«:
Diese Formulierung stammt von Sandol Stoddard und wird in einer mit »Was ist Hospizbehandlung?« betitelten Broschüre

386

zitiert, die vom Hospice Council of Metropolitan Washington, Inc. herausgegeben wird.

Seite 279

Diese Form der Pflege findet in den meisten Fällen:
»Angehörige oder Freunde [sog. primäre Fürsorgende – J. V.] koordinieren die Betreuung des Patienten zu Hause mit Unterstützung und unter Anleitung des Hospizteams. Falls erforderlich, betreut ein Teammitglied unmittelbar. (...) Teammitglieder machen regelmäßige Hausbesuche. (...) Die Pflegekraft ist geschult, emotionale und psychologische Probleme zu erkennen und darauf zu reagieren. Pflegekräfte in der Hausbetreuung können in praktischen Angelegenheiten beraten (...) und die Familie in der Pflege des Patienten anleiten. Sie kümmern sich auch um den pflegerischen bzw. ärztlichen Bedarf oder – falls erforderlich – um zusätzliche Unterstützung.« (Vgl. letzte Anmerkung oben.)

Seite 280

»eine Bewegung, kein Ort«:
Paul Richard, Capturing the Last Light. In: *The Washington Post*, 10. März 1996, S. G1 u. G6.

Seite 282

»Ich kam ins Krankenhaus und wäre fast«:
Aus einer Broschüre des Hospice of Washington.

Seite 282

»Das Hospiz erlaubte meinem Bruder«:
Ebd.

Seite 282

»viele meiner Patienten im Endstadium«:
Kübler-Ross wird zitiert von Carole Selinske, Geschäftsführende Leiterin der New York State Hospice Association (1984-1993), in einer Buchbesprechung. In: *The Hospice Journal*, Bd. 10, Nr. 3, S. 65.

Seite 282

»keine realistische Hoffnung«:
Selinske, a. a. O., S. 65.

Seite 282

»Das Hospiz beschleunigt den Tod nicht«:
Aus einer *The Basics of Hospice* betitelten Broschüre der National Hospice Organization.

Seite 283

»den Hintern abputzen«:
Abschrift von *Nightline*, ABC News vom 17. März 1995, S. 4.

Seite 283

»Ich schäme mich nicht«:
Abschrift von *Nightline*, ABC News vom 13. Oktober 1995, S. 2.

Seite 284

»Hinnahme dieses unseres einmaligen«:
Erikson, *Kindheit und Gesellschaft*, S. 263. Eriksons Ausführungen zum Thema »Ich-Integrität gegen Verzweiflung« im siebten Kapitel »Die acht Phasen des Menschen«, S. 262-264.

Seite 284

»Notwendigem und Unersetzlichem«:
Ebd., S. 269.

Seite 284

»verliert der Tod seinen Stachel«:
Ebd., S. 268.

Seite 284

»tausend kleine Verdrüsse«:
Ebd., S. 269.

Seite 284 f.

»Ich träume immer wieder«:
Roethke, The Far Field. In: Allison u. a. (Hg.), *The Norton Anthology of Poetry*, S. 1137-1139.

Seite 285

»keine klare Haltung zum Tod«:
Morgan, a. a. O., aus dem Vorwort von Mitford, S. IX.

Seite 285

»Macht, über die wir keine Macht haben«:
Chadwick, Notes Upon the Fear of Death. In: Ruitenbeek (Hg.), a. a. O., S. 74.

Seite 286

»primitiven biologischen Tatsache«:
Marcuse, The Ideology of Death. In: Feifel (Hg.), *The Meaning of Death*, S. 67.

Seite 286

»freier Tod«:
Nietzsche, *Also sprach Zarathustra*, S. 90.

Seite 286

»eine kaputte Maschine«:
Gardner Murphy zitiert Wilson im Abschnitt »Discussion« von Feifel (Hg.), a. a. O., S. 333.

Seite 286

»Bitte gratuliert mir«:
Walter Kaufmann zitiert den japanischen Piloten Isao Matsuo in: Existentialism and Death. In: Feifel (Hg.), a. a. O., S. 50.

Seite 286

Sei denn willkommen:
Kaufmann zitiert Hölderlin. In: Feifel (Hg.), a. a. O., S. 59.

Seite 286
> »Am Ende stellt man sich«:
> Broyard, *Intoxicated by My Illness,* S. 67.

Seite 286
> »den Gedanken an meinen Tod erneuert«:
> Roethke, *The Far Field.,* a. a. O.

Seite 287
> »Da ist diese kleine Welle«:
> Abschrift von *Nightline,* ABC News vom 17. März 1995, S. 3.

Seite 288
> »Laß' nicht zu früh los«:
> Abschrift von *Nightline,* ABC News vom 13. Oktober 1995, S. 2.

Literaturverzeichnis

Adams, Jane: *I'm Still Your Mother.* New York, Delacorte Press, 1994.

Adams, Scott: Das Dilbert-Prinzip. Landsberg/Lech, verlag moderne industrie, 1997.

Ders.: Dogberts Top-secret-Management-Handbuch. Landsberg/Lech, verlag moderne industrie, 1997.

Affleck, Glenn/Tennen, Howard/Pfeiffer, Carol/Fifield, Judith: Appraisals of Control and Predictability in Adapting to a Chronic Disease. In: *Journal of Personality and Social Psychology* 53, Nr. 2 (1987), S. 273-79.

Allison, Alexander/Barrows, Herbert/Blake, Caesar/Carr, Arthur/Eastman, Arthur/English, Hubert (Hg.): *The Norton Anthology of Poetry.* New York, W. W. Norton, 1970, 1975.

Angier, Natalie: How Biology Affects Behavior and Vice Versa. In: *The New York Times,* 30. Mai 1995, S. C1, C5.

Anthony, James: The Reactions of Adults to Adolescents and Their Behavior. In: Caplan, Gerald/Lebovici, Serge (Hg.): *Adolescence: Psychosocial Perspectives.* New York, Basic Books, 1969.

Antill, John K.: Sex Role Complementarity Versus Similarity in Married Couples. In: *Journal of Personality and Social Psychology* 45, Nr. 1 (1983), S. 145-155.

Arendt, Hannah: *Eichmann in Jerusalem.* Ein Bericht von der Banalität des Bösen. München, Piper Verlag (serie Piper), 1. erweiterte Auflage 1986, 7. Aufl. 1997.

Ariès, Philippe: *The Hour of Our Death.* New York, Alfred A. Knopf, 1981

Bailey, J. Michael/Pillard, Richard C.: A Genetic Study of Male Sexual Orientation. In: *Archives of General Psychiatry* 48, Nr. 12 (Dezember 1991), S. 1089-1096.

Bailey, J. Michael/Pillard, Richard C./Neale, Michael C./Agyei, Yvonne: Heritable Factors Influence Sexual Orientation in Women. In: *Archives of General Psychiatry* 50, Nr. 3 (11. März 1993), S. 217-223.

Barglow, Peter/Schaefer, Margret: A New Female Psychology? In: *Journal of the American Psychoanalytic Association* 24, Nr. 5 (1976), S. 305-350.

Barinaga, Marcia: Is Homosexuality Biological? In: *Science* 253 (30. August 1991), S. 956 f.

Barnett, Rosalind C./Rivers, Caryl: *She Works/He Works.* San Francisco, Harper San Francisco, 1996.

Beiser, Helen: Ages Eleven to Fourteen. In: Greenspan und Pollock (Hg.), *The Course of Life*, Bd. 2, 1980.

Bell, Ruth/Wildflower, Leni: *Talking with Your Teenager.* New York, Random House, 1983.

Benedek, Therese: Parenthood During the Life Cycle. In: Anthony, E. James/Benedek, Therese (Hg.), *Parenthood: Its Psychology and Psychopathology.* Boston, Little, Brown, 1970.

Benson, Ronald/Harrison, Saul: The Eye of the Hurricane: From Seven to Ten. In: Greenspan und Pollock (Hg.), *The Course of Life, Bd.* 2, 1980.

Blos, Peter: *On Adolescence.* New York, Free Press, 1962.

Blum, Harold: Masochism, the Ego Ideal, and the Psychology of Women. In: *Journal of the American Psychoanalytic Association* 24, Nr. 5 (1976), S. 157-191.

Ders.: The Maternal Ego Ideal and the Regulation of Maternal Qualities. In: Greenspan und Pollock (Hg.), *The Course of Life*, Bd. 3, 1981.

Blumstein, Philip/Schwartz, Pepper: *American Couples.* New York, William Morrow, 1983.

Bouchard, Thomas J., Jr.: Genes, Environment, and Personality. In: *Science* 264 (17. Juni 1994), S. 1700-1701.

Bouchard, Thomas J., Jr./Lykken, David T./McGue, Matthew/Segal, Nancy L./Tellegen, Auke: Sources of Human Psychological Differences: The Minnesota Study of Twins Reared Apart. In: *Science* 250 (12. Oktober 1990), S. 223-228.

Brans, Jo/Smith, Margret Taylor: *Mother, I Have Something to Tell You.* Garden City, Doubleday, 1987.

Braun, Joseph A: The Healthy Side of Compliance. In: Max Rosenbaum (Hg.), *Compliant Behavior, S.* 137-147. New York, Human Sciences Press, 1983.

Brazelton, T. Berry: Neonatal Assessment. In: Greenspan und Pollock (Hg.), *The Course of Life,* Bd. 1, 1980.

Brazelton, T. Berry/Cramer, Bertrand G.: *The Earliest Relationship.* Reading, Addison-Wesley Publishing, 1990.

Brown, Margaret Wise: *Goodnight Moon.* New York, Harper & Row, 1947.

Brownmiller, Susan: *Gegen unseren Willen: Vergewaltigung und Männerherrschaft.* Frankfurt/M., Fischer Taschenbuch Verlag, 1980, 1994.

Broyard, Anatole: *Intoxicated by My Illness.* New York, Fawcett Columbine, 1992.

Bruch, Hilde: The Sleeping Beauty: Escape from Change. In: Greenspan und Pollock (Hg.), *The Course of Life*, Bd. 2, 1980.

Buchwald, Emilie/Fletcher, Pamela/Roth, Martha: *Transforming a Rape Culture.* Minneapolis, Milkweed Editions, 1993.

Burr, Chandler: Homosexuality and Biology. In: *The Atlantic Monthly,* März 1993, S. 47-65.

Ders.: *A Separate Creation.* New York, Hyperion, 1996.

391

Buxbaum, Edith: Between the Oedipus Complex and Adolescence: The ›Quiet Time.‹ In: Greenspan und Pollock (Hg.), *The Course of Life*, Bd. 2, 1980.

Callahan, Daniel: *What Kind of Life*. New York, Simon & Schuster, 1990.

Casper, Regina: Treatment Principles in Anorexia Nervosa. In: *Adolescent Psychiatry, Bd.* 10, hg. von Feinstein, Sherman / Looney, John / Schwartzberg, Allan / Sorosky, Arthur. Chicago, University of Chicago Press, 1982.

Cassileth, Barrie R. / Lusk, Edward J. / Miller, David S. / Brown, Lorraine L. / Miller, Clifford: Psychosocial Correlates of Survival in Advanced Malignant Disease? In: *The New England Journal of Medicine* 312, Nr. 24 (13. Juni 1985), S. 1551-1555.

Cath, Stanley: »Fathering from Infancy to Old Age: A Selective Overview of Recent Psychoanalytic Contributions. In: *The Psychoanalytic Review* 73, Nr. 4 (Winter 1996), S. 65 / 469-75 / 479.

Chopra, Deepak: *Quantum Healing*. New York, Bantam Books, 1990.

Clampitt, Amy: *What the Light Was Like*. New York, Alfred A. Knopf, 1985.

Colburn, Don: Earl's Way. In: *The Washington Post*, 9. Januar 1996, Health Section, S. 12-16.

Coppolillo, Henry: The Tides of Change in Adolescence. In: Greenspan und Pollock (Hg.), *The Course of Life*, Bd. 2, 1980.

Cousins, Norman: *Anatomy of an Illness as Perceived by the Patient*. New York, Bantam Books, 1979.

Csikszentmihalyi, Mihaly / Larson, Reed: *Being Adolescent. New* York, Basic Books, 1984.

de Charms, Richard: *Personal Causation*. New York, Academic Press, 1968.

Dershowitz, Alan M.: *The Abuse Excuse*. Boston, Little, Brown, 1994.

Dew, Robb Forman: *The Family Heart*. Reading (Massachusetts), Addison-Wesley Publishing, 1994.

Dewald, Paul A.: Adult Phases of the Life Cycle. In: Greenspan und Pollack (Hg.), *The Course of Life*, Bd. 3, 1981.

Dobyns, Stephen: *After Shocks/Near Escapes*. New York, Viking, 1991.

Dunn, Judy: The Beginnings of Moral Understanding: Development in the Second Year. In: Kagan und Lamp (Hg.), *The Emergence of Morality in Young Children*. Chicago, University of Chicago Press, 1990.

Eisenberg, David M. / Kessler, Ronald C. / Foster, Cindy / Norlock, Frances E. / Calkins, David R. / Delbanco, Thomas L.: Unconventional Medicine in the United States. In: *The New England Journal of Medicine* 328, Nr. 4 (28. Januar 1993), S. 246-283.

Elkind, David: *The Hurried Child*. Reading, Addison-Wesley Publishing, 1981, 1988.

Elmer-Dewitt, Philip: Fat Times. In: *Time*, 16. Januar 1995, S. 58-65.

Emde, Robert/Johnson, William/Easterbrooks, M. Ann: The Do's and Don'ts of Early Moral Development: Psychoanalytic Tradition and Current Research. In: Kagan und Lamp (Hg.), *The Emergence of Morality in Young Children*. Chicago, University of Chicago Press, 1990.

Enright, D. J. (Hg.): *The Oxford Book of Death*. Oxford – New York, Oxford University Press, 1983.

Erikson, Erik: *Kindheit und Gesellschaft*. Stuttgart, Klett-Cotta Verlag, 1982, 12. Aufl. 1995.

Ders.: *Jugend und Krise. Die Psychodynamik im sozialen Wandel*. Ernst Klett Verlag, 4. Aufl. 1998.

Ders.: Das Problem der Ich-Identität. In: *Identität und Lebenszyklus*. Frankfurt/M., Suhrkamp Taschenbuch Verlag, 1973, 1997, S. 123-212.

Esman, Aaron: Mid-Adolescence-Foundations for Later Psychopathology. In: Greenspan und Pollock (Hg.), *The Course of Life*, Bd. 2, 1980.

Falbo, Toni: Multidimensional Scaling of Power Strategies. In: *Journal of Personality and Social Psychology* 35, Nr. 8 (1977), S. 537-547.

Falbo, Toni und Letitia Anne Peplau: Power Strategies in Intimate Relationships. In: *Journal of Personality and Social Psychology* 38, Nr. 4 (1980), S. 618-628.

Faludi, Susan: *Backlash*. New York, Crown Publishers, 1991.

Feifel, Herman: *The Meaning of Death*. New York, McGraw-Hill, 1959.

Felleman, Hazel (Hg.): *The Best-Loved Poems of the American People*. New York, Doubleday, 1936.

Fisher, Susan/Scharf, Kathleen: Teenage Pregnancy: An Anthropological, Sociological, and Psychological Overview. In: *Adolescent Psychiatry*, Bd. 8, S. 393-403. Chicago, University of Chicago Press, 1980.

Fitzgerald, F. Scott: *Zärtlich ist die Nacht*. Zürich, Diogenes Verlag, 1983.

Ford, Ford Madox: *The Good Soldier*. New York, Vintage Books, 1983.

Fraiberg, Selma: *Die magischen Jahre*. Familiäre Beziehungen in der frühen Kindheit. Hamburg, Hoffmann und Campe Verlag, 1969, 1996.

Freud, Anna: Adolescence. In: *The Psychoanalytic Study of the Child*, Bd. 13, New York, International Universities Press, 1958.

Freud, Sigmund: Das Unbehagen in der Kultur [1929]. In: Freud, Anna/Bibring, E./Hoffer, W./Kris, E./Isakower, O. (Hg.): *Gesammelte Werke in achtzehn Bänden mit einem Nachtragsband*. Zunächst London, 1940ff.; Frankfurt/M., S. Fischer Verlag, 1952ff. (im folgenden: *Gesammelte Werke*), Bd. XIV, 1. Aufl. 1948, 6. Aufl. 1976.

Ders.: Der Untergang des Ödipuskomplexes [1924]. In: *Gesammelte Werke*, Bd. XIII, 1. Aufl. 1940, 9. Aufl. 1987.

Ders.: Das Ich und das Es [1923]. In: *Gesammelte Werke*, Bd. XIII, 1. Aufl. 1940, 9. Aufl. 1987.

Ders.: Die Traumdeutung [1900]. In: *Gesammelte Werke*, Bd. II/III, 1. Aufl. 1942, 7. Aufl. 1987.

Ders.: Vorlesungen zur Einführung in die Psychoanalyse [1915-1917]. In: *Gesammelte Werke*, Bd. XI, 1. Aufl. 1944, 8. Aufl. 1986.

Ders.: Neue Folge der Vorlesungen zur Einführung in die Psychoanalyse [1932]. In: *Gesammelte Werke*, Bd. XV., 1. Aufl. 1944, 7. Aufl. 1979.

Ders.: Über die Psychogenese eines Falles von weiblicher Homosexualität [1920]. In: *Gesammelte Werke*, Bd. XII, 1. Aufl. 1947, 6. Aufl. 1986.

Ders.: Einige psychische Folgen des anatomischen Geschlechtsunterschieds [1925]. In: *Gesammelte Werke*, Bd. XIV, 1. Aufl. 1948, 6. Aufl. 1976.

Ders.: Drei Abhandlungen zur Sexualtheorie [1905]. In: *Gesammelte Werke*, Bd. V, 1. Aufl. 1942, 6. Aufl. 1981.

Frost, Robert: *The Poetry of Robert Frost*. New York, Henry Holt, 1979.

Furman, Erna: *Helping Young Children Grow*. Madison, International Universities Press, 1987.

Furman, Robert: Some Vicissitudes of the Transition into Latency. In: *Greenspan und Pollock (Hg.), The Course of Life*, Bd. 2, 1980.

Galinsky, Ellen: *Between Generations*. New York, Times Books, 1981.

Gallagher, Winifred: How We Become What We Are. In: *The Atlantic Monthly*, September 1994, S. 39-55.

Dies.: *I. D.* New York, Random House, 1996.

Geer, James H./Davison, Gerald C./Gatchel, Robert I.: Reduction of Stress in Humans Through Nonveridical Perceived Control of Aversive Stimulation. In: *Journal of Personality and Social Psychology* 16, Nr. 4 (1970), S. 731-738.

Gelman, David: Born or Bred? In: *Newsweek*, 24. Februar 1992, S. 46-53.

Gibran, Khalil: *Der Prophet*. Olten und Freiburg i. Br., Walter-Verlag, 33. Aufl. 1996.

Gilbert, Sandra M./Gubar, Susan/O'Hehir, Diana (Hg.): *Mother-Songs*. New York, W. W. Norton, 1995.

Gilligan, Carol: *In a Different Voice*. Cambridge, Mass., Harvard University Press, 1982.

Glück, Louise: *The First Four Books of Poems*. Hopewell, Ecco Press, 1968.

Goleman, Daniel: *Emotionale Intelligenz*. München, Deutscher Taschenbuch Verlag, 1997.

Goodman, Lisl Marburg: *Death and the Creative Life*. New York, Penguin Books, 1981, 1983.

Gottman, John: *Why Marriages Succeed or Fail*. New York, Simon & Schuster, 1994.

Gray-Little, Bernadette/Burks, Nancy: Power and Satisfaction in Marriage: A Review and Critique. In: *Psychological Bulletin* 93, Nr. 3 (1983), S. 513-538.

Greenspan, Stanley: *The Challenging Child*. New York, Addison-Wesley Publishing, 1995.

Greenspan, Stanley/Pollock, George (Hg.): *The Course of Life*, Bd. 1: *Infancy and Early Childhood*. Washington, D.C., Government Printing Office, DHHS Pub. Nr. (ADM) 80-786, 1980.

Dies.: *The Course of Life*, Bd. 2: *Latency, Adolescence and Youth*. Washington, D.C., Government Printing Office, DHHS Pub. Nr. (ADM) 80-999,1980.

Dies.: *The Course of Life*, Bd. 3: *Adulthood and the Aging Process*. Washington, D.C.: Government Printing Office, DHHS Pub. Nr. (ADM) 81-1000, 1981.

Griffin, William (Hg.): *Endtime*. New York, Collier Books, 1979.

Grotstein, James: The Psychology of Powerlessness; Disorders of Self-Regulation and Interactional Regulation as a Newer Paradigm for Psychopathology. In: *Psychoanalytic Inquiry* 6, Nr. 1 (1986), S. 95.

Group for the Advancement of Psychiatry (GAP): *Psychotherapy with College Students*. New York, Brunner/Mazel Publishers, 1990.

Hamer, Dean/Copeland, Peter: *The Science of Desire*. New York, Simon & Schuster, 1994.

Hendin, Herbert: *Seduced by Death*. New York, W. W. Norton, 1997.

Hochschild, Arlie (mit Anne Machung): *Der 48-Stunden-Tag: Wege aus dem Dilemma berufstätiger Eltern*. München, Droemersche Verlagsanstalt Th. Knaur Nachf., 1993.

Holden, Constance: A Cautionary Genetic Tale: The Sobering Story of D2. In: *Science*, 17. Juni 1994, S. 1696f.

Horgan, John: Eugenics Revisited. In: *Scientific American*, Juni 1993, S. 123-131.

Horner, Althea: *The Wish for Power and the Fear of Having It*. Northvale, Jason Aronson, 1989.

Howard, Judith/Blumstein, Philip/Schwartz, Pepper: Sex, Power, and Influence Tactics in Intimate Relationships. In: *Journal of Personality and Social Psychology* 51, Nr. 1 (1986), S. 102-109.

Hutchings, Barry/Mednick, Sarnoff A.: Criminality in Adoptees and Their Adoptive and Biological Parents: A Pilot Study. In: Barry Hutchings und K. Christiansen (Hg.), *Biosocial Bases of Criminal Behavior*. New York, Gardner, 1977.

Ibsen, Henrik: *Ein Puppenheim*. Frankfurt/M., Insel Verlag, 1979.

Isay, Richard: *Being Homosexual*. New York, Avon Books, 1989.

Ders.: Late Adolescence: The Second Separation Stage of Adolescence. In: Greenspan und Pollock (Hg.), *The Course of Life*, Bd. 2, 1980.

James, Henry:. *Erzählungen*. Frankfurt/M. – Berlin – Wien, Ullstein Verlag, 1983.

Janoff-Bulman, Ronnie/Brickman, Philip: Expectations and What People Learn from Failure. In: *Expectations and Actions: Expectancy-Value Models in Psychology*. Hillsdale, Lawrence Erlbaum Associates, Publishers, 1982.

Janoff-Bulman, Ronnie / Frieze, Irene Hanson: A Theoretical Perspective for Understanding Reactions to Victimization. In: *Journal of Social Issues* 39, Nr. 2 (1983), S. 1-17.

Johnson, Craig / Connors, Mary: *The Etiology and Treatment of Bulimia Nervosa.* New York, Basic Books, 1987.

Jong, Erica: *Angst vorm Fliegen.* Frankfurt / M., Fischer Taschenbuch Verlag, 1998.

Joyce, James: *Ein Portrait des Künstlers als junger Mann.* Frankfurt / M., Suhrkamp Verlag, 1973, 1998.

Kagan, Jerome: *Galen's Prophecy.* New York, Basic Books, 1994.

Ders.: *The Nature of the Child.* New York, Basic Books, 1984.

Kagan, Jerome und Sharon Lamb (Hg.): *The Emergence of Morality in Young Children.* Chicago, University of Chicago Press, 1990.

Kaplan, Eugene: Adolescents, Age Fifteen to Eighteen: A Psychoanalytic Developmental View. In: Greenspan und Pollock (Hg.), *The Course of Life,* Bd. 2, 1980.

Kaplan, Louise: *Adolescence: The Farewell to Childhood.* New York, Simon & Schuster, 1984.

Katan, Anny: Some Thoughts About the Role of Verbalization in Early Childhood. In: *The Psychoanalytic Study of the Child,* Bd. 16. New York, International Universities Press, 1961, S. 184-188.

Kenison, Katrina / Hirsch, Kathleen (Hg.): *Mothers.* New York, North Point Press, 1996.

Kenyon, Jane: *Otherwise.* St. Paul, Graywolf Press, 1996.

Kestenberg, Judith: Eleven, Twelve, Thirteen: Years of Transition from the Barrenness of Childhood to the Fertility of Adolescence. In: Greenspan und Pollock (Hg.): *The Course of Life,* Bd. 2, 1980.

Kevles, Daniel J.: The X Factor. In: *The New Yorker,* 3. April 1995, S. 85-90.

Kiell, Norman: *The Adolescent Through Fiction.* New York, International Universities Press, 1974.

Kimball, Robert (Hg.): *The Complete Lyrics of Cole Porter.* New York, Alfred A. Knopf, 1983.

Kipnis, David: The Use of Power in Organizations and in Interpersonal Settings. In: S. Oskamp (Hg.), *Applied Social Psychology Annual,* Bd. 5, Beverly Hills, Calif., Sage, 1984.

Kipnis, David / Castell, Patricia / Gergen, Mary / Mauch, Donna: Metamorphic Effects of Power. In: *Journal of Applied Psychology* 61, Nr. 2 (1976), S. 127-135.

Kipnis, David / Schmidt, Stuart M. / Wilkinson, Ian: Intraorganizational Influence Tactics: Explorations in Getting One's Way. In: *Journal of Applied Psychology* 65, Nr. 4 (1980), S. 440-452.

Klagsbrun, Francine: *Married People.* New York, Bantam Books, 1985.

Kramer, Peter D.: *Listening to Prozac.* New York, Viking, 1993.

Kramer, Selma / Rudolph, Joseph: The Latency Stage. In: Greenspan und Pollock (Hg.), *The Course of Life*, Bd. 2, 1980.

Landers, Ann: *Wake Up and Smell the Coffee*. New York, Villard, 1996.

Langer, Ellen J. / Rodin, Judith: The Effects of Choice and Enhanced Personal Responsibility for the Aged: A Field Experiment in an Institutional Setting. In: *Journal of Personality and Social Psychology* 34, Nr. 2 (1976), S. 191-198.

Lawrence, D. H.: *The Complete Poems of D. H. Lawrence*. de Sola Pinto, Vivian / Roberts, Warren (Hg.). New York, Viking Press, 1964, 1971.

Ders.: *Selected Poems*. New York, New Directions, 1947.

Lefcourt, Herbert M.: The Function of the Illusions of Control and Freedom. In: *American Psychologist*, Mai 1973, S. 417-425.

Ders.: *Locus of Control*. Hillsdale, N. J., Lawrence Erlbaum Associates, Publishers, 1982.

Lehman, Darrin R. / Taylor, Shelley E.: Date with an Earthquake: Coping with a Probable, Unpredictable Disaster. In: *Personality and Social Psychology Bulletin* 13, Nr. 4 (Dezember 1987), S. 546-555.

LeShan, Lawrence: *Diagnose Krebs: Wendepunkt und Neubeginn: Ein Handbuch für Menschen, die an Krebs leiden, für ihre Familien und für ihre Ärzte und Therapeuten*. Stuttgart, Klett-Cotta Verlag, 3. Aufl. 1995. Erstmals als: *Cancer as a Turning Point*. New York, Plume, 1990.

Levant, Ronald: *Masculinity Reconstructed*. New York, Dutton, 1995.

LeVay, Simon: A Difference in Hypothalamic Structure Between Heterosexual and Homosexual Men. In: *Science* 253 (30. August 1991), S. 1034-1037.

Lewontin, R. C. / Rose, Steven / Kamin, Leon J.: *Die Gene sind es nicht*. München – Weinheim, Psychologie Verlags Union, 1988.

Lewy, Ernst: Responsibility, Free Will, and Ego Psychology. In: *The International Journal of Psycho-Analysis* 42 (1961), S. 260-270.

Lidz, Theodore: The Adolescent and His Family. In: Caplan, Gerald / Lebovici, Serge (Hg.): *Adolescence: Psychosocial Perspectives*. New York, Basic Books, 1969.

Lobell, John / Lobell, Mimi: *John & Mimi*. New York, St. Martin's Press, 1972.

Loewald, Hans: The Waning of the Oedipus Complex. In: *Journal of the American Psychoanalytic Association* 27, Nr. 4 (1979), S. 751-775.

Loos, Anita: *Gentlemen Prefer Blondes*. New York, Boni und Liveright, 1925.

Lykken, D. T. / McGue, M. / Tellegen, A. / T. J. Bouchard, T. J., Jr.: Emergenesis. In: *American Psychologist*, Dezember 1992, S. 1565-1577.

Mahler, Margaret / Pine, Fred / Bergman, Anni.: *The Psychological Birth of the Human Infant*. New York, Basic Books, 1975.

Mann, Charles C.: Behavioral Genetics in Transition. In: *Science* 264 (17. Juni 1994), S. 1686-1689.

Marks, Gary/Richardson, Jean L./Graham, John W.: Role of Health Locus of Control Beliefs and Expectations of Treatment Efficacy in Adjustment to Cancer. In: *Journal of Personality and Social Psychology* 51, Nr. 2 (1986), S. 443-450.

Marwell, Gerald/Schmitt, David: Dimensions of Compliance-Gaining Behavior: An Empirical Analysis. In: *Sociometry* 30 (1967), S. 350-364.

McBride, Angela Barron: *The Secret of a Good Life with Your Teenager.* New York, Times Books, 1987.

McClelland, David C.: *Power: The Inner Experience.* New York, Irvington Publishers, 1975.

McDevitt, John/Mahler, Margaret: Object Constancy, Individuality, and Internalization. In: Greenspan und Pollock (Hg.): *The Course of Life,* Bd. 1, 1980.

McGovern, George. *Terry.* New York, Villard, 1996.

Mendelson, Steven T.: The Dying of the Light. In: *The Washington Post,* 19. März 1995, S. F1, F5-F7.

Michael, Robert/Gagnon, John/Laumann, Edward O./Kolata, Gina: *Sexwende: Liebe in den 90ern.* München, Droemersche Verlagsanstalt Th. Knaur Nachf., 1994.

Milgram, Stanley: *Das Milgram-Experiment: Zur Gehorsamsbereitschaft gegenüber Autorität.* Reinbek bei Hamburg, Rowohlt Taschenbuch Verlag, 1997.

Millay, Edna St. Vincent: *Collected Poems.* New York, Harper & Row, 1956.

Miller, Alice: *Am Anfang war Erziehung.* Frankfurt/M., Suhrkamp Taschenbuch Verlag, 1998.

Miller, Dale T./Porter, Carol A.: Self-Blame in Victims of Violence. In: *Journal of Social Issues* 39, Nr. 2 (1983), S. 139-152.

Miller, Jean Baker: *Toward a New Psychology of Women.* Boston, Beacon Press, 1976, 1986.

Miller, Michael Vincent: *Liebe macht Angst.* München, Carl Hanser Verlag, 1997.

Miller, Suzanne M.: Controllability and Human Stress: Method, Evidence and Theory. In: *Behaviour Research and Therapy* 17 (1979), S. 287-304.

Millett, Kate: *Sexual Politics.* New York, Doubleday, 1970.

Montaigne, Michel de: *Essays.* Frankfurt/M., 1963.

Morgan, Ernest: *Dealing Creatively with Death.* Bayside, Barclay House, 1990.

Morin, Richard: Mothers and Sons. In: *The Washington Post,* 26. Februar 1995, S. C5.

Morowitz, David: Bagels on Sunday. In: *The American Scholar* 65, Nr. 1 (Winter 1996).

Moyers, Bill: *Healing and the Mind.* New York, Doubleday, 1993.

Murchisonm Carl (Hg.): *Psychologies of 1930.* Worcester, Clark University Press, 1930.

Murphy, Lois: Psychoanalytic Views of Infancy. In: Greenspan und Pollock (Hg.): *The Course of Life,* Bd. 1, 1980.

Nabokov, Vladimir: *Fahles Feuer.* Reinbek bei Hamburg, Rowohlt Verlag, 1968.

Neely, Wright: Freedom and Desire. In: *Philosophical Review* 83 (1974), S. 32-54.

Nelson, Randy J. / Demas, Gregory E. / Huang, Paul L. / Fishman, Mark C. / Dawson, Valna L. / Dawson, Ted M. / Snyder, Solomon H.: Behavioral Abnormalities in Male Mice Lacking Neuronal Nitric Oxide Synthase. In: *Nature* 378 (23. November 1995), S. 383-386.

Neubauer, Peter: Phase-Specific Disorders of the Second and Third Years of Life. In: Greenspan und Pollock (Hg.): *The Course of Life,* Bd. 1, 1980.

Nietzsche, Friedrich: Also sprach Zarathustra. Giorgio Colli, Mazzino Montinari, Wolfgang Müller-Lauter und Karl Pestalozzi (Hg.), *Nietzsche. Kritische Gesamtausgabe,* Bd. VI 1, Berlin, Walter de Gruyter, 1968.

Norman, Jane / Harris, Myron: *The Private Life of the American Teenager.* New York, Rawson, Wade Publishers, 1981.

Noshpitz, Joseph: Disturbances in Early Adolescent Development. In: Greenspan und Pollock: *The Course of Life,* Bd. 2, 1980.

Nuland, Sherwin B.: *Wie wir sterben.* München, Droemersche Verlagsanstalt Th. Knaur Nachf., 1996.

Okimoto, Jean Davies / Stegall, Phyllis Jackson: *Boomerang Kids.* Boston, Little, Brown, 1987.

Olsson, Peter A.: In Search of Their Fathers-Themselves: Jim Jones and David Koresh. In: *Mind and Human Interaction* 5, Nr. 3 (August 1994), S. 85-96.

Ostow, Mortimer: The Control of Human Behavior. In: *The International Journal of Psychoanalysis* 40, Teile 5 u. 6 (1959), S. 273-286.

Parens, Henri: Psychic Development During the Second and Third Years of Life. In: Greenspan und Pollock (Hg.), *The Course of Life,* Bd. 1, 1980.

Parker, Dorothy: *The Portable Dorothy Parker.* New York, Viking Press, 1944.

Pattison, E. Mansell: Religion and Compliance. In: Rosenbaum, Max (Hg.), *Compliant Behavior,* S. 107-134. New York, Human Sciences Press, 1983.

Person, Ethel: Male Sexuality and Power. In: *Psychoanalytic Inquiry 6,* Nr. 1 (1986), S. 3-25.

Piaget, Gerald: *Kontroll-Neurotiker: Sie wissen alles besser, sie wollen alles im Griff haben, ohne sie läuft nichts.* Düsseldorf, Econ Verlag, 1993.

Piaget, Jean: The Intellectual Development of the Adolescent. In: Caplan, Gerald / Lebovici, Serge (Hg.): *Adolescence: Psychosocial Perspectives.* New York, Basic Books, 1969.

Plomin, Robert: The Role of Inheritance in Behavior. In: *Science* 248 (13. April 1990), S. 183-188.

Plomin, Robert / Owen, Michael J. / McGuffin, Peter: The Genetic Basis of Complex Human Behaviors. In: *Science* 264 (17. Juni 1994), S. 1733-1739.

Portwood, Doris: *Common Sense Suicide.* Eugene, National Hemlock Society, 1978.

Price, Reynolds: *A Whole New Life.* New York, Atheneum, 1994.

Quill, Timothy: Death and Dignity: A Case of Individualized Decision Making. In: *The New England Journal of Medicine* 324, Nr. 10 (7. März 1991), S. 691-694.

Ders.: *Death and Dignity.* New York, W. W. Norton, 1993.

Rapaport, David: The Theory of Ego Autonomy: A Generalization. In: Gill, Merton M. (Hg.): *The Collected Papers of David Rapaport.* New York, Basic Books, 1967.

Raven, Bertram: A Taxonomy of Power in Human Relations. In: *Psychiatric Annals* 16, Nr. 11 (November 1986), S. 633-636.

Rodin, Judith / Langer, Ellen J.: Long-Term Effects of a Control-Relevant Intervention with the Institutionalized Aged. In: *Journal of Personality and Social Psychology* 35, Nr. 12 (1977), S. 897-902.

Rogers, Malcolm P. / Dubey, Devendra / Reich, Peter: The Influence of the Psyche and the Brain on Immunity and Disease Susceptibility: A Critical Review. In: *Psychosomatic Medicine* 41, Nr. 2 (März 1979), S. 147-164.

Roiphe, Anne: *Fruitful.* Boston, Houghton Mifflin, 1996.

Dies.: *Lovingkindness.* New York, Summit Books, 1987.

Roiphe, Katie: *Last Night in Paradise.* Boston, Little, Brown, 1997.

Dies.: *The Morning After.* Boston, Little, Brown, 1993, 1994.

Rose, Phyllis: *Parallele Leben.* Reinbek bei Hamburg, Rowohlt Taschenbuch Verlag, 1987.

Rosenbaum, Max: Compliance. In: Rosenbaum, Max (Hg.): *Compliant Behavior,* S. 25-49. New York, Human Sciences Press, 1983.

Ders.: (Hg.): *Compliant Behavior.* New York, Human Sciences Press, 1983.

Ross, John Munder: *The Male Paradox.* New York, Simon & Schuster, 1992.

Ruitenbeek, Hendrik M. (Hg.): *The Interpretation of Death.* New York, Jason Aronson Publishers, 1969, 1973.

Scharff, David: *The Sexual Relationship.* Boston, Routledge & Kegan Paul, 1982.

Schecter, Marshall / Combrinck-Graham, Lee: The Normal Development of the Seven-to-Ten-Year-Old Child. In: Greenspan und Pollock (Hg.): *The Course of Life,* Bd. 2, 1980.

Scheppele, Kim Lane/Bart, Pauline B.: Through Women's Eyes: Defining Danger in the Wake of Sexual Assault. In: *Journal of Social Issues* 39, Nr. 2 (1983), S. 63-80.

Schwartz, Amy: *A Teeny Tiny Baby.* New York, Orchard Books, 1994.

Schwartz, Tony: *What Really Matters.* New York, Bantam Books, 1996.

Schwartz, Wynn: The Two Concepts of Action and Responsibility in Psychoanalysis. In: *Journal of the American Psychoanalytic Association* 32, Nr. 3 (1984), S. 557-572.

Segal, Nancy L.: The Importance of Twin Studies for Individual Differences Research. In: *Journal of Counseling and Development* 68 (Juli/August 1990), S. 612-622.

Seligman, Martin: *Erlernte Hilflosigkeit.* Weinheim, Psychologische Verlagsunion, 1995. Erstmals als: *Helplessness.* New York, W. H. Freeman, 1975, 1992.

Seuss, Dr.: *Oh, the Places You'll Go!* New York, Random House, 1990.

Shapiro, Theodore/Perry, Richard: Latency Revisited: The Age 7 Plus or Minus 1. In: *The Psychoanalytic Study of the Child* 31 (1976), S. 79-105.

Shields, Carol: *The Stone Diaries.* New York, Penguin Books, 1993.

Siegel, Bernie S.: *Love, Medicine & Miracles.* New York, Harper & Row, 1986.

Silver, Roxane L./Boon, Cheryl/Stones, Mary H.: Searching for Meaning in Misfortune: Making Sense of Incest. In: *Journal of Social Issues* 39, Nr. 2 (1983), S. 81-101.

Sklansky, Morris: The Pubescent Years: Eleven to Fourteen. In: Greenspan und Pollock: *The Course of Life,* Bd. 2, 1980.

Snow, Catherine: Language and the Beginnings of Moral Understanding. In: Kagan und Lamb (Hg.): *The Emergence of Morality in Young Children.* Chicago, University of Chicago Press, 1990.

Solomon, Andrew: A Death of One's Own. In: *The New Yorker,* 22. Mai 1995, S. 54-69.

Sontag, Susan: Krankheit als Metapher. München, Carl Hanser Verlag, 1980.

Dies.: *AIDS und seine Metaphern.* München, Carl Hanser Verlag, 1997.

Spencer, Heidi H.: *Did I Do Something Wrong?* Far Hills, New Horizons Press, 1995.

Spencer, Scott: *Endless Love.* New York, Alfred A. Knopf, 1979.

Staples, Herman/Smarr, Erwin: Bridge to Adulthood: Years from Eighteen to Twenty-three. In: Greenspan und Pollock (Hg.): *The Course of Life,* Bd. 2, 1980.

Sulloway, Frank J.: *Born to Rebel.* New York, Pantheon Books, 1996.

SUPPORT contributors: A Controlled Trial to Improve Care for the Seriously Ill Hospitalized Patients. In: *Journal of the American Medical Association* 274, Nr. 20 (22.-29. November 1995), S. 1591-1598.

Tannen, Deborah: *Job-Talk.* München, Wilhelm Goldmann Verlag, 1997.

Dies.: *Du kannst mich einfach nicht verstehen. Warum Männer und Frauen aneinander vorbeireden*. München, Wilhelm Goldmann Verlag, 1993.

Taylor, Shelley E.: *Mit Zuversicht. Warum positive Illusionen für uns so wichtig sind*. Reinbek bei Hamburg, Rowohlt Taschenbuch Verlag, 1995.

Taylor, Shelley E. / Wood, Joanne V. / Lichtman, Rosemary R.: It Could Be Worse: Selective Evaluation as a Response to Victimization. In: *Journal of Social Issues* 39, Nr. 2 (1983), S. 19-40.

Tellegen, Auke / Lykken, David T. / Bouchard, Jr., Thomas J. / Wilcox, Kimerly J. / Segal, Nancy L. / Rich, Stephan: Personality Similarity in Twins Reared Apart and Together. In: *Journal of Personality and Social Psychology* 54, Nr. 8 (Juni 1988), S. 1031-1039.

Thomas, Dylan: *Selected Writings*. New York, New Directions, 1946.

Thompson, Sharon: *Going All the Way*. New York, Hill & Wang, 1995.

Thompson, Suzanne C.: Will It Hurt Less If I Can Control It? A Complex Answer to a Simple Question. In: *Psychological Bulletin* 90, Nr. 1 (1981), S. 89-101.

Toews, John: Adolescent Developmental Issues in Marital Therapy. In: Feinstein, Sherman C. / Giovacchini, Peter L. / Looney, John G. / Schwartzberg, Allan Z. / Sorosky, Arthur D. (Hg.): *Adolescent Psychiatry*, Bd. 8, S. 244-252. Chicago, University of Chicago Press, 1980.

Tolins, Jonathan: A Playwright's Insight – and Warning. In: *Time*, 26. Juli 1993, S. 38 f.

Turkel, Ann Ruth: Money as a Mirror of Marriage. In: *Journal of the American Academy of Psychoanalysis* 16, Nr. 4 (1988), S. 525-535.

Viorst, Judith: Are You a Moral Wimp? In: *Redbook*, September 1993, S. 72, 74.

Dies.: *If I Were in Charge of the World and Other Worries*. New York, Atheneum, 1981.

Dies.: Is Your Child's Personality Set at Birth? In: *Redbook,* November 1995, S. 174, 178.

Dies.: The Messes, the Stresses, the Strains, the Joys Kids. In: *Redbook,* Juni 1976, S. 89, 141, 143, 144.

Dies.: *Murdering Mr. Monti*. New York, Fawcett Crest, 1994.

Dies.: *Mut zur Trennung: Menschliche Verluste, die das Leben sinnvoll machen*. München, Wilhelm Heyne Verlag, 1997.

Dies.: *People and Other Aggravations*. New York, World Publishing, 1971.

Dies.: *Sad Underwear and Other Complications*. New York, Atheneum, 1995.

Dies.: What's a Good Mommy? In: *Redbook,* Oktober 1974, S. 38, 40.

Waelder, Robert: Psychic Determinism and the Possibility of Predictions. In: *The Psychoanalytic Quarterly* 32, Nr. 1 (Januar 1963), S. 15-42.

Wallerstein, Judith S. / Blakeslee, Sandra: *Gute Ehen: Wie und warum die*

Liebe dauert. Weinheim – Berlin, Beltz-Quadriga Verlag, 1996, 3. Aufl. 1997.

Wallston, Kenneth A./Strudler Wallston, Barbara: Who Is Responsible for Your Health? The Construct of Health Locus of Control. In: Sanders, Glenn S./Suls, Jerry (Hg.): *Social Psychology of Health and Illness*. Hillsdale, Lawrence Erlbaum Associates, Publishers, 1982.

Weil, Andrew: *Spontanheilung: Mit einem 8-Wochen-Programm zur Aktivierung der Selbstheilungskräfte*. München, C. Bertelsmann Verlag, 1995.

Weisz, John: Understanding the Developing Understanding of Control. In: Perlmutter, Marion (Hg.): *The Minnesota Symposia on Child Psychology*, Bd. 18, Hillsdale, Lawrence Erlbaum Associates, Publishers, 1986.

White, Robert W.: Motivation Reconsidered: The Concept of Competence. In: *Psychological Review* 66, Nr. 5 (1959).

Wilder, Thornton: *Unsere kleine Stadt*. Frankfurt/M., Fischer Taschenbuch Verlag, 1997.

Wilson, James Q.: *Moral Judgment*. New York, Basic Books, 1997.

Ders.: *The Moral Sense*. New York, The Free Press, 1993.

Wolf, Naomi: *The Beauty Myth*. New York, William Morrow, 1991.

Ders.: *Promiscuities*. New York, Random House, 1997.

Wortman, Camille B.: Coping with Victimization: Conclusions and Implications for Future Research. In: *Journal of Social Issues* 39, Nr. 2 (1983), S. 195-221.

Wortman, Camille B./Brehm, Jack W.: Responses to Uncontrollable Outcomes: An Integration of Reactance Theory and the Learned Helplessness Model. In: Berkowitz, L.: *Advances in Experimental Social Psychology*, Bd. 8, New York, Academic Press, 1975.

Wright, Robert: *The Moral Animal*. New York, Pantheon Books, 1994.

Yahraes, Herbert: Parents as Leaders: The Role of Control and Discipline. In: Corfman, Eunice (Hg.): *Families Today*, Bd. 1, S. 289-297. Washington, D.C., U.S. Government Printing Office, 1979.

Yourcenar, Marguerite: *Ich zähmte die Wölfin. Die Erinnerungen des Kaisers Hadrian*. München, Deutscher Taschenbuch Verlag, 1996.

Zaleznik, Abraham: *Learning Leadership*. Chicago, Bonus Books, 1993.

Zanden, James W. Vander: *Human Development*. New York, McGraw-Hill, 1993.

Register